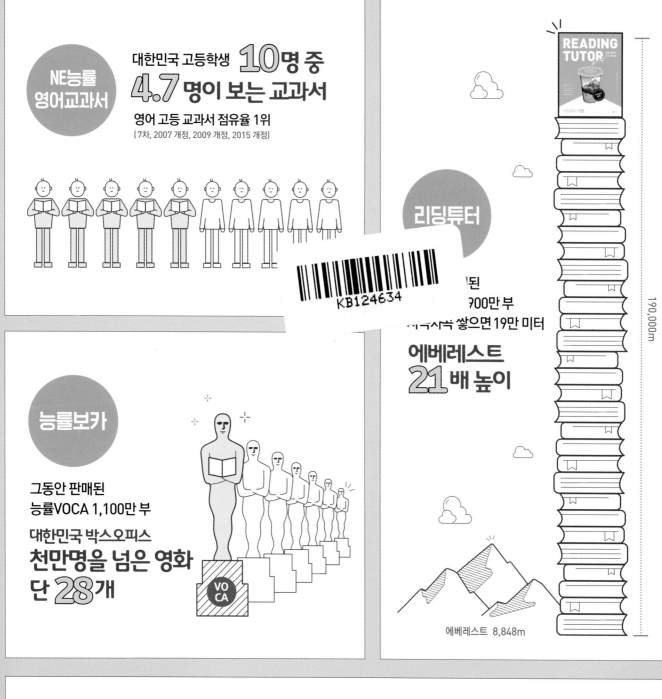

NE능률 영어교과서

대한민국 고등학생 10명 중
4.7 명이 보는 교과서

영어 고등 교과서 점유율 1위
(7차, 2007 개정, 2009 개정, 2015 개정)

리딩튜터

된
900만 부
쌓으면 19만 미터

에베레스트
21 배 높이

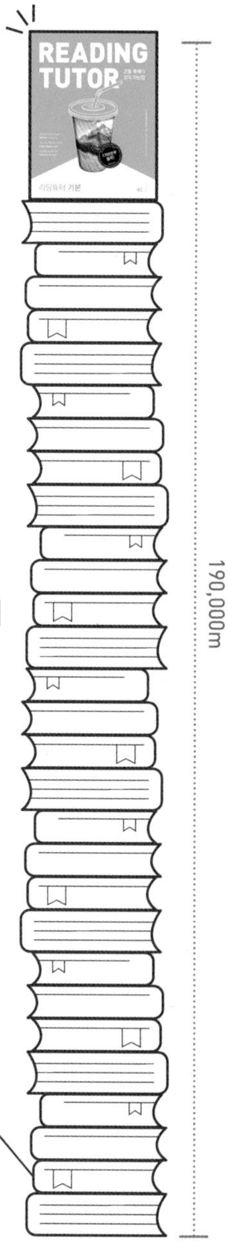

READING TUTOR

190,000m

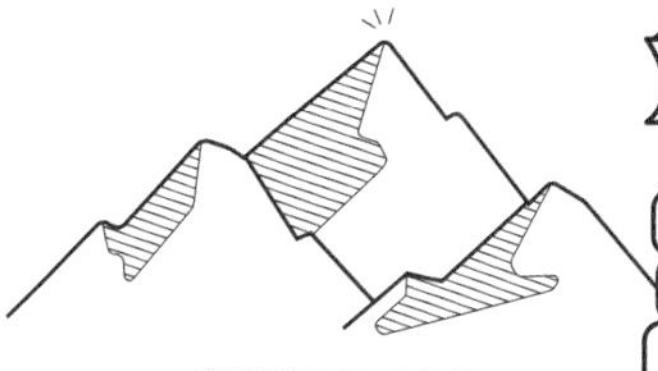

에베레스트 8,848m

능률보카

그동안 판매된
능률VOCA 1,100만 부

대한민국 박스오피스
천만명을 넘은 영화
단 28개

VO CA

그래머존
그동안 판매된 450만 부의 그래머존을 바닥에 쭉 ~ 깔면
1000km 서울-부산 왕복가능
서울
부산

능률 중학영어 듣기 모의고사 22회 LEVEL 2

지은이	NE능률 영어교육연구소
연구원	김지현
외주 연구원	설북
영문 교열	Bryce Olk, Curtis Thompson, Patrick Ferraro
디자인	오솔길
내지 일러스트	박응식
맥편집	허문희

NE능률이 미래를 창조합니다.

건강한 배움의 고객가치를 제공하겠다는 꿈을 실현하기 위해
40년이 넘는 시간 동안 열심히 달려왔습니다.

앞으로도 끊임없는 연구와 노력을 통해
당연한 것을 멈추지 않고

고객, 기업, 직원 모두가 함께 성장하는 NE능률이 되겠습니다.

NE 능률

전국 16개 시·도 교육청 주관 **영어듣기평가 실전대비서**

능률 중학영어 듣기 모의고사 22회

구성 및 활용법

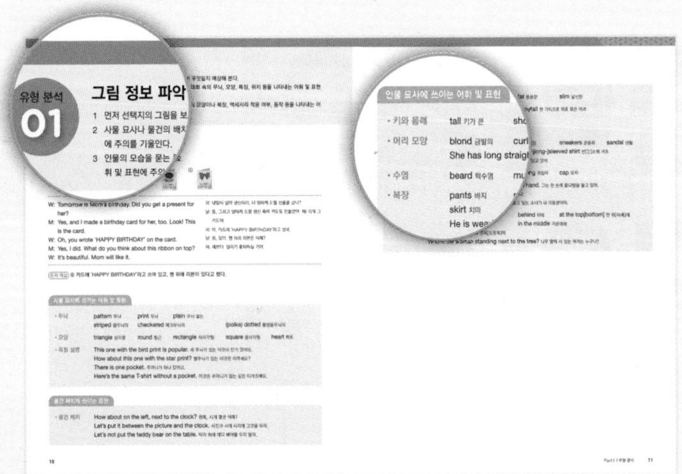

유형 분석

• 최근 〈시·도 교육청 주관 영어듣기능력평가〉에 출제되는 모든 유형을 정리하고, 각 유형에 대한 듣기 전략을 수록했습니다.

• 유형별로 자주 나오는 어휘와 중요 표현을 익힐 수 있도록 했습니다.

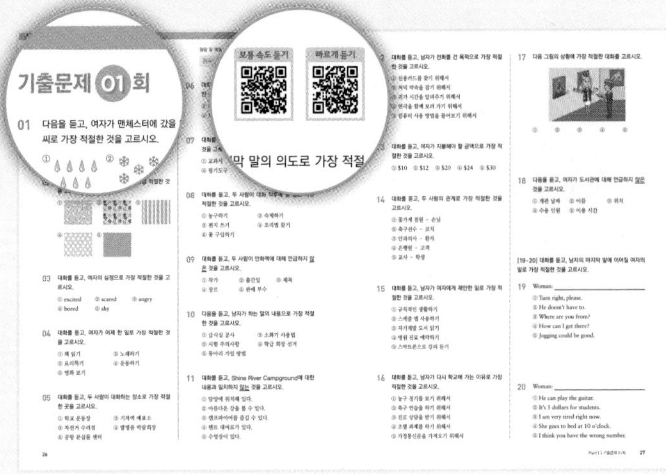

빠른 듣기 MP3파일 & 배속 MP3파일

실제 시험보다 더 빠른 속도의 음원을 제공하여 실전에 완벽하게 대비할 수 있도록 했습니다. 또한, 실력에 따라 듣기 속도를 다르게 하여 들을 수 있도록 배속 MP3 파일을 제공합니다.

기출문제 2회

〈시·도 교육청 주관 영어듣기능력평가〉의 최신 기출문제 2회분을 통해 실제 평가 유형을 접해 볼 수 있도록 했습니다.

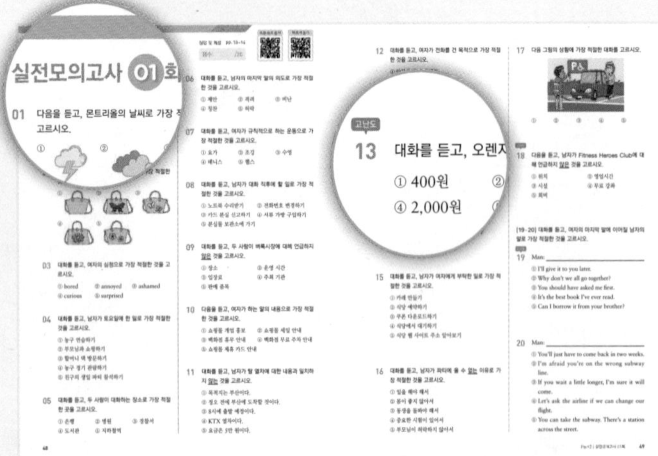

실전모의고사 18회

• 실제 시험과 유사하게 구성한 모의고사 18회분을 통해 실전 감각을 기를 수 있도록 했습니다.

• 매회 수록된 고난도 문제를 통해 실력을 한 단계 더 향상시킬 수 있도록 했습니다.

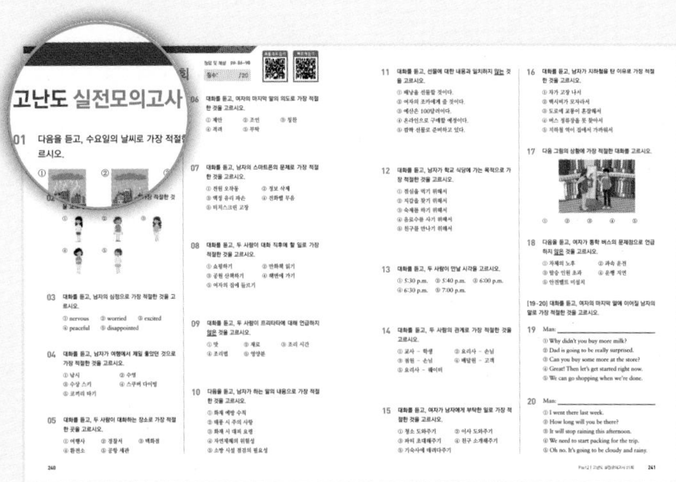

고난도 실전모의고사 2회

실제 시험보다 어려운 고난도 모의고사 2회분을 통해 실력을 보다 더 높일 수 있도록 했습니다.

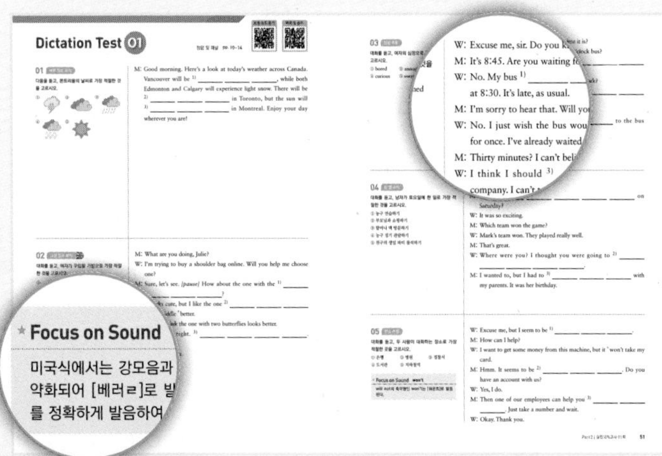

Dictation Test

모의고사 문제 전체 스크립트의 받아쓰기를 수록했습니다. 들은 내용을 한번 더 확인하며, 중요 표현들과 듣기 어려운 연음 등을 학습할 수 있습니다.

Focus on Sound

듣기를 어렵게 하는 발음 현상을 정리하여 듣기의 기본기를 높일 수 있도록 했습니다.

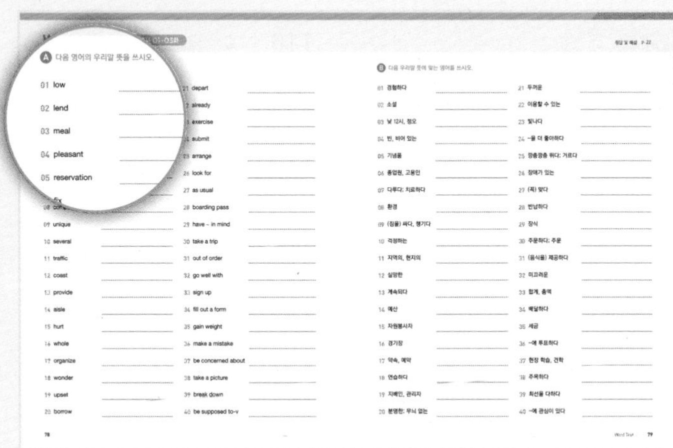

Word Test

모의고사를 통해 학습한 단어와 숙어를 문제를 통해 확인하고 정리해 볼 수 있도록 했습니다.

목차

PART 01 기출탐구

PART 02 실전모의고사

기출 문제 유형 분석표
(2020년 ~ 2022년)

2학년	2022년 1회	2021년 2회	2021년 1회	2020년 2회	2020년 1회
그림 정보 파악	1	1	1	1	1
주제·화제 파악	1	1	1	1	1
목적 파악	1	1	1	1	1
이유 파악	1	1	1	1	1
의도 파악	1	1	1	1	1
심정 추론	1	1	1	1	1
세부 정보 파악	2	1	2	2	2
부탁한 일 파악			1	1	1
제안한 일 파악	1	1			
내용 일치 파악	1	1	1	1	1
언급하지 않은 내용 찾기	2	2	2	2	2
숫자 정보 파악	1	1	1	1	1
한 일 파악	1	2	1	1	1
할 일 파악	1	1	1	1	1
장소 추론	1	1	1	1	1
관계 추론	1	1	1	1	1
마지막 말에 이어질 응답 찾기	2	2	2	2	2
그림 상황에 적절한 대화 찾기	1	1	1	1	1

STUDY PLANNER

시험 전 한 달 동안 본 교재를 마스터할 수 있는 계획표입니다.
학습한 날짜와 점수를 적고 계획에 맞춰 학습하세요.

	1일차	2일차	3일차	4일차	5일차	6일차
1주	유형 분석	기출문제 01회	기출문제 02회	실전모의고사 01회	실전모의고사 02회	실전모의고사 03회
	월 일	월 일 ____점	월 일 ____점	월 일 ____점	월 일 ____점	월 일 ____점
	7일차	8일차	9일차	10일차	11일차	12일차
2주	실전모의고사 04회	실전모의고사 05회	실전모의고사 06회	실전모의고사 07회	실전모의고사 08회	실전모의고사 09회
	월 일 ____점	월 일 ____점	월 일 ____점	월 일 ____점	월 일 ____점	월 일 ____점
	13일차	14일차	15일차	16일차	17일차	18일차
3주	실전모의고사 10회	실전모의고사 11회	실전모의고사 12회	실전모의고사 13회	실전모의고사 14회	실전모의고사 15회
	월 일 ____점	월 일 ____점	월 일 ____점	월 일 ____점	월 일 ____점	월 일 ____점
	19일차	20일차	21일차	22일차	23일차	24일차
4주	실전모의고사 16회	실전모의고사 17회	실전모의고사 18회	고난도 실전모의고사 01회	고난도 실전모의고사 02회	어휘 총 정리
	월 일 ____점	월 일 ____점	월 일 ____점	월 일 ____점	월 일 ____점	월 일 ____점

능률 중학영어듣기
모의고사 22회
Level 2

PART 01

기출 탐구

- 유형 분석
- 기출문제 2회

그림 정보 파악

1 먼저 선택지의 그림을 보고, 들을 내용이 무엇일지 예상해 본다.
2 사물 묘사나 물건의 배치를 묻는 문제는 대화 속의 무늬, 모양, 특징, 위치 등을 나타내는 어휘 및 표현에 주의를 기울인다.
3 인물의 모습을 묻는 문제는 대화 속의 머리 모양이나 복장, 액세서리 착용 여부, 동작 등을 나타내는 어휘 및 표현에 주의를 기울인다.

기출 맛보기

대화를 듣고, 남자가 만든 카드로 가장 적절한 것을 고르시오.

① 
② 
③ 

④ 

⑤  

W: Tomorrow is Mom's birthday. Did you get a present for her?
M: Yes, and I made a birthday card for her, too. Look! This is the card.
W: Oh, you wrote 'HAPPY BIRTHDAY' on the card.
M: Yes, I did. What do you think about this ribbon on top?
W: It's beautiful. Mom will like it.

여: 내일이 엄마 생신이야. 너 엄마께 드릴 선물을 샀니?
남: 응, 그리고 엄마께 드릴 생신 축하 카드도 만들었어. 봐! 이게 그 카드야.
여: 아, 카드에 'HAPPY BIRTHDAY'라고 썼네.
남: 응, 맞아. 맨 위의 리본은 어때?
여: 예쁘다. 엄마가 좋아하실 거야.

문제 해설 ⑤ 카드에 'HAPPY BIRTHDAY'라고 쓰여 있고, 맨 위에 리본이 있다고 했다.

사물 묘사에 쓰이는 어휘 및 표현

• 무늬 plain 무늬 없는 pattern / print 무늬 (polka) dotted 물방울무늬의
striped 줄무늬의 checkered 체크무늬의

• 모양 triangle 삼각형 round 둥근 rectangle 직사각형 square 정사각형 heart 하트

• 특징 설명 This one with the bird print is popular. 새 무늬가 있는 이것이 인기 있어요.
How about this one with the star print? 별무늬가 있는 이것은 어떠세요?
There is one pocket. 주머니가 하나 있어요.
Here's the same T-shirt without a pocket. 이것은 주머니가 없는 같은 티셔츠예요.

물건 배치에 쓰이는 표현

• 물건 배치 How about on the left, next to the clock? 왼쪽, 시계 옆은 어때?
Let's put it between the picture and the clock. 사진과 시계 사이에 그것을 두자.
Let's not put the teddy bear on the table. 탁자 위에 테디 베어를 두지 말자.

인물 묘사에 쓰이는 어휘 및 표현

- 키와 몸매 — tall 키가 큰 / short 키가 작은 / fat 뚱뚱한 / slim 날씬한
- 머리 모양 — blond 금발의 / curly hair 곱슬머리 / ponytail 한 가닥으로 뒤로 묶은 머리
  She has long straight hair. 그녀는 긴 생머리야.
- 수염 — beard 턱수염 / mustache 콧수염
- 복장 — pants 바지 / shorts 반바지 / suit 정장 / sneakers 운동화 / sandal 샌들
  skirt 치마 / dress 원피스 / short-[long-]sleeved shirt 반[긴]소매 셔츠
  He is wearing a black jacket. 그는 검정 재킷을 입고 있어.
- 액세서리 — glasses 안경 / necklace 목걸이 / earring 귀걸이 / cap 모자
- 행위 — He is holding a bunch of flowers in one hand. 그는 한 손에 꽃다발을 들고 있어.
  You are riding a horse. 너는 말을 타고 있구나.
  The girl who is crying is my sister. 울고 있는 소녀가 내 여동생이야.
- 위치 — near 가까이에 / beside 옆에 / behind 뒤에 / at the top[bottom] 맨 위[아래]에
  on the front 앞쪽에 / in the middle 가운데에
  on your left[right] 너의 왼쪽[오른쪽]에
  Who is the woman standing next to the tree? 나무 옆에 서 있는 여자는 누구니?

주제 · 화제 파악

1 먼저 선택지를 읽고, 어떤 주제의 내용이 나올지 예상해 본다.
2 일부 한두 문장이 아닌 내용 전체를 포괄할 수 있는 답을 찾아야 한다.

기출 맛보기

다음을 듣고, 남자가 하는 말의 내용으로 가장 적절한 것을 고르시오.

① 경기 일정 ② 동료 소개 ③ 수상 소감
④ 출판 기념회 초대 ⑤ 학부모의 날 행사 개최

M: Hello, everyone. I'm very happy to receive the award for Player of the Year. I can't express how much I appreciate this honor. I'd especially like to thank my parents for their support during the difficult times. Whenever I wanted to give up, they cheered me on. I really thank them for all their help. This award is also for them.

남: 안녕하세요, 여러분. 올해의 선수상을 받게 되어 전 정말 행복합니다. 이 영광을 얼마나 감사하게 생각하는지 다 표현할 수가 없네요. 특히 힘든 시간 동안 저를 지지해 주신 제 부모님께 감사를 드리고 싶습니다. 제가 포기하고 싶을 때마다, 저를 응원해 주셨습니다. 그분들의 모든 도움에 정말 감사드립니다. 이 상은 그분들을 위한 것이기도 합니다.

문제 해설 ③ 올해의 선수상을 받게 되어 기쁘고 부모님께 감사하다고 말하는 것으로 보아, 수상 소감임을 알 수 있다.

주제와 관련된 표현

• 건강

I exercised for an hour every day. 저는 매일 한 시간씩 운동했습니다.
I drank two liters of water a day. 저는 하루에 2리터의 물을 마셨습니다.
Don't eat fast food often. 패스트푸드를 자주 먹지 마세요.

• 회원 모집

Fill out the form and submit it by this Friday. 양식을 작성해서 이번 주 금요일까지 제출하세요.
Come and join us! 오셔서 우리와 함께해요!
We're looking for new members to join our volunteer club.
우리는 우리 자원봉사 동아리에 가입할 새로운 회원을 찾고 있습니다.
If you're interested, please tell your homeroom teacher by October 5.
관심이 있다면, 10월 5일까지 담임선생님께 말씀드리세요.

• 홍보

We're having a special sale. 우리는 특별 세일을 하고 있습니다.
Don't miss your chance. 기회를 놓치지 마세요.

- 행사 안내

To celebrate the victory, we've canceled afternoon classes today.
승리를 축하하기 위해, 우리는 오늘 오후 수업을 취소했습니다.

We're planning to have a special party at 2 o'clock.
우리는 2시에 특별 파티를 열 계획입니다.

Please come to the gym and enjoy free snacks and drinks.
체육관에 오셔서 무료 간식과 음료를 즐기세요.

- 안전 수칙/교육, 공공장소 이용 예절

For your safety, please follow these rules while you're using the roller coaster.
여러분의 안전을 위해, 롤러코스터를 이용하는 동안 이 수칙들을 지켜 주세요.

We'll now practice what to do in a fire. You'll learn how to be safe in a real fire.
화재 시 해야 할 일을 지금 훈련해 보겠습니다. 실제 화재 시에 안전하게 있을 수 있는 방법을 배울 것입니다.

For a convenient and comfortable journey for all passengers, please remember the following. 모든 승객들의 편안한 여행을 위해, 다음을 기억해 주십시오.

목적 · 이유 · 의도 파악

1 목적은 대개 대화 초반에 밝히는 경우가 많다. 가끔 간접적으로 제시되는 경우도 있는데, 이때는 전체 흐름을 잘 파악하며 듣는다.

2 이유는 직접적으로 이유를 묻는 말의 대답에서, 또는 제안이나 명령 등을 거절한 후 바로 이어 언급하는 경우가 많으므로 이 부분에 집중해서 듣는다.

3 의도를 묻는 문제의 경우, 대화의 마지막 말을 하게 된 배경을 대화 속에서 파악하면서 듣는다. 의도를 나타내는 상황별 표현을 익혀 두는 것도 도움이 된다.

기출 맛보기

대화를 듣고, 여자가 모임에 참석하지 못하는 이유로 가장 적절한 것을 고르시오.

① 몸이 좋지 않아서 ② 동생을 돌봐야 해서 ③ 피아노 레슨이 있어서
④ 시험공부를 해야 해서 ⑤ 할아버지 댁을 방문해야 해서

M: Hey, Eva. How are you?
W: Hi, Adam. I'm fine. How about you?
M: I'm good. Do you remember that we have a musical club meeting?
W: Ah... When is it again?
M: It's at 6 p.m. next Thursday.
W: Oh, I forgot! My family and I will visit my grandfather's house on that day.
M: Then, you should tell that to our club leader right away.
W: You're right. Thanks, Adam.

남: 얘, Eva. 어떻게 지내?
여: 안녕, Adam. 난 잘 지내. 너는?
남: 좋아. 우리 뮤지컬 동아리 모임 있는 거 기억하지?
여: 아… 언제였더라?
남: 다음 주 목요일 오후 6시야.
여: 아, 잊어버렸어! 그날 우리 가족과 나는 할아버지 댁을 방문할 거야.
남: 그럼, 지금 바로 우리 동아리 회장에게 그걸 말해야 해.
여: 그래. 고마워, Adam.

문제 해설 ⑤ 여자는 동아리 모임이 있는 날에 가족과 함께 할아버지 댁을 방문할 거라고 했다.

목적을 나타내는 표현

- 물건 교환 — I'm here to exchange this shirt. 이 셔츠를 교환하러 왔어요.
- 물건 환불 — Can I get a refund? 환불받을 수 있을까요?
- 예약 — I'd like to book[reserve] a table for four. 네 사람이 식사할 자리를 예약하고 싶어요.
- 예약 확인 — I want to confirm my reservation for Flight 505. 제 505 항공편의 예약을 확인하고 싶어요.
- 예약 변경 — I'd like to change my appointment. 제 약속을 변경하고 싶어요.
- 예약 취소 — I'm afraid I have to cancel my reservation tonight. 오늘 밤 예약을 취소해야 할 것 같아요.
- 전화 목적 — I'm calling to let you know I'm having a birthday party this Saturday. 이번 주 토요일에 내 생일 파티 하는 거 알려 주려고 전화했어.

이유를 나타내는 표현

- 이유 묻기
  Why are you going to Ben's house? 너는 Ben의 집에 왜 가니?
  What's bothering you? 무엇이 너를 불편하게 하니?
  What makes you so annoyed? 너 왜 그렇게 짜증이 났니?
- 이유
  I went there to meet my best friend. 나는 나의 가장 친한 친구를 만나러 거기에 갔어.
  I've been busy doing my homework. 나는 숙제를 하느라 바빴어.
  She's upset because her team lost the game. 그녀는 그녀의 팀이 경기에 져서 기분이 좋지 않아.
  He bought her a present because it's their anniversary.
  그는 그들의 기념일이라서 그녀에게 선물을 사 줬어.

의도를 나타내는 표현

- 거절
  I'm sorry, but I can't. I don't feel well today. 미안하지만, 안 돼. 오늘 몸이 좋지 않아.
  I'm afraid I can't make it to the party. 미안하지만 난 파티에 가지 못할 것 같아.
- 격려
  I'm sure you can do it. 난 네가 할 수 있을 거라고 확신해.
- 위로
  Don't take it too serious. 너무 심각하게 받아들이지 마.
  I'm sorry to hear that. 유감이다.
- 칭찬
  That's my boy! You did a great job! 훌륭하구나! 잘 했어!
- 부탁
  Would you mind closing the window? 창문 좀 닫아 주시겠어요?
- 사과
  I'm so sorry. I won't do it again. 정말 미안해. 다신 그러지 않을게.
- 충고
  You should not feed our snacks to the animals. 동물에게 우리의 과자를 주면 안 돼.
  I think you'd better go and see a doctor. 너 병원에 가서 진찰받는 것이 좋을 것 같아.
- 추천
  You must read the book. You'll like it. 너는 그 책을 꼭 읽어 봐야 해. 네가 좋아할 거야.
  Don't miss this chance. 이 기회를 놓치지 마.
  Try it. You won't be disappointed. 해 봐. 실망하지 않을 거야.
- 동의
  A: I finished my science project. It was so difficult. 나 과학 숙제 다 했어. 정말 어렵더라.
  B: I agree. It was hard for me, too. 동감이야. 나도 어려웠어.

심정 추론

1 먼저 지시문을 읽고, 두 화자 중 누구의 심정을 묻는지 확인한다.
2 심정을 나타내는 표현이나 감탄사, 화자의 어조에 주의하면서 전체적인 상황을 파악한다.
3 선택지가 영어로 제시되므로, 심정을 나타내는 어휘를 미리 익혀 둔다.

기출 맛보기

대화를 듣고, 여자의 심정으로 가장 적절한 것을 고르시오.

① satisfied ② nervous ③ alarmed
④ relaxed ⑤ bored

M: Rachel, what are you doing? It's already 10:30.
W: I'm checking my bag. I'm almost done.
M: You should go to bed. Tomorrow is your first day at your new school.
W: I know, but I want to make sure I have everything ready.
M: Don't worry. Everything will be fine.
W: Thanks, Dad. But I'm not sure I'll be able to make good friends there.

남: Rachel, 너 지금 뭐 하는 거니? 벌써 10시 30분이야.
여: 가방을 확인하고 있어요. 거의 다 됐어요.
남: 넌 자야 해. 내일은 새 학교에서의 첫날이잖니.
여: 알아요, 하지만 준비가 다 되었는지 확인하고 싶어요.
남: 걱정하지 마. 모든 게 다 괜찮을 거야.
여: 고마워요, 아빠. 하지만 그곳에서 좋은 친구들을 사귈 수 있을지 잘 모르겠어요.

문제 해설 ② 새 학교에서의 첫날을 앞두고 새로운 친구를 사귀는 것에 대해 초조해(nervous)하고 있다.

심정을 나타내는 어휘 및 표현

• 긍정적 심정

proud 자랑스러운 / excited 신이 난 / relaxed 느긋한 / touched/moved 감동한
satisfied 만족하는 / relieved 안도한 / impressive 인상적인 / thankful 고맙게 생각하는
peaceful 평온한 / hopeful 희망적인 / pleased/delighted 기쁜

You did a great job! 정말 잘 했어!
I can't wait to see the smile on her face. 나는 그녀 얼굴의 미소를 빨리 보고 싶어.
I'm really looking forward to seeing Cheomseongdae. 나는 첨성대를 보는 것을 정말 기대하고 있어.

• 부정적 심정

bored 지루한 / angry 화가 난 / surprised 놀란 / worried 걱정스러운
sorry 미안한 / scared 무서워하는 / confused 혼란스러운
regretful 후회되는 / embarrassed 당황한 / alarmed 불안해하는, 두려워하는
depressed 우울한 / frustrated 좌절한 / irritated/annoyed 짜증 난

I'm disappointed with my grade. 나는 내 성적에 실망했어.
I'm afraid of making mistakes. 내가 실수할까 봐 걱정돼.

세부 정보 파악

1 먼저 지시문을 읽고, 어떤 정보를 찾아야 하는지 파악해 둔다.
2 전체적인 상황보다는 찾아야 하는 특정 정보에 집중하며 듣는다.
3 대부분 여러 가지의 비슷한 정보가 많이 나오므로 혼동하지 않도록 메모하며 듣는다.

기출 맛보기

대화를 듣고, 남자가 찾고 있는 물건으로 가장 적절한 것을 고르시오.

① 우산 ② 지갑 ③ 열쇠 ④ 모자 ⑤ 장갑

[Phone rings.]
W: Hello. This is the Green Mart information desk.
M: Hi. I was there earlier today. And I left my wallet there.
W: Okay. What does it look like?
M: It's brown with white stripes.
W: Hold on, please. *[pause]* I'm sorry. We don't have any wallets here.
M: Oh, no. I'm sure I left it there.
W: Then, give me your name and phone number. We'll call you if we find it.
M: Thanks. My name is....

[전화벨이 울린다.]
여: 안녕하세요. Green Mart 안내 데스크입니다.
남: 안녕하세요. 제가 오늘 아까 거기에 갔었는데요. 지갑을 두고 왔어요.
여: 네. 그게 어떻게 생겼나요?
남: 흰색 줄무늬가 있는 갈색입니다.
여: 잠시만 기다리세요. *[잠시 후]* 죄송합니다. 여기에 지갑이 하나도 없네요.
남: 오 이런. 거기에 둔 게 확실해요.
여: 그럼 성함과 전화번호를 알려 주세요. 저희가 그것을 찾으면 전화드리겠습니다.
남: 감사합니다. 제 이름은….

문제 해설 ② 남자는 마트에 흰색 줄무늬가 있는 갈색 지갑을 두고 왔다고 했다.

자주 쓰이는 표현

• 날씨
On Saturday and Sunday, it will be sunny again. 토요일과 일요일에는 다시 맑겠습니다.
In a few cities like Daejeon and Cheongju, it will rain.
대전과 청주와 같은 몇몇 도시에는 비가 올 것입니다.
In the afternoon, it'll be partly cloudy with no strong winds.
오후에는 강한 바람이 불진 않겠지만 곳곳에 구름이 끼겠습니다.

• 주문할 음식
I'm going to have a chicken salad. 저는 치킨 샐러드로 할게요.

• 수강할 수업
I'll take the English writing class. 나는 영어 작문 수업을 들을 거야.
I'd really like to learn how to play the guitar this summer.
나는 이번 여름에 기타 연주하는 법을 꼭 배우고 싶어.

• 특정 시간에 할 일
At four, we will watch a video about King Sejong. 4시에 세종대왕에 관한 비디오를 시청하겠습니다.

부탁한 일 · 요청한 일 · 제안한 일 파악

1 먼저 지시문을 읽고, 두 화자 중 누가 부탁/요청/제안한 일을 묻는지 확인한 후 그에 초점을 맞춰 듣는다.
2 대화 중에 이미 한 일이나 상대방이 한 일 등이 함께 언급되는 경우가 많으므로 주의하여 듣는다.
3 부탁/요청한 일은 'Can[Could/Will/Would] you ~?', 제안한 일은 'How about ~?', 'Why don't you ~?'와 같은 표현을 사용하는 경우가 많다.

기출 맛보기

대화를 듣고, 여자가 남자에게 부탁한 일로 가장 적절한 것을 고르시오.

① 설탕 사 오기 ② 에어컨 켜기 ③ 얼음 꺼내 주기
④ 형광등 교체하기 ⑤ 화장실 청소하기

M: Mom, I feel like eating ice cream. Do we have any?
W: No, we don't. But we can make it at home.
M: Really? Let's make chocolate ice cream.
W: Okay. We just need milk, sugar, and chocolate.
M: Let me check. *[rustling sound]* We only have milk and chocolate.
W: Then, can you go and buy some sugar now? I'll give you money.
M: Sure.

남: 엄마, 저 아이스크림 먹고 싶어요. 아이스크림 있어요?
여: 아니, 없어. 그런데 우리가 집에서 만들 수 있지.
남: 정말요? 초콜릿 아이스크림을 만들어요.
여: 그래. 우유, 설탕, 그리고 초콜릿만 있으면 돼.
남: 제가 볼게요. *[바스락거리는 소리]* 우유와 초콜릿만 있어요.
여: 그럼 지금 네가 가서 설탕을 좀 사다 줄래? 내가 돈을 줄게.
남: 알겠어요.

문제 해설 ① 여자는 아이스크림을 만들기 위해 남자에게 설탕을 사다 달라고 부탁했다.

자주 쓰이는 표현

• 부탁/요청하기

Can you pick up some food on the way home? 집에 오는 길에 음식 좀 사다 줄래?
Would you mind calling me back in 10 minutes? 10분 후에 제게 다시 전화해 주시겠어요?
Could you exchange it for a new dress? 새 원피스로 교환해 주실 수 있나요?
I was wondering if you could come to my party. 내 파티에 올 수 있는지 알고 싶었어.
I'd like you to fix my cell phone. 제 휴대전화를 수리해 주세요.
Can I borrow your math textbook? 네 수학 교과서 좀 빌릴 수 있니?
Please help me set the table. 내가 식탁 차리는 것 좀 도와줘.
I want you to drive me to the airport tomorrow. 내일 네가 나를 공항까지 태워 줬으면 해.
Will you make a reservation at the restaurant for me? 나 대신 그 식당에 예약 좀 해 줄래?
Would you keep it a secret? I want to surprise her. 비밀로 해 줄래? 그녀를 놀라게 해 주고 싶어.

• 제안하기

If you order it on our website today, you can get it delivered to your house by then. 오늘 저희 웹 사이트에서 그걸 주문하시면, 그때까지 댁으로 배달 받으실 수 있을 거예요.
How about using a schedule app on your smartphone? It might help you remember what to do. 네 스마트폰에서 스케줄 앱을 사용해 보는 거 어때? 네가 할 일을 기억하는 데 도움이 될 수 있어.

내용 일치 파악, 언급하지 않은 내용 찾기

1 먼저 선택지를 읽고, 주의해서 들어야 할 내용이 무엇인지 알아본다.
2 보통 선택지 순서대로 내용이 언급되므로, 선택지를 하나씩 지우며 답을 찾는다.
3 대화인 경우, 의문사로 시작하는 질문이 선택지의 내용을 묻는 경우가 많으므로, 질문과 대답에 주의하여 듣는다.

기출 맛보기

대화를 듣고, 과학 캠프에 대한 내용과 일치하지 않는 것을 고르시오.

① 대구에서 열린다.
② 로봇 수업이 있다.
③ 12월 27일에 시작한다.
④ 온라인으로 신청할 수 있다.
⑤ 참가비가 있다.

W: Minho, did you apply for the science camp that will be in Daegu?
M: Yes, I did. The camp has a robot class, so I want to take it.
W: Sounds like fun! I'd like to join, too. When does the camp start?
M: It begins on December 27th.
W: How can I apply?
M: You can sign up for the camp online.
W: Is there an entry fee?
M: No, it's free.

여: 민호야, 대구에서 열리는 과학 캠프 신청했어?
남: 응, 했어. 그 캠프에 로봇 수업이 있어서, 나는 그걸 수강하고 싶어.
여: 재미있겠다! 나도 같이 하고 싶어. 캠프가 언제 시작하는 거야?
남: 12월 27일에 시작해.
여: 어떻게 신청하면 돼?
남: 온라인으로 캠프를 신청할 수 있어.
여: 참가비가 있어?
남: 아니, 무료야.

문제 해설 ⑤ 과학 캠프의 참가비는 없다고 했다.

자주 쓰이는 표현

• 물건 설명
A: Can you record your voice on this device? 이 장치로 네 목소리를 녹음할 수 있어?
B: No, I can't. But I can take pictures with it. 아니, 할 수 없어. 하지만 그걸로 사진을 찍을 수 있어.
A: What can you do with it? 그걸로 무엇을 할 수 있어?
B: I can read books with it. 그걸로 책을 읽을 수 있어.

• 시설 소개
Our restaurant opened in July 2016. 저희 식당은 2016년 7월에 문을 열었습니다.
We offer a lot of free programs for our members. 저희는 회원들을 위한 많은 무료 프로그램을 제공합니다.
We have a class for beginners on Thursdays. 목요일마다 초급반 수업이 있습니다.
From Monday to Saturday, the museum opens at 9 a.m.
박물관은 월요일부터 토요일까지 오전 9시에 엽니다.

숫자 정보 파악

1 먼저 지시문을 읽고, 문제에서 요구하는 사항을 정확히 파악한다.
2 금액이나 시각을 묻는 문제의 경우, 살 물건의 정가, 수량, 할인율, 쿠폰 여부, 시간 변경 등의 정보에 주의하며 듣는다.
3 답과 관련 없는 숫자 정보가 나오거나, 중간에 변심이나 착각 등으로 수치가 변경될 수 있으므로, 끝까지 주의 깊게 듣는다.

기출 맛보기

대화를 듣고, 여자가 지불할 금액을 고르시오.

① $2 ② $3 ③ $4 ④ $5 ⑤ $6

M: Hello. How can I help you?	남: 안녕하세요. 어떻게 도와드릴까요?
W: Hi. How much are these cookies?	여: 안녕하세요. 이 쿠키 얼마인가요?
M: The cookies are one dollar each.	남: 쿠키는 하나에 1달러입니다.
W: And how much is a cup of coffee?	여: 그리고 커피 한 잔은 얼마예요?
M: It's two dollars.	남: 2달러입니다.
W: Okay. I'll take two cookies and a cup of coffee.	여: 알겠습니다. 쿠키 두 개와 커피 한 잔 주세요.
M: Please wait a moment. I'll be right back with your order.	남: 잠시만 기다려 주세요. 주문한 것 바로 가져다 드리겠습니다.

문제 해설 ③ 1달러짜리 쿠키 두 개와 2달러짜리 커피 한 잔을 주문했으므로, 여자가 지불할 금액은 4달러이다.

금액 · 시각과 관련된 표현

• 가격
The ticket is $20 for adults and $15 for children. 표는 어른은 20달러, 어린이는 15달러입니다.
It costs $10 per person. 한 사람당 10달러예요.

• 할인
We're giving a 20% discount on the item. 그 품목은 20% 할인을 해 드립니다.
If you buy two, we will give you a 10% discount. 두 개를 구입하시면 10% 할인을 해 드립니다.

• 시각
It takes 20 minutes to get there. 그곳에 도착하는 데 20분이 걸립니다.
The cookies will be done in 15 minutes. 쿠키는 15분 후에 완성될 거야.

기타 숫자 정보와 관련된 표현

• 인원
Mr. and Mrs. Brown called and said they can't come. Brown 씨 부부가 전화해서 올 수 없다고 했어.
Brian just called and said that he couldn't make it. Brian이 방금 전화해서 올 수 없다고 했어.

• 층수
This is the second floor. You need to go up one more. 여긴 2층입니다. 한 층 더 올라가셔야 해요.

한 일 · 할 일 파악

1 먼저 지시문을 읽고, 두 화자 중 누가 한 일이나 할 일을 묻는지 확인한다.
2 대화 속의 상대방이 한 일이나 할 일이 함께 언급되는 경우가 많으므로 혼동하지 않도록 한다.
3 한 일을 묻는 경우는 과거동사, 할 일을 묻는 경우는 미래동사에 집중하여 듣는다.

기출 맛보기

대화를 듣고, 남자가 지난 주말에 한 일로 가장 적절한 것을 고르시오.

① 승마 체험하기 ② 자전거 타기 ③ 콘서트 관람하기
④ 박물관 견학하기 ⑤ 할머니 댁 방문하기

M: What are you going to do this weekend, Susan?	남: 이번 주말에 뭐 할 거야, Susan?
W: I'm going to visit my grandmother on Jeju Island.	여: 제주도에 계시는 할머니 댁을 방문할 거야.
M: Wow, Jeju Island! I went there last weekend.	남: 와, 제주도라니! 나는 지난 주말에 거기 갔었어.
W: Really? What did you do there?	여: 정말? 거기서 뭐 했어?
M: I went horse-back riding. It was great!	남: 승마하러 갔었어. 재미있었어!
W: Horse-back riding? That sounds wonderful!	여: 승마라고? 재미있을 것 같다!

문제 해설 ① 남자는 지난 주말에 제주도에 가서 승마를 했다고 말했다.

자주 쓰이는 표현

• 한 일

I went to the museum with my friends. 나는 친구들과 박물관에 갔었어.
I visited my grandfather in the hospital. 나는 병원에 계신 할아버지를 방문했어.
I was looking for things to sell at the school flea market.
나는 학교 벼룩시장에서 판매할 것들을 찾아보고 있었어.
My cell phone wasn't working, so I took it to the service center.
내 휴대전화가 작동하지 않아서, 서비스 센터에 가져갔어.

• 할 일

A: The ticket is still on my desk! 그 표가 아직 제 책상에 있어요!
B: Go and get it. 가서 가지고 오렴.

A: You should go and see a doctor. 너 병원에 가서 진찰받아야겠다.
B: Okay, I'll do that. 알았어, 그럴게.

A: Why don't you call Suji? She's from Jeju Island. 수지에게 전화해 보는 게 어때? 제주도 출신이잖아.
B: That's a good idea. I'll call her right now. 좋은 생각이야. 지금 바로 전화해 볼게.

유형 분석 10

장소 · 관계 추론

1 먼저 선택지를 읽고, 들을 내용이 무엇일지 예상해 본다.
2 대화의 전체적인 상황을 파악하며 듣는다.
3 특정 장소나 관계에서 자주 쓰이는 표현을 미리 익혀 둔다.

기출 맛보기

대화를 듣고, 두 사람의 관계로 가장 적절한 것을 고르시오.

① 시민 - 교통 경찰관 ② 투숙객 - 호텔 주방장 ③ 승객 - 버스 운전기사
④ 고객 - 자동차 정비사 ⑤ 관광객 - 기념품 가게 주인

W: Excuse me. Does this bus go to Victoria Station?
M: Yes, it does. We're about to leave. If you want to take this bus, you'd better get on now.
W: Okay, thanks. *[pause]* How long will it take to get there?
M: About half an hour.
W: Okay. Can you tell me when we get there please? I'm not from around here.
M: Sure, no problem. Take a seat please.

여: 실례합니다. 이 버스가 빅토리아 역으로 가나요?
남: 네, 가요. 지금 출발하려고 해요. 이 버스를 타시려면 지금 승차하세요.
여: 네, 감사합니다. *[잠시 후]* 거기까지 가는 데 얼마나 걸릴까요?
남: 30분 정도요.
여: 네. 도착하면 알려 주실 수 있나요? 제가 이 근처에 살지 않아서요.
남: 물론이죠, 문제없습니다. 자리에 앉으세요.

문제 해설 ③ 여자는 남자에게 버스 정차 역과 소요 시간을 묻고 도착하면 알려 달라고 했으므로, 승객과 버스 운전기사의 관계임을 알 수 있다.

자주 나오는 대화

- 은행 (손님 - 은행 직원)
  A: I'd like to open a bank account. 은행 계좌를 개설하려고 합니다.
  B: Can I see your ID? 신분증을 보여 주시겠어요?
- 우체국 (손님 - 우체국 직원)
  A: I'd like to send this package to the US. 이 소포를 미국으로 보내고 싶습니다.
  B: Okay. Let me check its weight. 알겠습니다. 무게를 측정해 보겠습니다.
- 약국 (손님 - 약사)
  A: Can I get something for my headache? 두통약 좀 주시겠어요?
  B: Here you are. Take one after your meal. 여기 있습니다. 식사 후에 한 알 드세요.
- 영화관 (손님 - 영화관 직원)
  A: We'd like tickets for the 3D movie. 3D 영화표로 주세요.
  B: Okay. Please take a look at the computer screen, and choose your seats. 알겠습니다. 컴퓨터 화면을 보고, 좌석을 골라 주세요.

유형 분석 11

마지막 말에 이어질 응답 찾기

1 선택지가 영어로 제시되므로, 미리 읽고 의미를 파악해 둔다.
2 대화의 앞부분을 들으며 전반적인 상황을 파악하고, 마지막 말을 주의 깊게 듣는다.
3 요구나 제안 등에 쓰이는 관용적인 표현을 미리 익혀 둔다.
4 대화 중 언급된 단어나 표현이 포함된 선택지가 오답으로 자주 등장하므로 이에 주의한다.

기출 맛보기

대화를 듣고, 남자의 마지막 말에 이어질 여자의 말로 가장 적절한 것을 고르시오.

Woman: ______________________

① Please help yourself.
② I'm sure he can do it.
③ I had a very good time.
④ Thank you for your advice.
⑤ I'm pleased to meet you, too.

M: Hey, Sarah. Why the long face?
W: I'm worried that Jaeho might be angry with me.
M: Why?
W: We had a meeting together this morning, but I didn't go.
M: Did something happen?
W: No. I just completely forgot about it. What should I do?
M: You should tell him that you're sorry. I'm sure that's the best thing to do.
W: ______________________

남: 얘, Sarah. 왜 그렇게 우울해 보여?
여: 재호가 나에게 화가 나 있을 것 같아 걱정이야.
남: 왜?
여: 오늘 아침에 함께 회의하기로 했는데, 내가 가지 않았거든.
남: 무슨 일 있었어?
여: 아니. 난 그냥 그것에 대해 완전히 잊어버렸어. 어떻게 해야 하지?
남: 그에게 미안하다고 말해야 해. 그게 제일 좋은 방법임이 틀림없어.
여: 조언 고마워.

문제 해설 ④ 남자가 여자에게 조언을 해 주었으므로, 그에 대한 감사를 표현하는 응답이 가장 적절하다.

자주 나오는 대화

• 요청 – 수락
A: Can I come and watch you play? 내가 가서 너 연주하는 거 봐도 되니?
B: Sure! Come and enjoy the music. 물론이지! 와서 음악을 즐겨.

• 제안 – 수락
A: How about going to visit him after school? 방과 후에 그를 방문하는 게 어때?
B: Sure, let's go together. 좋아, 함께 가자.

• 자랑 – 칭찬
A: I got first prize in the writing contest. 나 글짓기 대회에서 일등상을 받았어.
B: You did a good job. 잘 했어.

• 낙담 – 격려
A: I failed my math exam. 나 수학 시험에서 낙제했어.
B: Don't worry. You'll do better next time. 걱정하지 마. 다음번엔 더 잘 할 거야.

유형 분석 12 그림 상황에 적절한 대화 찾기

1 먼저 그림을 보고, 장소나 상황에 어울리는 대화를 추측해 본다.
2 대화를 주의 깊게 들으면서 선택지를 하나씩 지워 답을 고른다.
3 그림에 나오는 사물과 관련된 단어들을 포함한 대화가 오답으로 제시되는 경우가 많으므로, 일부 단어만 듣고 성급하게 답을 고르지 않도록 한다.

기출 맛보기

다음 그림의 상황에 가장 적절한 대화를 고르시오.

① ② ③ ④ ⑤

① W: How is your new house?
M: It's really nice.
② W: What's your favorite season?
M: I like winter the best.
③ W: Would you like some more?
M: No, I've had enough.
④ W: It smells really good.
M: I just made a potato pizza for you.
⑤ W: How can I help you?
M: I want two express train tickets to Busan.

① 여: 너의 새 집은 어때?
남: 정말 좋아.
② 여: 네가 가장 좋아하는 계절은 뭐야?
남: 나는 겨울을 제일 좋아해.
③ 여: 좀 더 먹을래?
남: 아니, 난 충분히 먹었어.
④ 여: 냄새 정말 좋다.
남: 내가 너를 위해 포테이토 피자를 막 만들었어.
⑤ 여: 무엇을 도와드릴까요?
남: 부산행 고속 열차표 두 장 주세요.

문제 해설 ⑤ 기차역 매표창구에서 남자 손님이 열차표를 구입하는 상황이다.

자주 나오는 대화

• 카페에서 음료를 주문하는 상황
A: Can I take your order? 주문하시겠어요?
B: Yes. I'd like a strawberry juice, please. 네. 딸기 주스 주세요.

• 다른 사람의 좌석에 잘못 앉은 상황
A: Could you check your ticket? I think that's my seat.
표를 확인해 주시겠어요? 거긴 제 좌석 같은데요.
B: Oh, I'm sorry. I'll move. 아, 죄송합니다. 제가 이동할게요.

• 엘리베이터가 고장 난 상황
A: The elevator is not working now. 엘리베이터가 지금 작동하지 않습니다.
B: Oh, I see. Where are the stairs? 아, 알겠어요. 계단이 어디에 있나요?

• 옷 가게에서 옷을 입어 보려는 상황	A: Can I try this T-shirt on? 이 티셔츠를 입어 봐도 될까요? B: Sure, go ahead. 그럼요, 입어 보세요.
• 길에서 지하철역의 위치를 묻는 상황	A: Where is the nearest subway station? 제일 가까운 지하철역이 어디에 있나요? B: It's next to the hospital over there. 저쪽에 병원 옆에 있어요.
• 수영장에서 안전요원이 수영 모자를 쓰라고 말하는 상황	A: Excuse me, sir. You have to wear a swimming cap here. 실례합니다, 손님. 여기에선 수영 모자를 쓰셔야 합니다. B: Oh, I'm sorry. I forgot to bring it today. 아, 죄송해요. 제가 오늘 그걸 가져오는 걸 잊었어요.

보통 속도 듣기 빠르게 듣기

기출문제 01회

정답 및 해설 pp. 02~05

점수: /20

01 다음을 듣고, 여자가 맨체스터에 갔을 때 경험한 날씨로 가장 적절한 것을 고르시오.

① ② ③ 

④ ⑤ 

02 대화를 듣고, 남자가 선택할 벽지로 가장 적절한 것을 고르시오.

①  ②  ③ 

④ 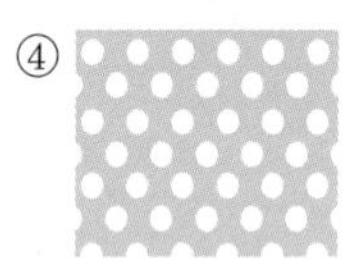 ⑤ 

03 대화를 듣고, 여자의 심정으로 가장 적절한 것을 고르시오.

① excited ② scared ③ angry
④ bored ⑤ shy

04 대화를 듣고, 여자가 어제 한 일로 가장 적절한 것을 고르시오.

① 책 읽기 ② 노래하기
③ 요리하기 ④ 운동하기
⑤ 영화 보기

05 대화를 듣고, 두 사람이 대화하는 장소로 가장 적절한 곳을 고르시오.

① 학교 운동장 ② 기차역 매표소
③ 자전거 수리점 ④ 발명품 박람회장
⑤ 공항 분실물 센터

06 대화를 듣고, 남자의 마지막 말의 의도로 가장 적절한 것을 고르시오.

① 비난 ② 조언 ③ 동의
④ 거절 ⑤ 용서

07 대화를 듣고, 여자가 가져올 물건으로 가장 적절한 것을 고르시오.

① 교과서 ② 계산기 ③ 텀블러
④ 필기도구 ⑤ 수학 잡지

08 대화를 듣고, 두 사람이 대화 직후에 할 일로 가장 적절한 것을 고르시오.

① 농구하기 ② 숙제하기
③ 편지 쓰기 ④ 조리법 찾기
⑤ 꽃 구입하기

09 대화를 듣고, 두 사람이 만화책에 대해 언급하지 <u>않은</u> 것을 고르시오.

① 작가 ② 출간일 ③ 제목
④ 장르 ⑤ 판매 부수

10 다음을 듣고, 남자가 하는 말의 내용으로 가장 적절한 것을 고르시오.

① 급식실 공사 ② 소화기 사용법
③ 시험 주의사항 ④ 학급 회장 선거
⑤ 동아리 가입 방법

11 대화를 듣고, Shine River Campground에 대한 내용과 일치하지 <u>않는</u> 것을 고르시오.

① 담양에 위치해 있다.
② 아름다운 강을 볼 수 있다.
③ 캠프파이어를 즐길 수 있다.
④ 텐트 대여료가 있다.
⑤ 수영장이 있다.

12 대화를 듣고, 남자가 전화를 건 목적으로 가장 적절한 것을 고르시오.

① 신용카드를 찾기 위해서
② 저녁 약속을 잡기 위해서
③ 귀가 시간을 알려주기 위해서
④ 연극을 함께 보러 가기 위해서
⑤ 컴퓨터 사용 방법을 물어보기 위해서

13 대화를 듣고, 여자가 지불해야 할 금액으로 가장 적절한 것을 고르시오.

① $10 ② $12 ③ $20 ④ $24 ⑤ $30

14 대화를 듣고, 두 사람의 관계로 가장 적절한 것을 고르시오.

① 꽃가게 점원 - 손님
② 축구선수 - 코치
③ 안과의사 - 환자
④ 은행원 - 고객
⑤ 교사 - 학생

15 대화를 듣고, 남자가 여자에게 제안한 일로 가장 적절한 것을 고르시오.

① 규칙적인 생활하기
② 스케줄 앱 사용하기
③ 자기계발 도서 읽기
④ 병원 진료 예약하기
⑤ 스마트폰으로 강의 듣기

16 대화를 듣고, 남자가 다시 학교에 가는 이유로 가장 적절한 것을 고르시오.

① 농구 경기를 보기 위해서
② 축구 연습을 하기 위해서
③ 진로 상담을 받기 위해서
④ 조별 과제를 하기 위해서
⑤ 가정통신문을 가져오기 위해서

17 다음 그림의 상황에 가장 적절한 대화를 고르시오.

① ② ③ ④ ⑤

18 다음을 듣고, 여자가 도서관에 대해 언급하지 <u>않은</u> 것을 고르시오.

① 개관 날짜 ② 이름 ③ 위치
④ 수용 인원 ⑤ 이용 시간

[19-20] 대화를 듣고, 남자의 마지막 말에 이어질 여자의 말로 가장 적절한 것을 고르시오.

19 Woman: ______________________

① Turn right, please.
② He doesn't have to.
③ Where are you from?
④ How can I get there?
⑤ Jogging could be good.

20 Woman: ______________________

① He can play the guitar.
② It's 5 dollars for students.
③ I am very tired right now.
④ She goes to bed at 10 o'clock.
⑤ I think you have the wrong number.

보통 속도 듣기 빠르게 듣기

Dictation Test 01

정답 및 해설 pp. 02~05

01 세부 정보 파악

다음을 듣고, 여자가 맨체스터에 갔을 때 경험한 날씨로 가장 적절한 것을 고르시오.

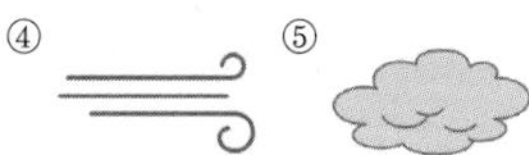

W: I went on a trip to Manchester last winter. Usually, 1) ________ ________ ________ ________ in winter in England. So I prepared an umbrella and rain boots. However, when I went there, it was 2) ________ ________ ________. I felt lucky that I could 3) ________ ________ ________ ________.

02 그림 정보 파악

대화를 듣고, 남자가 선택할 벽지로 가장 적절한 것을 고르시오.

①  ②  ③ 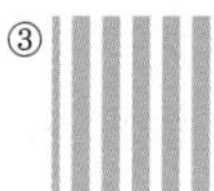

④ 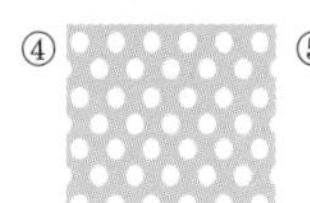 ⑤ 

W: May I help you?

M: I want wallpaper for my daughter's room.

W: How about one with stripes?

M: Hmm... I don't like stripes. I want 1) ________ ________.

W: Okay. We also have flower patterns.

M: I don't like flower patterns.

W: What about this one with rabbits? It is 2) ________ ________ ________ ________.

M: That looks cute. I'll buy the one 3) ________ ________ ________ ________.

03 심정 추론

대화를 듣고, 여자의 심정으로 가장 적절한 것을 고르시오.

① excited ② scared ③ angry
④ bored ⑤ shy

W: Ron, I have surprising news.
M: Surprising news? What is it?
W: My favorite singer 1) ________ ________ ________ ________ in our town.
M: Oh, really? You mean Alexa is coming to our town?
W: Yes, and my mom 2) ________ ________ ________ ________.
M: Good for you! You've waited so long for this.
W: You're right. I 3) ________ ________ ________ ________ her.

04 한 일 파악

대화를 듣고, 여자가 어제 한 일로 가장 적절한 것을 고르시오.

① 책 읽기 ② 노래하기
③ 요리하기 ④ 운동하기
⑤ 영화 보기

Focus on Sound **did you**
[d]가 뒤의 반모음 [j]를 만나면 동화되어 [디드유]가 아닌 [디쥬]로 발음된다.

W: Peter, what *did you do yesterday?
M: I just stayed at home. How about you, Stella?
W: I 1) ________ ________ ________, *The Three Kingdoms*. And it was so wonderful.
M: What did you like about the movie?
W: I loved 2) ________ ________ ________ ________ in it.
M: Did you watch the movie alone?
W: No, I 3) ________ ________ ________ ________ ________.

05 장소 추론

대화를 듣고, 두 사람이 대화하는 장소로 가장 적절한 곳을 고르시오.

① 학교 운동장 ② 기차역 매표소
③ 자전거 수리점 ④ 발명품 박람회장
⑤ 공항 분실물 센터

W: Can I help you?
M: I lost my watch. I think I 1) ________ ________ ________ ________ ________.
W: We have a 2) ________ ________ ________ ________. Let me check.
M: It's very important to me. I hope it's there.
W: Sorry, we don't have any watches here right now. 3) ________ ________ ________ ________?
M: It was Sunny Airlines 15 from New York.
W: Alright. Please write your name and phone number. We'll call you later.

06 의도 파악

대화를 듣고, 남자의 마지막 말의 의도로 가장 적절한 것을 고르시오.

① 비난 ② 조언 ③ 동의
④ 거절 ⑤ 용서

W: Let's go out for lunch together. I'm very hungry.

M: Me, too. What do you 1) ________ ________ ________?

W: There is a new Mexican restaurant on Park Avenue. It's popular.

M: Well, I don't like Mexican food. It is 2) ________ ________ ________ ________.

W: Then, what about Italian food like pizza or pasta?

M: That's a great idea. 3) ________ ________ ________.

07 세부 정보 파악

대화를 듣고, 여자가 가져올 물건으로 가장 적절한 것을 고르시오.

① 교과서 ② 계산기 ③ 텀블러
④ 필기도구 ⑤ 수학 잡지

M: Let's start our math project. Why don't we go to a study room?

W: Sounds good. What do we 1) ________ ________ ________?

M: I have a math textbook and a tablet PC. Do we need anything else?

W: I think we need math magazines to 2) ________ ________ ________.

M: I agree, but I don't have any.

W: I 3) ________ ________ ________ ________ at home. I'll bring them.

M: Okay. See you later.

08 할 일 파악

대화를 듣고, 두 사람이 대화 직후에 할 일로 가장 적절한 것을 고르시오.

① 농구하기 ② 숙제하기
③ 편지 쓰기 ④ 조리법 찾기
⑤ 꽃 구입하기

M: Yuna, today is Dad's birthday.

W: Right. I wrote a letter for him.

M: Me, too. We can give the letters to him.

W: What else can we do?

M: Let's 1) ________ ________ before he comes.

W: Good idea. Well, how about galbi?

M: Great. We should 2) ________ ________ ________ ________ ________ galbi.

W: Okay. Let's 3) ________ ________ ________ ________ right now.

09 언급하지 않은 내용 찾기

대화를 듣고, 두 사람이 만화책에 대해 언급하지 않은 것을 고르시오.

① 작가 ② 출간일 ③ 제목
④ 장르 ⑤ 판매 부수

W: Harry, what are you reading?

M: It's a new comic book 1) ________ ________ ________ ________, Eliot Corbel.

W: Oh, I saw it on the news. It 2) ________ ________ ________ March 1st. What was the title?

M: It's *Secret Lives*. It's about human life on a new planet.

W: That sounds like 3) ________ ________.

M: Yes, it is. I like science fiction very much.

10 주제 파악

다음을 듣고, 남자가 하는 말의 내용으로 가장 적절한 것을 고르시오.

① 급식실 공사 ② 소화기 사용법
③ 시험 주의사항 ④ 학급 회장 선거
⑤ 동아리 가입 방법

> *Focus on Sound **start today**
>
> 똑같은 발음의 자음이 겹치면 앞 자음 소리가 탈락하여 [스타ㄹ트 투데이]가 아닌 [스타ㄹ 투데이]로 발음된다.

M: Good morning, everyone. Your final exams *start today. Please, listen to the directions carefully. First, 1) ________ ________ ________. You shouldn't have any books on your desk. Second, you cannot talk to your friends during the exam. Third, 2) ________ ________ ________ ________ if you have a question. Lastly, 3) ________ ________ ________ ________ ________. Is everything clear? *[pause]* Good luck and do your best.

11 내용 일치 파악

대화를 듣고, Shine River Campground에 대한 내용과 일치하지 않는 것을 고르시오.

① 담양에 위치해 있다.
② 아름다운 강을 볼 수 있다.
③ 캠프파이어를 즐길 수 있다.
④ 텐트 대여료가 있다.
⑤ 수영장이 있다.

M: Soeun, do you know the Shine River Campground? It's in Damyang.

W: Yes. I heard you can see a beautiful river there.

M: Right. My family and I went there last week. We 1) ________ ________ ________ there.

W: Did you bring your tent?

M: No. You can 2) ________ ________ ________ ________ ________.

W: Wow, I should go there, too.

M: Don't forget to 3) ________ ________ ________. There is a swimming pool.

W: Okay. I will.

12 목적 파악

대화를 듣고, 남자가 전화를 건 목적으로 가장 적절한 것을 고르시오.

① 신용카드를 찾기 위해서
② 저녁 약속을 잡기 위해서
③ 귀가 시간을 알려주기 위해서
④ 연극을 함께 보러 가기 위해서
⑤ 컴퓨터 사용 방법을 물어보기 위해서

[Cell phone rings.]

W: Hi, Dad.

M: Hey, Grace. Are you home?

W: Yes. Why?

M: Do you 1) ________ ________ ________ ________ there?

W: Oh, you mean the blue one?

M: Yes. I can't find it in my wallet. Can you 2) ________ ________ ________?

W: *[pause]* Oh, here's your credit card! You left it on the kitchen table.

M: Whew... I thought 3) ________ ________ ________. Thanks.

W: No problem. Bye, Dad.

13 숫자 정보 파악

대화를 듣고, 여자가 지불해야 할 금액으로 가장 적절한 것을 고르시오.

① $10 ② $12 ③ $20 ④ $24 ⑤ $30

M: Hi, welcome to My Sea Aquarium. How may I help you?

W: Hi, I'd like to buy two tickets, please.

M: No problem. It's 12 dollars 1) ________ ________ ________.

W: Do you have any 2) ________ ________ ________?

M: Yes, we do. There's a 2-dollar discount.

W: Then, it's 10 dollars each, right?

M: Yes. 3) ________ ________ ________ ________ 20 dollars.

W: Here you are. Thanks.

14 관계 추론

대화를 듣고, 두 사람의 관계로 가장 적절한 것을 고르시오.

① 꽃가게 점원 - 손님
② 축구선수 - 코치
③ 안과의사 - 환자
④ 은행원 - 고객
⑤ 교사 - 학생

W: Good afternoon. What can I do for you?

M: Good afternoon. I want to 1) ________ ________ ________ ________ for my wife.

W: If you choose the flowers, I can 2) ________ ________ ________ ________.

M: Okay. My wife likes roses and tulips.

W: That's a good choice.

M: Can you 3) ________ ________ ________ ________ ________?

W: Sure. The total will be 35 dollars.

15 제안한 일 파악

대화를 듣고, 남자가 여자에게 제안한 일로 가장 적절한 것을 고르시오.

① 규칙적인 생활하기
② 스케줄 앱 사용하기
③ 자기계발 도서 읽기
④ 병원 진료 예약하기
⑤ 스마트폰으로 강의 듣기

M: Yuri, what's wrong? You look worried.
W: I didn't give my homework to the teacher yesterday.
M: What happened? Did you forget to do it?
W: Yeah. I 1) ________ ________ ________ these days.
M: That's too bad.
W: What should I do?
M: How about 2) ________ ________ ________ ________ on your smartphone? It might help you remember what to do.
W: That's a good idea. I'll 3) ________ ________ ________ ________ ________.

16 이유 파악

대화를 듣고, 남자가 다시 학교에 가는 이유로 가장 적절한 것을 고르시오.

① 농구 경기를 보기 위해서
② 축구 연습을 하기 위해서
③ 진로 상담을 받기 위해서
④ 조별 과제를 하기 위해서
⑤ 가정통신문을 가져오기 위해서

M: Mom, I'm 1) ________ ________ ________ again.
W: But it's 4 p.m. Why are you going to school now?
M: I have to 2) ________ ________ ________.
W: Friends? What are you going to do with them?
M: We're going to 3) ________ ________ ________. There's a soccer match next week.
W: Will you practice with your teacher?
M: Yes, he will be with us.
W: Okay. Do your best.

17 그림 상황에 적절한 대화 찾기

다음 그림의 상황에 가장 적절한 대화를 고르시오.

① ② ③ ④ ⑤

① M: When 1) ________ ________ ________?
W: It was painted back in 1887.

② M: Watch out! The cup is very hot.
W: Oh, I didn't know that. Thank you.

③ M: Wake up! You're 2) ________ ________ ________!
W: Just five more minutes, Dad.

④ M: This badminton game 3) ________ ________ ________.
W: Yes. Look at that player!

⑤ M: How may I help you?
W: I want to buy earphones.

18 언급하지 않은 내용 찾기

다음을 듣고, 여자가 도서관에 대해 언급하지 <u>않은</u> 것을 고르시오.

① 개관 날짜 ② 이름 ③ 위치
④ 수용 인원 ⑤ 이용 시간

W: Hello, this is your principal. A new school library 1) ________ ________ ________ May 3rd. Its name is Hana Library. The students of our school chose the name. The library is 2) ________ ________ ________ ________. You can find it next to the teachers' office. You 3) ________ ________ ________ ________ from 9 a.m. to 4 p.m. You're welcome to come and visit. Thank you.

19 마지막 말에 이어질 응답 찾기

대화를 듣고, 남자의 마지막 말에 이어질 여자의 말로 가장 적절한 것을 고르시오.

Woman: ______________________

① Turn right, please.
② He doesn't have to.
③ Where are you from?
④ How can I get there?
⑤ Jogging could be good.

M: Can you believe it? We have no school next week!
W: Yeah, it's already summer vacation.
M: Time goes by so fast!
W: Right. Do you have any special 1) ________ ________ ________ ________?
M: Well, I plan to exercise at least three times a week.
W: Awesome! 2) ________ ________ ________ ________ are you going to do?
M: I didn't decide yet. Can you 3) ________ ________?
W: Jogging could be good.

---

20 마지막 말에 이어질 응답 찾기

대화를 듣고, 남자의 마지막 말에 이어질 여자의 말로 가장 적절한 것을 고르시오.

Woman: ______________________

① He can play the guitar.
② It's 5 dollars for students.
③ I am very tired right now.
④ She goes to bed at 10 o'clock.
⑤ I think you have the wrong number.

M: Hi, Soyeon. What are you looking at?
W: Hey, jihoon. It's the 1) ________ ________ the Your Music Camp.
M: Your Music Camp? Tell me more about it.
W: At the camp, you can learn how to 2) ________ ________ ________ ________.
M: That's interesting! Is it free?
W: Hmm... Let me check. *[pause]* No, you have to 3) ________ ________ ________.
M: Okay, then how much is it?
W: It's 5 dollars for students.

기출문제 02 회

정답 및 해설 pp. 06~10

점수: /20

보통 속도 듣기

빠르게 듣기

01 다음을 듣고, 전주의 내일 날씨로 가장 적절한 것을 고르시오.

①  ②  ③ 

④ ⑤ 

02 대화를 듣고, 여자가 구입할 화분으로 가장 적절한 것을 고르시오.

①  ②  ③ 

④  ⑤ 

03 대화를 듣고, 여자의 심정으로 가장 적절한 것을 고르시오.

① worried ② thankful ③ bored
④ cheerful ⑤ peaceful

04 대화를 듣고, 여자가 어제 한 일로 가장 적절한 것을 고르시오.

① 놀이공원 가기 ② 여행 계획하기
③ 시계 수리하기 ④ 고궁 방문하기
⑤ 강아지 산책시키기

05 대화를 듣고, 두 사람이 대화하는 장소로 가장 적절한 곳을 고르시오.

① 식당 ② 세차장 ③ 동물 보호소
④ 버스 터미널 ⑤ 영화 세트장

06 대화를 듣고, 남자의 마지막 말의 의도로 가장 적절한 것을 고르시오.

① 용서 ② 조언 ③ 감사 ④ 거절 ⑤ 항의

07 대화를 듣고, 여자가 Hate Waste 캠페인에 동참하기 위해 한 일을 고르시오.

① 불필요한 물건 사지 않기
② 머그컵 사용하기
③ 음식 남기지 않기
④ 에코백 사용하기
⑤ 손수건 사용하기

08 대화를 듣고, 남자가 대화 직후에 할 일로 가장 적절한 것을 고르시오.

① 전화하기 ② 숙제하기
③ 택배 보내기 ④ 저녁 식사하기
⑤ 선물 포장하기

09 대화를 듣고, 두 사람이 영화에 대해 언급하지 <u>않은</u> 것을 고르시오.

① 제목 ② 내용 ③ 주연 배우
④ 수상 여부 ⑤ 관객 수

10 다음을 듣고, 남자가 하는 말의 내용으로 가장 적절한 것을 고르시오.

① 선거 공약 ② 전학생 소개
③ 학생증 발급 ④ 급식실 공사
⑤ 체육대회 일정

11 대화를 듣고, Rose Cottage 건물에 대한 내용과 일치하지 <u>않는</u> 것을 고르시오.

① 시청 근처에 있다.
② 빨간색이다.
③ Jack London이 설계했다.
④ 디자인상을 받았다.
⑤ 내일 국제 회의가 열린다.

12 대화를 듣고, 남자가 전화를 건 목적으로 가장 적절한 것을 고르시오.

① 숙제를 물어보기 위해서
② 카메라를 빌리기 위해서
③ 기차를 예약하기 위해서
④ 관광지를 추천받기 위해서
⑤ 일정을 변경하기 위해서

13 대화를 듣고, 여자가 받은 거스름돈으로 가장 적절한 것을 고르시오.

① $1 ② $2 ③ $3 ④ $4 ⑤ $5

14 대화를 듣고, 두 사람의 관계로 가장 적절한 것을 고르시오.

① 디자이너 - 모델 ② 의사 - 환자
③ 교사 - 학생 ④ 감독 - 선수
⑤ 점원 - 고객

15 대화를 듣고, 남자가 여자에게 제안한 일로 가장 적절한 것을 고르시오.

① 만화 그리기
② 생일 케이크 만들기
③ 미술관 방문하기
④ 메모하는 습관 기르기
⑤ 온라인으로 책 주문하기

16 대화를 듣고, 남자가 계단을 이용한 이유로 가장 적절한 것을 고르시오.

① 운동을 하려고
② 전기를 절약하려고
③ 소방시설을 점검하려고
④ 교무실에 방문하려고
⑤ 엘리베이터가 고장나서

17 다음 그림의 상황에 가장 적절한 대화를 고르시오.

① ② ③ ④ ⑤

18 대화를 듣고, 두 사람이 대회에 대해 언급하지 <u>않은</u> 것을 고르시오.

① 명칭 ② 개최 기간
③ 개최 장소 ④ 티켓 판매 기간
⑤ 티켓 가격

[19-20] 대화를 듣고, 여자의 마지막 말에 이어질 남자의 말로 가장 적절한 것을 고르시오.

19 Man: ____________________

① He looks happy.
② How do you do?
③ That sounds great.
④ What a beautiful tree!
⑤ I want to be a teacher.

20 Man: ____________________

① He's my cousin.
② I played the drums.
③ She will be back soon.
④ No, the restaurant is still closed.
⑤ It's *Sunlight Sonata* by Neil Henn.

Dictation Test 02

정답 및 해설 pp. 06~10

보통 속도 듣기 빠르게 듣기

01 세부 정보 파악

다음을 듣고, 전주의 내일 날씨로 가장 적절한 것을 고르시오.

①  ②  ③ 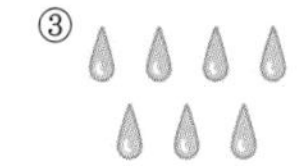

④ ⑤ 

M: Welcome to Weather Korea. Tomorrow, Seoul will 1) ________ ________ ________ ________ ________. In Sokcho, there will be snow and 2) ________ ________, so be careful when you drive. And in Jeonju, 3) ________ ________ ________ ________, so don't forget to take an umbrella with you.

02 그림 정보 파악

대화를 듣고, 여자가 구입할 화분으로 가장 적절한 것을 고르시오.

① 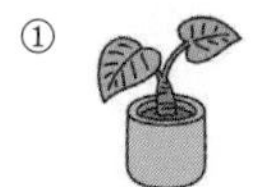 ②   ③ 

④   ⑤ 

M: Good morning. Are you 1) ________ ________ ________ ________?

W: Yes, I am.

M: Then, how about one of these? We just got them in.

W: I love the 2) ________ ________. I'll take one of them.

M: Which one would you like? The one in the round pot or the square pot?

W: The one 3) ________ ________ ________ ________, please.

M: Okay!

03 심정 추론

대화를 듣고, 여자의 심정으로 가장 적절한 것을 고르시오.

① worried ② thankful ③ bored
④ cheerful ⑤ peaceful

[Cell phone rings.]

M: Jisu, where are you? It's almost 9 a.m.

W: Taemin! I 1) ________ ________ ________! I'm running to the bus stop.

M: We're supposed to leave for the field trip at 9 a.m.

W: I know. I'm afraid that I won't 2) ________ ________ ________ ________.

M: Come on! Hurry up! When can you get here?

W: I'm not sure. I don't know when the 3) ________ ________ ________. Oh, no! What should I do?

04 한 일 파악

대화를 듣고, 여자가 어제 한 일로 가장 적절한 것을 고르시오.

① 놀이공원 가기 ② 여행 계획하기
③ 시계 수리하기 ④ 고궁 방문하기
⑤ 강아지 산책시키기

*** Focus on Sound** went to

같은 발음의 자음이 겹치면 앞 자음 소리가 탈락하여 [웬트 투]가 아닌 [웬투]로 발음된다.

W: Roger, what did you do yesterday?

M: I 1) ________ ________ ________ at the park. What about you, Stacy?

W: I *went to Deoksugung Palace 2) ________ ________ ________.

M: Sounds like fun. How was it?

W: We had a great time. We wore Hanbok and 3) ________ ________ ________ ________ ________.

M: Can you show me some of them?

W: Sure. Look at this!

05 장소 추론

대화를 듣고, 두 사람이 대화하는 장소로 가장 적절한 곳을 고르시오.

① 식당 ② 세차장 ③ 동물 보호소
④ 버스 터미널 ⑤ 영화 세트장

M: Wow, there are a lot of animals here!

W: Yeah. Look at this dog. He's so cute.

M: Yes, but he's so skinny.

W: Poor thing! I guess he 1) ________ ________ ________.

M: Yeah. He 2) ________ ________ ________.

W: I want him to find a new family soon.

M: Me, too. I hope that all the animals here 3) ________ ________ ________.

06 의도 파악

대화를 듣고, 남자의 마지막 말의 의도로 가장 적절한 것을 고르시오.

① 용서 ② 조언 ③ 감사 ④ 거절 ⑤ 항의

W: Mr. Han, I have a question.

M: Sure. What is it, Eunjae?

W: It's 1) ________ ________ ________ ________ last week. Mainly, question number five.

M: Okay.

W: The question was to write the name of the 13th king of the Joseon Dynasty.

M: Oh, you 2) ________ ________ ________. It was for the third king, not the 13th one.

W: Oh, no! I confused the number.

M: Next time, you 3) ________ ________ ________ ________ before you hand in your test.

07 세부 정보 파악

대화를 듣고, 여자가 Hate Waste 캠페인에 동참하기 위해 한 일을 고르시오.

① 불필요한 물건 사지 않기
② 머그컵 사용하기
③ 음식 남기지 않기
④ 에코백 사용하기
⑤ 손수건 사용하기

W: Henry, have you heard about Hate Waste?

M: No, I haven't. What's that?

W: It's a campaign to reduce the 1) ________ ________ ________ we make.

M: Wow! That sounds like a good campaign.

W: It is. I'm trying to 2) ________ ________ ________.

M: How are you doing that?

W: I 3) ________ ________ ________ instead of plastic bags when I go shopping.

M: Good idea.

08 할 일 파악

대화를 듣고, 남자가 대화 직후에 할 일로 가장 적절한 것을 고르시오.

① 전화하기 ② 숙제하기
③ 택배 보내기 ④ 저녁 식사하기
⑤ 선물 포장하기

★ Focus on Sound about your

[t]가 뒤의 반모음 [j]를 만나면 동화되어 [어바우트 유어]가 아닌 [어바우츄어ㄹ]로 발음된다.

W: Did you hear the big news *about your sister?

M: Yes, Mom. I heard that she 1) ________ ________ ________ ________.

W: Yeah. She finally made it.

M: Why don't we 2) ________ ________ ________ ________?

W: That's what I was thinking. How about going to the shopping mall now?

M: Okay. But can I 3) ________ ________ ________ ________? It'll only take five minutes.

W: Sure. Let me know when you're ready.

09 언급하지 않은 내용 찾기

대화를 듣고, 두 사람이 영화에 대해 언급하지 않은 것을 고르시오.

① 제목 ② 내용 ③ 주연 배우
④ 수상 여부 ⑤ 관객 수

W: Hello. We're having director John Lee on today's show.

M: Thanks for having me.

W: Our pleasure. So, tell us about your new movie, *Just Like a Woman*.

M: It's about 1) ________ ________ ________ as an artist.

W: Who 2) ________ ________ ________ ________?

M: Scarlett Stone. Her acting is amazing.

W: 3) ________ ________ ________ ________ have already seen your movie. How does that make you feel?

M: I'm glad that so many people like it.

10 주제 파악

다음을 듣고, 남자가 하는 말의 내용으로 가장 적절한 것을 고르시오.

① 선거 공약 ② 전학생 소개
③ 학생증 발급 ④ 급식실 공사
⑤ 체육대회 일정

M: Hello, Taeyang Middle School students. My name is Woobin Shin. If I 1) ________ ________ ________ ________, I will make our sports day more fun with 2) ________ ________ ________ ________. Also, I will make new clubs. And, I will make our school cleaner and safer. So, 3) ________ ________ ________ to be your next student leader. Thank you.

11 내용 일치 파악

대화를 듣고, Rose Cottage 건물에 대한 내용과 일치하지 않는 것을 고르시오.

① 시청 근처에 있다.
② 빨간색이다.
③ Jack London이 설계했다.
④ 디자인상을 받았다.
⑤ 내일 국제 회의가 열린다.

W: Fred, have you ever seen the Rose Cottage building near City Hall?

M: Yeah. It's the big red one.

W: Have you been there before?

M: Yes, a couple of times. It 1) ________ ________ ________ Jack London, a famous architect.

W: I didn't know that.

M: It also 2) ________ ________ ________ ________ in 2020.

W: Really? That's amazing. I want to go there.

M: Actually, there's an 3) ________ ________ ________ ________ there right now. Do you want to go there tomorrow?

W: Sure.

12 목적 파악

대화를 듣고, 남자가 전화를 건 목적으로 가장 적절한 것을 고르시오.

① 숙제를 물어보기 위해서
② 카메라를 빌리기 위해서
③ 기차를 예약하기 위해서
④ 관광지를 추천받기 위해서
⑤ 일정을 변경하기 위해서

*** Focus on Sound traveling**

[t]와 [r]이 연달아 나와 [트레블링]이 아닌 [츄레블링]으로 발음된다.

[Cell phone rings.]

M: Hey, Jenny.

W: Hi, Vincent. What's up?

M: Didn't you say that you're from Chuncheon?

W: Right. That's my hometown.

M: I'm *traveling there next week. Can you let me know 1) ________ ________ ________ ________ ________?

W: Sure. You should visit Nami Island and Gangchon Rail Park.

M: Thanks! I'll 2) ________ ________ ________ and take pictures.

W: I hope you have a great time! 3) ________ ________ ________ ________ later!

13 숫자 정보 파악

대화를 듣고, 여자가 받은 거스름돈으로 가장 적절한 것을 고르시오.

① $1 ② $2 ③ $3 ④ $4 ⑤ $5

M: Good afternoon. Can I take your order?

W: Yes. I'd like to have one watermelon juice and one kiwi juice.

M: 1) ________ ________ ________ ________ ________, small or medium?

W: Both small, please. How much is it?

M: It's 2) ________ ________ ________ ________.

W: Okay. Here's 10 dollars.

M: Alright. Here's your change. I'll 3) ________ ________ ________ ________ ________ right away.

W: Thank you so much.

14 관계 추론

대화를 듣고, 두 사람의 관계로 가장 적절한 것을 고르시오.

① 디자이너 - 모델 ② 의사 - 환자
③ 교사 - 학생 ④ 감독 - 선수
⑤ 점원 - 고객

W: Good morning. What can I do for you?

M: I 1) ________ ________ ________ for my son, but it's too big for him.

W: Would you like to exchange it for a smaller size?

M: Actually, he doesn't like the colour, either. So, I'd like to 2) ________ ________ ________.

W: Okay. Do you 3) ________ ________ ________ with you?

M: Yes. Here it is.

W: Wait a minute, please.

15 제안한 일 파악

대화를 듣고, 남자가 여자에게 제안한 일로 가장 적절한 것을 고르시오.

① 만화 그리기
② 생일 케이크 만들기
③ 미술관 방문하기
④ 메모하는 습관 기르기
⑤ 온라인으로 책 주문하기

*** Focus on Sound get it**

[t]가 약화되고 모음의 처음과 만나 연음되어 [게트 잇]이 아닌 [게릿]으로 발음된다.

M: Good afternoon. How may I help you?

W: Could you tell me where Charlie's Comic Series is?

M: It should be in the corner of the children's books section.

W: I looked there, but I 1) ________ ________ ________.

M: Mmm... Let me check. *[typing sound]* Sorry, the book 2) ________ ________ ________.

W: I need it by Saturday. Do you have any suggestions?

M: If you 3) ________ ________ ________ ________ ________ today, you can *get it delivered to your house by then.

W: Great. Thanks.

16 이유 파악

대화를 듣고, 남자가 계단을 이용한 이유로 가장 적절한 것을 고르시오.

① 운동을 하려고
② 전기를 절약하려고
③ 소방시설을 점검하려고
④ 교무실에 방문하려고
⑤ 엘리베이터가 고장 나서

M: Mom, I'm home.

W: Okay, Inseong. Why are you breathing so hard?

M: I 1) ________ ________ ________ ________.

W: Why? Is there a problem with the elevator?

M: No, there isn't.

W: Then, why did you take the stairs? It must be hard to walk up 15 floors.

M: 2) ________ ________ ________. I think using the stairs is a good way 3) ________ ________ ________.

W: You're right. Good for you.

17 그림 상황에 적절한 대화 찾기

다음 그림의 상황에 가장 적절한 대화를 고르시오.

① ② ③ ④ ⑤

① M: Is this your jacket?
W: Yes, it's brand new.

② M: What sport do you like the most?
W: 1) ________ ________ ________ is basketball.

③ M: Excuse me, where is the bus stop?
W: I'm sorry. I'm not 2) ________ ________ ________.

④ M: How often do you go ice skating?
W: Once a week in winter.

⑤ M: I'd like to order a bacon sandwich.
W: Sorry, we're 3) ________ ________ ________.

18 언급하지 않은 내용 찾기

대화를 듣고, 두 사람이 대회에 대해 언급하지 않은 것을 고르시오.

① 명칭 ② 개최 기간
③ 개최 장소 ④ 티켓 판매 기간
⑤ 티켓 가격

W: Haein, have you heard about the BotBots World Cup?
M: Yes, I have. It's coming up, right?
W: Yeah. It's from October 4th to 10th. Do you want to go together?
M: Let's go. Do we 1) ________ ________ ________ ________?
W: Yes, we do.
M: How do we do that?
W: We can 2) ________ ________ ________ ________ from today until next Saturday.
M: Okay. How much is it?
W: It's 3) ________ ________ ________ ________.
M: Alright. It should be fun.

19 마지막 말에 이어질 응답 찾기

대화를 듣고, 여자의 마지막 말에 이어질 남자의 말로 가장 적절한 것을 고르시오.

Man: ______________________

① He looks happy.
② How do you do?
③ That sounds great.
④ What a beautiful tree!
⑤ I want to be a teacher.

W: Ted, what do you do in your free time?
M: I usually go swimming. How about you?
W: I like to play games.
M: Interesting! Could you 1) ________ ________ ________ ________?
W: I think you'd really like Towering. Have you played it before?
M: No. How do you play it?
W: You need to 2) ________ ________ ________ with wood blocks as high as you can.
M: Cool! I really want to play it!
W: How about 3) ________ ________ ________ tomorrow?
M: That sounds great.

20 마지막 말에 이어질 응답 찾기

대화를 듣고, 여자의 마지막 말에 이어질 남자의 말로 가장 적절한 것을 고르시오.

Man: ______________________

① He's my cousin.
② I played the drums.
③ She will be back soon.
④ No, the restaurant is still closed.
⑤ It's *Sunlight Sonata* by Neil Henn.

W: What are you doing, Eric?
M: Hi, Karen. I'm 1) ________ ________ ________ of my band's performance in the school music contest.
W: Oh. Let me see.
M: Here. There are five of us in the band.
W: You guys are really good! How long did you practice?
M: We 2) ________ ________ ________ ________ for a month. And guess what? We won first place!
W: Congratulations! What's the 3) ________ ________ ________ ________ you played?
M: It's *Sunlight Sonata* by Neil Henn.

능률 중학영어듣기
모의고사 22회
Level 2

PART 02

실전모의고사

- 실전모의고사 18회
- 고난도 실전모의고사 2회

보통 속도 듣기

빠르게 듣기

실전모의고사 01회

정답 및 해설 pp. 10~14

점수: /20

01 다음을 듣고, 몬트리올의 날씨로 가장 적절한 것을 고르시오.

①　②　③　④　⑤

02 대화를 듣고, 여자가 구입할 가방으로 가장 적절한 것을 고르시오.

①　②　③　④　⑤

03 대화를 듣고, 여자의 심정으로 가장 적절한 것을 고르시오.

① bored　② annoyed　③ ashamed
④ curious　⑤ surprised

04 대화를 듣고, 남자가 토요일에 한 일로 가장 적절한 것을 고르시오.

① 농구 연습하기
② 부모님과 쇼핑하기
③ 할머니 댁 방문하기
④ 농구 경기 관람하기
⑤ 친구의 생일 파티 참석하기

05 대화를 듣고, 두 사람이 대화하는 장소로 가장 적절한 곳을 고르시오.

① 은행　② 병원　③ 경찰서
④ 도서관　⑤ 지하철역

06 대화를 듣고, 남자의 마지막 말의 의도로 가장 적절한 것을 고르시오.

① 제안　② 격려　③ 비난
④ 칭찬　⑤ 허락

07 대화를 듣고, 여자가 규칙적으로 하는 운동으로 가장 적절한 것을 고르시오.

① 요가　② 조깅　③ 수영
④ 테니스　⑤ 헬스

08 대화를 듣고, 남자가 대화 직후에 할 일로 가장 적절한 것을 고르시오.

① 노트북 수리받기　② 전화번호 변경하기
③ 카드 분실 신고하기　④ 서류 가방 구입하기
⑤ 분실물 보관소에 가기

09 대화를 듣고, 두 사람이 벼룩시장에 대해 언급하지 않은 것을 고르시오.

① 장소　② 운영 시간
③ 입장료　④ 주최 기관
⑤ 판매 품목

10 다음을 듣고, 여자가 하는 말의 내용으로 가장 적절한 것을 고르시오.

① 쇼핑몰 개업 홍보　② 쇼핑몰 세일 안내
③ 백화점 휴무 안내　④ 백화점 무료 주차 안내
⑤ 쇼핑몰 제휴 카드 안내

11 대화를 듣고, 남자가 탈 열차에 대한 내용과 일치하지 않는 것을 고르시오.

① 목적지는 부산이다.
② 정오 전에 부산에 도착할 것이다.
③ 8시에 출발 예정이다.
④ KTX 열차이다.
⑤ 요금은 5만 원이다.

12 대화를 듣고, 여자가 전화를 건 목적으로 가장 적절한 것을 고르시오.

① 안부를 묻기 위해서
② 약속 장소를 확인하기 위해서
③ 항공 예약을 변경하기 위해서
④ 도착 시각을 물어보기 위해서
⑤ 마중을 못 나간다고 말하기 위해서

고난도

13 대화를 듣고, 오렌지 한 개의 가격을 고르시오.

① 400원　② 500원　③ 600원
④ 2,000원　⑤ 3,000원

14 대화를 듣고, 두 사람의 관계로 가장 적절한 것을 고르시오.

① 사진사 - 모델　② 간호사 - 환자
③ 수리 기사 - 손님　④ 미용사 - 손님
⑤ 옷 가게 점원 - 손님

15 대화를 듣고, 남자가 여자에게 부탁한 일로 가장 적절한 것을 고르시오.

① 카레 만들기
② 식당 예약하기
③ 쿠폰 다운로드하기
④ 식당에서 대기하기
⑤ 식당 웹 사이트 주소 알아보기

16 대화를 듣고, 남자가 파티에 올 수 없는 이유로 가장 적절한 것을 고르시오.

① 일을 해야 해서
② 몸이 좋지 않아서
③ 동생을 돌봐야 해서
④ 중요한 시험이 있어서
⑤ 부모님이 허락하지 않아서

17 다음 그림의 상황에 가장 적절한 대화를 고르시오.

①　②　③　④　⑤

고난도

18 다음을 듣고, 남자가 Fitness Heroes Club에 대해 언급하지 않은 것을 고르시오.

① 위치　② 영업시간
③ 시설　④ 무료 강좌
⑤ 회비

[19-20] 대화를 듣고, 여자의 마지막 말에 이어질 남자의 말로 가장 적절한 것을 고르시오.

고난도

19 Man: ____________________

① I'll give it to you later.
② Why don't we all go together?
③ You should have asked me first.
④ It's the best book I've ever read.
⑤ Can I borrow it from your brother?

20 Man: ____________________

① You'll just have to come back in two weeks.
② I'm afraid you're on the wrong subway line.
③ If you wait a little longer, I'm sure it will come.
④ Let's ask the airline if we can change our flight.
⑤ You can take the subway. There's a station across the street.

Dictation Test 01

정답 및 해설 pp. 10~14

01 세부 정보 파악

다음을 듣고, 몬트리올의 날씨로 가장 적절한 것을 고르시오.

①   ②  ③ 

④ ⑤

M: Good morning. Here's a look at today's weather across Canada. Vancouver will be 1) ________ ________ ________, while both Edmonton and Calgary will experience light snow. There will be 2) ________ ________ ________ in Toronto, but the sun will 3) ________ ________ ________ in Montreal. Enjoy your day wherever you are!

02 그림 정보 파악

대화를 듣고, 여자가 구입할 가방으로 가장 적절한 것을 고르시오.

①  ②  ③ 

④  ⑤ 

*** Focus on Sound better**

미국식에서는 강모음과 약모음 사이에 오는 [t]가 약화되어 [베러ㄹ]로 발음되고, 영국식에서는 [t]를 정확하게 발음하여 [베터]로 발음된다.

M: What are you doing, Julie?

W: I'm trying to buy a shoulder bag online. Will you help me choose one?

M: Sure, let's see. *[pause]* How about the one with the 1) ________ ________ ________ ________?

W: It looks cute, but I like the one 2) ________ ________ ________ in the middle *better.

M: Hmm. I think the one with two butterflies looks better.

W: Oh, you're right. 3) ________ ________ ________ ________. Thank you.

M: It's my pleasure.

03 심정 추론

대화를 듣고, 여자의 심정으로 가장 적절한 것을 고르시오.

① bored ② annoyed ③ ashamed
④ curious ⑤ surprised

W: Excuse me, sir. Do you know what time it is?
M: It's 8:45. Are you waiting for the nine o'clock bus?
W: No. My bus 1) ________ ________ ________ ________ ________ at 8:30. It's late, as usual.
M: I'm sorry to hear that. Will you be late for work?
W: No. I just wish the bus would 2) ________ ________ ________ for once. I've already waited for 30 minutes.
M: Thirty minutes? I can't believe it.
W: I think I should 3) ________ ________ ________ to the bus company. I can't take this anymore.
M: I understand.

04 한 일 파악

대화를 듣고, 남자가 토요일에 한 일로 가장 적절한 것을 고르시오.

① 농구 연습하기
② 부모님과 쇼핑하기
③ 할머니 댁 방문하기
④ 농구 경기 관람하기
⑤ 친구의 생일 파티 참석하기

W: Hi, Michael!
M: Hi! 1) ________ ________ ________ ________ ________ on Saturday?
W: It was so exciting.
M: Which team won the game?
W: Mark's team won. They played really well.
M: That's great.
W: Where were you? I thought you were going to 2) ________ ________ ________ ________ ________.
M: I wanted to, but I had to 3) ________ ________ ________ with my parents. It was her birthday.

05 장소 추론

대화를 듣고, 두 사람이 대화하는 장소로 가장 적절한 곳을 고르시오.

① 은행 ② 병원 ③ 경찰서
④ 도서관 ⑤ 지하철역

> *Focus on Sound **won't**
>
> will not의 축약형인 won't는 [워운트]로 발음된다.

W: Excuse me, but I seem to be 1) ________ ________ ________.
M: How can I help?
W: I want to get some money from this machine, but it *won't take my card.
M: Hmm. It seems to be 2) ________ ________ ________. Do you have an account with us?
W: Yes, I do.
M: Then one of our employees can help you 3) ________ ________ ________. Just take a number and wait.
W: Okay. Thank you.

06 의도 파악

대화를 듣고, 남자의 마지막 말의 의도로 가장 적절한 것을 고르시오.

① 제안 ② 격려 ③ 비난
④ 칭찬 ⑤ 허락

M: Let's go have lunch!

W: I 1) ________ ________ ________ ________.

M: Oh, you look worried. What's wrong?

W: I got a really low score on my math quiz.

M: Don't worry too much. Just 2) ________ ________ ________ ________.

W: But I did! I think I need private lessons, but they're too expensive.

M: Then how about 3) ________ ________ ________ ________? It's much cheaper but still good.

07 세부 정보 파악

대화를 듣고, 여자가 규칙적으로 하는 운동으로 가장 적절한 것을 고르시오.

① 요가 ② 조깅 ③ 수영
④ 테니스 ⑤ 헬스

W: Hi, Andy!

M: Oh! Hi, Carrie! I haven't seen you at the gym for a long time.

W: I 1) ________ ________ ________ ________ ________.

M: So are you doing another type of exercise now?

W: Yes, I 2) ________ ________ ________ ________ ________ every morning.

M: That sounds great. You know what? I 3) ________ ________ ________ ________ ________.

W: Really? I thought you were already a good swimmer.

M: No. But I'm getting better now.

08 할 일 파악

대화를 듣고, 남자가 대화 직후에 할 일로 가장 적절한 것을 고르시오.

① 노트북 수리받기 ② 전화번호 변경하기
③ 카드 분실 신고하기 ④ 서류 가방 구입하기
⑤ 분실물 보관소에 가기

W: Alex! What happened? You're an hour late.

M: I'm sorry, but I couldn't help it.

W: I called you several times. Why didn't you 1) ________ ________ ________?

M: I lost my briefcase on the subway, and my phone was in it.

W: Oh no! Did you check the 2) ________ ________ ________ ________?

M: I did, but it wasn't there.

W: That's too bad. What else was in it?

M: A laptop and a credit card.

W: I think you should call and 3) ________ ________ ________ ________ first. Someone might use it.

M: Okay, I'll do that right now.

09 언급하지 않은 내용 찾기

대화를 듣고, 두 사람이 벼룩시장에 대해 언급하지 않은 것을 고르시오.

① 장소 ② 운영 시간
③ 입장료 ④ 주최 기관
⑤ 판매 품목

M: What are you going to do this weekend?

W: I'm going to a flea market with Sujin on Sunday.

M: 1) ________ ________ ________ ________ ________?

W: In Heyri Art Valley. It's open from 10:00 a.m. to 5:00 p.m.

M: How much is 2) ________ ________ ________?

W: It's free. All the profits will 3) ________ ________ ________ ________.

M: That sounds good.

W: A variety of used clothes, jewelry, toys, and books will be on sale. Would you like to join us?

M: Sure! I want to buy some books.

10 주제 파악

다음을 듣고, 여자가 하는 말의 내용으로 가장 적절한 것을 고르시오.

① 쇼핑몰 개업 홍보 ② 쇼핑몰 세일 안내
③ 백화점 휴무 안내 ④ 백화점 무료 주차 안내
⑤ 쇼핑몰 제휴 카드 안내

W: Thank you for visiting FG Mall. We're 1) ________ ________ ________ ________ ________. All bags and shoes are 30% off. You can 2) ________ ________ ________ ________ ________ if you have a membership card. Customers who 3) ________ ________ ________ ________ will be given a free mug. Today is the last day of the sale, so don't miss your chance!

11 내용 일치 파악

대화를 듣고, 남자가 탈 열차에 대한 내용과 일치하지 않는 것을 고르시오.

① 목적지는 부산이다.
② 정오 전에 부산에 도착할 것이다.
③ 8시에 출발 예정이다.
④ KTX 열차이다.
⑤ 요금은 5만 원이다.

M: I'd like to buy a ticket for the 7:10 train to Busan.

W: I'm sorry, but the tickets are 1) ________ ________ ________.

M: Then what time does the next train leave?

W: At 8:00 a.m.

M: Hmm. I need to 2) ________ ________ ________ ________ ________.

W: Then you'd better take the KTX. It 3) ________ ________ ________. You'll arrive in Busan before noon.

M: Okay. How much is it?

W: It's 50,000 won.

M: Here you go.

12 목적 파악

대화를 듣고, 여자가 전화를 건 목적으로 가장 적절한 것을 고르시오.

① 안부를 묻기 위해서
② 약속 장소를 확인하기 위해서
③ 항공 예약을 변경하기 위해서
④ 도착 시각을 물어보기 위해서
⑤ 마중을 못 나간다고 말하기 위해서

Focus on Sound **the evening**

모음 앞의 the는 [더]가 아닌 [디이]로 발음된다.

[Cell phone rings.]

M: Hello, Mom.

W: Hi, Dan. What time does 1) ________ ________ ________ ________?

M: At six o'clock.

W: In *the evening?

M: No. In the morning. 2) ________ ________ ________ at 6:00 a.m.

W: Okay. I see.

M: Are you 3) ________ ________ ________ ________?

W: Of course.

M: Thanks, Mom.

13 숫자 정보 파악

대화를 듣고, 오렌지 한 개의 가격을 고르시오.

① 400원 ② 500원 ③ 600원
④ 2,000원 ⑤ 3,000원

W: I'm back! The supermarket was really crowded.

M: Did you buy oranges?

W: Yes, here are 1) ________ ________ ________.

M: Thank you. They look fresh. 2) ________ ________ ________ ________ ________?

W: They were 3,000 won.

M: Oh, that's pretty cheap.

W: 3) ________ ________ ________ ________. Here's the change, 2,000 won.

14 관계 추론

대화를 듣고, 두 사람의 관계로 가장 적절한 것을 고르시오.

① 사진사 - 모델 ② 간호사 - 환자
③ 수리 기사 - 손님 ④ 미용사 - 손님
⑤ 옷 가게 점원 - 손님

M: Good morning.

W: Hello. I'd like to 1) ________ ________ ________ today.

M: Oh! Laura. Weren't you just here a couple of weeks ago?

W: Yes, and you did a wonderful job. Everyone says I look great.

M: Then why are you back so soon?

W: I've decided I 2) ________ ________ ________ ________ ________. It will be so easy to take care of that way!

M: All right. I'll try to 3) ________ ________ ________ but stylish.

W: Great!

15 부탁한 일 파악

대화를 듣고, 남자가 여자에게 부탁한 일로 가장 적절한 것을 고르시오.

① 카레 만들기
② 식당 예약하기
③ 쿠폰 다운로드하기
④ 식당에서 대기하기
⑤ 식당 웹 사이트 주소 알아보기

M: Hey, Anna. Did you know that a new Indian restaurant opened downtown?

W: Really? I love Indian food!

M: That's 1) ________ ________ ________ ________. We should go there for dinner!

W: Great. Where is it?

M: It's about 20 minutes away. It's near City Hall.

W: Do you want me to 2) ________ ________ ________?

M: No, I'll do it. I know the number. Can you 3) ________ ________ ________ from their website?

W: No problem. I can't wait to have curry!

16 이유 파악

대화를 듣고, 남자가 파티에 올 수 없는 이유로 가장 적절한 것을 고르시오.

① 일을 해야 해서
② 몸이 좋지 않아서
③ 동생을 돌봐야 해서
④ 중요한 시험이 있어서
⑤ 부모님이 허락하지 않아서

★ **Focus on Sound** can't

미국식은 a를 [애]로 발음하여 [캔트], 영국식은 [아]로 발음하여 [칸트]로 발음된다.

W: Are you coming to my party tonight?

M: I'd like to, but I ★can't.

W: Why not? Do you 1) ________ ________ ________?

M: No.

W: 2) ________ ________ ________ ________?

M: Yes, I'm all right.

W: What is it, then?

M: Actually, I have to 3) ________ ________ ________ ________ all evening. My parents are away from home on important business.

W: Oh, I see.

17 그림 상황에 적절한 대화 찾기

다음 그림의 상황에 가장 적절한 대화를 고르시오.

① ② ③ ④ ⑤

① M: Where is our car?

W: I can't remember. The parking lot is too big.

② M: This is a 1) ________ ________ ________.

W: Oh, I'll move my car right away.

③ M: Can you give me a ride home?

W: Sorry, I can't. 2) ________ ________ ________ ________ yesterday.

④ M: Where should we park the car?

W: Look! There's an empty spot over there.

⑤ M: You 3) ________ ________ ________ ________. Can I see your driver's license?

W: I'm sorry. I didn't see the light change.

18 언급하지 않은 내용 찾기

다음을 듣고, 남자가 Fitness Heroes Club에 대해 언급하지 않은 것을 고르시오.

① 위치 ② 영업시간
③ 시설 ④ 무료 강좌
⑤ 회비

M: If you want to stay in shape, you should check out the Fitness Heroes Club! Our gym 1) ________ ________ ________ West 37th Street. We're open every day from 6:00 a.m. to 11:00 p.m. We have the 2) ________ ________ ________, excellent trainers, and a large shower room. Members can use lockers for free. Also, we provide members with yoga classes for just $10 a month. 3) ________ ________ ________ ________ $50 a month. If you sign up on our website, you can get 10% off.

19 마지막 말에 이어질 응답 찾기

대화를 듣고, 여자의 마지막 말에 이어질 남자의 말로 가장 적절한 것을 고르시오.

Man: ______________________

① I'll give it to you later.
② Why don't we all go together?
③ You should have asked me first.
④ It's the best book I've ever read.
⑤ Can I borrow it from your brother?

W: Hi, Trent.

M: Hi, Alyssa. Did you finish the book 1) ________ ________ ________?

W: Yes, I did. It was really great!

M: I'm glad you liked it. Can I 2) ________ ________ ________ now?

W: Actually, I let my brother borrow it. I think he'll like it, too.

M: You did? But I promised my friend that she could 3) ________ ________ ________.

W: Oh. I didn't think it would be a problem.

M: You should have asked me first.

20 마지막 말에 이어질 응답 찾기

대화를 듣고, 여자의 마지막 말에 이어질 남자의 말로 가장 적절한 것을 고르시오.

Man: ______________________

① You'll just have to come back in two weeks.
② I'm afraid you're on the wrong subway line.
③ If you wait a little longer, I'm sure it will come.
④ Let's ask the airline if we can change our flight.
⑤ You can take the subway. There's a station across the street.

W: Excuse me. What time does the express bus to the airport stop here?

M: I'm sorry, but that bus 1) ________ ________ ________ ________.

W: But I just took it last month.

M: Yes, but 2) ________ ________ ________ ________ two weeks ago.

W: Oh no. So how am I supposed to 3) ________ ________ ________ ________?

M: You can take the subway. There's a station across the street.

실전모의고사 02회

정답 및 해설 pp. 14~18

점수: /20

보통 속도 듣기

빠르게 듣기

01 다음을 듣고, 금요일의 날씨로 가장 적절한 것을 고르시오.

①  ②  ③ 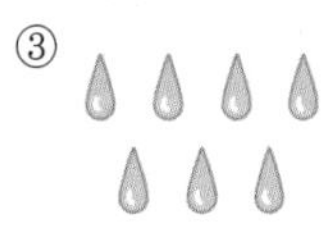
④  ⑤ 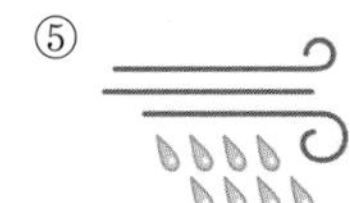

02 대화를 듣고, 남자가 구입할 티셔츠로 가장 적절한 것을 고르시오.

①  ②  ③ 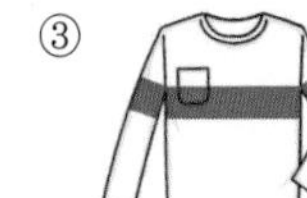
④  ⑤ 

03 대화를 듣고, 여자의 심정으로 가장 적절한 것을 고르시오.

① bored ② pleased ③ relieved
④ worried ⑤ surprised

04 대화를 듣고, 여자가 수학여행에서 한 일로 가장 적절한 것을 고르시오.

① 기념품 옷 사기 ② 정글 보트 타기
③ 롤러코스터 타기 ④ 퍼레이드 보기
⑤ 친구들과 사진 찍기

05 대화를 듣고, 두 사람이 대화하는 장소로 가장 적절한 곳을 고르시오.

① 은행 ② 공항 ③ 버스 정류장
④ 여행사 ⑤ 기차역

06 대화를 듣고, 남자의 마지막 말의 의도로 가장 적절한 것을 고르시오.

① 비난 ② 제안 ③ 동의
④ 칭찬 ⑤ 격려

07 대화를 듣고, 여자가 여행에서 제일 재미있었던 일로 가장 적절한 것을 고르시오.

① 수영 ② 선탠 ③ 식사
④ 쇼핑 ⑤ 도시 관광

08 대화를 듣고, 남자가 이번 주 토요일에 할 일로 가장 적절한 것을 고르시오.

① 방 청소하기 ② 등산하기
③ 동생 돌보기 ④ 쇼핑하기
⑤ 인라인스케이트 타기

09 대화를 듣고, 두 사람이 퀴즈 대회에 대해 언급하지 않은 것을 고르시오.

① 개최 일시 ② 개최 장소
③ 참가 인원 ④ 퀴즈 주제
⑤ 우승 상품

10 다음을 듣고, 여자가 하는 말의 내용으로 가장 적절한 것을 고르시오.

① 전학생 소개
② 학생회장 선거 유세
③ 자원봉사자 모임 소개
④ 교내 투표소 위치 안내
⑤ 교실 환경 미화 계획 설명

고난도

11 대화를 듣고, Charlie's Bookstore에 대한 내용과 일치하지 <u>않는</u> 것을 고르시오.

① 지난여름에 화재가 발생했다.
② 새로운 건물로 이전했다.
③ 개점 행사는 10월 22일 토요일에 열린다.
④ 행사 기간에는 모든 책을 반값에 구매할 수 있다.
⑤ 행사는 오전 9시에 시작한다.

12 대화를 듣고, 남자가 전화를 건 목적으로 가장 적절한 것을 고르시오.

① 진료 예약을 하기 위해서
② 진료 예약을 확인하기 위해서
③ 진료 예약을 변경하기 위해서
④ 진료 예약을 취소하기 위해서
⑤ 치아 문제를 상담하기 위해서

고난도

13 대화를 듣고, 두 사람이 볼 영화가 끝나는 시각을 고르시오.

① 6:30 p.m. ② 8:00 p.m. ③ 8:30 p.m.
④ 10:00 p.m. ⑤ 10:30 p.m.

14 대화를 듣고, 두 사람의 관계로 가장 적절한 것을 고르시오.

① 교사 - 학생
② 웨이터 - 요리사
③ 은행 직원 - 손님
④ 서점 직원 - 손님
⑤ 도서관 사서 - 손님

15 대화를 듣고, 여자가 남자에게 부탁한 일로 가장 적절한 것을 고르시오.

① 침낭 찾기
② 캠핑 짐 싸기
③ 먹을거리 사기
④ 준비물 목록 확인하기
⑤ 바비큐 파티 준비하기

16 대화를 듣고, 여자가 지각한 이유로 가장 적절한 것을 고르시오.

① 늦잠을 자서 ② 몸이 아파서
③ 버스를 놓쳐서 ④ 교통 정체가 있어서
⑤ 숙제를 집에 놓고 와서

17 다음 그림의 상황에 가장 적절한 대화를 고르시오.

① ② ③ ④ ⑤

18 다음을 듣고, 남자가 북극곰에 대해 언급하지 <u>않은</u> 것을 고르시오.

① 서식지 ② 몸무게
③ 먹이 ④ 개체 수
⑤ 수명

[19-20] 대화를 듣고, 남자의 마지막 말에 이어질 여자의 말로 가장 적절한 것을 고르시오.

19 Woman: ______________________

① That sounds great.
② I'm sorry to hear that.
③ I prefer baseball to soccer.
④ It's too hot to be at the stadium.
⑤ Why don't we meet earlier than that?

20 Woman: ______________________

① Good for you.
② That's too bad.
③ Long time no see.
④ It's very kind of you to say so.
⑤ Cheer up. You'll do better next time.

보통 속도 듣기 빠르게 듣기

Dictation Test 02

정답 및 해설 pp. 14~18

01 세부 정보 파악

다음을 듣고, 금요일의 날씨로 가장 적절한 것을 고르시오.

M: Hello, everyone. This is the weather report. Tomorrow, the weather will 1) ________ ________ ________ ________. It will be sunny in the morning, but 2) ________ ________ are expected in the afternoon. On Friday, it 3) ________ ________ ________ ________ ________. But over the weekend, it will be sunny and clear, so you can enjoy any outdoor activities you want. Enjoy the rest of the week.

02 그림 정보 파악

대화를 듣고, 남자가 구입할 티셔츠로 가장 적절한 것을 고르시오.

W: Are you going to buy that plain T-shirt?

M: Yes. Why? Is there something wrong with it?

W: It's boring. How about this one 1) ________ ________ ________ ________ ________ ________?

M: Hmm. I like the stripe, but I 2) ________ ________ ________.

W: Okay. Well, this one has a stripe and short sleeves.

M: Yes, but it doesn't 3) ________ ________ ________.

W: Why do you need a pocket? You won't use it anyway.

M: I guess you're right. I'll take that one, then.

03 심정 추론

대화를 듣고, 여자의 심정으로 가장 적절한 것을 고르시오.

① bored ② pleased ③ relieved
④ worried ⑤ surprised

W: Hi, John. Did anyone call while I was out?

M: No. 1) ________ ________ ________ ________ all day. Were you expecting a call?

W: Well, I 2) ________ ________ ________ ________ last week.

M: Oh! When did they say they would call?

W: They said they would call today 3) ________ ________ ________ ________ for the job.

M: Well, it's only 4:30. They still might call.

W: Yes, but I'm beginning to think they won't.

04 한 일 파악

대화를 듣고, 여자가 수학여행에서 한 일로 가장 적절한 것을 고르시오.

① 기념품 옷 사기 ② 정글 보트 타기
③ 롤러코스터 타기 ④ 퍼레이드 보기
⑤ 친구들과 사진 찍기

* **Focus on Sound** **amusement park**

[t]는 단어 끝에서 약화되어 [어뮤즈먼트 파ㄹ크]가 아닌 [어뮤즈먼파ㄹ크]로 발음된다.

M: How was your school trip today?

W: It was great, Dad. You know I love *amusement parks.

M: Did you take many pictures?

W: No. My 1) ________ ________ ________ ________.

M: That's too bad. What did you do there?

W: I was excited to ride the Jungle Boat, but it was 2) ________ ________ ________.

M: Did you ride your favorite roller coaster?

W: There were a lot of people waiting in line, so I 3) ________ ________ ________ ________. I also bought this doll as a souvenir!

05 장소 추론

대화를 듣고, 두 사람이 대화하는 장소로 가장 적절한 곳을 고르시오.

① 은행 ② 공항 ③ 버스 정류장
④ 여행사 ⑤ 기차역

W: Hello. What time does the 1) ________ ________ ________ ________ ________?

M: It leaves at 4:40.

W: Great. I'd like to 2) ________ ________ ________. How much is it?

M: The tickets are $30 each.

W: Okay. Here's my credit card.

M: All right. *[pause]* Here is your ticket. 3) ________ ________ ________ ________ from Platform 8. It's right over there.

W: Thank you so much.

06 의도 파악

대화를 듣고, 남자의 마지막 말의 의도로 가장 적절한 것을 고르시오.

① 비난 ② 제안 ③ 동의
④ 칭찬 ⑤ 격려

M: Kate, are you 1) ________ ________ ________ ________ ________ today?

W: Oh! You remembered!

M: Of course I did!

W: Thank you, Paul.

M: 2) ________ ________ ________ ________?

W: Actually, I'm pretty nervous. I'm afraid that I'll make mistakes, but I really want to do well.

M: Don't worry, Kate. I know you practiced a lot. I'm sure 3) ________ ________ ________.

07 세부 정보 파악

대화를 듣고, 여자가 여행에서 제일 재미있었던 일로 가장 적절한 것을 고르시오.

① 수영 ② 선탠 ③ 식사
④ 쇼핑 ⑤ 도시 관광

*** Focus on Sound getting**

[t]는 강모음과 약모음 사이에서 약화되어 [게팅]이 아닌 [게링]으로 발음된다.

M: Hi, Gina. Wow, you look tan and refreshed.

W: Thanks. I spent a week 1) ________ ________ ________ ________ in Mexico.

M: That's great. You must have really enjoyed it.

W: Yes, swimming and *getting a tan was great. But it wasn't 2) ________ ________ ________ ________ ________ ________.

M: Let me guess. You went shopping at the local markets.

W: Yes, I did, and it was fun. But not as much fun as taking a 3) ________ ________ ________ ________, Cancun. That was the best part.

M: I'm sure it was.

08 할 일 파악

대화를 듣고, 남자가 이번 주 토요일에 할 일로 가장 적절한 것을 고르시오.

① 방 청소하기 ② 등산하기
③ 동생 돌보기 ④ 쇼핑하기
⑤ 인라인스케이트 타기

*** Focus on Sound this Saturday**

똑같은 발음의 자음이 겹치면 앞 자음 소리가 탈락하여 [디스 새러데이]가 아닌 [디새러데이]로 발음된다.

[Phone rings.]

M: Hello.

W: Hi, this is Yeongju. Didn't you get my text message?

M: Did you send a message? I 1) ________ ________ ________ ________, so I didn't check my phone. What's up?

W: Do you have any plans for *this Saturday?

M: Yes. I'm 2) ________ ________ with my brother.

W: Really? I wanted to 3) ________ ________ ________ at the park with you.

M: I'm sorry. Let's do it next time.

W: Okay.

09 언급하지 않은 내용 찾기

대화를 듣고, 두 사람이 퀴즈 대회에 대해 언급하지 않은 것을 고르시오.

① 개최 일시 ② 개최 장소
③ 참가 인원 ④ 퀴즈 주제
⑤ 우승 상품

M: Hi, Yuna! What are you doing?
W: I'm studying for the quiz contest this week.
M: I heard about that. When is it?
W: At 2:00 p.m. on Friday. It'll 1) ________ ________ ________ the main hall.
M: I heard it's about history. That's 2) ________ ________ ________. I hope you win!
W: I hope so too. 3) ________ ________ ________ a new smartphone!
M: Wow, that's great. I'm sure you'll win.
W: Thank you for saying so.

10 주제 파악

다음을 듣고, 여자가 하는 말의 내용으로 가장 적절한 것을 고르시오.

① 전학생 소개
② 학생회장 선거 유세
③ 자원봉사자 모임 소개
④ 교내 투표소 위치 안내
⑤ 교실 환경 미화 계획 설명

* **Focus on Sound** study

[s] 뒤에 [t]가 오면 된소리가 되어 [스터디]가 아닌 [스떠디]로 발음된다.

W: Hello, everyone. I'm Stacy. 1) ________ ________ ________ our learning environment. If I become school president, I'll try to 2) ________ ________ ________ ________ ________. To do so, I will organize a volunteer group to decorate the classrooms every month. Please 3) ________ ________ ________ if you want to *study in a pleasant environment. Thank you for listening.

11 내용 일치 파악

대화를 듣고, Charlie's Bookstore에 대한 내용과 일치하지 않는 것을 고르시오.

① 지난여름에 화재가 발생했다.
② 새로운 건물로 이전했다.
③ 개점 행사는 10월 22일 토요일에 열린다.
④ 행사 기간에는 모든 책을 반값에 구매할 수 있다.
⑤ 행사는 오전 9시에 시작한다.

* **Focus on Sound** kind of

자음의 끝과 모음의 처음이 만나면 연음되어 [카인드 오브]가 아닌 [카인더브]로 발음된다.

W: Did you hear about the grand opening event at Charlie's Bookstore?
M: Didn't that store 1) ________ ________ ________ ________ last August?
W: Yes, but they 2) ________ ________ ________ ________ ________ on Fourth Street. The event is this Saturday.
M: October 22? What *kind of sale are they having?
W: All of their 3) ________ ________ ________.
M: Sounds great. Let's go! What time do they open?
W: The event starts at nine in the morning and lasts until nine in the evening.

12 목적 파악

대화를 듣고, 남자가 전화를 건 목적으로 가장 적절한 것을 고르시오.

① 진료 예약을 하기 위해서
② 진료 예약을 확인하기 위해서
③ 진료 예약을 변경하기 위해서
④ 진료 예약을 취소하기 위해서
⑤ 치아 문제를 상담하기 위해서

[Phone rings.]
W: Hello. Dr. Kim's Dental Clinic. 1) ________ ________ ________ ________ ________?
M: Hello, I'd like to 2) ________ ________ ________.
W: What is your name?
M: Tom Lee.
W: When is your appointment?
M: On Wednesday at 5:30. I'd like to change it to 3) ________ ________ ________.
W: That's fine. See you then.
M: Thank you.

13 숫자 정보 파악

대화를 듣고, 두 사람이 볼 영화가 끝나는 시각을 고르시오.

① 6:30 p.m. ② 8:00 p.m. ③ 8:30 p.m.
④ 10:00 p.m. ⑤ 10:30 p.m.

M: Hi, Marsha. Do you still want to 1) ________ ________ ________ ________ tonight?
W: I do, but I have some homework. I'll have to finish it afterwards.
M: Well, the movie starts at 8:00. It's 2) ________ ________ ________, so we'll be home after 10:00.
W: That's too late!
M: Let's see... There's another showing that 3) ________ ________ ________ p.m.
W: Oh, great! Let's go to that one instead!
M: Sure. That's fine with me.
W: I can't wait for the movie!

14 관계 추론

대화를 듣고, 두 사람의 관계로 가장 적절한 것을 고르시오.

① 교사 - 학생
② 웨이터 - 요리사
③ 은행 직원 - 손님
④ 서점 직원 - 손님
⑤ 도서관 사서 - 손님

W: Good afternoon.
M: Hi, I'm 1) ________ ________ ________ ________ called *The Josun Dynasty*. Do you have it?
W: Let me check on the computer.
M: Okay. Thank you.
W: We have it, but 2) ________ ________ ________ ________.
M: When will it be available?
W: He'll 3) ________ ________ ________ ________.
M: Okay, I'll come back then.

15 부탁한 일 파악

대화를 듣고, 여자가 남자에게 부탁한 일로 가장 적절한 것을 고르시오.

① 침낭 찾기
② 캠핑 짐 싸기
③ 먹을거리 사기
④ 준비물 목록 확인하기
⑤ 바비큐 파티 준비하기

W: We need to 1) ________ ________ ________ ________.
M: Okay. What would you like to do?
W: I want to go hiking and swimming. What about you?
M: I want to make a campfire and have a barbecue.
W: That sounds fun! Let's 2) ________ ________ ________ of what to pack.
M: All right. Some snacks, water, clothes, a tent… What else should we bring?
W: Our sleeping bags! But I can't remember where I put them. Can you 3) ________ ________ ________?
M: Sure.

16 이유 파악

대화를 듣고, 여자가 지각한 이유로 가장 적절한 것을 고르시오.

① 늦잠을 자서
② 몸이 아파서
③ 버스를 놓쳐서
④ 교통 정체가 있어서
⑤ 숙제를 집에 놓고 와서

M: Lisa, why are you 1) ________ ________ ________? It's almost 10:00.
W: I'm really sorry.
M: Did you oversleep?
W: No, I 2) ________ ________ ________ this morning.
M: Then what's the reason? Was there heavy traffic?
W: No. Actually, I 3) ________ ________ ________ ________ ________, so I went back home to get it.
M: I see. Don't be late again.
W: Okay, I won't.

17 그림 상황에 적절한 대화 찾기

다음 그림의 상황에 가장 적절한 대화를 고르시오.

① ② ③ ④ ⑤

① W: The refrigerator isn't working.
M: I'll call the repairman right now.

② W: Oh no. We 1) ________ ________ ________ ________.
M: We need to go to the supermarket.

③ W: Don't forget to 2) ________ ________ ________.
M: I won't!

④ W: Excuse me. Where are the vegetables?
M: They're in aisle 7.

⑤ W: Is there any pizza left?
M: I 3) ________ ________ ________ ________ ________. Would you like some?

18 언급하지 않은 내용 찾기

다음을 듣고, 남자가 북극곰에 대해 언급하지 않은 것을 고르시오.

① 서식지 ② 몸무게
③ 먹이 ④ 개체 수
⑤ 수명

M: Polar bears live along the coast in the Arctic. They 1) ________ ________ ________ in Russia, Canada, Alaska, Norway, and Greenland. They have long necks and big bodies. Male polar bears 2) ________ ________ ________ ________ ________ kilograms. Their thick fur keeps them warm. Polar bears eat seals, fish, and other small animals. They 3) ________ ________ ________ 20 to 30 years.

19 마지막 말에 이어질 응답 찾기

대화를 듣고, 남자의 마지막 말에 이어질 여자의 말로 가장 적절한 것을 고르시오.

Woman: ____________________

① That sounds great.
② I'm sorry to hear that.
③ I prefer baseball to soccer.
④ It's too hot to be at the stadium.
⑤ Why don't we meet earlier than that?

M: Do you 1) ________ ________ ________?
W: Yes. Why?
M: Do you want to go to 2) ________ ________ ________ ________ this afternoon? It's a big game.
W: Today?
M: Yes, it will be fun. Come with me.
W: Well... I 3) ________ ________ ________ ________.
M: Why not?
W: It's too hot to be at the stadium.

20 마지막 말에 이어질 응답 찾기

대화를 듣고, 남자의 마지막 말에 이어질 여자의 말로 가장 적절한 것을 고르시오.

Woman: ____________________

① Good for you.
② That's too bad.
③ Long time no see.
④ It's very kind of you to say so.
⑤ Cheer up. You'll do better next time.

M: Hi, Christina!
W: Hi, Tony! I haven't seen you in a while.
M: I know. 1) ________ ________ ________ ________.
W: What made you so busy?
M: I had to study for my final exams. But now 2) ________ ________ ________.
W: How did you do? Have you gotten your results yet?
M: Yes. I 3) ________ ________ ________ ________ today. I got all A's.
W: Good for you.

실전모의고사 03회

정답 및 해설 pp. 18~22

점수: /20

보통 속도 듣기 

빠르게 듣기 

01 다음을 듣고, 내일의 날씨로 가장 적절한 것을 고르시오.

02 대화를 듣고, 여자가 구입할 탁자로 가장 적절한 것을 고르시오.

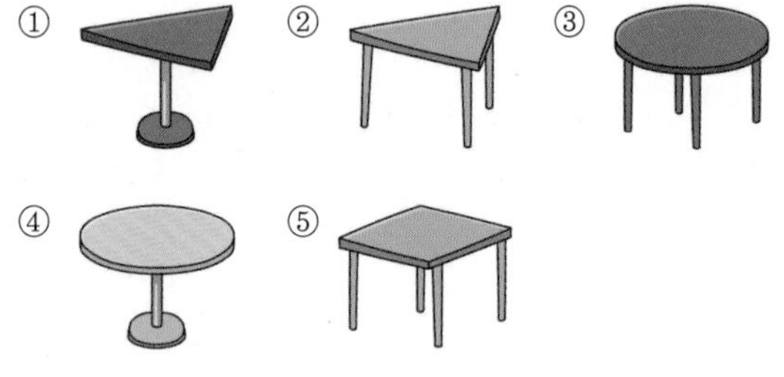

03 대화를 듣고, 여자의 심정으로 가장 적절한 것을 고르시오.

① bored ② lonely ③ excited
④ annoyed ⑤ satisfied

04 대화를 듣고, 남자가 제일 오래 머물 나라로 가장 적절한 것을 고르시오.

① 칠레 ② 페루 ③ 멕시코
④ 브라질 ⑤ 아르헨티나

05 대화를 듣고, 두 사람이 대화하는 장소로 가장 적절한 곳을 고르시오.

① 은행 ② 공항 ③ 우체국
④ 예식장 ⑤ 여행사

06 대화를 듣고, 남자의 마지막 말의 의도로 가장 적절한 것을 고르시오.

① 사과 ② 동의 ③ 감사
④ 제안 ⑤ 거절

07 대화를 듣고, 여자가 주문하려는 메뉴로 가장 적절한 것을 고르시오.

① 프라이드 치킨 ② 치킨 버거
③ 치킨 샌드위치 ④ 치즈 버거
⑤ 베이컨 샌드위치

08 대화를 듣고, 남자가 대화 직후에 할 일로 가장 적절한 것을 고르시오.

① 환전하기 ② 화장실 가기
③ 탑승구 찾기 ④ 면세점 쇼핑하기
⑤ 신문 구입하기

09 대화를 듣고, 두 사람이 책에 대해 언급하지 않은 것을 고르시오.

① 내용 ② 제목 ③ 가격
④ 장르 ⑤ 작가

10 다음을 듣고, 남자가 하는 말의 내용으로 가장 적절한 것을 고르시오.

① 체육관 소개
② 과제 제출 안내
③ 봉사자 모집 공지
④ 좋아하는 과목 소개
⑤ 방과 후 프로그램 안내

고난도

11 대화를 듣고, 견학 일정에 대한 내용과 일치하지 않는 것을 고르시오.

① 15일 9시 30분에 출발한다.
② 11시에 박물관에 도착한다.
③ 박물관에서 2시간 동안 견학한다.
④ Tom's Sandwiches에서 점심 식사를 한다.
⑤ 4시에 집으로 돌아온다.

12 대화를 듣고, 여자가 전화를 건 목적으로 가장 적절한 것을 고르시오.

① 예약을 확인하기 위해서
② 주문을 변경하기 위해서
③ 주문을 취소하기 위해서
④ 배달을 독촉하기 위해서
⑤ 매장 위치를 문의하기 위해서

고난도

13 대화를 듣고, 남자가 받을 거스름돈을 고르시오.

① $20　② $22　③ $26
④ $28　⑤ $30

14 대화를 듣고, 두 사람의 관계로 가장 적절한 것을 고르시오.

① 점원 - 손님
② 코치 - 운동선수
③ 택시 운전사 - 승객
④ 매표소 직원 - 관객
⑤ 여행 가이드 - 관광객

15 대화를 듣고, 남자가 여자에게 제안한 일로 가장 적절한 것을 고르시오.

① 병원 가기　② 조깅하기
③ 체중 늘리기　④ 식사량 조절하기
⑤ 헬스장 등록하기

16 대화를 듣고, 남자가 치과에 가지 않으려는 이유로 가장 적절한 것을 고르시오.

① 무서워서　② 어제 다녀와서
③ 치료비가 없어서　④ 이가 아프지 않아서
⑤ 숙제를 해야 해서

17 다음 그림의 상황에 가장 적절한 대화를 고르시오.

①　②　③　④　⑤

고난도

18 다음을 듣고, 여자가 비행에 대해 언급하지 않은 것을 고르시오.

① 항공편명　② 목적지
③ 비행 시간　④ 착륙 시각
⑤ 항공사명

[19-20] 대화를 듣고, 여자의 마지막 말에 이어질 남자의 말로 가장 적절한 것을 고르시오.

19 Man: ______________________________

① Each class is an hour and a half.
② Sixty thousand won per month.
③ I took the class for three weeks.
④ You have a reservation at six o'clock.
⑤ Every Monday and Thursday at six o'clock.

20 Man: ______________________________

① We have enough tables.
② They have already been set up.
③ We can fix them after the party.
④ Thank you for doing that for me.
⑤ I'll do that after arranging the chairs.

Dictation Test 03

정답 및 해설 pp. 18~22

01 세부 정보 파악

다음을 듣고, 내일의 날씨로 가장 적절한 것을 고르시오.

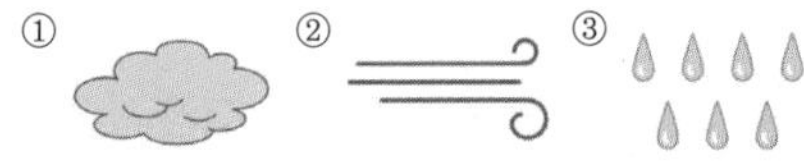

W: Hello. Here's Friday morning's weather report. We've 1) ________ ________ ________ throughout this whole week. Today, it will also be cloudy with strong winds. But we'll 2) ________ ________ ________ tomorrow. It will be warm and sunny until Sunday afternoon. We're 3) ________ ________ ________ on Sunday night, but they will be gone by Monday morning.

02 그림 정보 파악

대화를 듣고, 여자가 구입할 탁자로 가장 적절한 것을 고르시오.

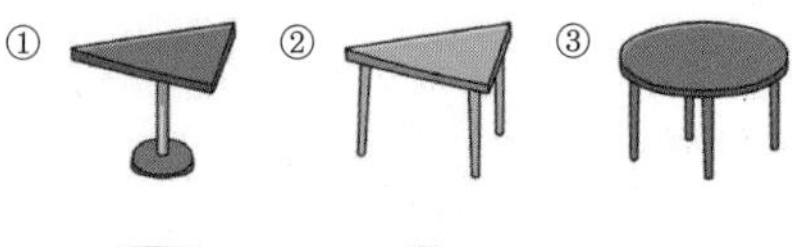

W: Hi, I'd like to buy a table for my new house.

M: We have many kinds of tables. This triangular one is 1) ________ ________ ________.

W: Oh, it looks unique. I don't think it will go well with my house, though. Could you show me 2) ________ ________ ________?

M: All right. How about this one with one leg?

W: Well, I 3) ________ ________ ________ ________ ________ ________. It looks more classic.

M: Good choice. Is that the one you want?

W: Yes, it is.

03 심정 추론

대화를 듣고, 여자의 심정으로 가장 적절한 것을 고르시오.

① bored ② lonely ③ excited
④ annoyed ⑤ satisfied

> *Focus on Sound* **empty**
>
> [p]는 약화되어 [엠프티]가 아닌 [엠티]로 발음된다.

W: Hi, I'm Silvia Andrews. I have a reservation.

M: Okay, let me check. *[pause]* Ms. Andrews? I'm sorry, but your name 1) ________ ________ ________ ________ ________.

W: But I made the reservation two weeks ago. Will you please check again?

M: I'm very sorry. I think there 2) ________ ________ ________ ________.

W: How could this happen? Aren't there any *empty tables right now?

M: We're 3) ________ ________ today.

W: I can't believe this. I'd like to talk to the manager.

04 세부 정보 파악

대화를 듣고, 남자가 제일 오래 머물 나라로 가장 적절한 것을 고르시오.

① 칠레 ② 페루 ③ 멕시코
④ 브라질 ⑤ 아르헨티나

W: Are you [1] ________ ________ ________?
M: Yes. I'm going to South America next week.
W: Really? Where in South America?
M: [2] ________ ________ ________ Brazil, Chile, and Peru.
W: I've been to Brazil.
M: Have you?
W: Yes. It was really great. But I heard Chile is also very beautiful.
M: Yes, me too. But I'm more interested in Peru, so I'll [3] ________ ________ ________ ________ the other countries.

05 장소 추론

대화를 듣고, 두 사람이 대화하는 장소로 가장 적절한 곳을 고르시오.

① 은행 ② 공항 ③ 우체국
④ 예식장 ⑤ 여행사

W: Hi, can I help you?
M: Yes. I'm getting married next month, so can you help me plan my honeymoon?
W: Of course. Do you [1] ________ ________ ________ ________ ________?
M: Well, we want to go somewhere exciting.
W: Okay. Please [2] ________ ________ ________ ________ ________ ________.
M: Wow, these beaches are so beautiful. How much will a honeymoon cost? I don't have much money.
W: Don't worry. We have packages that [3] ________ ________ ________ ________ ________.

06 의도 파악

대화를 듣고, 남자의 마지막 말의 의도로 가장 적절한 것을 고르시오.

① 사과 ② 동의 ③ 감사
④ 제안 ⑤ 거절

M: Julie, what's wrong? You look worried.
W: Actually, yesterday was Josh's birthday, but I [1] ________ ________ ________ "happy birthday" to him.
M: Oh, that's why he's upset now.
W: He says he's okay, but he [2] ________ ________.
M: Yeah, he must be.
W: What can I do to make him feel better?
M: Why don't you write a letter? Then [3] ________ ________ ________ ________ with a small present.

07 세부 정보 파악

대화를 듣고, 여자가 주문하려는 메뉴로 가장 적절한 것을 고르시오.

① 프라이드 치킨 ② 치킨 버거
③ 치킨 샌드위치 ④ 치즈 버거
⑤ 베이컨 샌드위치

M: I'm really hungry. Can we eat at this restaurant?

W: I guess so. Oh, look. They have their menu in the window.

M: 1) ________ ________ ________ fried chicken?

W: No, but they have a chicken burger.

M: That sounds okay. Is there 2) ________ ________ ________?

W: Well, they have cheeseburgers and bacon sandwiches.

M: Didn't you have a cheeseburger yesterday?

W: You're right. I'll 3) ________ ________ ________ ________, then.

08 할 일 파악

대화를 듣고, 남자가 대화 직후에 할 일로 가장 적절한 것을 고르시오.

① 환전하기 ② 화장실 가기
③ 탑승구 찾기 ④ 면세점 쇼핑하기
⑤ 신문 구입하기

W: Here's your boarding pass.

M: Thanks. We have an hour before boarding.

W: I'm going to 1) ________ ________ ________ ________ ________. Do you want to come with me?

M: No. I need to 2) ________ ________ ________ ________. And I'm going to buy a book to read on the plane.

W: Oh, will you buy me a newspaper?

M: Sure! Then how about meeting at Gate 17 3) ________ ________ ________?

W: That's fine.

09 언급하지 않은 내용 찾기

대화를 듣고, 두 사람이 책에 대해 언급하지 않은 것을 고르시오.

① 내용 ② 제목 ③ 가격
④ 장르 ⑤ 작가

W: What are you reading, Ted?

M: It's a 1) ________ ________ ________ that invade the Earth.

W: That sounds interesting. What is the book's title?

M: It's called *The Spaceship*.

W: I think you really like 2) ________ ________ ________.

M: I do. This book 3) ________ ________ ________ John P. Smith. His novels are wonderful.

W: Can I borrow it when you're finished?

M: Yes, you can.

10 주제 파악

다음을 듣고, 남자가 하는 말의 내용으로 가장 적절한 것을 고르시오.

① 체육관 소개
② 과제 제출 안내
③ 봉사자 모집 공지
④ 좋아하는 과목 소개
⑤ 방과 후 프로그램 안내

M: Hello, everyone. Please pay attention if you are 1) ________ ________ ________ ________. This semester, we're going to 2) ________ ________ ________. They are tennis, hockey, drawing, and dance. The programs will begin on March 1. You should 3) ________ ________ ________ ________ and submit it by this Friday if you want to join. Thank you.

11 내용 일치 파악

대화를 듣고, 견학 일정에 대한 내용과 일치하지 않는 것을 고르시오.

① 15일 9시 30분에 출발한다.
② 11시에 박물관에 도착한다.
③ 박물관에서 2시간 동안 견학한다.
④ Tom's Sandwiches에서 점심 식사를 한다.
⑤ 4시에 집으로 돌아온다.

M: Here's the 1) ________ ________ ________ ________ ________ to the museum. It's on the 15th.

W: Okay. Do we leave school in the morning?

M: Yes. We leave at 9:30 and 2) ________ ________ ________ ________ at 11:00.

W: Great. How long will we stay there?

M: For two hours. And then we'll have lunch at Tom's Sandwiches.

W: Sounds perfect. So when will we get back to school?

M: We'll 3) ________ ________ ________ ________.

12 목적 파악

대화를 듣고, 여자가 전화를 건 목적으로 가장 적절한 것을 고르시오.

① 예약을 확인하기 위해서
② 주문을 변경하기 위해서
③ 주문을 취소하기 위해서
④ 배달을 독촉하기 위해서
⑤ 매장 위치를 문의하기 위해서

[Phone rings.]

M: Hello? Tony's Pizza.

W: Hi, I ordered a large potato pizza five minutes ago. I'm wondering if I can 1) ________ ________ ________.

M: What is your name and address?

W: My name's Mary Rain. I live at 32 Washington Street.

M: Let me check. Oh, you're in luck. You 2) ________ ________ ________ ________ ________ your order.

W: Great! I'd like to make it a medium instead of a large.

M: Okay.

W: 3) ________ ________ ________ ________ ________?

M: It'll be delivered within 30 minutes.

13 숫자 정보 파악

대화를 듣고, 남자가 받을 거스름돈을 고르시오.

① $20 ② $22 ③ $26
④ $28 ⑤ $30

W: Did you enjoy your meal?

M: Yes. Everything was delicious.

W: Would you like some dessert?

M: No, thanks. Just 1) ________ ________ ________ ________, please.

W: Here you go.

M: Wait, it says the 2) ________ ________ ________. I thought our meals came to $20. They were $10 each.

W: Right. Twenty dollars for the meals, plus 3) ________ ________ ________.

M: Oh, I see. Here is $50.

W: I'll be right back with your change.

14 관계 추론

대화를 듣고, 두 사람의 관계로 가장 적절한 것을 고르시오.

① 점원 - 손님
② 코치 - 운동선수
③ 택시 운전사 - 승객
④ 매표소 직원 - 관객
⑤ 여행 가이드 - 관광객

★Focus on Sound **would you**

[d]가 뒤의 반모음 [j]를 만나면 동화되어 [우드유]가 아닌 [우쥬]로 발음된다.

M: Good afternoon. Where *would you like to go, ma'am?

W: World Cup Stadium, please. It's hard to 1) ________ ________ ________ around here.

M: This is a busy time of day.

W: Do you think we can 2) ________ ________ ________ ________ ________?

M: Well, I'm afraid not because there's 3) ________ ________ ________ ________. But I'll do my best.

W: Thanks.

15 제안한 일 파악

대화를 듣고, 남자가 여자에게 제안한 일로 가장 적절한 것을 고르시오.

① 병원 가기 ② 조깅하기
③ 체중 늘리기 ④ 식사량 조절하기
⑤ 헬스장 등록하기

M: Why didn't you have any lunch today? Are you feeling sick?

W: No. I'm on a diet. I've gained a lot of weight.

M: Skipping meals is not healthy. You 1) ________ ________ ________.

W: What kind of exercise do you do?

M: I go to the gym every morning.

W: I don't like 2) ________ ________ ________ ________ ________. I need fresh air when I exercise.

M: Then why don't you 3) ________ ________? It will refresh you and help you lose weight.

W: I'll try that!

16 이유 파악

대화를 듣고, 남자가 치과에 가지 않으려는 이유로 가장 적절한 것을 고르시오.

① 무서워서 ② 어제 다녀와서
③ 치료비가 없어서 ④ 이가 아프지 않아서
⑤ 숙제를 해야 해서

M: I think there's 1) ________ ________ ________ ________ ________.

W: Why do you say that? Does it hurt?

M: Yes. And it hurts more when I drink something cold.

W: Oh. You 2) ________ ________ ________ ________ right now.

M: I know. But I can't.

W: Why not? Are you afraid of the dentist?

M: No. I 3) ________ ________ ________ ________ ________ today.

W: But you have to go. If you don't treat it now, it will get worse. Do your homework later.

17 그림 상황에 적절한 대화 찾기

다음 그림의 상황에 가장 적절한 대화를 고르시오.

① ② ③ ④ ⑤

① W: Don't run! It's 1) ________ ________ ________ ________.

M: Oh, I won't do it again.

② W: It's a pool party. Bring your bathing suit.

M: I don't think I have one.

③ W: You have to 2) ________ ________ ________ ________ in the pool.

M: I'm sorry. I forgot to bring it today.

④ W: I want to 3) ________ ________ ________ ________.

M: Maybe I can teach you.

⑤ W: Would you like to go for a swim with me?

M: No, thanks. I'm too tired.

18 언급하지 않은 내용 찾기

다음을 듣고, 여자가 비행에 대해 언급하지 않은 것을 고르시오.

① 항공편명 ② 목적지
③ 비행 시간 ④ 착륙 시각
⑤ 항공사명

W: Ladies and gentlemen, good morning. This is your captain speaking. Welcome aboard Flight 737 to Guam. 1) ________ ________ ________ ________ will be 4 hours and 15 minutes. The local time in Guam is 10:45 a.m. The weather is good, so we should 2) ________ ________ ________ ________. On behalf of all our crew, thank you for choosing Fly Air 3) ________ ________ ________ today. We hope you enjoy your flight.

19 마지막 말에 이어질 응답 찾기

대화를 듣고, 여자의 마지막 말에 이어질 남자의 말로 가장 적절한 것을 고르시오.

Man: ______________________

① Each class is an hour and a half.
② Sixty thousand won per month.
③ I took the class for three weeks.
④ You have a reservation at six o'clock.
⑤ Every Monday and Thursday at six o'clock.

W: Hey, Bill. Where are you going?
M: I'm going downtown to take a yoga class.
W: I didn't know that 1) ________ ________ ________ ________. When did you start?
M: Last month.
W: Isn't it 2) ________ ________ ________?
M: It was difficult at first, but now I enjoy it. Are you interested in 3) ________ ________ ________?
W: Yes, I'd like to. When is it?
M: Every Monday and Thursday at six o'clock.

20 마지막 말에 이어질 응답 찾기

대화를 듣고, 여자의 마지막 말에 이어질 남자의 말로 가장 적절한 것을 고르시오.

Man: ______________________

① We have enough tables.
② They have already been set up.
③ We can fix them after the party.
④ Thank you for doing that for me.
⑤ I'll do that after arranging the chairs.

*** Focus on Sound put up**

[t]는 약화된 후 연음되어 [풋업]이 아니라 [푸럽]으로 발음된다.

M: Are we all ready for the party?
W: No. We still have 1) ________ ________ ________ ________.
M: Really? But people will come in an hour! What's left?
W: We need to set up the chairs, *put up decorations, and 2) ________ ________ ________.
M: Okay. You can put up the decorations while I 3) ________ ________ ________.
W: What about the tables?
M: I'll do that after arranging the chairs.

Word Test 실전모의고사 01~03회

A 다음 영어의 우리말 뜻을 쓰시오.

01 low ________
02 lend ________
03 meal ________
04 pleasant ________
05 reservation ________
06 fix ________
07 repairman ________
08 competition ________
09 unique ________
10 several ________
11 traffic ________
12 coast ________
13 provide ________
14 aisle ________
15 hurt ________
16 whole ________
17 organize ________
18 wonder ________
19 upset ________
20 borrow ________
21 depart ________
22 already ________
23 exercise ________
24 submit ________
25 arrange ________
26 boarding pass ________
27 as usual ________
28 look for ________
29 have ~ in mind ________
30 take a trip ________
31 out of order ________
32 go well with ________
33 sign up ________
34 fill out a form ________
35 gain weight ________
36 make a mistake ________
37 be concerned about ________
38 take a picture ________
39 break down ________
40 be supposed to-v ________

정답 및 해설 p. 22

B 다음 우리말 뜻에 맞는 영어를 쓰시오.

01 경험하다 ______________________

02 소설 ______________________

03 낮 12시, 정오 ______________________

04 빈, 비어 있는 ______________________

05 기념품 ______________________

06 종업원, 고용인 ______________________

07 다루다; 치료하다 ______________________

08 환경 ______________________

09 (짐을) 싸다, 챙기다 ______________________

10 걱정하는 ______________________

11 지역의, 현지의 ______________________

12 실망한 ______________________

13 계속되다 ______________________

14 예산 ______________________

15 자원봉사자 ______________________

16 경기장 ______________________

17 약속, 예약 ______________________

18 연습하다 ______________________

19 지배인, 관리자 ______________________

20 분명한; 무늬 없는 ______________________

21 두꺼운 ______________________

22 이용할 수 있는 ______________________

23 빛나다 ______________________

24 더 좋아하다 ______________________

25 깡충깡충 뛰다; 거르다 ______________________

26 장애가 있는 ______________________

27 (꼭) 맞다 ______________________

28 반납하다 ______________________

29 장식 ______________________

30 주문하다; 주문 ______________________

31 (음식을) 제공하다 ______________________

32 미끄러운 ______________________

33 합계, 총액 ______________________

34 배달하다 ______________________

35 세금 ______________________

36 현장 학습, 견학 ______________________

37 ~에 투표하다 ______________________

38 주목하다 ______________________

39 최선을 다하다 ______________________

40 ~에 관심이 있다 ______________________

실전모의고사 04회

정답 및 해설 pp. 23~27

점수: /20

보통 속도 듣기

빠르게 듣기

01 다음을 듣고, 내일의 날씨로 가장 적절한 것을 고르시오.

① 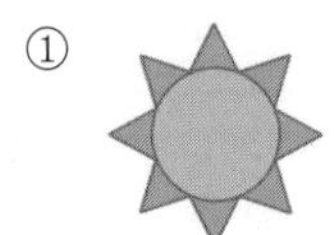 ②  ③ 
④ 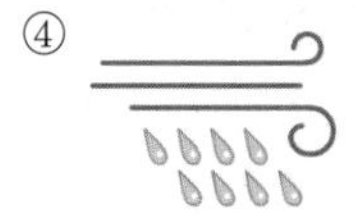 ⑤ 

02 대화를 듣고, 두 사람이 보고 있는 사진으로 가장 적절한 것을 고르시오.

①  ②  ③ 
④  ⑤ 

03 대화를 듣고, 남자의 심정으로 가장 적절한 것을 고르시오.

① sad ② angry ③ proud
④ pleased ⑤ embarrassed

04 대화를 듣고, 남자가 파티에 가져올 음식으로 가장 적절한 것을 고르시오.

① 케이크 ② 샐러드 ③ 피자
④ 스파게티 ⑤ 프라이드 치킨

05 대화를 듣고, 두 사람이 대화하는 장소로 가장 적절한 곳을 고르시오.

① 교실 ② 음식점 ③ 미술관
④ 예식장 ⑤ 옷 가게

06 대화를 듣고, 여자의 마지막 말의 의도로 가장 적절한 것을 고르시오.

① 비난 ② 조언 ③ 동의
④ 거절 ⑤ 용서

07 대화를 듣고, 두 사람이 Paul에게 줄 선물로 가장 적절한 것을 고르시오.

① 돈 ② 시계 ③ 신발
④ 넥타이 ⑤ 서류 가방

08 대화를 듣고, 여자가 대화 직후에 할 일로 가장 적절한 것을 고르시오.

① 공항에 가기
② 중국어 공부하기
③ 동생에게 전화하기
④ 남자의 집 방문하기
⑤ 남자와 저녁 식사하기

09 대화를 듣고, 두 사람이 미술 대회에 대해 언급하지 않은 것을 고르시오.

① 주최 기관 ② 주제
③ 심사 기준 ④ 참가 방법
⑤ 작품 제출 기한

10 다음을 듣고, 여자가 하는 말의 내용으로 가장 적절한 것을 고르시오.

① 독서의 이점 ② 마술 쇼 소개
③ 영어 학습 방법 ④ 병원 개원 홍보
⑤ 자원봉사 활동 안내

고난도

11 다음을 듣고, Gamers Club에 대한 내용과 일치하지 않는 것을 고르시오.

① 컴퓨터 게임에 관심이 있는 사람들을 위한 동아리이다.
② 게임을 잘하는 비결을 배운다.
③ 현재 회원 수는 6명이다.
④ 매주 목요일 방과 후에 모인다.
⑤ 모임 장소는 29번 방이다.

12 대화를 듣고, 남자가 전화를 건 목적으로 가장 적절한 것을 고르시오.

① 비행 일정을 변경하기 위해서
② 비행기 표를 예매하기 위해서
③ 비행기 표를 취소하기 위해서
④ 수하물 규정을 문의하기 위해서
⑤ 수하물에 대한 초과금을 내기 위해서

13 대화를 듣고, 여자가 서울역에 도착할 시각을 고르시오.

① 3:00 ② 3:15 ③ 3:30
④ 3:45 ⑤ 4:00

14 대화를 듣고, 두 사람의 관계로 가장 적절한 것을 고르시오.

① 남편 - 아내 ② 경찰관 - 운전자
③ 변호사 - 의뢰인 ④ 버스 운전사 - 승객
⑤ 자동차 정비사 - 손님

15 대화를 듣고, 여자가 남자에게 부탁한 일로 가장 적절한 것을 고르시오.

① 부축해주기 ② 집까지 태워주기
③ 주차 도와주기 ④ 병원에 데려다주기
⑤ 버스 정류장 위치 알려주기

16 대화를 듣고, 남자가 숙제를 제출하지 않은 이유로 가장 적절한 것을 고르시오.

① 몸이 아파서 ② 집에 놓고 와서
③ 컴퓨터가 고장 나서 ④ 제출일을 착각해서
⑤ 다른 중요한 일이 있어서

17 다음 그림의 상황에 가장 적절한 대화를 고르시오.

① ② ③ ④ ⑤

고난도

18 다음을 듣고, 여자가 Farmer Larry's에 대해 언급하지 않은 것을 고르시오.

① 음식 재료 ② 음식 가격
③ 음식의 칼로리 ④ 요리사의 출신 학교
⑤ 서비스

[19-20] 대화를 듣고, 남자의 마지막 말에 이어질 여자의 말로 가장 적절한 것을 고르시오.

19 Woman: ______________________

① I enjoy taking pictures.
② Okay. Tell me the address.
③ Sure, you look good today.
④ I'd better make my own blog.
⑤ My blog is updated every day.

20 Woman: ______________________

① Yes, I have many pets.
② Because I don't like dogs.
③ Okay, but let's ask him first.
④ My mother doesn't like them.
⑤ That's right, I'll get a cat instead.

Dictation Test 04

정답 및 해설 pp. 23~27

01 세부 정보 파악

다음을 듣고, 내일의 날씨로 가장 적절한 것을 고르시오.

① 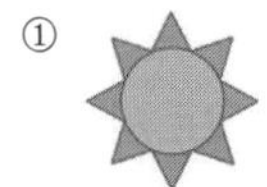 ②  ③ 

④ ⑤ 

M: Hello, everyone! It's time for the weather report. We've 1) ________ ________ ________ this weekend, but it looks like the nice weather is going to end tomorrow. It will 2) ________ ________ ________ ________ ________, so please remember to take your umbrella with you. It will 3) ________ ________ ________ ________ the day after tomorrow.

02 그림 정보 파악

대화를 듣고, 두 사람이 보고 있는 사진으로 가장 적절한 것을 고르시오.

①  ②  ③  

④  ⑤ 

M: Wow, this picture is amazing. Where is it?

W: Oh, it's the Alps. The 1) ________ ________ ________ ________.

M: Yeah. Who are the people next to you?

W: The man on the left 2) ________ ________ ________ ________ is my brother.

M: Who is on your right 3) ________ ________ ________ ________?

W: He's my brother's best friend. We had so much fun together.

03 심정 추론

대화를 듣고, 남자의 심정으로 가장 적절한 것을 고르시오.

① sad ② angry ③ proud
④ pleased ⑤ embarrassed

★Focus on Sound have to

to는 기능어로 약하게 발음되어 [해브투]가 아닌 [해브터]로 발음된다.

M: Hi, Angelina! 1) ________ ________ ________ ________! How have you been?

W: Excuse me? Are you talking to me?

M: 2) ________ ________ ________. It's me, Fred. Your old classmate.

W: I'm sorry. I don't know anyone named Fred. And my name isn't Angelina.

M: Oh. Really? I thought 3) ________ ________ ________ ________. I'm sorry.

W: That's all right. Well, if you'll excuse me, I *have to be going.

04 세부 정보 파악

대화를 듣고, 남자가 파티에 가져올 음식으로 가장 적절한 것을 고르시오.

① 케이크 ② 샐러드 ③ 피자
④ 스파게티 ⑤ 프라이드 치킨

W: Hi, Max. I'm having a potluck party this weekend. Do you want to come?

M: A potluck party? What's that?

W: It's a special kind of party. 1) ________ ________ ________ they cooked themselves.

M: Sounds fun. But I'm not a very good cook. What are you making?

W: I'm going to 2) ________ ________ ________. Why don't you make spaghetti?

M: That sounds too difficult. But I think I can 3) ________ ________ ________ ________.

W: That would be great!

05 장소 추론

대화를 듣고, 두 사람이 대화하는 장소로 가장 적절한 곳을 고르시오.

① 교실 ② 음식점 ③ 미술관
④ 예식장 ⑤ 옷 가게

W: What do you think of this one?

M: I don't know. Do you think it's good for a wedding?

W: Sure. You'll 1) ________ ________ ________ ________. Navy is your color.

M: Okay. I guess I should 2) ________ ________ ________ before I buy it.

W: You should. The 3) ________ ________ ________ ________ ________.

M: Okay. I'll be back in a few minutes.

W: I'll wait over here.

06 의도 파악

대화를 듣고, 여자의 마지막 말의 의도로 가장 적절한 것을 고르시오.

① 비난 ② 조언 ③ 동의
④ 거절 ⑤ 용서

W: I found a cheap laptop on an Internet shopping site.

M: Oh, how much is it?

W: It's normally $900, but it's 60% off right now. Isn't that cheap?

M: 1) ________ ________ ________. Don't you think it's strange?

W: Well, I'm not sure. I'm going to buy it.

M: I think 2) ________ ________ ________ ________. It might be some kind of scam. You need to 3) ________ ________ ________ ________ about the website.

W: Yeah, you are right. I think I should.

07 세부 정보 파악

대화를 듣고, 두 사람이 Paul에게 줄 선물로 가장 적절한 것을 고르시오.

① 돈 ② 시계 ③ 신발
④ 넥타이 ⑤ 서류 가방

M: Honey, Paul got a job at ABC Bank.

W: Oh, that's great. Why don't we 1) ________ ________ ________ ________?

M: All right. What should we get him?

W: How about a tie?

M: He 2) ________ ________ ________.

W: Then how about a pair of shoes? His shoes are so old.

M: That sounds okay, but isn't there anything better we can get him? 3) ________ ________ ________ ________ ________?

W: That's a good idea. I think he'd like that.

08 할 일 파악

대화를 듣고, 여자가 대화 직후에 할 일로 가장 적절한 것을 고르시오.

① 공항에 가기
② 중국어 공부하기
③ 동생에게 전화하기
④ 남자의 집 방문하기
⑤ 남자와 저녁 식사하기

M: Why don't you come to my house? We can have dinner together.

W: I'd like to, but I have to 1) ________ ________ ________ ________ now.

M: Why are you going there?

W: My brother Ron is coming home from China. So I'm going to 2) ________ ________ ________.

M: Oh, I see. Drive safe.

W: Let's have dinner together 3) ________ ________ ________.

M: Okay.

09 언급하지 않은 내용 찾기

대화를 듣고, 두 사람이 미술 대회에 대해 언급하지 않은 것을 고르시오.

① 주최 기관 ② 주제
③ 심사 기준 ④ 참가 방법
⑤ 작품 제출 기한

M: Hey, Mina! Do you know the Youth Art Contest?

W: Isn't that the annual art contest 1) ________ ________ ________ ________?

M: Yes. This year's theme is "Protecting the Earth."

W: Are you going to enter it?

M: Yes. All participants 2) ________ ________ ________. You should try it.

W: Oh, that sounds good. How can I participate?

M: You can take a picture of your work and 3) ________ ________ ________. It's due next Monday.

10 주제 파악

다음을 듣고, 여자가 하는 말의 내용으로 가장 적절한 것을 고르시오.

① 독서의 이점 ② 마술 쇼 소개
③ 영어 학습 방법 ④ 병원 개원 홍보
⑤ 자원봉사 활동 안내

W: Good morning, students. This is an announcement about the 1) ________ ________ ________. Volunteers will go to a children's hospital on May 3. They are going to play games with children, 2) ________ ________ ________, and teach them English. Volunteers will also put on a magic show. If any of you 3) ________ ________ ________ ________, tell your homeroom teacher by this Friday. Thank you.

11 내용 일치 파악

다음을 듣고, Gamers Club에 대한 내용과 일치하지 않는 것을 고르시오.

① 컴퓨터 게임에 관심이 있는 사람들을 위한 동아리이다.
② 게임을 잘하는 비결을 배운다.
③ 현재 회원 수는 6명이다.
④ 매주 목요일 방과 후에 모인다.
⑤ 모임 장소는 29번 방이다.

M: There's a new club at our school. It's called the Gamers Club, and it's for people who are 1) ________ ________ ________ ________. But we don't just play games! We learn about 2) ________ ________ ________ ________ ________. Right now, we have six members, but we want more people to join. We 3) ________ ________ ________ every Thursday at four o'clock. If you're interested, come to Room 29 on Thursday.

12 목적 파악

대화를 듣고, 남자가 전화를 건 목적으로 가장 적절한 것을 고르시오.

① 비행 일정을 변경하기 위해서
② 비행기 표를 예매하기 위해서
③ 비행기 표를 취소하기 위해서
④ 수하물 규정을 문의하기 위해서
⑤ 수하물에 대한 초과금을 내기 위해서

[Phone rings.]

W: This is Han Airlines. How can I help you?

M: Hi. I've 1) ________ ________ ________ to New York on flight number 324.

W: Can I have your name?

M: My name is Grey Roberts.

W: Okay. Do you want to 2) ________ ________ ________ ________?

M: No. I'm calling to 3) ________ ________ ________ ________. Can I check my 20-kg bag for free?

W: Yes, sir. There is no charge for baggage under 25 kg.

M: That's good. Thank you.

13 숫자 정보 파악

대화를 듣고, 여자가 서울역에 도착할 시각을 고르시오.

① 3:00 ② 3:15 ③ 3:30
④ 3:45 ⑤ 4:00

M: Where would you like to go, ma'am?

W: Seoul Station, please. And I need to get there 1) ________ ________ ________ ________.

M: All right. I know a fast way to get there.

W: Great. My train leaves in half an hour. Do you think we'll 2) ________ ________ ________ ________?

M: I think so. It is three o'clock now, and it should 3) ________ ________ ________ ________.

W: Perfect. Thanks.

M: No problem.

14 관계 추론

대화를 듣고, 두 사람의 관계로 가장 적절한 것을 고르시오.

① 남편 - 아내 ② 경찰관 - 운전자
③ 변호사 - 의뢰인 ④ 버스 운전사 - 승객
⑤ 자동차 정비사 - 손님

M: 1) ________ ________ ________ ________ ________, please.

W: Here you are. Did I do something wrong?

M: Yes, you drove too fast.

W: I was driving about 50 kilometers per hour.

M: The speed limit here is 30 kilometers per hour. I have to 2) ________ ________ ________ ________ for speeding.

W: Oh, I'm sorry. I was in a hurry.

M: Please 3) ________ ________ ________ next time.

W: Okay, I will.

15 부탁한 일 파악

대화를 듣고, 여자가 남자에게 부탁한 일로 가장 적절한 것을 고르시오.

① 부축해주기 ② 집까지 태워주기
③ 주차 도와주기 ④ 병원에 데려다주기
⑤ 버스 정류장 위치 알려주기

M: What's wrong, Ann? Why are you walking like that?

W: I fell when I 1) ________ ________ ________ ________ ________.

M: Did you get hurt?

W: I think I 2) ________ ________ ________, but it's not that serious.

M: How will you go home?

W: Actually... can you 3) ________ ________ ________ ________? I can't walk home.

M: Of course. Let's meet at the parking lot after work.

16 이유 파악

대화를 듣고, 남자가 숙제를 제출하지 않은 이유로 가장 적절한 것을 고르시오.

① 몸이 아파서 ② 집에 놓고 와서
③ 컴퓨터가 고장 나서 ④ 제출일을 착각해서
⑤ 다른 중요한 일이 있어서

W: Why didn't you 1) ________ ________ ________ ________?

M: I'm sorry. Actually, I didn't finish it.

W: Why not?

M: I thought it was due next Thursday. I 2) ________ ________.

W: I really hope this doesn't happen again. Since it's your first time, you can 3) ________ ________ ________ ________. Can you do that?

M: Yes, I promise I will. Thank you.

17 그림 상황에 적절한 대화 찾기

다음 그림의 상황에 가장 적절한 대화를 고르시오.

① ② ③ ④ ⑤

① M: I left my wallet on the subway.
W: Did you try the lost and found office?

② M: Excuse me. I think 1) ________ ________ ________.
W: Oh! Thank you so much.

③ M: 2) ________ ________ ________ ________ to go there?
W: You have to transfer to line 4 at Dongdaemun station.

④ M: Would you mind if I sat here?
W: No, not at all. Please have a seat.

⑤ M: Are you going to take the subway?
W: No, I'll take the bus. The subway 3) ________ ________ ________ ________.

18 언급하지 않은 내용 찾기

다음을 듣고, 여자가 Farmer Larry's에 대해 언급하지 않은 것을 고르시오.

① 음식 재료 ② 음식 가격
③ 음식의 칼로리 ④ 요리사의 출신 학교
⑤ 서비스

W: Are you tired of fast food? Then come to Farmer Larry's and enjoy some slow food. All of our vegetables 1) ________ ________ ________ by local farmers, so they're fresh and nutritious. And we 2) ________ ________ ________ ________, without a lot of salt or oil. But they're still very delicious! All our 3) ________ ________ ________ at the best cooking school in Paris. Also, we ensure that all of our staff members are kind and friendly.

19 마지막 말에 이어질 응답 찾기

대화를 듣고, 남자의 마지막 말에 이어질 여자의 말로 가장 적절한 것을 고르시오.

Woman: ______________________

① I enjoy taking pictures.
② Okay. Tell me the address.
③ Sure, you look good today.
④ I'd better make my own blog.
⑤ My blog is updated every day.

Focus on Sound **mostly**

[t]가 [l] 앞에 오면 약화되어 [모스틀리]가 아닌 [모슬리]로 발음된다.

W: Do you have a blog?

M: Yes. I post *mostly about food and restaurants that I love. How about you?

W: I have one, but I don't 1) ________ ________ ________.

M: Why not?

W: Well, I like 2) ________ ________ ________ ________ ________ better.

M: I put pictures on mine almost every day. Why don't you 3) ________ ________ ________ and look at my pictures?

W: Okay. Tell me the address.

20 마지막 말에 이어질 응답 찾기

대화를 듣고, 남자의 마지막 말에 이어질 여자의 말로 가장 적절한 것을 고르시오.

Woman: ______________________

① Yes, I have many pets.
② Because I don't like dogs.
③ Okay, but let's ask him first.
④ My mother doesn't like them.
⑤ That's right, I'll get a cat instead.

M: Look at this 1) ________ ________ ________ ________. Isn't she cute?

W: She's pretty, especially her eyes. What is her name?

M: Lucy. She's 2) ________ ________ ________.

W: I'd like one, too.

M: You like dogs? 3) ________ ________ ________ ________ ________?

W: My mother doesn't like them.

실전모의고사 05회

정답 및 해설 pp. 27~31

점수: /20

보통 속도 듣기

빠르게 듣기

01 대화를 듣고, 내일의 날씨로 가장 적절한 것을 고르시오.

02 대화를 듣고, 남자가 구입할 목걸이로 가장 적절한 것을 고르시오.

03 대화를 듣고, 여자의 마지막 말의 의도로 가장 적절한 것을 고르시오.

① 제안　② 거절　③ 격려
④ 후회　⑤ 허락

04 대화를 듣고, 남자가 어제 한 일로 가장 적절한 것을 고르시오.

① 수영장에 가기　② 수학 숙제하기
③ 전화기 수리하기　④ 도서관에서 공부하기
⑤ 친구 숙제 도와주기

05 대화를 듣고, 두 사람이 대화하는 장소로 가장 적절한 곳을 고르시오.

① 기차　② 교실　③ 경기장
④ 영화관　⑤ 비행기

고난도

06 다음을 듣고, 영어의 날 행사에 대한 내용과 일치하지 <u>않는</u> 것을 고르시오.

① 해마다 열리는 행사이다.
② 10시에 영어 말하기 대회가 있다.
③ 정오에 점심 식사를 할 것이다.
④ 원어민 영어 선생님들이 영어 연극을 한다.
⑤ 대강당에서 뒤풀이를 한다.

07 대화를 듣고, 여자가 남자에게 추천한 음식으로 가장 적절한 것을 고르시오.

① 샐러드　② 피자　③ 스테이크
④ 볶음밥　⑤ 파스타

08 대화를 듣고, 여자가 대화 직후에 할 일로 가장 적절한 것을 고르시오.

① 병문안 가기　② 친구 도와주기
③ 파티 준비하기　④ 친구에게 전화하기
⑤ 친구에게 문자 보내기

09 대화를 듣고, 두 사람이 스마트폰에 대해 언급하지 <u>않은</u> 것을 고르시오.

① 모델명　② 화면 크기　③ 색상
④ 메모리 용량　⑤ 할인 판매 여부

10 다음을 듣고, 남자가 하는 말의 내용으로 가장 적절한 것을 고르시오.

① 학교 축제　② 미술 전시회
③ 연말 공연　④ 신입생 환영회
⑤ 미술관 수리 계획

11 대화를 듣고, 콘서트에 대한 내용과 일치하지 <u>않는</u> 것을 고르시오.

① 금요일에 열린다.
② R&B 가수의 공연이다.
③ 저녁 7시에 시작한다.
④ 끝나는 시각은 10시이다.
⑤ 표는 3만 원이다.

12 대화를 듣고, 남자가 전화를 건 목적으로 가장 적절한 것을 고르시오.

① 상품을 주문하기 위해서
② 배송을 재촉하기 위해서
③ 주문을 변경하기 위해서
④ 환불을 요구하기 위해서
⑤ 상품을 추천받기 위해서

고난도

13 대화를 듣고, 여자가 지불해야 할 금액을 고르시오.

① 2,500원 ② 5,000원 ③ 7,500원
④ 10,000원 ⑤ 15,000원

14 대화를 듣고, 두 사람의 관계로 가장 적절한 것을 고르시오.

① 교사 - 학생 ② 은행원 - 손님
③ 서점 직원 - 손님 ④ 경찰관 - 운전자
⑤ 도서관 사서 - 손님

15 대화를 듣고, 남자가 여자에게 부탁한 일로 가장 적절한 것을 고르시오.

① 결혼식에 함께 가기
② 축의금 전달해 주기
③ 결혼 축가 불러 주기
④ 결혼 선물 골라 주기
⑤ 예식장 함께 둘러보기

16 대화를 듣고, Jim이 회의에 참석하지 <u>못한</u> 이유로 가장 적절한 것을 고르시오.

① 몸이 아파서 ② 출장 중이어서
③ 교통사고가 나서 ④ 아버지가 편찮으셔서
⑤ 회의 시간을 잊어서

17 다음 그림의 상황에 가장 적절한 대화를 고르시오.

① ② ③ ④ ⑤

18 다음을 듣고, 여자가 자전거 대여 서비스에 대해 언급하지 <u>않은</u> 것을 고르시오.

① 운영 시간 ② 이용자 연령 제한
③ 이용 방법 ④ 이용 요금
⑤ 자전거 반납 장소

[19-20] 대화를 듣고, 여자의 마지막 말에 이어질 남자의 말로 가장 적절한 것을 고르시오.

고난도

19 Man: ______________________________

① Let's fix the TV first.
② I called him yesterday.
③ How much did it cost?
④ Why didn't I think of that?
⑤ But this show isn't interesting.

20 Man: ______________________________

① No, I only have one with me.
② Sure, I have more than enough.
③ Yes, I wish I had studied harder.
④ Okay, I'll send it to you tonight.
⑤ Sorry, I didn't check my email either.

Dictation Test 05

정답 및 해설 pp. 27~31

01 세부 정보 파악

대화를 듣고, 내일의 날씨로 가장 적절한 것을 고르시오.

①  ②  ③ 

④ ⑤

W: Hi, Jake. Are you doing anything tomorrow?

M: No, I don't have any plans.

W: Then let's 1) ________ ________ ________ ________ ________.

M: Okay. But it's 2) ________ ________. What if it rains tomorrow?

W: It will be rainy this afternoon, but the weather forecaster said that it will 3) ________ ________ ________ by tomorrow. So the weather will be good for enjoying outdoor activities. Don't worry about it.

M: Oh, that's good.

02 그림 정보 파악

대화를 듣고, 남자가 구입할 목걸이로 가장 적절한 것을 고르시오.

W: Have you decided 1) ________ ________ ________ your girlfriend for Christmas?

M: I'm thinking of getting her a necklace, but I'm having trouble choosing one. I have some pictures on my phone. Will you help me pick one?

W: Sure, let me see.

M: How about 2) ________ ________ ________ ________ ________? Or the one with two crosses?

W: Those are cute, but I think this one with three stars is very pretty.

M: Hmm... I agree. 3) ________ ________ ________ ________. I'll buy that one, then. Thank you for your help.

03 의도 파악

대화를 듣고, 여자의 마지막 말의 의도로 가장 적절한 것을 고르시오.

① 제안 ② 거절 ③ 격려
④ 후회 ⑤ 허락

M: How about [1) ________ ________ ________ ________?
W: I'd like to, but I am busy today.
M: What do you have to do?
W: I have to do my science homework, and then I need to [2) ________ ________ ________ ________ the house.
M: Then what about this evening?
W: Sorry, I can't go then either. I [3) ________ ________ ________ ________ and go to the movies with Amy.

04 한 일 파악

대화를 듣고, 남자가 어제 한 일로 가장 적절한 것을 고르시오.

① 수영장에 가기 ② 수학 숙제하기
③ 전화기 수리하기 ④ 도서관에서 공부하기
⑤ 친구 숙제 도와주기

W: Hey, Bill! I called you yesterday, but you didn't answer.
M: Oh, I didn't [1) ________ ________ ________ ________ ________. And I forgot to call you back.
W: What were you doing?
M: I [2) ________ ________ ________ ________ with Ethan.
W: That sounds fun. I had a long day yesterday.
M: What did you do?
W: I was [3) ________ ________ ________ ________ in the library. I called to ask if you would help me with it.

05 장소 추론

대화를 듣고, 두 사람이 대화하는 장소로 가장 적절한 곳을 고르시오.

① 기차 ② 교실 ③ 경기장
④ 영화관 ⑤ 비행기

W: Excuse me, sir. Can you [1) ________ ________ ________ ________ ________?
M: Sure. Can I see your tickets?
W: Here they are.
M: All right. You need to walk that way. You're sitting by the outfield.
W: Oh no. Will it be [2) ________ ________ ________ ________ ________?
M: No, you'll have a good view. And you'll have the [3) ________ ________ ________ a home-run ball.
W: Great!

06 내용 일치 파악

다음을 듣고, 영어의 날 행사에 대한 내용과 일치하지 않는 것을 고르시오.

① 해마다 열리는 행사이다.
② 10시에 영어 말하기 대회가 있다.
③ 정오에 점심 식사를 할 것이다.
④ 원어민 영어 선생님들이 영어 연극을 한다.
⑤ 대강당에서 뒤풀이를 한다.

W: Hello, everyone. Tomorrow is our school's annual English Day. Let me tell you about the schedule. At ten o'clock, there will be an 1) ________ ________ ________. At noon, you will have lunch with our native English teachers. At three, there will be an English play 2) ________ ________ ________ ________ ________. At five, we will 3) ________ ________ ________ in the main hall. I hope all of you enjoy English Day. Thank you.

07 세부 정보 파악

대화를 듣고, 여자가 남자에게 추천한 음식으로 가장 적절한 것을 고르시오.

① 샐러드 ② 피자 ③ 스테이크
④ 볶음밥 ⑤ 파스타

* **Focus on Sound** **steak**

[s]뒤에 [t]가 오면 된소리가 되어 [스테이크]가 아닌 [스떼이크]로 발음된다.

W: Have you been to the Italian restaurant next to the department store?
M: No, I haven't. Have you?
W: Yes. The 1) ________ ________ ________ ________. I've been there a few times.
M: Have you 2) ________ ________ ________ and *steak?
W: Yes. They were good, but their 3) ________ ________ ________ ________ ________. You should try it.
M: Okay, I'll go tonight.

08 할 일 파악

대화를 듣고, 여자가 대화 직후에 할 일로 가장 적절한 것을 고르시오.

① 병문안 가기 ② 친구 도와주기
③ 파티 준비하기 ④ 친구에게 전화하기
⑤ 친구에게 문자 보내기

* **Focus on Sound** **heard you**

[d]가 뒤에 반모음 [j]를 만나면 동화되어 [헐드유]가 아닌 [헐쥬]로 발음된다.

M: Anne 1) ________ ________ ________ ________ ________.
W: Oh, did she?
M: She *heard you were sick and wanted to know 2) ________ ________ ________ ________.
W: She's a good friend.
M: Yes, she is.
W: Most of my friends only call when I'm having a party or doing something fun, but Anne always helps me when I'm in trouble.
M: I wish I had a good friend like that.
W: Yeah. I'll 3) ________ ________ ________.

09 언급하지 않은 내용 찾기

대화를 듣고, 두 사람이 스마트폰에 대해 언급하지 않은 것을 고르시오.

① 모델명 ② 화면 크기 ③ 색상
④ 메모리 용량 ⑤ 할인 판매 여부

W: You've got a new smartphone!
M: Yeah. It's a Z5, the latest model.
W: Cool! It 1) ________ ________ ________ ________.
M: Yes. I watch a lot of videos, so it's great for me.
W: Nice.
M: It also 2) ________ ________ ________ ________ than my old one.
W: But wasn't it expensive?
M: Not really. It was 3) ________ ________.

10 주제 파악

다음을 듣고, 남자가 하는 말의 내용으로 가장 적절한 것을 고르시오.

① 학교 축제 ② 미술 전시회
③ 연말 공연 ④ 신입생 환영회
⑤ 미술관 수리 계획

M: This weekend, Jungwon Middle School is 1) ________ ________ ________ ________. There will be a talent show performed by the first and second graders. You can also 2) ________ ________ ________ by the school band and an exhibition presented by the art club. The students and teachers all worked hard on this festival, so please come and 3) ________ ________ ________ ________!

11 내용 일치 파악

대화를 듣고, 콘서트에 대한 내용과 일치하지 않는 것을 고르시오.

① 금요일에 열린다.
② R&B 가수의 공연이다.
③ 저녁 7시에 시작한다.
④ 끝나는 시각은 10시이다.
⑤ 표는 3만 원이다.

W: Will you 1) ________ ________ ________ ________ on Friday night with me?
M: Who's the singer?
W: Tom Brown. He's a famous R&B singer from the US.
M: I know him. He's a great performer. 2) ________ ________ ________ ________ ________?
W: At seven in the evening. The performance 3) ________ ________ ________ ________.
M: How much are tickets?
W: 30,000 won.
M: That's not bad. I'd love to go with you.

12 목적 파악

대화를 듣고, 남자가 전화를 건 목적으로 가장 적절한 것을 고르시오.

① 상품을 주문하기 위해서
② 배송을 재촉하기 위해서
③ 주문을 변경하기 위해서
④ 환불을 요구하기 위해서
⑤ 상품을 추천받기 위해서

[Phone rings.]

W: Hello, this is Camera.com.

M: Hi. I ordered a digital camera ten days ago, but it 1) ________ ________ ________.

W: Can I have your order number, please?

M: Sure. It's 49854.

W: I'm sorry. We 2) ________ ________ ________. We haven't sent it yet.

M: I need it this weekend. Please 3) ________ ________ ________ ________ ________.

W: Okay. We will. We're very sorry.

13 숫자 정보 파악

대화를 듣고, 여자가 지불해야 할 금액을 고르시오.

① 2,500원 ② 5,000원 ③ 7,500원
④ 10,000원 ⑤ 15,000원

M: How may I help you?

W: I'd like to buy a box of strawberries.

M: Okay. Here are some fresh strawberries. It is 1) ________ ________ ________ ________ ________.

W: That's a bit expensive. Do you have any smaller boxes?

M: Yes, we do. They're 2) ________ ________ ________ ________ the larger ones.

W: That sounds good. I'll take one of those.

M: We also 3) ________ ________ ________. Would you like some? They're half the price of the strawberries.

W: No, thank you. Just the strawberries, please.

14 관계 추론

대화를 듣고, 두 사람의 관계로 가장 적절한 것을 고르시오.

① 교사 - 학생 ② 은행원 - 손님
③ 서점 직원 - 손님 ④ 경찰관 - 운전자
⑤ 도서관 사서 - 손님

M: Good afternoon. How can I help you?

W: Hi, I'd like to 1) ________ ________ ________.

M: What kind of account would you like to open?

W: A 2) ________ ________, please.

M: All right. Please 3) ________ ________ ________ ________.

W: Okay.

M: May I see your ID card?

W: Sure, here it is.

15 부탁한 일 파악

대화를 듣고, 남자가 여자에게 부탁한 일로 가장 적절한 것을 고르시오.

① 결혼식에 함께 가기
② 축의금 전달해 주기
③ 결혼 축가 불러 주기
④ 결혼 선물 골라 주기
⑤ 예식장 함께 둘러보기

*** Focus on Sound honored**

[h]는 묵음이어서 [아너ㄹ드]로 발음된다.

M: Hi, Martha!

W: Hi, Nick. I heard you're 1) ________ ________. Congratulations!

M: Thank you. I want to ask you something about my wedding.

W: Yeah? What is it?

M: I know you're a great singer. So can you 2) ________ ________ ________ ________?

W: I'd be *honored! Does your bride want me to sing, too?

M: Of course. She 3) ________ ________ ________.

16 이유 파악

대화를 듣고, Jim이 회의에 참석하지 못한 이유로 가장 적절한 것을 고르시오.

① 몸이 아파서 ② 출장 중이어서
③ 교통사고가 나서 ④ 아버지가 편찮으셔서
⑤ 회의 시간을 잊어서

W: Where's Jim? I told him yesterday that 1) ________ ________ ________ ________ at nine o'clock.

M: Oh, didn't he call you?

W: No. I haven't received any calls from him.

M: He had to 2) ________ ________ ________ ________.

W: Why? Is he sick?

M: No, his father is 3) ________ ________ ________, so he went to the hospital last night.

W: Oh, that's too bad.

17 그림 상황에 적절한 대화 찾기

다음 그림의 상황에 가장 적절한 대화를 고르시오.

① ② ③ ④ ⑤

① M: How can I get a ticket?
W: You can get one online.

② M: Can I 1) ________ ________ ________ for free drinks?
W: Yes, you can.

③ M: May I take your order, please?
W: Oh, I'm 2) ________ ________ ________ ________ ________.

④ M: How many tickets would you like?
W: Just one, please.

⑤ M: Can I pay 3) ________ ________ ________?
W: Yes, no problem.

18 언급하지 않은 내용 찾기

다음을 듣고, 여자가 자전거 대여 서비스에 대해 언급하지 않은 것을 고르시오.

① 운영 시간
② 이용자 연령 제한
③ 이용 방법
④ 이용 요금
⑤ 자전거 반납 장소

W: If you like riding a bicycle, you can use I-Bike! This bicycle rental service is open 24 hours a day, 365 days a year. Anyone 1) ________ ________ ________ ________ ________ can borrow a bike. First, you need to download the I-Bike app and sign up. Then go to the nearest station, choose a bicycle, and 2) ________ ________ ________ ________. After your trip, you can 3) ________ ________ ________ ________ ________ on the map.

19 마지막 말에 이어질 응답 찾기

대화를 듣고, 여자의 마지막 말에 이어질 남자의 말로 가장 적절한 것을 고르시오.

Man: ______________________

① Let's fix the TV first.
② I called him yesterday.
③ How much did it cost?
④ Why didn't I think of that?
⑤ But this show isn't interesting.

M: Oh no. I think there's something wrong with my TV.
W: Really? Why do you say that?
M: I want to 1) ________ ________ ________, but I can't.
W: That's strange. Let me take a look at it.
M: This is terrible. I think I should 2) ________ ________ ________.
W: Oh, you don't have to. I think you just need to 3) ________ ________ ________ ________ in the remote control.
M: Why didn't I think of that?

20 마지막 말에 이어질 응답 찾기

대화를 듣고, 여자의 마지막 말에 이어질 남자의 말로 가장 적절한 것을 고르시오.

Man: ______________________

① No, I only have one with me.
② Sure, I have more than enough.
③ Yes, I wish I had studied harder.
④ Okay, I'll send it to you tonight.
⑤ Sorry, I didn't check my email either.

W: Are you ready for the art class, Martin?
M: Yes, I am. I 1) ________ ________ ________ ________.
W: Why did you bring them?
M: Didn't you get the teacher's email? We need them for the class.
W: I guess I 2) ________ ________ ________ ________ last night.
M: So you didn't bring any drawing pencils?
W: No, I didn't. Can you 3) ________ ________ ________ ________ ________?
M: Sure, I have more than enough.

실전모의고사 06회

정답 및 해설 pp. 31~35

점수: /20

보통 속도 듣기

빠르게 듣기

01 다음을 듣고, 부산의 내일 날씨로 가장 적절한 것을 고르시오.

① 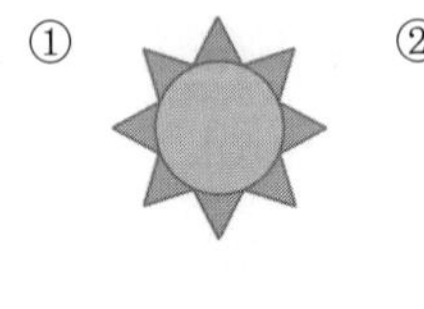 ②  ③ 
④ 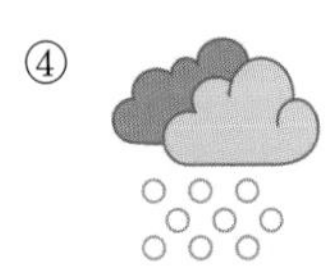 ⑤ 

02 대화를 듣고, 여자가 구입할 목도리로 가장 적절한 것을 고르시오.

①  ②  ③ 
④  ⑤ 

03 대화를 듣고, 여자의 마지막 말의 의도로 가장 적절한 것을 고르시오.

① 충고 ② 기대 ③ 동의
④ 거절 ⑤ 제안

04 대화를 듣고, 남자가 주말에 한 일로 가장 적절한 것을 고르시오.

① 스마트폰 사기 ② 해변 산책하기
③ 아르바이트 하기 ④ 가족 모임 참석하기
⑤ 프로필 사진 찍기

05 대화를 듣고, 두 사람이 대화하는 장소로 가장 적절한 곳을 고르시오.

① 은행 ② 식당 ③ 미술관
④ 우체국 ⑤ 백화점

06 다음을 듣고, Pro Fitness에 대한 내용과 일치하지 않는 것을 고르시오.

① 수영장이 있다.
② 테니스 코트가 있다.
③ 사우나가 있다.
④ 월요일에는 이용할 수 없다.
⑤ 이번 달에 등록하면 할인을 받을 수 있다.

07 대화를 듣고, 남자가 이용할 교통수단으로 가장 적절한 것을 고르시오.

① 배 ② 자동차 ③ 버스
④ 기차 ⑤ 비행기

08 대화를 듣고, 두 사람이 대화 직후에 할 일로 가장 적절한 것을 고르시오.

① 독서하기 ② 카페에 가기
③ 낮잠 자기 ④ TV 시청하기
⑤ 공원에 가기

09 대화를 듣고, 여자가 체중 감량 방법으로 언급하지 않은 것을 고르시오.

① 규칙적으로 운동하기
② 채소 많이 먹기
③ 튀긴 음식 피하기
④ 물 충분히 마시기
⑤ 저녁 8시 이후 먹지 않기

10 다음을 듣고, 여자가 하는 말의 내용으로 가장 적절한 것을 고르시오.

① 미아 보호 안내
② 이벤트 결과 발표
③ 분실물 습득 안내
④ 의류 할인 행사 홍보
⑤ 백화점 층별 매장 안내

고난도

11 대화를 듣고, 회의에 대한 내용과 일치하지 않는 것을 고르시오.

① 원래 회의는 내일로 예정되어 있었다.
② 사장님의 출장 때문에 연기되었다.
③ 회의는 다음 주 화요일로 변경되었다.
④ 회의 시작 시각이 변경되었다.
⑤ 회의는 오후 3시에 시작될 것이다.

12 대화를 듣고, 여자가 전화를 건 목적으로 가장 적절한 것을 고르시오.

① 사람을 찾기 위해서
② 물건을 주문하기 위해서
③ 상점 위치를 문의하기 위해서
④ 폐점 시간을 문의하기 위해서
⑤ 주말 영업 여부를 확인하기 위해서

고난도

13 대화를 듣고, 파티에 참석할 인원수를 고르시오.

① 7명 ② 8명 ③ 9명
④ 10명 ⑤ 11명

14 대화를 듣고, 두 사람의 관계로 가장 적절한 것을 고르시오.

① 독자 - 작가 ② 팬 - 가수
③ 기자 - 영화배우 ④ 점원 - 관객
⑤ 감독 - 사진작가

15 대화를 듣고, 남자가 여자에게 제안한 일로 가장 적절한 것을 고르시오.

① 외식하기 ② 음식 주문하기
③ 식료품점에 가기 ④ 요리 수업 듣기
⑤ 조리법 찾아보기

16 대화를 듣고, 남자가 기분이 좋지 않은 이유로 가장 적절한 것을 고르시오.

① 악몽을 꿔서 ② 몸이 좋지 않아서
③ 친구들과 싸워서 ④ 친구들을 못 만나서
⑤ 꿈을 이룰 수 없어서

17 다음 그림의 상황에 가장 적절한 대화를 고르시오.

① ② ③ ④ ⑤

18 다음을 듣고, 남자가 기부 행사에 대해 언급하지 않은 것을 고르시오.

① 행사 취지 ② 주최 기관
③ 기부품 수거일 ④ 기부품 수거 장소
⑤ 기부 불가 품목

[19-20] 대화를 듣고, 남자의 마지막 말에 이어질 여자의 말로 가장 적절한 것을 고르시오.

19 Woman: ____________________

① It's my favorite bag.
② I transferred to line 4.
③ I found it on the subway.
④ It's brown and has one pocket.
⑤ Could you connect me to the lost and found?

고난도

20 Woman: ____________________

① I don't think I'll buy them.
② It's so nice of you to say that.
③ I think you need smaller shoes.
④ Maybe you should see a doctor.
⑤ You need to get a larger size next time

보통 속도 듣기

빠르게 듣기

Dictation Test 06

정답 및 해설 pp. 31~35

01 세부 정보 파악

다음을 듣고, 부산의 내일 날씨로 가장 적절한 것을 고르시오.

① ② ③ ④ ⑤

W: Now, it's time for the weather report. In Seoul and Incheon, the clouds will clear tomorrow and we'll 1) ________ ________ ________ this week. But in Busan, it will 2) ________ ________ ________ and rainy over the weekend. Daegu will 3) ________ ________ ________ and rain tomorrow, and the rain will continue until Friday.

02 그림 정보 파악

대화를 듣고, 여자가 구입할 목도리로 가장 적절한 것을 고르시오.

①  ②  ③ 

④  ⑤ 

*** Focus on Sound red dots**

똑같은 발음의 자음이 겹치면 앞 자음 소리가 탈락하여 [레드 닷츠]가 아닌 [레닷츠]로 발음된다.

W: Hello. I'm trying to buy a scarf. Can you help me?

M: Sure. We have a variety of colors and designs.

W: What do you recommend?

M: These yellow ones are 1) ________ ________ ________.

W: Well, I don't like yellow. Do you 2) ________ ________ ________ ________?

M: Of course. We have solid red, red stripes, and *red dots. I think red stripes or red dots would look good on you.

W: Hmm... The 3) ________ ________ ________ looks cute. I'll take this one. Thank you for your help.

03 의도 파악

대화를 듣고, 여자의 마지막 말의 의도로 가장 적절한 것을 고르시오.

① 충고 ② 기대 ③ 동의
④ 거절 ⑤ 제안

*** Focus on Sound get us**

[t]가 약화되면서 연음되어 [겟 어스]가 아닌 [게러스]로 발음된다.

M: You know your favorite band is 1) ________ ________ ________ here, right?

W: I know. I couldn't get a ticket. I was so disappointed.

M: Well, I 2) ________ ________ ________.

W: What? Did you *get us tickets? I can't believe this! Thank you so much!

M: I know you wanted to see them, so I got tickets for you.

W: This 3) ________ ________ ________ ________. I can't wait!

04 한 일 파악

대화를 듣고, 남자가 주말에 한 일로 가장 적절한 것을 고르시오.

① 스마트폰 사기 ② 해변 산책하기
③ 아르바이트 하기 ④ 가족 모임 참석하기
⑤ 프로필 사진 찍기

M: Sarah, I saw your profile picture. It looks nice!

W: Oh, I 1) ________ ________ ________ ________ with my family last weekend. I took the picture there.

M: It looks like you had a good time.

W: Yes, I did. How was your weekend?

M: I 2) ________ ________ at a convenience store. I started there this month.

W: Really? I didn't know that.

M: I need to 3) ________ ________ to buy a new smartphone.

W: Well, I hope you get one soon!

05 장소 추론

대화를 듣고, 두 사람이 대화하는 장소로 가장 적절한 곳을 고르시오.

① 은행 ② 식당 ③ 미술관
④ 우체국 ⑤ 백화점

W: Hello. Can I help you with something?

M: Yes, I'd like to 1) ________ ________ ________ New York.

W: Okay. May I ask 2) ________ ________ ________?

M: It's a set of traditional plates.

W: I see. Then you should send them 3) ________ ________ ________ so they don't break.

M: That's a good idea.

W: Okay. It'll be $15, please.

06 내용 일치 파악

다음을 듣고, Pro Fitness에 대한 내용과 일치하지 않는 것을 고르시오.

① 수영장이 있다.
② 테니스 코트가 있다.
③ 사우나가 있다.
④ 월요일에는 이용할 수 없다.
⑤ 이번 달에 등록하면 할인을 받을 수 있다.

M: Do you want to stay healthy? Then come and join Pro Fitness. We have an excellent fitness room, a 1) ________ ________ ________, and a tennis court. We also have a shower and a sauna. We are open 2) ________ ________ ________ ________. If you sign up this month, you'll 3) ________ ________ ________ ________. We hope to see you soon.

07 세부 정보 파악

대화를 듣고, 남자가 이용할 교통수단으로 가장 적절한 것을 고르시오.

① 배 ② 자동차 ③ 버스
④ 기차 ⑤ 비행기

W: What are you doing for Chuseok?
M: I'm going to Gwangju to visit my family.
W: Are you driving? 1) ________ ________ ________ ________.
M: No, I'm not driving. I'm 2) ________ ________ ________.
W: Why don't you take the train instead? I think it'd be faster and more convenient.
M: I know. But the train tickets 3) ________ ________ ________ ________.
W: Oh, I see.

08 할 일 파악

대화를 듣고, 두 사람이 대화 직후에 할 일로 가장 적절한 것을 고르시오.

① 독서하기 ② 카페에 가기
③ 낮잠 자기 ④ TV 시청하기
⑤ 공원에 가기

M: I'm so tired of studying.
W: Let's 1) ________ ________ ________. I'll turn on the TV.
M: My eyes hurt from reading. I don't want to watch TV.
W: 2) ________ ________ ________ ________ to the park?
M: Walking sounds good, but let's walk to a café and 3) ________ ________ ________ instead. I'm so hungry.
W: Sure. I'm hungry, too.
M: Great. Let's get away from these books for a while.

09 언급하지 않은 내용 찾기

대화를 듣고, 여자가 체중 감량 방법으로 언급하지 않은 것을 고르시오.

① 규칙적으로 운동하기
② 채소 많이 먹기
③ 튀긴 음식 피하기
④ 물 충분히 마시기
⑤ 저녁 8시 이후 먹지 않기

M: You're in great shape. Did you lose some weight?

W: Yes, I lost 6 kg in two months.

M: Wow! I'm trying to lose weight, but it's hard. Can you give me some tips?

W: 1) ________ ________, and eat less meat and more vegetables. Also 2) ________ ________ ________ ________.

M: What else?

W: 3) ________ ________ ________ ________ p.m. That's how I lost weight.

M: I think I should try harder.

10 주제 파악

다음을 듣고, 여자가 하는 말의 내용으로 가장 적절한 것을 고르시오.

① 미아 보호 안내
② 이벤트 결과 발표
③ 분실물 습득 안내
④ 의류 할인 행사 홍보
⑤ 백화점 층별 매장 안내

W: Attention shoppers! A member of our staff has just 1) ________ ________ ________ ________ in the restroom on the third floor. There are three T-shirts and a pair of jeans in it. If you've 2) ________ ________ ________, please come to the customer service desk on the first floor. Also, please 3) ________ ________ ________ ________ ________. Thank you very much.

11 내용 일치 파악

대화를 듣고, 회의에 대한 내용과 일치하지 않는 것을 고르시오.

① 원래 회의는 내일로 예정되어 있었다.
② 사장님의 출장 때문에 연기되었다.
③ 회의는 다음 주 화요일로 변경되었다.
④ 회의 시작 시각이 변경되었다.
⑤ 회의는 오후 3시에 시작될 것이다.

M: Good morning, Patty. Do you remember 1) ________ ________ ________?

W: The one in the afternoon? Yes, I remember. Why do you ask?

M: I wanted to let you know about the changes to our meeting schedule.

W: Oh, was it canceled?

M: No. The boss needs to 2) ________ ________ ________ ________ to Japan tomorrow. So he rescheduled our meeting for next Tuesday.

W: Okay. 3) ________ ________ ________ ________ as well?

M: No, it hasn't. Could you reserve the conference room again?

W: Sure. From 3:00 p.m. to 4:00 p.m., right?

M: That's right. Thank you.

12 목적 파악

대화를 듣고, 여자가 전화를 건 목적으로 가장 적절한 것을 고르시오.

① 사람을 찾기 위해서
② 물건을 주문하기 위해서
③ 상점 위치를 문의하기 위해서
④ 폐점 시간을 문의하기 위해서
⑤ 주말 영업 여부를 확인하기 위해서

[Phone rings.]

M: Hello, this is J-mart. How can I help you?

W: Hi, I have a question. Can you tell me 1) ________ ________ ________ ________?

M: Sure. 2) ________ ________ ________ nine o'clock.

W: Okay. Are you open until nine on weekends, too?

M: Actually, we 3) ________ ________ ________ ________ on the weekends.

W: Oh, I see. Thanks.

13 숫자 정보 파악

대화를 듣고, 파티에 참석할 인원수를 고르시오.

① 7명 ② 8명 ③ 9명
④ 10명 ⑤ 11명

W: Honey, 1) ________ ________ ________ did you invite to our housewarming party?

M: I asked nine people to come.

W: And all of them will 2) ________ ________ ________ ________?

M: I don't think so. Jackson said he has other plans.

W: So eight people are coming?

M: Oh! Cathy said she would 3) ________ ________ ________ and her daughter.

W: Okay.

14 관계 추론

대화를 듣고, 두 사람의 관계로 가장 적절한 것을 고르시오.

① 독자 – 작가 ② 팬 – 가수
③ 기자 – 영화배우 ④ 점원 – 관객
⑤ 감독 – 사진작가

M: Excuse me. Can I ask you a few 1) ________ ________ ________ ________?

W: Sure. What do you want to know?

M: When will your 2) ________ ________ ________ ________?

W: Next week. It's called *I'll Always Love You*.

M: 3) ________ ________ ________ ________ ________ in the movie?

W: I play a beautiful spy.

M: Great. I look forward to seeing it soon. Thank you for your time.

W: It was my pleasure.

15 제안한 일 파악

대화를 듣고, 남자가 여자에게 제안한 일로 가장 적절한 것을 고르시오.

① 외식하기 ② 음식 주문하기
③ 식료품점에 가기 ④ 요리 수업 듣기
⑤ 조리법 찾아보기

M: What's for dinner tonight?

W: I'll make beef stew. I'm [1) ________ ________ ________ ________ now.

M: I'm starving, Mom.

W: We can have it in an hour. Hmm... *[pause]* Oh, but we don't have any onions. Can you go to the store and get some?

M: I'm really sorry, but I don't think [2) ________ ________ ________. We're going to watch the soccer game tonight. It starts at eight o'clock.

W: Oh, I forgot about the game.

M: Why don't you just [3) ________ ________ ________?

W: Well, I guess I have to. I can cook stew tomorrow.

16 이유 파악

대화를 듣고, 남자가 기분이 좋지 않은 이유로 가장 적절한 것을 고르시오.

① 악몽을 꿔서 ② 몸이 좋지 않아서
③ 친구들과 싸워서 ④ 친구들을 못 만나서
⑤ 꿈을 이룰 수 없어서

W: Is something wrong, Bob? You don't look very well.

M: I [1) ________ ________ ________ ________. I woke up feeling really bad.

W: Oh no! What happened in your dream?

M: My best friends got angry at me, so we [2) ________ ________ ________ ________.

W: Don't feel bad. It was just a dream.

M: But all of them were really mad at me. It felt so real.

W: [3) ________ ________ ________. Just try to forget about it, okay?

M: Okay. Thanks.

17 그림 상황에 적절한 대화 찾기

다음 그림의 상황에 가장 적절한 대화를 고르시오.

① ② ③ ④ ⑤

① M: What do you think of this smartphone?
W: Oh, I love its design.

② M: Why did you [1] ________ ________ ________ ________?
W: Sorry. The battery was dying.

③ M: My phone [2] ________ ________ ________.
W: Why don't you buy a new one?

④ M: What's wrong with your phone?
W: The [3] ________ ________ ________ when I touch it.

⑤ M: I dropped my phone in water.
W: You should take it to the service center.

18 언급하지 않은 내용 찾기

다음을 듣고, 남자가 기부 행사에 대해 언급하지 않은 것을 고르시오.

① 행사 취지 ② 주최 기관
③ 기부품 수거일 ④ 기부품 수거 장소
⑤ 기부 불가 품목

M: If you have any unwanted toys, find them a new home. Through our donations, we can bring joy to [1] ________ ________ ________ and protect the environment. On the first Monday of every month, you can drop off your toys [2] ________ ________ ________ ________. It is in front of the main entrance of the community center. Please note that we [3] ________ ________ ________ ________, such as bikes or dollhouses.

19 마지막 말에 이어질 응답 찾기

대화를 듣고, 남자의 마지막 말에 이어질 여자의 말로 가장 적절한 것을 고르시오.

Woman: ______________________

① It's my favorite bag.
② I transferred to line 4.
③ I found it on the subway.
④ It's brown and has one pocket.
⑤ Could you connect me to the lost and found?

[Phone rings.]

M: This is Seoul Metro. How may I help you?

W: I'm calling because I 1) ________ ________ ________ on the subway this morning.

M: 2) ________ ________ ________ ________ ________?

W: It was line 2.

M: Where did you get off?

W: At Sadang station.

M: Let me check. What does the 3) ________ ________ ________?

W: It's brown and has one pocket.

20 마지막 말에 이어질 응답 찾기

대화를 듣고, 남자의 마지막 말에 이어질 여자의 말로 가장 적절한 것을 고르시오.

Woman: ______________________

① I don't think I'll buy them.
② It's so nice of you to say that.
③ I think you need smaller shoes.
④ Maybe you should see a doctor.
⑤ You need to get a larger size next time

*** Focus on Sound how's it**

자음의 끝과 모음의 처음이 만나면 연음되어 [하우즈 잇]이 아닌 [하우짓]으로 발음된다.

M: Hello, Linda. *How's it going?

W: Not bad. Is there something wrong, Bill?

M: No. Why do you ask?

W: You 1) ________ ________ ________ ________ ________.

M: Oh! It must be my shoes. What do you think?

W: They're nice, but I think 2) ________ ________ ________.

M: You're right. They are 3) ________ ________.

W: You need to get a larger size next time.

Word Test 실전모의고사 04~06회

A 다음 영어의 우리말 뜻을 쓰시오.

01 heavily	______	21 serious	______
02 tip	______	22 ensure	______
03 theme	______	23 regulation	______
04 continue	______	24 rather	______
05 due	______	25 call back	______
06 receive	______	26 a bit	______
07 charge	______	27 on sale	______
08 latest	______	28 be in trouble	______
09 solid	______	29 look forward to v-ing	______
10 ankle	______	30 get away from	______
11 normally	______	31 turn in	______
12 happen	______	32 in a hurry	______
13 confused	______	33 be tired of	______
14 performance	______	34 in need	______
15 briefcase	______	35 hand in	______
16 chance	______	36 give a ride	______
17 accept	______	37 try on	______
18 honored	______	38 get off	______
19 baggage	______	39 pick up	______
20 announcement	______	40 in time	______

정답 및 해설 p.35

B 다음 우리말 뜻에 맞는 영어를 쓰시오.

01 믿다 ______________________
02 축제 ______________________
03 참가자 ______________________
04 무늬 ______________________
05 역할 ______________________
06 피하다 ______________________
07 결정하다 ______________________
08 약속하다 ______________________
09 전시회 ______________________
10 전통의 ______________________
11 정보 ______________________
12 대여 ______________________
13 몹시 배고프다 ______________________
14 접시; 요리 ______________________
15 신중한 ______________________
16 규칙적으로 ______________________
17 편리한 ______________________
18 공연하다 ______________________
19 초대하다 ______________________
20 대답하다; 반응하다 ______________________
21 들어가다; (대회 등에) 참가하다 ______________________
22 취소하다 ______________________
23 불편한 ______________________
24 매년의, 연례의 ______________________
25 점, 물방울무늬 ______________________
26 훈련하다, 교육하다 ______________________
27 연결하다 ______________________
28 풀어 주다; (영화 등을) 개봉하다 ______________________
29 영수증 ______________________
30 갈아타다 ______________________
31 기부 ______________________
32 집들이 ______________________
33 출장 ______________________
34 할인을 받다 ______________________
35 다양한 ______________________
36 취직하다 ______________________
37 계좌를 개설하다 ______________________
38 매진된 ______________________
39 잠시 쉬다 ______________________
40 무료로 ______________________

실전모의고사 07회

정답 및 해설 pp. 35~39

점수: /20

01 대화를 듣고, 내일의 날씨로 가장 적절한 것을 고르시오.

02 대화를 듣고, 두 사람이 구입할 넥타이로 가장 적절한 것을 고르시오.

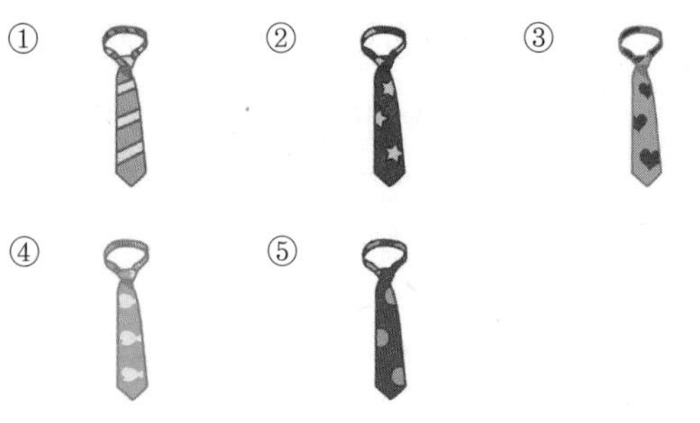

03 대화를 듣고, 남자의 심정으로 가장 적절한 것을 고르시오.

① bored ② proud
③ nervous ④ relaxed
⑤ disappointed

04 대화를 듣고, 남자가 방과 후에 한 일로 가장 적절한 것을 고르시오.

① 친구와 숙제하기
② 친구와 게임하기
③ 동아리 모임에 가기
④ 방과 후 수업 참석하기
⑤ 누나와 도서관에서 공부하기

05 대화를 듣고, 두 사람이 대화하는 장소로 가장 적절한 곳을 고르시오.

① 병원 ② 약국 ③ 식당
④ 학교 ⑤ 호텔

06 대화를 듣고, 여자의 마지막 말의 의도로 가장 적절한 것을 고르시오.

① 제안 ② 경고 ③ 비난
④ 추천 ⑤ 허가

07 대화를 듣고, 여자가 키우고 있는 반려동물로 가장 적절한 것을 고르시오.

① 개 ② 고양이 ③ 새
④ 물고기 ⑤ 햄스터

08 대화를 듣고, 두 사람이 방과 후에 할 일로 가장 적절한 것을 고르시오.

① 거실 꾸미기 ② 여행 장소 알아보기
③ 쇼핑하러 가기 ④ 파티 초대장 만들기
⑤ 파티 음식 준비하기

09 대화를 듣고, 두 사람이 *Back in Time*에 대해 언급하지 않은 것을 고르시오.

① 채널 ② 소재
③ 시청률 ④ 방송 시간
⑤ 진행자

10 다음을 듣고, 남자가 하는 말의 내용으로 가장 적절한 것을 고르시오.

① 수상 소감 ② 연기상 시상
③ 시상식 안내 ④ 새 영화 홍보
⑤ 동료 배우 소개

고난도

11 대화를 듣고, 파티에 대한 내용과 일치하지 않는 것을 고르시오.

① Ben과 Lisa의 결혼을 축하하는 파티이다.
② 5월 11일 토요일에 열린다.
③ 장소는 Fisherman's 레스토랑이다.
④ 2시부터 저녁까지 이어진다.
⑤ 선물을 가져올 필요가 없다.

12 대화를 듣고, 남자가 전화를 건 목적으로 가장 적절한 것을 고르시오.

① 숙제에 대해 물어보기 위해서
② 약속 시간을 변경하기 위해서
③ 찾아가는 길을 물어보기 위해서
④ 생일 파티 장소를 예약하기 위해서
⑤ 생일 파티에 친구를 초대하기 위해서

고난도

13 대화를 듣고, 여자가 받을 거스름돈을 고르시오.

① $1 ② $2 ③ $4 ④ $6 ⑤ $10

14 대화를 듣고, 두 사람의 관계로 가장 적절한 것을 고르시오.

① 가수 - 팬 ② 의사 - 환자
③ 소설가 - 독자 ④ 서점 직원 - 손님
⑤ 운동선수 - 코치

15 대화를 듣고, 여자가 남자에게 부탁한 일로 가장 적절한 것을 고르시오.

① 저녁 사주기 ② 저녁 함께 먹기
③ 학교 함께 가기 ④ 스페인어 가르쳐주기
⑤ 친구 소개해주기

16 대화를 듣고, 남자가 오늘 수영 강습을 받지 않는 이유로 가장 적절한 것을 고르시오.

① 몸이 아파서
② 수영이 재미없어서
③ 다른 약속이 있어서
④ 수영복을 안 가져와서
⑤ 시험공부를 해야 해서

17 다음 그림의 상황에 가장 적절한 대화를 고르시오.

① ② ③ ④ ⑤

18 다음을 듣고, 여자가 호텔에 대해 언급하지 않은 것을 고르시오.

① 위치 ② 객실 수
③ 부대시설 ④ 주변 관광지
⑤ 요금 할인

[19-20] 대화를 듣고, 여자의 마지막 말에 이어질 남자의 말로 가장 적절한 것을 고르시오.

19 Man: ______________________

① It's fantastic!
② Well-done, please.
③ Orange juice, please.
④ It'll be ready in ten minutes.
⑤ Yes, I want the chicken instead.

고난도

20 Man: ______________________

① I already have one.
② We need two tickets.
③ I guess we can't afford it.
④ Okay, here's your change.
⑤ They don't need a new clock.

Dictation Test 07

정답 및 해설 pp. 35~39

01 세부 정보 파악

대화를 듣고, 내일의 날씨로 가장 적절한 것을 고르시오.

① ② ③ ④ ⑤

W: It's getting late. Let's turn off the TV and go to bed.

M: Wait a minute. Here comes the 1) ________ ________ ________ ________.

W: I hope it's not going to be rainy again. I want it to be sunny.

M: Oh, look. It's going to 2) ________ ________. That's great!

W: Why is that great?

M: Because I want to go to the park and 3) ________ ________ ________.

W: That's great, then!

02 그림 정보 파악

대화를 듣고, 두 사람이 구입할 넥타이로 가장 적절한 것을 고르시오.

① ② ③ ④ ⑤

★ **Focus on Sound** get it

[t]는 모음 사이에 있을 때 약화된 후 연음되므로 [게팃]이 아닌 [게릿]으로 발음된다.

M: Let's pick out a tie for Dad. How about this one?

W: 1) ________ ________ ________. Let's get him something interesting. How about this one?

M: I don't think he'd like hearts.

W: Then what about this one? He 2) ________ ________.

M: Oh, I like that one. But wouldn't he 3) ________ ________ ________?

W: No, the one with fish is better. Let's ★get it.

M: Okay. I hope he likes it!

03 심정 추론

대화를 듣고, 남자의 심정으로 가장 적절한 것을 고르시오.

① bored ② proud
③ nervous ④ relaxed
⑤ disappointed

W: Hi, Jaemin. What are you doing here?

M: I 1) ________ ________ ________ my little sister. She was in the English spelling contest.

W: Really? I didn't know 2) ________ ________ ________ ________.

M: Well, I've been teaching her after school for several months.

W: That's great. So how did she do?

M: She did great. In fact, she 3) ________ ________ ________!

W: That's very impressive.

04 한 일 파악

대화를 듣고, 남자가 방과 후에 한 일로 가장 적절한 것을 고르시오.

① 친구와 숙제하기
② 친구와 게임하기
③ 동아리 모임에 가기
④ 방과 후 수업 참석하기
⑤ 누나와 도서관에서 공부하기

M: Mom, I'm home!

W: Jeff, come here and sit down.

M: Did I 1) ________ ________ ________?

W: Where were you after school?

M: I told you, I was at the library 2) ________ ________.

W: Your sister was at the library, and she said she didn't see you there.

M: Well... I'm sorry, Mom. Actually, I was at Jack's house. We 3) ________ ________ ________ ________ together.

W: Don't ever lie to me again.

05 장소 추론

대화를 듣고, 두 사람이 대화하는 장소로 가장 적절한 곳을 고르시오.

① 병원 ② 약국 ③ 식당
④ 학교 ⑤ 호텔

W: Hello. How may I help you?

M: Well, I think 1) ________ ________ ________ ________.

W: What are your symptoms?

M: I have a runny nose and a sore throat.

W: I'll 2) ________ ________ ________ ________. Take two of them three times a day. And drink a lot of water.

M: All right.

W: If you don't get better in two or three days, you should 3) ________ ________ ________ ________.

M: Okay, thank you.

06 의도 파악

대화를 듣고, 여자의 마지막 말의 의도로 가장 적절한 것을 고르시오.

① 제안 ② 경고 ③ 비난
④ 추천 ⑤ 허가

*** Focus on Sound like you**

자음의 끝과 모음의 처음이 만나면 연음되어 [라이크 유]가 아닌 [라이큐]로 발음된다.

M: I'm so excited about my trip to Italy.

W: You must be. Have you planned 1) ________ ________ ________?

M: Not yet. There are so many places to visit. Museums, theaters, parks…

W: Yeah. But remember to 2) ________ ________ ________ ________.

M: Thieves? Really?

W: Yes. There are many thieves at historical places, restaurants, and on the subway.

M: I didn't know that.

W: Tourists *like you are 3) ________ ________.

07 세부 정보 파악

대화를 듣고, 여자가 키우고 있는 반려동물로 가장 적절한 것을 고르시오.

① 개 ② 고양이 ③ 새
④ 물고기 ⑤ 햄스터

W: I have to go home. 1) ________ ________ ________ ________ Charlie.

M: Charlie? Do you have a little brother?

W: No! Charlie is my pet.

M: You 2) ________ ________ ________? But you hate dogs and cats.

W: Right. They would mess up my room. But Charlie 3) ________ ________ ________ my apartment.

M: Hmm. He must be a hamster... or a fish.

W: He's a fish. I thought about getting a bird, but they're too noisy.

08 할 일 파악

대화를 듣고, 두 사람이 방과 후에 할 일로 가장 적절한 것을 고르시오.

① 거실 꾸미기 ② 여행 장소 알아보기
③ 쇼핑하러 가기 ④ 파티 초대장 만들기
⑤ 파티 음식 준비하기

M: What do you want to do this Christmas?

W: Hmm… I don't know. I think Mom wants to 1) ________ ________ ________ ________.

M: I'd like that! We need to spend time together, just the four of us.

W: Right. Let's get a surprise gift for Mom and Dad.

M: Okay. And I think we should 2) ________ ________ ________ and drinks.

W: Yeah. I'll decorate the living room, too.

M: That's a good idea. Let's 3) ________ ________ ________ ________.

09 언급하지 않은 내용 찾기

대화를 듣고, 두 사람이 *Back in Time*에 대해 언급하지 않은 것을 고르시오.

① 채널 ② 소재
③ 시청률 ④ 방송 시간
⑤ 진행자

M: Do you watch *Back in Time* on CNM?

W: No. 1) ________ ________ ________ ________?

M: It's about historical events. It 2) ________ ________ ________ ________ these days.

W: Well, I'm not interested in history.

M: But it's not boring at all. You can learn history more easily.

W: Oh, really?

M: Sure. David Wilson 3) ________ ________ ________, and he's really good.

W: OK. I'll check it out.

10 주제 파악

다음을 듣고, 남자가 하는 말의 내용으로 가장 적절한 것을 고르시오.

① 수상 소감 ② 연기상 시상
③ 시상식 안내 ④ 새 영화 홍보
⑤ 동료 배우 소개

M: First of all, I want to thank all the actors that have worked with me. They helped me 1) ________ ________ ________ ________. Also, I wouldn't be able to 2) ________ ________ ________ without our great directors, writers, and all the staff. I really 3) ________ ________ ________, and I'll always do my very best to be a good actor. Thank you.

11 내용 일치 파악

대화를 듣고, 파티에 대한 내용과 일치하지 않는 것을 고르시오.

① Ben과 Lisa의 결혼을 축하하는 파티이다.
② 5월 11일 토요일에 열린다.
③ 장소는 Fisherman's 레스토랑이다.
④ 2시부터 저녁까지 이어진다.
⑤ 선물을 가져올 필요가 없다.

W: Did you 1) ________ ________ ________ to Ben and Lisa's wedding?

M: Yes, but I haven't opened it yet. When is it?

W: It's on Saturday, May 11 at Fisherman's Restaurant.

M: Uh-oh. I'm busy that evening.

W: Don't worry. It starts at two and will 2) ________ ________ ________ ________.

M: Great. Let's buy them something really nice.

W: No, they don't want anyone 3) ________ ________ ________.

M: Oh, okay.

12 목적 파악

대화를 듣고, 남자가 전화를 건 목적으로 가장 적절한 것을 고르시오.

① 숙제에 대해 물어보기 위해서
② 약속 시간을 변경하기 위해서
③ 찾아가는 길을 물어보기 위해서
④ 생일 파티 장소를 예약하기 위해서
⑤ 생일 파티에 친구를 초대하기 위해서

[Cell phone rings.]

W: Hello, Paul.

M: Hi, Amy. Are you at home?

W: I am. I just got here. What's up?

M: I'm having a birthday party on Friday night. And I was 1) ________ ________ ________ ________ ________.

W: Your birthday party is on Friday? I 2) ________ ________ ________ ________ already. I'll see if I can change them.

M: Will you? Thank you. I really 3) ________ ________ ________ ________.

13 숫자 정보 파악

대화를 듣고, 여자가 받을 거스름돈을 고르시오.

① $1 ② $2 ③ $4 ④ $6 ⑤ $10

M: How can I help you?

W: I'd like two tickets for the dance festival, please.

M: Which performance do you want to watch?

W: The three o'clock one, please.

M: Okay. That'll be 1) ________ ________ ________.

W: Oh, I forgot I 2) ________ ________ ________ ________. It's 10% off, right?

M: Yes.

W: 3) ________ ________ ________.

M: Here's your change. Enjoy the festival.

14 관계 추론

대화를 듣고, 두 사람의 관계로 가장 적절한 것을 고르시오.

① 가수 - 팬 ② 의사 - 환자
③ 소설가 - 독자 ④ 서점 직원 - 손님
⑤ 운동선수 - 코치

W: Hello.

M: Hello. I'm happy to meet you. I 1) ________ ________ ________.

W: Thank you very much.

M: I've read 2) ________ ________ ________ ________. This one is my favorite. Could you sign it?

W: Of course. What's your name?

M: It's Jim. Thanks. I 3) ________ ________ ________ ________ ________ like you.

W: I wish you luck.

15 부탁한 일 파악

대화를 듣고, 여자가 남자에게 부탁한 일로 가장 적절한 것을 고르시오.

① 저녁 사주기 ② 저녁 함께 먹기
③ 학교 함께 가기 ④ 스페인어 가르쳐주기
⑤ 친구 소개해주기

W: Hey, Zack. Can I ask you something?

M: Of course. What is it?

W: Who was the 1) ________ ________ ________ ________ ________ this morning?

M: Oh, you mean Carlos? He's my friend from Spain. Why?

W: Well, I'm studying Spanish these days, so can you 2) ________ ________ ________ ________?

M: Sure. We're having dinner together tonight. 3) ________ ________ ________ ________. Let's meet at the cafeteria at 7:00.

W: Sounds good. See you then.

16 이유 파악

대화를 듣고, 남자가 오늘 수영 강습을 받지 <u>않는</u> 이유로 가장 적절한 것을 고르시오.

① 몸이 아파서
② 수영이 재미없어서
③ 다른 약속이 있어서
④ 수영복을 안 가져와서
⑤ 시험공부를 해야 해서

W: Tony, let's go to the sports center for our swimming lesson.

M: I'm not going to go today. I'm 1) ________ ________.

W: Why? Are you sick?

M: No, I'm okay. But I 2) ________ ________ ________ ________ tomorrow. I have to study for it.

W: Hmm. It will be no fun without you today.

M: Sorry. But I'll be back 3) ________ ________ ________.

17 그림 상황에 적절한 대화 찾기

다음 그림의 상황에 가장 적절한 대화를 고르시오.

① ② ③ ④ ⑤

① W: How can I help you?
M: My new cell phone stopped working.

② W: Please 1) ________ ________ ________ ________ in the gallery.
M: Thank you for reminding me.

③ W: I'm going to 2) ________ ________ ________ the cherry blossoms.
M: Can I come with you?

④ W: 3) ________ ________ ________ ________ take pictures here.
M: Oh, I didn't know that. I'm sorry.

⑤ W: What do you think about this painting?
M: It is so beautiful!

18 언급하지 않은 내용 찾기

다음을 듣고, 여자가 호텔에 대해 언급하지 않은 것을 고르시오.

① 위치 ② 객실 수
③ 부대시설 ④ 주변 관광지
⑤ 요금 할인

W: Are you planning your summer holiday? The Atlantic Hotel is the perfect place for fun in the sun. It 1) ________ ________ ________ the beach, and every room has an ocean view. The hotel features two outdoor pools, three tennis courts, and a luxury spa. Dinosaur Park and the Opera House 2) ________ ________ ________ ________ ________ ________. If you book before June, you can 3) ________ ________ ________ ________ ________.

19 마지막 말에 이어질 응답 찾기

대화를 듣고, 여자의 마지막 말에 이어질 남자의 말로 가장 적절한 것을 고르시오.

Man: ______________________

① It's fantastic!
② Well-done, please.
③ Orange juice, please.
④ It'll be ready in ten minutes.
⑤ Yes, I want the chicken instead.

W: 1) ________ ________ ________ what you would like to order?
M: Well, what do you recommend tonight?
W: Today's special is a steak.
M: All right, I'll 2) ________ ________ ________.
W: Okay. Do you want a sweet potato or French fries with that?
M: Sweet potato, please.
W: And 3) ________ ________ ________ ________ your steak?
M: Well-done, please.

20 마지막 말에 이어질 응답 찾기

대화를 듣고, 여자의 마지막 말에 이어질 남자의 말로 가장 적절한 것을 고르시오.

Man: ______________________

① I already have one.
② We need two tickets.
③ I guess we can't afford it.
④ Okay, here's your change.
⑤ They don't need a new clock.

W: Jack, 1) ________ ________ ________ do you have left?
M: I have $10 in my pocket. How about you?
W: I only have $5. I 2) ________ ________ ________ on train tickets.
M: Is there something you want to buy?
W: Yes, I want to buy that small clock for Mom and Dad.
M: That would 3) ________ ________ ________ ________! How much is it?
W: It's $20.
M: I guess we can't afford it.

실전모의고사 08회

정답 및 해설 pp. 39~43

점수: /20

보통 속도 듣기

빠르게 듣기

01 다음을 듣고, 내일 오후의 날씨로 가장 적절한 것을 고르시오.

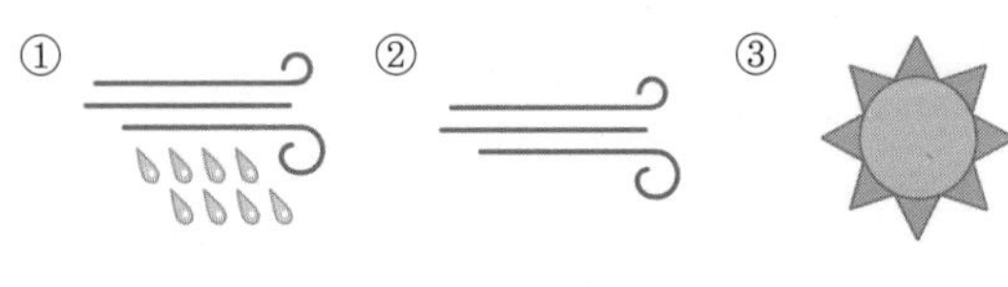

02 대화를 듣고, 남자가 구입할 케이크로 가장 적절한 것을 고르시오.

03 대화를 듣고, 여자의 심정으로 가장 적절한 것을 고르시오.

① angry ② excited ③ lonely
④ satisfied ⑤ embarrassed

04 대화를 듣고, 남자가 제일 좋아하는 소설 종류로 가장 적절한 것을 고르시오.

① 과학 소설 ② 판타지 소설
③ 추리 소설 ④ 로맨스 소설
⑤ 역사 소설

05 대화를 듣고, 두 사람이 대화하는 장소로 가장 적절한 곳을 고르시오.

① 병원 ② 호텔 ③ 꽃집
④ 공원 ⑤ 우체국

06 대화를 듣고, 남자의 마지막 말의 의도로 가장 적절한 것을 고르시오.

① 칭찬 ② 충고 ③ 비난
④ 허락 ⑤ 추천

07 대화를 듣고, 남자가 원하는 선물로 가장 적절한 것을 고르시오.

① 시계 ② 자전거 ③ 스마트폰
④ 노트북 ⑤ 스케이트보드

08 대화를 듣고, 여자가 대화 직후에 할 일로 가장 적절한 것을 고르시오.

① 계산하기 ② 환불받기
③ 회원 카드 찾기 ④ 할인 정보 문의하기
⑤ 회원 신청서 작성하기

09 대화를 듣고, 두 사람이 텐트에 대해 언급하지 않은 것을 고르시오.

① 크기 ② 무게 ③ 설치 방법
④ 색상 ⑤ 가격

10 다음을 듣고, 여자가 하는 말의 내용으로 가장 적절한 것을 고르시오.

① 공연 일정 ② 기내 안전 수칙
③ 사진 촬영 기법 ④ 공연 관람 예절
⑤ 공연 예매 방법

고난도

11 대화를 듣고, 핼러윈 파티에 대한 내용과 일치하지 않는 것을 고르시오.

① 귀신의 집 행사가 있다.
② 10월 31일 금요일 오후에 시작된다.
③ 체육관에서 열린다.
④ 영어 동아리 학생들이 행사를 준비하고 있다.
⑤ 의상을 입지 않으면 참석할 수 없다.

12 대화를 듣고, 남자가 전화를 건 목적으로 가장 적절한 것을 고르시오.

① 객실을 예약하기 위해서
② 객실 예약을 변경하기 위해서
③ 객실 상태를 확인하기 위해서
④ 주변 시설에 대해 문의하기 위해서
⑤ 비품 대여에 대해 문의하기 위해서

13 대화를 듣고, 여자가 Mark를 만나기로 한 시각을 고르시오.

① 4:30 p.m. ② 5:00 p.m. ③ 5:30 p.m.
④ 6:30 p.m. ⑤ 7:00 p.m.

14 대화를 듣고, 두 사람의 관계로 가장 적절한 것을 고르시오.

① 웨이터 – 요리사 ② 아내 – 남편
③ 호텔 직원 – 손님 ④ 웨딩 플래너 – 손님
⑤ 여행사 직원 – 손님

15 대화를 듣고, 여자가 남자에게 부탁한 일로 가장 적절한 것을 고르시오.

① 창문 닫기 ② 차 세우기
③ 히터 켜기 ④ 안전하게 운전하기
⑤ 내릴 정류장 알려 주기

16 대화를 듣고, 여자가 블라우스를 반품하려는 이유로 가장 적절한 것을 고르시오.

① 치수가 맞지 않아서
② 깃에 얼룩이 있어서
③ 제봉에 문제가 있어서
④ 같은 색의 옷이 있어서
⑤ 원하는 디자인이 아니어서

17 다음 그림의 상황에 가장 적절한 대화를 고르시오.

① ② ③ ④ ⑤

18 다음을 듣고, 남자가 영화에 대해 언급하지 않은 것을 고르시오.

① 제목 ② 주연 배우 ③ 내용
④ 개봉일 ⑤ 상영 시간

[19-20] 대화를 듣고, 남자의 마지막 말에 이어질 여자의 말로 가장 적절한 것을 고르시오.

19 Woman: ______________________

① I like my job.
② I want to visit Japan.
③ Yes, it's too expensive.
④ I quit my job two weeks ago.
⑤ I'm going to work at a bookstore.

고난도

20 Woman: ______________________

① If you're sick, you shouldn't play.
② I think you're giving up too easily.
③ We can call Scott later this afternoon.
④ Then you'll just have to do your best.
⑤ Don't worry. I'm sure he'll be here soon.

Dictation Test 08

정답 및 해설 pp. 39~43

01 세부 정보 파악

다음을 듣고, 내일 오후의 날씨로 가장 적절한 것을 고르시오.

① ② ③

④ ⑤

M: Good morning. I'm Scott from the Weather Center. Today, there will be 1) ________ ________, but the rain will stop later tonight. Tomorrow, it will be cloudy with a 2) ________ ________ ________ in the morning. So you'd better take your umbrella with you when you go out. In the afternoon, however, there'll be 3) ________, ________ ________.

02 그림 정보 파악

대화를 듣고, 남자가 구입할 케이크로 가장 적절한 것을 고르시오.

① ② ③

④ ⑤

★Focus on Sound doughnut

gh는 묵음이어서 [도우넛]으로 발음된다.

M: I need to 1) ________ ________ ________ for Julie's birthday. Which one should I get?

W: She likes strawberries, so I think this one is best.

M: No, I want 2) ________ ________ ________.

W: How about this one with a hole in the middle? It looks like a big *doughnut.

M: No, I like this one better. It's chocolate!

W: The heart-shaped one? 3) ________ ________ ________ ________!

M: Yes. I hope it's delicious, too.

03 심정 추론

대화를 듣고, 여자의 심정으로 가장 적절한 것을 고르시오.

① angry ② excited ③ lonely
④ satisfied ⑤ embarrassed

W: Hey, Jason. Why didn't you 1) ________ ________ ________ last night?

M: Email? What email?

W: I 2) ________ ________ ________ ________ last night with a funny joke.

M: Oh. I checked my email last night, but I didn't see anything from you.

W: Really? Let me check. *[pause]* Oh no! I sent it 3) ________ ________ ________ ________.

M: Who did you send it to?

W: My math teacher.

04 세부 정보 파악

대화를 듣고, 남자가 제일 좋아하는 소설 종류로 가장 적절한 것을 고르시오.

① 과학 소설 ② 판타지 소설
③ 추리 소설 ④ 로맨스 소설
⑤ 역사 소설

W: What are your hobbies?

M: I 1) ________ ________ ________.

W: What kind of novels do you usually read?

M: I 2) ________ ________ ________, historical, and mystery novels. But I 3) ________ ________ ________. I have every book by Haley Christie.

W: That's amazing! Can I borrow one?

M: Sure.

05 장소 추론

대화를 듣고, 두 사람이 대화하는 장소로 가장 적절한 곳을 고르시오.

① 병원 ② 호텔 ③ 꽃집
④ 공원 ⑤ 우체국

M: May I help you?

W: I'd like to 1) ________ ________ ________ ________ my friend.

M: Great. What color?

W: Red.

M: Okay. 2) ________ ________ ________ ________ ________?

W: St. James Hospital, Room 435.

M: Okay. They 3) ________ ________ ________ in 30 minutes.

W: How much is it?

M: It's 30,000 won.

06 의도 파악

대화를 듣고, 남자의 마지막 말의 의도로 가장 적절한 것을 고르시오.

① 칭찬 ② 충고 ③ 비난
④ 허락 ⑤ 추천

W: Hi, John.
M: Hi, Gina. I 1) ________ ________ ________ in the school paper.
W: Really? What did you think of it?
M: I thought the topic was interesting and the ending was excellent.
W: It's very 2) ________ ________ ________ ________ ________ ________. It was hard to choose a topic, but once I did, it was very interesting to write.
M: Well, I think you are a 3) ________ ________ ________.

07 세부 정보 파악

대화를 듣고, 남자가 원하는 선물로 가장 적절한 것을 고르시오.

① 시계 ② 자전거 ③ 스마트폰
④ 노트북 ⑤ 스케이트보드

W: What do you want for graduation?
M: I wanted a bike, but I 1) ________ ________ ________.
W: Let me guess. You want a smartphone now.
M: No, I 2) ________ ________ ________ ________.
W: Then what do you want?
M: I want to learn 3) ________ ________ ________ ________ ________, so I'd like to get a skateboard.
W: Okay, let's go to the store and buy one tomorrow afternoon.

08 할 일 파악

대화를 듣고, 여자가 대화 직후에 할 일로 가장 적절한 것을 고르시오.

① 계산하기 ② 환불받기
③ 회원 카드 찾기 ④ 할인 정보 문의하기
⑤ 회원 신청서 작성하기

W: How much is it?
M: Your total is $60.
W: Okay. Here's my credit card.
M: Do you have a membership card? If you do, you can 1) ________ ________ ________ ________.
W: Oh, really? I don't have one. Can I get one now?
M: Sure. You just 2) ________ ________ ________ ________.
W: Is it free?
M: Yes, it is, but you need to 3) ________ ________ ________ ________ ________.
W: All right. Give me a minute.

09 언급하지 않은 내용 찾기

대화를 듣고, 두 사람이 텐트에 대해 언급하지 않은 것을 고르시오.

① 크기 ② 무게 ③ 설치 방법
④ 색상 ⑤ 가격

W: Excuse me. I'm looking for a tent.

M: What size tent do you need?

W: Well, three of us are planning to go camping. We want to feel comfortable.

M: Then this one 1) ________ ________ ________ ________ three people.

W: That looks good. Is it heavy?

M: It's 2.1 kg. It's 2) ________ ________ and compact. Also, it is 3) ________ ________ ________ ________ ________. You can just open it like an umbrella.

W: Great. How much is it?

M: It's $100.

10 주제 파악

다음을 듣고, 여자가 하는 말의 내용으로 가장 적절한 것을 고르시오.

① 공연 일정 ② 기내 안전 수칙
③ 사진 촬영 기법 ④ 공연 관람 예절
⑤ 공연 예매 방법

W: Hello, everyone. Our show will 1) ________ ________ ________ ________. Before tonight's performance, please 2) ________ ________ ________ ________ ________. You can't take pictures during the show, but there will be time for photos with the actors after the play. We will have a 15-minute break 3) ________ ________ ________ ________. Thank you and enjoy the show.

11 내용 일치 파악

대화를 듣고, 핼러윈 파티에 대한 내용과 일치하지 않는 것을 고르시오.

① 귀신의 집 행사가 있다.
② 10월 31일 금요일 오후에 시작된다.
③ 체육관에서 열린다.
④ 영어 동아리 학생들이 행사를 준비하고 있다.
⑤ 의상을 입지 않으면 참석할 수 없다.

M: Tiffany, did you hear about the haunted house?

W: Oh, are you talking about the main event for our school Halloween party?

M: Yes. I'm really looking forward to it!

W: Me too. It will be fun. When is it?

M: Friday, October 31 from 1:00 to 5:00 p.m. It will 1) ________ ________ ________ ________ ________.

W: I heard that our English teachers and the art club members 2) ________ ________ ________ to make the haunted house.

M: Yeah. But you can't enter 3) ________ ________ ________ ________. What are you going to wear?

W: I haven't decided yet.

12 목적 파악

대화를 듣고, 남자가 전화를 건 목적으로 가장 적절한 것을 고르시오.

① 객실을 예약하기 위해서
② 객실 예약을 변경하기 위해서
③ 객실 상태를 확인하기 위해서
④ 주변 시설에 대해 문의하기 위해서
⑤ 비품 대여에 대해 문의하기 위해서

Focus on Sound **need to**

단어 끝의 [d]는 자음 앞에서 거의 발음되지 않아 [니드 투]가 아닌 [니투]로 발음된다.

[Phone rings.]

W: Hello, this is the Travel Hotel. How may I help you?

M: Hi. I have a reservation next week, and I wanted to 1) ________ ________ ________.

W: Sure. What would you like to know?

M: I want to know if you 2) ________ ________ ________ ________.

W: Yes. We lend beach towels to our guests.

M: Do I *need to pay for that?

W: No, 3) ________ ________ ________.

M: Okay. Thank you so much.

13 숫자 정보 파악

대화를 듣고, 여자가 Mark를 만나기로 한 시각을 고르시오.

① 4:30 p.m. ② 5:00 p.m. ③ 5:30 p.m.
④ 6:30 p.m. ⑤ 7:00 p.m.

W: I'm going out, Dad.

M: Where are you going?

W: There's a music festival at school.

M: 1) ________ ________ ________ ________ ________?

W: 7:00 p.m.

M: Then, why are you 2) ________ ________ ________? It's 5:00.

W: I'm going to stop by Mark's house first. We're going to the school early to get a good seat. 3) ________ ________ ________ ________ ________ at 5:30.

M: Okay, see you later.

14 관계 추론

대화를 듣고, 두 사람의 관계로 가장 적절한 것을 고르시오.

① 웨이터 – 요리사 ② 아내 – 남편
③ 호텔 직원 – 손님 ④ 웨딩 플래너 – 손님
⑤ 여행사 직원 – 손님

W: Do you know that this Sunday is 1) ________ ________ ________?

M: Of course. It's our fifth, isn't it?

W: No, it's our sixth.

M: Oh, I was confused. Anyway, what do you want to do 2) ________ ________?

W: I'd like to go to the restaurant 3) ________ ________ ________ ________.

M: That's a great idea. I'll make a reservation right away.

15 부탁한 일 파악

대화를 듣고, 여자가 남자에게 부탁한 일로 가장 적절한 것을 고르시오.

① 창문 닫기 ② 차 세우기
③ 히터 켜기 ④ 안전하게 운전하기
⑤ 내릴 정류장 알려 주기

★ Focus on Sound get on

[t]가 모음 사이에 있어 [ㄹ]로 약화된 후 연음되어 [겟 언]이 아닌 [게런]으로 발음된다.

W: Does this bus go to City Hall?

M: Yes, ma'am. *Get on the bus. 1) ________ ________ ________ ________.

W: Okay. How long does it take to get there?

M: It's the ninth stop from here, so it will take about 30 minutes.

W: Thirty minutes? That's quite long.

M: Yeah. 2) ________ ________ ________, so it takes a little longer.

W: Okay, thanks. It's a bit cold here in the bus. Could you 3) ________ ________ ________ ________?

M: Of course. Please take a seat.

16 이유 파악

대화를 듣고, 여자가 블라우스를 반품하려는 이유로 가장 적절한 것을 고르시오.

① 치수가 맞지 않아서
② 깃에 얼룩이 있어서
③ 제봉에 문제가 있어서
④ 같은 색의 옷이 있어서
⑤ 원하는 디자인이 아니어서

W: Hello. I bought this blouse here yesterday.

M: Oh, is it the wrong size?

W: No, 1) ________ ________ ________.

M: Then is there a problem with it?

W: Yes, 2) ________ ________ ________ on the collar.

M: I'm really sorry. We will exchange it for a new one.

W: Can I just return it and 3) ________ ________ ________?

M: Yes, you can. Please show me the receipt.

17 그림 상황에 적절한 대화 찾기

다음 그림의 상황에 가장 적절한 대화를 고르시오.

① ② ③ ④ ⑤

① M: May I sit here?

W: Sorry. 1) ________ ________ ________ ________.

② M: Can you help me find my seat?

W: Sure. Can I see your ticket, sir?

③ M: Would you like a window or aisle seat?

W: A window seat, please.

④ M: The plane is going to take off soon.

W: Yes! Sit down and 2) ________ ________ ________ ________.

⑤ M: Excuse me, but I think 3) ________ ________ ________ ________ ________.

W: Oh, I'm sorry. I should be in 15B, the aisle seat.

18 언급하지 않은 내용 찾기

다음을 듣고, 남자가 영화에 대해 언급하지 않은 것을 고르시오.

① 제목 ② 주연 배우 ③ 줄거리
④ 개봉일 ⑤ 상영 시간

M: The new movie, *The Space Walk*, is the final part of *The Space* movie series. Famous movie star Brad Shaw 1) ________ ________ ________ ________. The movie is about a boy living in space who wants to come back to Earth. 2) ________ ________ ________ is two and a half hours. Visit the nearest movie theater in your neighborhood and 3) ________ ________ ________ now.

19 마지막 말에 이어질 응답 찾기

대화를 듣고, 남자의 마지막 말에 이어질 여자의 말로 가장 적절한 것을 고르시오.

Woman: ______________________

① I like my job.
② I want to visit Japan.
③ Yes, it's too expensive.
④ I quit my job two weeks ago.
⑤ I'm going to work at a bookstore.

W: I 1) ________ ________ ________ ________ at the school library.

M: Oh, really? You liked that job.

W: Yes, but they don't need help in the summer. Did you get a part-time job for the summer yet?

M: Not yet. I'm still 2) ________ ________ ________ ________. How about you?

W: I've already found a good one.

M: Really? 3) ________ ________ ________ ________ ________ ________?

W: I'm going to work at a bookstore.

20 마지막 말에 이어질 응답 찾기

대화를 듣고, 남자의 마지막 말에 이어질 여자의 말로 가장 적절한 것을 고르시오.

Woman: ______________________

① If you're sick, you shouldn't play.
② I think you're giving up too easily.
③ We can call Scott later this afternoon.
④ Then you'll just have to do your best.
⑤ Don't worry. I'm sure he'll be here soon.

W: Hi, Harry. Is your team 1) ________ ________ ________ ________ ________ this afternoon?

M: No, we're not. Scott can't come to the game.

W: He's your best player! Why can't he come?

M: He's sick. His doctor said he 2) ________ ________ ________ for a few days.

W: That's terrible. Maybe you should just 3) ________ ________ ________.

M: No, we can't do that. It wouldn't be fair to the other team.

W: Then you'll just have to do your best.

실전모의고사 09회

정답 및 해설 pp.44~47

점수: /20

보통속도 듣기

빠르게 듣기

01 다음을 듣고, 에드먼턴의 내일 날씨로 가장 적절한 것을 고르시오.

①  ②  ③ 

④  ⑤ 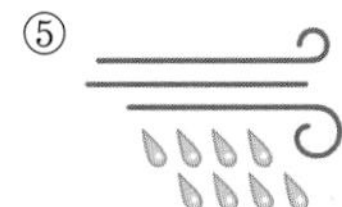

02 대화를 듣고, 두 사람이 구입할 담요로 가장 적절한 것을 고르시오.

①  ②  ③ 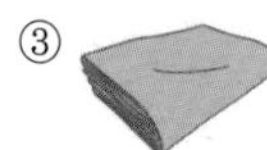

④  ⑤ 

03 대화를 듣고, 남자의 마지막 말의 의도로 가장 적절한 것을 고르시오.

① 동의 ② 후회 ③ 격려
④ 추천 ⑤ 경고

04 대화를 듣고, 여자가 오늘 한 일로 가장 적절한 것을 고르시오.

① 진료받기 ② 요리하기
③ 회사에 가기 ④ 병문안 가기
⑤ 식료품 사기

05 대화를 듣고, 두 사람이 대화하는 장소로 가장 적절한 곳을 고르시오.

① 극장 ② 식당 ③ 경기장
④ 카페 ⑤ 식료품점

06 대화를 듣고, 여자에 대한 내용과 일치하지 않는 것을 고르시오.

① 이전에 서울에 살았다.
② 지금은 대전에 산다.
③ 도서관에서 일한다.
④ 현재 일에 만족한다.
⑤ 새로 이사한 곳에서 친구를 많이 사귀었다.

07 대화를 듣고, 남자의 생일을 고르시오.

① 12월 9일 ② 12월 10일
③ 12월 11일 ④ 12월 12일
⑤ 12월 13일

08 대화를 듣고, 두 사람이 대화 직후에 할 일로 가장 적절한 것을 고르시오.

① 여권 신청하기 ② 온라인 접속하기
③ 여행사 방문하기 ④ 항공권 예매하기
⑤ 여행 서적 구입하기

09 대화를 듣고, 두 사람이 가수에 대해 언급하지 않은 것을 고르시오.

① 대표곡 ② 데뷔 시기
③ 작곡 능력 ④ 수상 내역
⑤ 공연 일정

고난도

10 다음을 듣고, 여자가 하는 말의 내용으로 가장 적절한 것을 고르시오.

① 교내 행사 공지
② 열차 지연 안내
③ 지하철 도착 예고
④ 열차 운행 중단 안내
⑤ 백화점 영업시간 연장 안내

11 다음을 듣고, Sarah에 대한 내용과 일치하지 않는 것을 고르시오.

① 15세이다.
② 시카고에 산다.
③ 과학을 좋아한다.
④ 남동생이 한 명 있다.
⑤ 취미는 음악 연주이다.

12 대화를 듣고, 남자가 전화를 건 목적으로 가장 적절한 것을 고르시오.

① 식당 위치를 문의하기 위해서
② 식당 예약을 변경하기 위해서
③ 식사에 친구를 초대하기 위해서
④ 친구에게 식당을 추천하기 위해서
⑤ 식당 영업시간을 문의하기 위해서

고난도

13 대화를 듣고, 여자가 지불해야 할 금액을 고르시오.

① 13,500원 ② 27,000원 ③ 28,000원
④ 31,500원 ⑤ 35,000원

14 대화를 듣고, 두 사람의 관계로 가장 적절한 것을 고르시오.

① 약사 - 손님 ② 의사 - 환자
③ 코치 - 운동선수 ④ 의상 디자이너 - 모델
⑤ 신발 가게 점원 - 손님

15 대화를 듣고, 여자가 남자에게 부탁한 일로 가장 적절한 것을 고르시오.

① 카메라 골라 주기
② 민속촌에 함께 가기
③ 저녁 식사 함께 하기
④ 놀이공원에 함께 가기
⑤ Mike의 전화번호 알려 주기

16 대화를 듣고, 여자가 요가 강습을 그만둔 이유로 가장 적절한 것을 고르시오.

① 너무 바빠서 ② 강습이 어려워서
③ 몸이 안 좋아서 ④ 다른 강습을 받아서
⑤ 부모님이 반대해서

17 다음 그림의 상황에 가장 적절한 대화를 고르시오.

① ② ③ ④ ⑤

18 다음을 듣고, 여자가 식당에 대해 언급하지 않은 것을 고르시오.

① 이름 ② 위치 ③ 무료 서비스
④ 휴무일 ⑤ 가격

[19-20] 대화를 듣고, 여자의 마지막 말에 이어질 남자의 말로 가장 적절한 것을 고르시오.

19 Man: ______________________

① She's on the phone now.
② Yes, I'll tell her when I see her.
③ Sure, what's your phone number?
④ No, I already returned those books.
⑤ That's okay. I'll just go to the library to meet her.

20 Man: ______________________

① She can buy you a new one tomorrow.
② Maybe we should ask a store employee.
③ No, I think it looks great with your shirt.
④ Call her and ask her what size she wears.
⑤ Bring it back, and we'll exchange it for you.

보통 속도 듣기 빠르게 듣기

Dictation Test 09

정답 및 해설 pp. 44~47

01 세부 정보 파악

다음을 듣고, 에드먼턴의 내일 날씨로 가장 적절한 것을 고르시오.

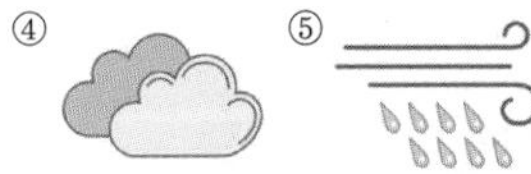

M: Good morning. This is today's weather forecast. In Calgary, the 1) ________ ________ ________ ________ ________ today, and it will be cold but mostly dry until tomorrow. In Edmonton, there will be 2) ________ ________ and some clouds today. Tomorrow, temperatures will drop, and there 3) ________ ________ ________ ________. Thank you.

02 그림 정보 파악

대화를 듣고, 두 사람이 구입할 담요로 가장 적절한 것을 고르시오.

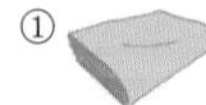

W: Honey, we need a new blanket for our bedroom. Will you help me choose one?

M: Sure. What do you think of this gray one?

W: Hmm... I want 1) ________ ________. It's spring.

M: You're right. Since you 2) ________ ________ ________, how about this pink flower pattern?

W: I don't like the color. I like this 3) ________ ________ ________, though.

M: The color and pattern are both good. Let's get that one.

03 의도 파악

대화를 듣고, 남자의 마지막 말의 의도로 가장 적절한 것을 고르시오.

① 동의 ② 후회 ③ 격려
④ 추천 ⑤ 경고

Focus on Sound **country**

[t]와 [r]이 연달아 나와 [컨트리]가 아닌 [컨츄리]로 발음된다.

W: Where are you going on vacation, Edward?

M: I'm not sure yet. What about you?

W: I'd like to go abroad, but 1) ________ ________ ________ which *country I should go to.

M: How about Canada? I went there last year, and it was so beautiful.

W: Where is 2) ________ ________ ________ to go in Canada?

M: I think 3) ________ ________ ________ along the East Coast. You'd have a great time there.

04 한 일 파악

대화를 듣고, 여자가 오늘 한 일로 가장 적절한 것을 고르시오.

① 진료받기 ② 요리하기
③ 회사에 가기 ④ 병문안 가기
⑤ 식료품 사기

M: Honey, I'm home!

W: How was your day at work?

M: Fine. Were you home all day?

W: No. My friend Anna was sick, so I needed to 1) ________ ________ ________ ________ ________.

M: Oh, I'm sorry to hear that. Is she okay?

W: Yes. I'm sure she will get better soon.

M: I hope so. Well, I'll 2) ________ ________ for you.

W: How about eating out tonight? The refrigerator is almost empty. I 3) ________ ________ ________ ________ today.

05 장소 추론

대화를 듣고, 두 사람이 대화하는 장소로 가장 적절한 곳을 고르시오.

① 극장 ② 식당 ③ 경기장
④ 카페 ⑤ 식료품점

W: I'm hungry. Let's get some popcorn.

M: Okay, but we have to hurry. The 1) ________ ________ ________ soon.

W: I'll go. You should stay here and make sure no one 2) ________ ________ ________.

M: Okay. Can you get me a drink, too? Popcorn makes me thirsty.

W: All right. What do you want?

M: I'll have a lemonade.

W: Oh no! The 3) ________ ________ ________ ________. It's too late!

06 내용 일치 파악

대화를 듣고, 여자에 대한 내용과 일치하지 않는 것을 고르시오.

① 이전에 서울에 살았다.
② 지금은 대전에 산다.
③ 도서관에서 일한다.
④ 현재 일에 만족한다.
⑤ 새로 이사한 곳에서 친구를 많이 사귀었다.

*** Focus on Sound** live in

자음의 끝과 모음의 처음이 만나면 연음되어 [리브 인]이 아닌 [리빈]으로 발음된다.

M: Kate, I haven't seen you in a while. Where have you been?

W: I don't *live in Seoul anymore. I 1) ________ ________ Daejeon.

M: Really? Why?

W: I 2) ________ ________ ________ there.

M: What kind of job?

W: I'm working in a library.

M: Do you like it?

W: Yes, I do. You know I love books. But I don't have many friends there, so 3) ________ ________ ________ ________.

07 세부 정보 파악

대화를 듣고, 남자의 생일을 고르시오.

① 12월 9일 ② 12월 10일
③ 12월 11일 ④ 12월 12일
⑤ 12월 13일

*** Focus on Sound** date today

같은 자음인 [t]가 겹치는 경우에는 하나가 탈락되어 [데이트 투데이]가 아닌 [데이투데이]로 발음된다.

W: What's the *date today?

M: It's December 10.

W: 1) ________ ________ ________ ________? I think it's a special day, but I don't remember why.

M: Don't you remember? It's my birthday! I thought you knew 2) ________ ________ ________ ________.

W: Oh, I'm sorry. I just forgot. What are you planning to do?

M: I'm 3) ________ ________ ________ ________ with my family.

08 할 일 파악

대화를 듣고, 두 사람이 대화 직후에 할 일로 가장 적절한 것을 고르시오.

① 여권 신청하기 ② 온라인 접속하기
③ 여행사 방문하기 ④ 항공권 예매하기
⑤ 여행 서적 구입하기

M: Winter vacation is coming.

W: Yes, it is. How about 1) ________ ________ ________?

M: That's a great idea. Which countries do you want to visit?

W: I want to go to France. 2) ________ ________ ________ ________ the Eiffel Tower.

M: Me too. And I'd like to go to Spain.

W: There are so many places to go. Let's go online to 3) ________ ________ ________.

M: Okay.

09 언급하지 않은 내용 찾기

대화를 듣고, 두 사람이 가수에 대해 언급하지 않은 것을 고르시오.

① 대표곡 ② 데뷔 시기
③ 작곡 능력 ④ 수상 내역
⑤ 공연 일정

M: Hey, what are you listening to?

W: I'm listening to Rick Johnson's *Just Like Yesterday*.

M: Oh, I know that song. It's 1) ________ ________ ________ ________ ________.

W: Yes. Rick has written all of his own songs since the very beginning of his career. All the songs are wonderful!

M: He 2) ________ ________ ________ for Artist of the Year, didn't he?

W: Yes, he did. He's going to 3) ________ ________ ________ in Seoul next month. I'll be there.

M: That sounds great.

10 주제 파악

다음을 듣고, 여자가 하는 말의 내용으로 가장 적절한 것을 고르시오.

① 교내 행사 공지
② 열차 지연 안내
③ 지하철 도착 예고
④ 열차 운행 중단 안내
⑤ 백화점 영업시간 연장 안내

W: Hello, passengers of KTX 121. We 1) ________ ________ ________ ________ at six o'clock, but unfortunately, there will be a 2) ________ ________. Because of heavy snow on the tracks, our departure will be delayed by about 10 minutes. So we will arrive at Busan at 8:45 p.m. We're very 3) ________ ________ ________ ________. Thank you for your patience and understanding.

11 내용 일치 파악

다음을 듣고, Sarah에 대한 내용과 일치하지 않는 것을 고르시오.

① 15세이다.
② 시카고에 산다.
③ 과학을 좋아한다.
④ 남동생이 한 명 있다.
⑤ 취미는 음악 연주이다.

* **Focus on Sound school**

[s] 뒤에 [k]가 오면 된소리가 되어 [스쿨]이 아닌 [스꿀]로 발음된다.

M: Sarah 1) ________ ________ ________ ________. She lives in Chicago. She likes her *school and has many friends. Her 2) ________ ________ ________ ________. Her dream is to become a scientist. She has one younger brother. In her free time, she likes to play computer games and 3) ________ ________ ________.

12 목적 파악

대화를 듣고, 남자가 전화를 건 목적으로 가장 적절한 것을 고르시오.

① 식당 위치를 문의하기 위해서
② 식당 예약을 변경하기 위해서
③ 식사에 친구를 초대하기 위해서
④ 친구에게 식당을 추천하기 위해서
⑤ 식당 영업시간을 문의하기 위해서

[Phone rings.]

W: Davinci's Restaurant. How can I help you?

M: Hi. I have a reservation tonight at six.

W: Okay. Do you need to change it?

M: No, but 1) ________ ________ ________ ________ your restaurant before. Is it on Fourth Avenue?

W: No. It's 2) ________ ________ ________ of Third Avenue and Main Street.

M: Oh, I see. Is it near Anderson's Supermarket?

W: Yes, it's directly 3) ________ ________ ________.

M: Great! Thanks.

13 숫자 정보 파악

대화를 듣고, 여자가 지불해야 할 금액을 고르시오.

① 13,500원 ② 27,000원 ③ 28,000원
④ 31,500원 ⑤ 35,000원

★ Focus on Sound total

[t]가 [l] 앞에 올 경우 약하게 발음하여 [토탈]이 아닌 [토를]로 발음된다.

M: Are you ready to order?

W: Yes. How much is a medium potato pizza?

M: 15,000 won.

W: Okay. I'll 1) ________ ________ ________ ________.

M: Anything else?

W: One salad, please.

M: It's 5,000 won. We take 10% off of all to-go orders, so your *total will be 31,500 won.

W: Oh! And I 2) ________ ________ ________ for 10% off.

M: I'm sorry. It cannot be used 3) ________ ________ ________ ________.

W: Okay. Here is my credit card.

14 관계 추론

대화를 듣고, 두 사람의 관계로 가장 적절한 것을 고르시오.

① 약사 - 손님 ② 의사 - 환자
③ 코치 - 운동선수 ④ 의상 디자이너 - 모델
⑤ 신발 가게 점원 - 손님

M: What's the matter?

W: 1) ________ ________ ________ ________.

M: How long have you had this problem?

W: For a week.

M: Let me see. 2) ________ ________ ________?

W: Yes, it does.

M: Do you often wear high heels?

W: Yes, I always wear them.

M: That's the problem. Stop wearing them. And you'll 3) ________ ________ ________ ________ for your knee twice a week.

15 부탁한 일 파악

대화를 듣고, 여자가 남자에게 부탁한 일로 가장 적절한 것을 고르시오.

① 카메라 골라 주기
② 민속촌에 함께 가기
③ 저녁 식사 함께 하기
④ 놀이공원에 함께 가기
⑤ Mike의 전화번호 알려 주기

[Cell phone rings.]

M: Hello, Melissa. What's up?

W: Hi, Frank. Well, I'm going to the amusement park tomorrow with Sally, but I 1) ________ ________ ________ ________. Can I borrow yours?

M: I'm sorry, but Jack borrowed mine last night. He's going to the Korean folk village with his friend tomorrow.

W: Oh, that's too bad.

M: 2) ________ ________ ________ Mike instead? He has a nice camera.

W: Okay. Can you 3) ________ ________ ________ ________?

M: Sure. Just a second.

16 이유 파악

대화를 듣고, 여자가 요가 강습을 그만둔 이유로 가장 적절한 것을 고르시오.

① 너무 바빠서
② 강습이 어려워서
③ 몸이 안 좋아서
④ 다른 강습을 받아서
⑤ 부모님이 반대해서

M: Betty! It's been ages since we met.

W: Hi, James!

M: Why did you 1) ________ ________ ________ ________ ________? Have you been busy?

W: No. I just wanted to do 2) ________ ________ ________, so now I'm taking a jazz dance class.

M: Can't you do both?

W: No, my jazz dance class is 3) ________ ________ ________ ________ as the yoga class.

M: Oh, I see.

17 그림 상황에 적절한 대화 찾기

다음 그림의 상황에 가장 적절한 대화를 고르시오.

① ② ③ ④ ⑤

① M: Let's meet in front of the post office.
W: Sounds good. See you there.

② M: I'd like to 1) ________ ________ ________ to Japan.
W: Okay. Please fill out this form first.

③ M: Where is the post office?
W: 2) ________ ________ ________ the subway station over there.

④ M: Do you need help carrying the box?
W: Oh, thanks. It's really heavy.

⑤ M: Can I 3) ________ ________ ________ ________ ________ ________?
W: No, I'll just take the bus there.

18 언급하지 않은 내용 찾기

다음을 듣고, 여자가 식당에 대해 언급하지 않은 것을 고르시오.

① 이름 ② 위치 ③ 무료 서비스
④ 휴무일 ⑤ 가격

W: If you're looking for a place to enjoy a nice dinner, you should check out Sweet Kitchen. 1) ________ ________, we offer four-course meals and free dessert on weekends. And you don't need to worry about drinks, because 2) ________ ________ ________ a free soda or glass of juice. If you make a reservation now, you can enjoy this deal 3) ________ ________ ________, which is a full 50% off our normal meal price! Go online and make your reservation now.

19 마지막 말에 이어질 응답 찾기

대화를 듣고, 여자의 마지막 말에 이어질 남자의 말로 가장 적절한 것을 고르시오.

Man: ____________________

① She's on the phone now.
② Yes, I'll tell her when I see her.
③ Sure, what's your phone number?
④ No, I already returned those books.
⑤ That's okay. I'll just go to the library to meet her.

[Phone rings.]

W: Hello?

M: Hey, Karen!

W: Oh, this is Karen's mom.

M: Hi. This is Karen's classmate, Tim. Is she home?

W: Tim? Karen was 1) ________ ________ ________ ________. But she's just gone out.

M: Could you tell me 2) ________ ________ ________?

W: She said she's going to the library to borrow some books. Would you like to 3) ________ ________ ________?

M: That's okay. I'll just go to the library to meet her.

20 마지막 말에 이어질 응답 찾기

대화를 듣고, 여자의 마지막 말에 이어질 남자의 말로 가장 적절한 것을 고르시오.

Man: ____________________

① She can buy you a new one tomorrow.
② Maybe we should ask a store employee.
③ No, I think it looks great with your shirt.
④ Call her and ask her what size she wears.
⑤ Bring it back, and we'll exchange it for you.

M: Good afternoon. How may I help you?

W: I'm looking for a scarf. 1) ________ ________ ________ a nice one?

M: Sure. How about these? They are all very popular with girls around your age.

W: They are pretty. But 2) ________ ________ ________ ________ a scarf for my mother.

M: How nice of you. How about this leopard-print one? It's a new arrival.

W: It's nice. But what if my mother 3) ________ ________ ________?

M: Bring it back, and we'll exchange it for you.

Word Test 실전모의고사 07~09회

A 다음 영어의 우리말 뜻을 쓰시오.

01 suggest ____________
02 quit ____________
03 offer ____________
04 fair ____________
05 pill ____________
06 recommend ____________
07 therapy ____________
08 hate ____________
09 drop ____________
10 major ____________
11 afford ____________
12 compact ____________
13 feed ____________
14 permit ____________
15 symptom ____________
16 luck ____________
17 topic ____________
18 sign ____________
19 directly ____________
20 luxury ____________
21 amazing ____________
22 comfortable ____________
23 talented ____________
24 historical ____________
25 unfortunately ____________
26 appreciate ____________
27 checkered ____________
28 main character ____________
29 rush hour ____________
30 weather forecast ____________
31 on the phone ____________
32 go online ____________
33 in a while ____________
34 make sure ____________
35 be located on ____________
36 get better ____________
37 pick out ____________
38 catch a cold ____________
39 leave a message ____________
40 win an award ____________

정답 및 해설 p.48

B 다음 우리말 뜻에 맞는 영어를 쓰시오.

01 과목 ______
02 나머지 ______
03 주인; 진행자 ______
04 철자 ______
05 담요 ______
06 교환하다 ______
07 관광객 ______
08 구멍 ______
09 건조한 ______
10 거스름돈 ______
11 의상 ______
12 시끄러운 ______
13 직업, 경력 ______
14 졸업 ______
15 감독 ______
16 야외의 ______
17 기온 ______
18 인내 ______
19 모퉁이 ______
20 서두르다 ______
21 상기시키다 ______
22 축하하다 ______
23 해외로 ______
24 지연; 지연시키다 ______
25 인상적인, 훌륭한 ______
26 소포 ______
27 목이 마른 ______
28 잊다 ______
29 외로운 ______
30 (시간을) 보내다 ______
31 초대(장) ______
32 준비하다 ______
33 활동적인 ______
34 포함하다 ______
35 승객 ______
36 외식하다 ______
37 이룩하다 ______
38 환불받다 ______
39 ~에 들르다 ______
40 설치하다 ______

정답 및 해설 pp. 48~52

실전모의고사 10회

점수: /20

01 다음을 듣고, 내일 오후의 날씨로 가장 적절한 것을 고르시오.

①  ②  ③ 
④  ⑤ 

02 대화를 듣고, 여자가 구입할 스마트폰 케이스로 가장 적절한 것을 고르시오.

①  ②  ③ 
④  ⑤ 

03 대화를 듣고, 남자의 심정으로 가장 적절한 것을 고르시오.

① curious ② angry ③ disappointed
④ satisfied ⑤ surprised

04 대화를 듣고, 남자가 어제 한 일로 가장 적절한 것을 고르시오.

① 축구하기 ② 병원에 가기
③ 병간호하기 ④ 집에서 쉬기
⑤ 해변에 가기

05 대화를 듣고, 두 사람이 대화하는 장소로 가장 적절한 곳을 고르시오.

① 공항 ② 사진관 ③ 기차역
④ 경찰서 ⑤ 미술관

06 대화를 듣고, 남자의 마지막 말의 의도로 가장 적절한 것을 고르시오.

① 충고 ② 격려 ③ 제안
④ 거절 ⑤ 동의

07 대화를 듣고, 여자가 관심 있어 하는 영화로 가장 적절한 것을 고르시오.

① 한국 영화 ② 인도 영화 ③ 프랑스 영화
④ 남미 영화 ⑤ 할리우드 영화

08 대화를 듣고, 여자가 대화 직후에 할 일로 가장 적절한 것을 고르시오.

① 에어컨 켜기
② 약국에 가기
③ 냉방 문제 항의하기
④ 객실 변경 요청하기
⑤ 에어컨 수리 기사에게 전화하기

09 대화를 듣고, 두 사람이 개에 대해 언급하지 않은 것을 고르시오.

① 나이 ② 견종 ③ 성향
④ 몸무게 ⑤ 털 색깔

10 다음을 듣고, 여자가 하는 말의 내용으로 가장 적절한 것을 고르시오.

① 수영의 장점
② 여름 활동의 종류
③ 스트레칭하는 방법
④ 준비 운동의 중요성
⑤ 운동을 해야 하는 이유

고난도

11 다음을 듣고, 박물관 관람 수칙에 대한 내용과 일치하지 않는 것을 고르시오.

① 휴대전화 소리를 꺼야 한다.
② 사진 촬영은 불가하다.
③ 작은 목소리로 대화해야 한다.
④ 껌을 씹어서는 안 된다.
⑤ 음식물은 반입할 수 없다.

12 대화를 듣고, 남자가 전화를 건 목적으로 가장 적절한 것을 고르시오.

① 진료 예약을 하기 위해서
② 숙제에 대해 물어보기 위해서
③ 파티에 반 친구를 초대하기 위해서
④ 선생님과의 상담을 취소하기 위해서
⑤ 학교에 가지 못한다고 말하기 위해서

고난도

13 대화를 듣고, 파티를 위해 준비할 음식이 몇 인분인지 고르시오.

① 5인분 ② 6인분 ③ 7인분
④ 8인분 ⑤ 9인분

14 대화를 듣고, 두 사람의 관계로 가장 적절한 것을 고르시오.

① 경찰관 - 행인
② 여행사 직원 - 손님
③ 우체국 직원 - 손님
④ 우편 배달부 - 수신인
⑤ 고속버스 운전사 - 승객

15 대화를 듣고, 남자가 여자에게 부탁한 일로 가장 적절한 것을 고르시오.

① 점심 사주기
② 함께 식사하기
③ 점심 도시락 싸기
④ 농장에 데려다주기
⑤ 농장 견학 신청하기

16 대화를 듣고, 여자가 쇼핑을 하러 갈 수 없는 이유로 가장 적절한 것을 고르시오.

① 몸이 아파서
② 할 일이 많아서
③ 여행을 가야 해서
④ 다른 약속이 있어서
⑤ 학교 수업이 늦게 끝나서

17 다음 그림의 상황에 가장 적절한 대화를 고르시오.

① ② ③ ④ ⑤

고난도

18 다음을 듣고, 여자가 커피가 몸에 미치는 영향으로 언급하지 않은 것을 고르시오.

① 수면 방해 ② 피로 가중
③ 배탈 유발 ④ 집중력 저하
⑤ 두통 유발

[19-20] 대화를 듣고, 남자의 마지막 말에 이어질 여자의 말로 가장 적절한 것을 고르시오.

19 Woman: ____________________

① Yes, that will be just fine.
② Okay, I'll buy both of them.
③ Why didn't you tell me before?
④ I'd like to exchange this, please.
⑤ Then I'll take the pink one instead.

20 Woman: ____________________

① Let's leave at a quarter after six.
② Why don't we go out for dinner?
③ See, I told you that we'd be early.
④ You're right. We'd better leave now.
⑤ I don't know why you're always late.

Dictation Test 10

보통 속도 듣기

빠르게 듣기

정답 및 해설 pp. 48~52

01 세부 정보 파악

다음을 듣고, 내일 오후의 날씨로 가장 적절한 것을 고르시오.

① 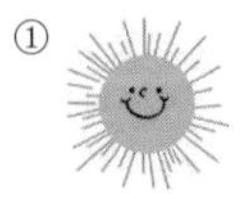 ②  ③ 

④  ⑤

M: Hello. This is the weather forecast for tomorrow. A 1) ________, ________ ________ will welcome you in the morning, but it will feel quite cold. In the afternoon, it will be 2) ________ ________ ________. It will stay mostly clear and dry in the evening, but there might be 3) ________ ________ ________ ________ the day after tomorrow. Have a great day.

02 그림 정보 파악

대화를 듣고, 여자가 구입할 스마트폰 케이스로 가장 적절한 것을 고르시오.

①  ②  ③  

④  ⑤ 

M: Becky, what are you doing?

W: I'm picking out a new smartphone case online. Can you help me choose one?

M: Sure. I'd be happy to help.

W: What do you think of the 1) ________ ________ ________?

M: Well, it's a bit boring. How about this one with the 2) ________ ________ ________ ________?

W: It's okay, but I prefer the one 3) ________ ________ ________.

M: This purple one? It's cute.

W: It's just $3. I'll buy it!

03 심정 추론

대화를 듣고, 남자의 심정으로 가장 적절한 것을 고르시오.

① curious ② angry ③ disappointed
④ satisfied ⑤ surprised

W: Look. There's a package for you.

M: Really? 1) ________ ________ ________?

W: Let's see. It's from the home shopping channel.

M: It must be the curtains I ordered. I hope 2) ________ ________ ________ ________.

W: Me too.

M: Open the box so we can check.

W: Okay. *[pause]* They look like they're the right size.

M: Yes. And the 3) ________ ________ ________ ________.

04 한 일 파악

대화를 듣고, 남자가 어제 한 일로 가장 적절한 것을 고르시오.

① 축구하기 ② 병원에 가기
③ 병간호하기 ④ 집에서 쉬기
⑤ 해변에 가기

W: Hi, David. Did you have fun at the beach yesterday?

M: I didn't go. I 1) ________ ________ ________.

W: Really? You told me you were going to the beach, didn't you?

M: Yes, I did. But I 2) ________ ________ ________ ________, so I rested at home.

W: Oh, that's too bad. How are you feeling now?

M: 3) ________ ________ ________. But I'll get better soon.

W: Let's go to the beach this Sunday, then.

M: Okay.

05 장소 추론

대화를 듣고, 두 사람이 대화하는 장소로 가장 적절한 곳을 고르시오.

① 공항 ② 사진관 ③ 기차역
④ 경찰서 ⑤ 미술관

M: Hi. May I help you?

W: Hello. I'd like to 1) ________ ________ ________ ________ for my passport.

M: Okay. How many pictures do you want?

W: Five, please. When can I 2) ________ ________ ________?

M: They'll be ready in one hour.

W: Oh, that's good. How much will it cost?

M: It's 10,000 won.

W: Okay. Should I sit there?

M: Yes. 3) ________ ________ ________ ________ and sit there please.

06 의도 파악

대화를 듣고, 남자의 마지막 말의 의도로 가장 적절한 것을 고르시오.

① 충고 ② 격려 ③ 제안
④ 거절 ⑤ 동의

[Cell phone rings.]

M: Hey, Sarah. What's up?

W: Hi, Mike. Can you talk now?

M: Sure. What's going on?

W: I 1) ________ ________ ________ to Michael Carter's concert. Will you go with me?

M: Wow, really? 2) ________ ________ ________ ________?

W: It's this Saturday night.

M: Oh no. I'd really like to, but 3) ________ ________ ________ with Linda.

07 세부 정보 파악

대화를 듣고, 여자가 관심 있어 하는 영화로 가장 적절한 것을 고르시오.

① 한국 영화 ② 인도 영화 ③ 프랑스 영화
④ 남미 영화 ⑤ 할리우드 영화

M: I'm so proud that Busan is home to such a big event.

W: Yes. And it's getting even bigger every year.

M: That's right. I heard that there will be 1) ________ ________ ________ ________ this year.

W: That's great. I'm 2) ________ ________ ________ South American films. What about you?

M: I like French films. The French 3) ________ ________ ________ ________ ________.

W: Yeah. I'm hoping to meet some famous actors and directors.

M: Me too.

08 할 일 파악

대화를 듣고, 여자가 대화 직후에 할 일로 가장 적절한 것을 고르시오.

① 에어컨 켜기
② 약국에 가기
③ 냉방 문제 항의하기
④ 객실 변경 요청하기
⑤ 에어컨 수리 기사에게 전화하기

M: Are you okay, Anne? You don't look good.

W: I'm really hot. I think I might have a fever.

M: No, I feel hot, too. I don't think the air conditioner 1) ________ ________ ________.

W: Really? But this is such an expensive hotel.

M: I know. I 2) ________ ________ ________.

W: I'm going downstairs 3) ________ ________ ________ ________. This is not okay.

M: Okay, but be polite. We have to stay here for two more nights.

09 언급하지 않은 내용 찾기

대화를 듣고, 두 사람이 개에 대해 언급하지 않은 것을 고르시오.

① 나이 ② 견종 ③ 성향
④ 몸무게 ⑤ 털 색깔

W: James, do you have a pet?

M: Yes. I have a dog, and her name is Rosie.

W: How old is she?

M: She's 1) ________ ________ ________. She's a bichon.

W: Oh, I heard that bichons are very cheerful and intelligent.

M: That's true. Rosie 2) ________ ________ ________ people and other dogs.

W: Is she small?

M: Yes, she is. She 3) ________ ________ 2 kg.

10 주제 파악

다음을 듣고, 여자가 하는 말의 내용으로 가장 적절한 것을 고르시오.

① 수영의 장점
② 여름 활동의 종류
③ 스트레칭하는 방법
④ 준비 운동의 중요성
⑤ 운동을 해야 하는 이유

*** Focus on Sound muscle**

[c]가 묵음이어서 [머슬]로 발음된다.

W: In the summer, one of the best activities for people to enjoy is swimming. But there is one thing you need to 1) ________ ________ ________ if you don't want to get hurt when you swim. Before you go in the water, you should 2) ________ ________ ________ ________. This will soften your *muscles and 3) ________ ________ ________ ________ ________. It's easy and simple, so if you are planning to swim, don't forget to warm up.

11 내용 일치 파악

다음을 듣고, 박물관 관람 수칙에 대한 내용과 일치하지 않는 것을 고르시오.

① 휴대전화 소리를 꺼야 한다.
② 사진 촬영은 불가하다.
③ 작은 목소리로 대화해야 한다.
④ 껌을 씹어서는 안 된다.
⑤ 음식물은 반입할 수 없다.

*** Focus on Sound drinks**

자음 3개가 겹쳐 나와 중간 자음인 [k]가 약화되어 [쥬링크스]가 아닌 [쥬링스]로 발음된다.

M: Before we enter the museum, please turn off the sound on your cell phones. You 1) ________ ________ ________, but don't use a flash. You may talk to each other, but please 2) ________ ________ ________ ________ at all times. Chewing gum is not allowed. And if you have any food or *drinks, you must 3) ________ ________ ________ now.

12 목적 파악

대화를 듣고, 남자가 전화를 건 목적으로 가장 적절한 것을 고르시오.

① 진료 예약을 하기 위해서
② 숙제에 대해 물어보기 위해서
③ 파티에 반 친구를 초대하기 위해서
④ 선생님과의 상담을 취소하기 위해서
⑤ 학교에 가지 못한다고 말하기 위해서

[Phone rings.]
W: Hello?
M: Hi. Is this Ms. Harrington?
W: Yes, it is. May I ask who's calling?
M: This is Tommy Smith 1) ________ ________ ________.
W: Oh. Hello, Tommy. Is everything okay?
M: I've got a cold, so I don't think I can 2) ________ ________ ________ ________.
W: That's too bad. You should 3) ________ ________ ________ before it gets worse.
M: Okay. I will.
W: I hope you can come to school tomorrow.

13 숫자 정보 파악

대화를 듣고, 파티를 위해 준비할 음식이 몇 인분인지 고르시오.

① 5인분 ② 6인분 ③ 7인분
④ 8인분 ⑤ 9인분

M: Honey, have you 1) ________ ________ ________ ________ we need for the party this weekend?
W: Well, not yet. Why?
M: I 2) ________ ________ ________ Clarke and Finn, too.
W: Sure. We already invited five people. If we add Clarke and Finn, then I'll just have to prepare food 3) ________ ________ ________.
M: Don't forget you and me.
W: Don't worry, I won't.

14 관계 추론

대화를 듣고, 두 사람의 관계로 가장 적절한 것을 고르시오.

① 경찰관 – 행인
② 여행사 직원 – 손님
③ 우체국 직원 – 손님
④ 우편 배달부 – 수신인
⑤ 고속버스 운전사 – 승객

M: Good afternoon. May I help you?
W: Yes. I'd like to 1) ________ ________ ________ to Canada.
M: How would you like to send it?
W: I'm not sure. 2) ________ ________ ________ ________ ________ by express mail?
M: Two days.
W: Then 3) ________ ________, please. How much is it?
M: Six dollars.

15 부탁한 일 파악

대화를 듣고, 남자가 여자에게 부탁한 일로 가장 적절한 것을 고르시오.

① 점심 사주기
② 함께 식사하기
③ 점심 도시락 싸기
④ 농장에 데려다주기
⑤ 농장 견학 신청하기

M: Mom, we're planning to 1) ________ ________ ________ ________ ________ this Friday at school.

W: Where are you going?

M: We're going to a local farm to learn about farmwork.

W: That sounds good.

M: Yeah, but we need to 2) ________ ________ ________ that day. Can you make me one?

W: Of course, honey. What do you 3) ________ ________ ________?

M: Just a chicken sandwich will be fine.

16 이유 파악

대화를 듣고, 여자가 쇼핑을 하러 갈 수 없는 이유로 가장 적절한 것을 고르시오.

① 몸이 아파서
② 할 일이 많아서
③ 여행을 가야 해서
④ 다른 약속이 있어서
⑤ 학교 수업이 늦게 끝나서

M: Julie, are you doing anything after school?

W: Why do you ask?

M: I was wondering if you could go shopping with me.

W: I'm afraid I can't. My mother went on a trip, so I have 1) ________ ________ ________ ________ ________ ________ for her.

M: What do you have to do?

W: I have to clean the house, 2) ________ ________ ________, and make dinner for my father. Also, I have a lot of homework to do today.

M: Wow. Okay, we can go shopping 3) ________ ________ ________.

17 그림 상황에 적절한 대화 찾기

다음 그림의 상황에 가장 적절한 대화를 고르시오.

① ② ③ ④ ⑤

① W: Is this on sale?

M: Yes. You can 1) ________ ________ ________ if you'd like.

② W: What do you recommend?

M: How about this? It's on sale now.

③ W: You can get 10% off on our website.

M: That sounds good. I'll get it online.

④ W: Can I pay with a credit card?

M: Yes, and we'll 2) ________ ________ ________ ________ if you sign up now.

⑤ W: Oh, I forgot to 3) ________ ________ ________ ________ today.

M: Don't worry. You can use mine.

18 언급하지 않은 내용 찾기

다음을 듣고, 여자가 커피가 몸에 미치는 영향으로 언급하지 않은 것을 고르시오.

① 수면 방해
② 피로 가중
③ 배탈 유발
④ 집중력 저하
⑤ 두통 유발

W: Many people drink coffee when they feel tired. But it can make you even more tired because it 1) ________ ________ ________ at night. And if you drink coffee on an empty stomach, it can 2) ________ ________ ________. Drinking too much coffee can also 3) ________ ________ ________. One or two cups a day probably won't hurt, but you should know about its impact on your body.

19 마지막 말에 이어질 응답 찾기

대화를 듣고, 남자의 마지막 말에 이어질 여자의 말로 가장 적절한 것을 고르시오.

Woman: ____________________

① Yes, that will be just fine.
② Okay, I'll buy both of them.
③ Why didn't you tell me before?
④ I'd like to exchange this, please.
⑤ Then I'll take the pink one instead.

M: Hi. Can I help you?

W: Yes. I want to buy one of these blouses.

M: All right. 1) ________ ________ ________ ________ ________?

W: Hmm. The blue one and the pink one are both nice. But I think the blue one looks better.

M: Okay. What size do you need?

W: I 2) ________ ________ ________.

M: Let me see. *[pause]* Sorry, but we don't have any blue ones 3) ________ ________ ________.

W: Then I'll take the pink one instead.

20 마지막 말에 이어질 응답 찾기

대화를 듣고, 남자의 마지막 말에 이어질 여자의 말로 가장 적절한 것을 고르시오.

Woman: ____________________

① Let's leave at a quarter after six.
② Why don't we go out for dinner?
③ See, I told you that we'd be early.
④ You're right. We'd better leave now.
⑤ I don't know why you're always late.

M: Are you almost ready to go?

W: Yes. But why are you 1) ________ ________ ________ ________?

M: I don't want to be late. We might not 2) ________ ________ ________.

W: Relax. What time is our reservation?

M: It's at 6:00.

W: Oh, we have plenty of time. It's only 5:40.

M: Yes, but 3) ________ ________ ________ ________ ________ 20 minutes to get to the restaurant.

W: You're right. We'd better leave now.

실전모의고사 11회

정답 및 해설 pp. 52~56

점수: /20

보통 속도 듣기

빠르게 듣기

01 다음을 듣고, 맨체스터의 오후 날씨로 가장 적절한 것을 고르시오.

① 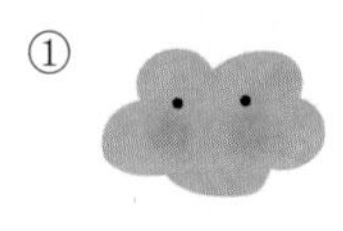 ②  ③ 

④  ⑤ 

02 대화를 듣고, 남자가 구입할 의자로 가장 적절한 것을 고르시오.

①  ②  ③ 

④ 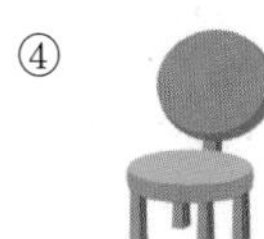 ⑤ 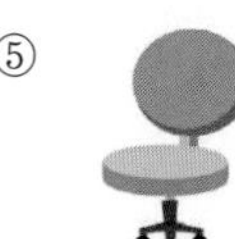

03 대화를 듣고, 여자의 마지막 말의 의도로 가장 적절한 것을 고르시오.

① 감사 ② 제안 ③ 부탁
④ 조언 ⑤ 추천

04 대화를 듣고, 남자가 아침에 한 일로 가장 적절한 것을 고르시오.

① 늦잠 자기 ② 수학 공부하기
③ 안과 진료받기 ④ 축구 연습하기
⑤ 축구 시합 출전하기

05 대화를 듣고, 두 사람이 대화하는 장소로 가장 적절한 곳을 고르시오.

① 호텔 ② 도서관 ③ 영화관
④ 서점 ⑤ 백화점

06 다음을 듣고, 메시지 내용과 일치하지 않는 것을 고르시오.

① Brian이 Tina에게 남긴 메시지이다.
② Brian은 내일 스키를 타러 갈 수 없다.
③ Brian은 병원에 입원 중이다.
④ Brian은 6시 이후에 집 전화를 받을 수 있다.
⑤ Brian의 휴대전화는 고장 났다.

07 대화를 듣고, 남자가 이용한 교통수단으로 가장 적절한 것을 고르시오.

① 택시 ② 버스 ③ 자동차
④ 지하철 ⑤ 비행기

08 대화를 듣고, 여자가 일요일에 할 일로 가장 적절한 것을 고르시오.

① 등산하기 ② 숙제하기
③ 쇼핑하기 ④ 데이트하기
⑤ 영화 보기

09 대화를 듣고, 남자가 양식에 기입할 사항으로 언급하지 않은 것을 고르시오.

① 나이 ② 체중 ③ 신장
④ 전화번호 ⑤ 이메일 주소

10 다음을 듣고, 여자가 하는 말의 내용으로 가장 적절한 것을 고르시오.

① 히터 수리 방법
② 에너지 절약 방법
③ 겨울철 난방 수칙
④ 환경 오염의 심각성
⑤ 전자 기기의 위험성

고난도

11 다음을 듣고, Seattle Museum에 대한 내용과 일치하지 <u>않는</u> 것을 고르시오.

① 리모델링 후 다시 문을 연다.
② 평일에는 9시부터 8시까지 문을 연다.
③ 주말에는 6시에 문을 닫는다.
④ 리모델링 후 입장료가 인상되었다.
⑤ 내부에서 사진 촬영과 음식 섭취는 금지된다.

12 대화를 듣고, 남자가 전화를 건 목적으로 가장 적절한 것을 고르시오.

① 음식을 주문하기 위해서
② 감사 인사를 하기 위해서
③ 요리법을 물어보기 위해서
④ 저녁 식사에 초대하기 위해서
⑤ 이메일 주소를 확인하기 위해서

13 대화를 듣고, 회의 시작 시각을 고르시오.

① 7:15 a.m. ② 7:30 a.m. ③ 7:45 a.m.
④ 8:00 a.m. ⑤ 8:15 a.m.

14 대화를 듣고, 두 사람의 관계로 가장 적절한 것을 고르시오.

① 교사 - 학생 ② 점원 - 손님
③ 승무원 - 승객 ④ 코치 - 운동선수
⑤ 디자이너 - 의뢰인

15 대화를 듣고, 여자가 남자에게 제안한 일로 가장 적절한 것을 고르시오.

① 쇼핑몰 가기 ② 돈 빌리기
③ 중고 제품 사기 ④ 아르바이트하기
⑤ 온라인으로 구매하기

16 대화를 듣고, 남자가 기분이 좋지 <u>않은</u> 이유로 가장 적절한 것을 고르시오.

① 친구와 싸워서
② 물건을 잃어버려서
③ 지하철을 잘못 타서
④ 빌린 물건이 고장 나서
⑤ 원하던 선물을 못 받아서

17 다음 그림의 상황에 가장 적절한 대화를 고르시오.

① ② ③ ④ ⑤

고난도

18 다음을 듣고, 여자가 몬스테라에 대해 언급하지 <u>않은</u> 것을 고르시오.

① 원산지 ② 키 ③ 개화 시기
④ 잎 모양 ⑤ 키우는 방법

[19-20] 대화를 듣고, 여자의 마지막 말에 이어질 남자의 말로 가장 적절한 것을 고르시오.

19 Man: ______________________

① They're on sale for $75.
② You look very excited today.
③ Can I show you another one?
④ That looks too small for you.
⑤ I think the black one is better.

20 Man: ______________________

① Take the 102 bus.
② It'll take 30 minutes.
③ I'll meet you at the mall.
④ It comes every five minutes.
⑤ You'd better take the subway.

Dictation Test 11

정답 및 해설 pp. 52~56

보통 속도 듣기 빠르게 듣기

01 세부 정보 파악

다음을 듣고, 맨체스터의 오후 날씨로 가장 적절한 것을 고르시오.

① 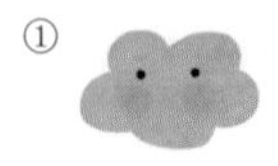 ②  ③ 

④  ⑤ 

W: Hello. This is today's weather forecast. In London, it will be 1) ________ ________ ________ all day. The light rain in Manchester will stop in the morning, but it'll be 2) ________ ________ ________ ________. In the north, around Glasgow and Edinburgh, the 3) ________ ________ ________ ________ will continue throughout the day. Remember your sunscreen, and have a great day!

02 그림 정보 파악

대화를 듣고, 남자가 구입할 의자로 가장 적절한 것을 고르시오.

①  ②  ③ 

④  ⑤ 

* **Focus on Sound** neither

[나이더]와 [니더] 모두로 발음 가능하다.

M: I need to buy a chair for my desk. What do you think of this one?

W: I don't like it. You should 1) ________ ________ ________ ________.

M: Good thinking. How about this one? It looks comfortable.

W: Yes, I 2) ________ ________ ________ ________.

M: Me too. I don't like the stripes, though.

W: Me *neither. Here's one 3) ________ ________ ________ ________.

M: That one is perfect. Thanks for your help.

03 의도 파악

대화를 듣고, 여자의 마지막 말의 의도로 가장 적절한 것을 고르시오.

① 감사 ② 제안 ③ 부탁
④ 조언 ⑤ 추천

W: Hi, Alan. Is that a new camera?

M: Yes, it is. I just bought it online last week.

W: Really? I was thinking about 1) ________ ________ ________ ________. Do you like it?

M: Yes. I highly recommend it.

W: I heard 2) ________ ________ ________ this month.

M: Right. You can get 25% off the regular price. Best of all, it takes great pictures.

W: Does it? Would it be okay if I 3) ________ ________ ________ for a minute?

04 한 일 파악

대화를 듣고, 남자가 아침에 한 일로 가장 적절한 것을 고르시오.

① 늦잠 자기 ② 수학 공부하기
③ 안과 진료받기 ④ 축구 연습하기
⑤ 축구 시합 출전하기

W: Are you ready to study for the math test together?

M: Well… I'm so tired. Do you mind if I get some coffee first?

W: No problem. 1) ________ ________ ________ ________.

M: I got up at 5:00 this morning.

W: Why did you 2) ________ ________ ________ ________?

M: Our team has an important soccer game next month, so we 3) ________ ________ ________ before school.

W: Now I understand why you're tired.

M: I'm okay. I'll go to bed early tonight.

05 장소 추론

대화를 듣고, 두 사람이 대화하는 장소로 가장 적절한 곳을 고르시오.

① 호텔 ② 도서관 ③ 영화관
④ 서점 ⑤ 백화점

W: I'd like to read this book. Can I 1) ________ ________ ________, please?

M: Sure. Can I see your card?

W: Here you go.

M: Uh-oh. You have an overdue book. It was 2) ________ ________.

W: Oh, I forgot. I'll return it today.

M: Okay. 3) ________ ________ ________ ________, you can check out this book.

W: Okay, great.

06 내용 일치 파악

다음을 듣고, 메시지 내용과 일치하지 않는 것을 고르시오.

① Brian이 Tina에게 남긴 메시지이다.
② Brian은 내일 스키를 타러 갈 수 없다.
③ Brian은 병원에 입원 중이다.
④ Brian은 6시 이후에 집 전화를 받을 수 있다.
⑤ Brian의 휴대전화는 고장 났다.

[Answering machine beeps.]

M: Hi, Tina. This is Brian. I'm afraid that I can't 1) ________ ________ ________ ________ tomorrow. My mother is sick, and I'm going to 2) ________ ________ ________ ________ ________. But don't worry, it's not serious. Maybe we can go skiing another time. If you hear this message, call me at home. I'll be home after 6:00 p.m. Don't call my cell phone, because 3) ________ ________.

07 세부 정보 파악

대화를 듣고, 남자가 이용한 교통수단으로 가장 적절한 것을 고르시오.

① 택시 ② 버스 ③ 자동차
④ 지하철 ⑤ 비행기

M: Hi, Lucy.

W: Jason! You got here early. Did you drive?

M: No, 1) ________ ________ ________ ________. I got in an accident with a taxi last week.

W: Oh, that's too bad. Then did you 2) ________ ________ ________?

M: No. The new subway line 3) ________ ________ ________ ________ ________.

W: That's right. I forgot all about that.

M: Anyway, our flight doesn't board for 30 minutes. Let's get a coffee.

W: Okay.

08 할 일 파악

대화를 듣고, 여자가 일요일에 할 일로 가장 적절한 것을 고르시오.

① 등산하기 ② 숙제하기
③ 쇼핑하기 ④ 데이트하기
⑤ 영화 보기

*** Focus on Sound next time**

똑같은 발음의 자음이 겹치면 앞 자음 소리가 탈락하여 [넥스트 타임]이 아닌 [넥스타임]으로 발음된다.

M: Hi, Monica! What are you doing this weekend?

W: Why do you ask?

M: How about 1) ________ ________ ________ ________ on Sunday?

W: I'm afraid I can't.

M: Why not?

W: I have to go to Jenny's house to 2) ________ ________ ________. Sorry.

M: That's okay. I'll ask someone else... or maybe I'll 3) ________ ________ ________.

W: Sorry. Maybe *next time.

09 언급하지 않은 내용 찾기

대화를 듣고, 남자가 양식에 기입할 사항으로 언급하지 않은 것을 고르시오.

① 나이 ② 체중 ③ 신장
④ 전화번호 ⑤ 이메일 주소

M: Hi, how may I help you?

W: I want to 1) ________ ________ ________. How much is a membership?

M: It's $30 a month.

W: All right. How can I join?

M: Just fill out this form with your 2) ________, ________, ________, ________ ________.

W: Okay.

M: Oh, and don't forget to 3) ________ ________ ________ ________.

10 주제 파악

다음을 듣고, 여자가 하는 말의 내용으로 가장 적절한 것을 고르시오.

① 히터 수리 방법
② 에너지 절약 방법
③ 겨울철 난방 수칙
④ 환경 오염의 심각성
⑤ 전자 기기의 위험성

Focus on Sound **clothes**

[ð]와 [z]는 발음할 때 혀의 위치가 비슷해 발음이 생략되어 [클로우드즈]가 아닌 [클로우즈]로 발음된다.

W: Saving energy is something you can do every day. For example, when you're done using your electronic devices, 1) ________ ________ ________ ________. If you are doing something in your living room, 2) ________ ________ ________ ________ in your bedroom. When you feel cold in winter, wear more *clothes instead of using the heater. These things are very easy to do, but they help 3) ________ ________ ________. Start doing them today!

11 내용 일치 파악

다음을 듣고, Seattle Museum에 대한 내용과 일치하지 않는 것을 고르시오.

① 리모델링 후 다시 문을 연다.
② 평일에는 9시부터 8시까지 문을 연다.
③ 주말에는 6시에 문을 닫는다.
④ 리모델링 후 입장료가 인상되었다.
⑤ 내부에서 사진 촬영과 음식 섭취는 금지된다.

M: Hello, everyone. After its remodeling, the Seattle Museum will finally reopen on September 13. The museum will 1) ________ ________ ________ ________, from 9:00 a.m. to 8:00 p.m., but will close at 6:00 p.m. on weekends. 2) ________ ________, tickets are $20 for adults and $15 for students. Taking pictures and eating food 3) ________ ________ ________ in the museum. Thank you.

12 목적 파악

대화를 듣고, 남자가 전화를 건 목적으로 가장 적절한 것을 고르시오.

① 음식을 주문하기 위해서
② 감사 인사를 하기 위해서
③ 요리법을 물어보기 위해서
④ 저녁 식사에 초대하기 위해서
⑤ 이메일 주소를 확인하기 위해서

[Cell phone rings.]

W: Hello, Karl.

M: Hi, Cindy. Can I 1) ________ ________ ________?

W: Sure, what is it?

M: Do you remember when I had dinner at your house last month?

W: Of course. I 2) ________ ________ ________ with cream sauce.

M: Yes! It was delicious. I want to make it for my parents. Can you 3) ________ ________ ________?

W: Sure. Would you like me to just email the recipe to you?

M: Yes, that would be perfect. Thanks!

13 숫자 정보 파악

대화를 듣고, 회의 시작 시각을 고르시오.

① 7:15 a.m. ② 7:30 a.m. ③ 7:45 a.m.
④ 8:00 a.m. ⑤ 8:15 a.m.

W: What time is it now?

M: It's 1) ________ ________ ________ ________.

W: Seven fifteen? I'm sorry, but I'd better go now or I'll be late.

M: Why? The meeting 2) ________ ________ ________ ________ at 8:00 a.m., isn't it?

W: No. It's been moved to 7:30. I 3) ________ ________ ________ ________.

M: Okay, you'd better hurry. See you later.

W: Bye!

14 관계 추론

대화를 듣고, 두 사람의 관계로 가장 적절한 것을 고르시오.

① 교사 - 학생 ② 점원 - 손님
③ 승무원 - 승객 ④ 코치 - 운동선수
⑤ 디자이너 - 의뢰인

M: May I help you?

W: Yes. 1) ________ ________ ________ ________ some earrings?

M: Sure. Are you interested in gold or silver?

W: I usually wear silver.

M: Then I 2) ________ ________ ________. They're on sale for only $20.

W: Wow. They're exactly 3) ________ ________ ________. I'll take them.

M: Good choice.

15 제안한 일 파악

대화를 듣고, 여자가 남자에게 제안한 일로 가장 적절한 것을 고르시오.

① 쇼핑몰 가기 ② 돈 빌리기
③ 중고 제품 사기 ④ 아르바이트하기
⑤ 온라인으로 구매하기

W: Greg, where have you been?

M: I was at the mall. I just got back.

W: What did you buy?

M: Nothing. I wanted to get a new Bluetooth headset, but they were 1) ________ ________ ________.

W: Don't you work part-time 2) ________ ________ ________?

M: Yes, but it's not enough. Bluetooth headsets cost a lot of money.

W: Then how about 3) ________ ________ ________ ________? You can get good deals.

M: Okay. I will.

16 이유 파악

대화를 듣고, 남자가 기분이 좋지 않은 이유로 가장 적절한 것을 고르시오.

① 친구와 싸워서
② 물건을 잃어버려서
③ 지하철을 잘못 타서
④ 빌린 물건이 고장 나서
⑤ 원하던 선물을 못 받아서

W: What's wrong, Peter? You look upset.

M: I 1) ________ ________ ________ ________ ________.

W: Where was the last place you had it?

M: 2) ________ ________ ________. I hope I didn't leave it there. It has my ID card in it.

W: Why don't you 3) ________ ________ ________ ________ ________ and ask?

M: Okay. I should do that right now.

W: Don't worry. You'll get it back.

17 그림 상황에 적절한 대화 찾기

다음 그림의 상황에 가장 적절한 대화를 고르시오.

① ② ③ ④ ⑤

① W: Did you take the pills I prescribed?

M: I did, but I still 1) ________ ________ ________.

② W: Why weren't you at school yesterday?

M: I wasn't feeling well.

③ W: I have a cold.

M: 2) ________ ________ ________ three times a day.

④ W: Does it hurt when I touch here?

M: Yes, it does.

⑤ W: My back hurts, so I 3) ________ ________ ________ ________.

M: I'll get some medicine at the pharmacy for you.

18 언급하지 않은 내용 찾기

다음을 듣고, 여자가 몬스테라에 대해 언급하지 않은 것을 고르시오.

① 원산지 ② 키
③ 개화 시기 ④ 잎 모양
⑤ 키우는 방법

W: Monstera is one of the world's most popular houseplants. The plant is beautiful and easy to grow. It is 1) ________ ________ ________ ________ of Mexico. It can grow several feet tall. Its heart-shaped leaves 2) ________ ________, so it is also known as the Swiss cheese plant. Monstera plants 3) ________ ________ ________. It is good to water them every one or two weeks.

19 마지막 말에 이어질 응답 찾기

대화를 듣고, 여자의 마지막 말에 이어질 남자의 말로 가장 적절한 것을 고르시오.

Man: ______________________

① They're on sale for $75.
② You look very excited today.
③ Can I show you another one?
④ That looks too small for you.
⑤ I think the black one is better.

M: May I help you?
W: Yes, I'm 1) ________ ________ ________ ________.
M: How about this blue one?
W: I like it. Do you have it 2) ________ ________ ________?
M: Yes, here's a black one.
W: Oh, that's nice, too. Which one 3) ________ ________ ________ ________?
M: I think the black one is better.

20 마지막 말에 이어질 응답 찾기

대화를 듣고, 여자의 마지막 말에 이어질 남자의 말로 가장 적절한 것을 고르시오.

Man: ______________________

① Take the 102 bus.
② It'll take 30 minutes.
③ I'll meet you at the mall.
④ It comes every five minutes.
⑤ You'd better take the subway.

W: Can you tell me where the Busan Art Gallery is?
M: Well, it's a 1) ________ ________ ________ ________.
W: Should I take a bus?
M: Actually, there are 2) ________ ________ ________ ________ ________. You can take the shuttle in front of the ABC Mall or you can catch a direct bus right here.
W: The mall is too far from here, so I should probably take the bus.
M: I agree.
W: 3) ________ ________ ________ ________ ________?
M: Take the 102 bus.

실전모의고사 12회

보통 속도 듣기 빠르게 듣기

정답 및 해설 pp. 56~60

점수: /20

01 다음을 듣고, 월요일의 날씨로 가장 적절한 것을 고르시오.

①  ②  ③ 

④  ⑤ 

02 대화를 듣고, 두 사람이 보고 있는 사진으로 가장 적절한 것을 고르시오.

①  ②  ③ 

④  ⑤ 

03 대화를 듣고, 남자의 심정으로 가장 적절한 것을 고르시오.

① lonely ② bored ③ pleased
④ worried ⑤ relieved

04 대화를 듣고, 여자가 방학에 한 일로 가장 적절한 것을 고르시오.

① 하이킹 가기 ② 해변에 가기
③ 배낭여행 가기 ④ 아르바이트하기
⑤ 조부모님 댁 방문하기

05 대화를 듣고, 두 사람이 대화하는 장소로 가장 적절한 곳을 고르시오.

① 문구점 ② 가구점 ③ 세탁소
④ 주유소 ⑤ 옷 가게

06 대화를 듣고, 여자의 마지막 말의 의도로 가장 적절한 것을 고르시오.

① 격려 ② 축하 ③ 허락
④ 조언 ⑤ 동의

07 대화를 듣고, 남자의 현재 직업으로 가장 적절한 것을 고르시오.

① 은행원 ② 자동차 판매원
③ 패션 디자이너 ④ 자동차 정비사
⑤ 자동차 디자이너

08 대화를 듣고, 두 사람이 대화 직후에 할 일로 가장 적절한 것을 고르시오.

① 산책하기 ② 병원에 가기
③ 점심 먹기 ④ 농구 연습하기
⑤ 집에서 쉬기

09 대화를 듣고, 남자가 베이킹 강좌에 대해 언급하지 않은 것을 고르시오.

① 장소 ② 소요 시간
③ 날짜 ④ 수강료
⑤ 수강 인원

10 다음을 듣고, 여자가 하는 말의 내용으로 가장 적절한 것을 고르시오.

① 교통사고 ② 도로 공사
③ 음주단속 ④ 절도 사건
⑤ 편의점 폐점

고난도

11 다음을 듣고, *The Two Detectives*에 대한 내용과 일치하지 않는 것을 고르시오.

① 미국 유명 드라마 시리즈 중 하나이다.
② 실제 사건을 바탕으로 한다.
③ 두 형사가 진정한 우정을 배우는 내용이다.
④ 실제 형사들이 주연을 맡았다.
⑤ 30개국 이상에서 방송되고 있다.

12 대화를 듣고, 남자가 전화를 건 목적으로 가장 적절한 것을 고르시오.

① 상품을 교환하기 위해서
② 환불을 요구하기 위해서
③ 주문을 취소하기 위해서
④ 배송을 재촉하기 위해서
⑤ 배송비를 문의하기 위해서

13 대화를 듣고, 남자가 지불해야 할 금액을 고르시오.

① $40 ② $50 ③ $60
④ $68 ⑤ $80

14 대화를 듣고, 두 사람의 관계로 가장 적절한 것을 고르시오.

① 사장 - 비서 ② 도서관 사서 - 손님
③ 배달원 - 고객 ④ 주택 관리사 - 주민
⑤ 호텔 직원 - 투숙객

15 대화를 듣고, 여자가 남자에게 부탁한 일로 가장 적절한 것을 고르시오.

① 오븐 청소하기 ② 새 오븐 구입하기
③ 저녁 만들어 주기 ④ 수리점에 전화하기
⑤ 저녁 식사 장소 찾기

고난도

16 대화를 듣고, 여자가 어제 당황한 이유로 가장 적절한 것을 고르시오.

① 택시비가 없어서
② 지갑을 잃어버려서
③ 출근 시간에 늦어서
④ 회사에 아무도 없어서
⑤ 택시에 물건을 두고 내려서

17 다음 그림의 상황에 가장 적절한 대화를 고르시오.

① ② ③ ④ ⑤

고난도

18 다음을 듣고, 여자가 Spring Half Marathon에 대해 언급하지 않은 것을 고르시오.

① 개최 일자 ② 경주 코스 ③ 참가비
④ 기념품 ⑤ 참가 대상

[19-20] 대화를 듣고, 남자의 마지막 말에 이어질 여자의 말로 가장 적절한 것을 고르시오.

19 Woman: ______________________

① You're welcome.
② I'm sorry, but I can't.
③ No, you don't need to.
④ Hurry up and don't be late.
⑤ Thank you very much for coming.

20 Woman: ______________________

① Let's split the bill.
② That was really delicious.
③ No, thanks. I don't want any dessert.
④ I think you would prefer the cream pasta.
⑤ I'll take the spaghetti with tomato sauce, please.

보통 속도 듣기 빠르게 듣기

Dictation Test 12

정답 및 해설 pp. 56~60

01 세부 정보 파악

다음을 듣고, 월요일의 날씨로 가장 적절한 것을 고르시오.

①  ②  ③ 

④  ⑤ 

M: Hello. Here's Saturday night's weather report. The snow that fell yesterday 1) ________ ________ ________ for the most part. Tomorrow will be sunny all day and will be perfect for a walk in the park. However, on Monday 2) ________ ________ ________ ________. Please be sure to keep warm because the 3) ________ ________ ________ ________ ________ starting Monday. Thank you!

02 그림 정보 파악

대화를 듣고, 두 사람이 보고 있는 사진으로 가장 적절한 것을 고르시오.

W: Hey, Max. How old were you when this picture was taken?

M: Oh, I was eight. It was at a Halloween party.

W: Are you 1) ________ ________ ________ ________ Batman in the middle?

M: Yes, that's me.

W: Then who is the Superman 2) ________ ________ ________?

M: That is my brother, and the Wonder Woman 3) ________ ________ ________ is my friend.

W: You were so cute.

03 심정 추론

대화를 듣고, 남자의 심정으로 가장 적절한 것을 고르시오.

① lonely ② bored ③ pleased
④ worried ⑤ relieved

M: Mom, Susie 1) ________ ________ ________?

W: No. I called her a few minutes ago, and she didn't answer.

M: I called her an hour ago, and she said she was 2) ________ ________ ________ ________ from her friend's house.

W: Really? Then she should be here by now.

M: I'll go out and 3) ________ ________ ________.

W: Okay. I'll call her again.

04 한 일 파악

대화를 듣고, 여자가 방학에 한 일로 가장 적절한 것을 고르시오.

① 하이킹 가기 ② 해변에 가기
③ 배낭여행 가기 ④ 아르바이트하기
⑤ 조부모님 댁 방문하기

M: Hey! It's been a long time since I saw you.

W: Hi, Jimin! How was your vacation?

M: It was great. I 1) ________ ________ Sydney for two weeks.

W: Wow. What did you do there?

M: I went hiking and 2) ________ ________ ________ ________. Bondi Beach and the Harbour Bridge were terrific.

W: Sounds like you had a good time.

M: Yeah. Where did you go on vacation?

W: I went to Jeju with my family. 3) ________ ________ ________ ________.

05 장소 추론

대화를 듣고, 두 사람이 대화하는 장소로 가장 적절한 곳을 고르시오.

① 문구점 ② 가구점 ③ 세탁소
④ 주유소 ⑤ 옷 가게

W: Hi. I'd like to 1) ________ ________ ________ ________ I brought in last week.

M: All right. May I ask your name, please?

W: It's Harrison. Janet Harrison.

M: One moment, please. *[pause]* Here they are, Ms. Harrison.

W: Thanks. The white one had some ink on it. Did you 2) ________ ________ ________?

M: Yes, we did. It's 3) ________ ________ ________ ________ now.

W: Wonderful. You always do such a good job.

M: Thank you. That's nice of you to say so.

06 의도 파악

대화를 듣고, 여자의 마지막 말의 의도로 가장 적절한 것을 고르시오.

① 격려 ② 축하 ③ 허락
④ 조언 ⑤ 동의

W: You look different. 1) ________ ________ ________ ________?

M: Yes! Thanks for noticing.

W: How did you lose it?

M: I stopped eating oily foods and started 2) ________ ________ ________ ________. I also go jogging every morning.

W: Good for you.

M: 3) ________ ________ ________ ________ ________ 7 kg. So far, I've lost 5 kg.

W: I'm sure you can do it.

07 세부 정보 파악

대화를 듣고, 남자의 현재 직업으로 가장 적절한 것을 고르시오.

① 은행원 ② 자동차 판매원
③ 패션 디자이너 ④ 자동차 정비사
⑤ 자동차 디자이너

W: Long time no see, James. I heard you changed your job.

M: Yes, I 1) ________ ________ ________ ________ ________ now.

W: What do you do there?

M: I 2) ________ ________ ________.

W: That sounds great. You've been crazy about cars since childhood.

M: Yes, I really like it. Do you still 3) ________ ________ ________ ________?

W: Yes, I do.

08 할 일 파악

대화를 듣고, 두 사람이 대화 직후에 할 일로 가장 적절한 것을 고르시오.

① 산책하기 ② 병원에 가기
③ 점심 먹기 ④ 농구 연습하기
⑤ 집에서 쉬기

W: What's wrong, Tom?

M: I 1) ________ ________ ________, Mom.

W: You have a fever. I don't think you should go to basketball practice today.

M: You're right. I 2) ________ ________ ________ ________.

W: I think there was something wrong with the food you had for lunch.

M: Maybe. I do have a stomachache.

W: Let's 3) ________ ________ ________ ________ right now.

M: Okay.

09 언급하지 않은 내용 찾기

대화를 듣고, 남자가 베이킹 강좌에 대해 언급하지 않은 것을 고르시오.

① 장소 ② 소요 시간
③ 날짜 ④ 수강료
⑤ 수강 인원

M: Are you interested in baking, Rachel?

W: Yes, I love it!

M: Well, I'm thinking about taking a 1) ________ ________ ________ at the Cultural Center. It's a two-hour cake class. Will you join me?

W: Oh, that would be fun. When is it?

M: It's 2) ________ ________ ________ ________ of this month.

W: All right. Let's sign up for it.

M: Great! The 3) ________ ________ ________ is $30.

W: Okay. That's reasonable.

10 주제 파악

다음을 듣고, 여자가 하는 말의 내용으로 가장 적절한 것을 고르시오.

① 교통사고 ② 도로 공사
③ 음주단속 ④ 절도 사건
⑤ 편의점 폐점

W: My name is Rose Brimley, and this is the five o'clock news. Earlier today, a 1) ________ ________ ________ ________. The robber stole all the money from the store. Fortunately, the 2) ________ ________ ________ in any way. The police have a description of the robber, and they are 3) ________ ________ ________ right now.

11 내용 일치 파악

다음을 듣고, *The Two Detectives*에 대한 내용과 일치하지 않는 것을 고르시오.

① 미국 유명 드라마 시리즈 중 하나이다.
② 실제 사건을 바탕으로 한다.
③ 두 형사가 진정한 우정을 배우는 내용이다.
④ 실제 형사들이 주연을 맡았다.
⑤ 30개국 이상에서 방송되고 있다.

M: *The Two Detectives* is one of 1) ________ ________ ________ ________ ________ in the US. It is based on a real incident. It is 2) ________ ________ ________ in New York City who learn the meaning of true friendship. Famous actors 3) ________ ________ ________ ________, and it is aired in over 30 countries.

12 목적 파악

대화를 듣고, 남자가 전화를 건 목적으로 가장 적절한 것을 고르시오.

① 상품을 교환하기 위해서
② 환불을 요구하기 위해서
③ 주문을 취소하기 위해서
④ 배송을 재촉하기 위해서
⑤ 배송비를 문의하기 위해서

*** Focus on Sound** **send you**

[d]가 뒤의 반모음 [j]를 만나면 동화되어 [센드유]가 아닌 [센쥬]로 발음된다.

[Phone rings.]

W: Good afternoon, this is Fashionable.com.

M: Hi, my name is Steven Alder, and I ordered 1) ________ ________ ________ ________ from your website. They arrived today, but they're too small.

W: 2) ________ ________ ________ ________ ________ them?

M: Yes. If you could send me a size 10, that would be great.

W: Okay, we'll *send you a size 10, but you have to 3) ________ ________ ________ ________.

M: Okay, I will. Thanks a lot.

13 숫자 정보 파악

대화를 듣고, 남자가 지불해야 할 금액을 고르시오.

① $40 ② $50 ③ $60
④ $68 ⑤ $80

M: I'd like to buy these.

W: All right. 1) ________ ________ ________ ________ ________.

M: Eighty?

W: Yes. Sixty dollars for the pants and twenty dollars for the shirt.

M: I thought they were 2) ________ ________ ________ ________ ________. So it should be forty dollars.

W: Oh, you're right. I'm very sorry. I 3) ________ ________ ________.

M: It's okay. Can I pay with a credit card?

W: No problem.

14 관계 추론

대화를 듣고, 두 사람의 관계로 가장 적절한 것을 고르시오.

① 사장 - 비서 ② 도서관 사서 - 손님
③ 배달원 - 고객 ④ 주택 관리사 - 주민
⑤ 호텔 직원 - 투숙객

[Phone rings.]

W: Hello, how may I help you?

M: Hi, I'm Dan Lee. I'm in Room 701.

W: Hello, Mr. Lee. You're not 1) ________ ________ ________ ________ yet, are you?

M: No, 2) ________ ________ ________ ________. I just wanted to know if there were any messages for me.

W: Let me check. *[pause]* 3) ________ ________ ________ ________ from Mr. Brown. He said he will visit you at 7:00 p.m.

M: Thank you very much.

W: My pleasure.

15 부탁한 일 파악

대화를 듣고, 여자가 남자에게 부탁한 일로 가장 적절한 것을 고르시오.

① 오븐 청소하기 ② 새 오븐 구입하기
③ 저녁 만들어 주기 ④ 수리점에 전화하기
⑤ 저녁 식사 장소 찾기

M: Honey, what about having lasagna for dinner tonight? I love your meatball lasagna.

W: Oh, I'd love to make it for you, but 1) ________ ________ ________ ________.

M: What? When did that happen?

W: Two days ago. I 2) ________ ________ ________ ________.

M: Okay, then. We need to fix it first.

W: Yes. Can you 3) ________ ________ ________ ________?

M: Sure. Can you make the lasagna after it's fixed?

W: Of course.

16 이유 파악

대화를 듣고, 여자가 어제 당황한 이유로 가장 적절한 것을 고르시오.

① 택시비가 없어서
② 지갑을 잃어버려서
③ 출근 시간에 늦어서
④ 회사에 아무도 없어서
⑤ 택시에 물건을 두고 내려서

W: Do you know 1) ________ ________ ________ ________ yesterday?

M: No, what happened?

W: I was late, so I took a taxi to work. When I was almost there, I realized I 2) ________ ________ ________ ________. I was so embarrassed.

M: Oh, what did you do?

W: My coworker was there, so I 3) ________ ________ ________ ________.

M: That was lucky.

17 그림 상황에 적절한 대화 찾기

다음 그림의 상황에 가장 적절한 대화를 고르시오.

① ② ③ ④ ⑤

① M: How much is this book?
W: It's on sale for $11.

② M: I would like to check out these books.
W: Okay. Can I 1) ________ ________ ________ ________?

③ M: I'm looking for *The Foot Book*, but I can't find it.
W: Oh, it 2) ________ ________ ________ ________.

④ M: What are you reading?
W: It's a novel about a famous pianist.

⑤ M: 3) ________ ________ ________ ________ ________ when you're finished?
W: Actually, it is a library book.

18 언급하지 않은 내용 찾기

다음을 듣고, 여자가 Spring Half Marathon에 대해 언급하지 않은 것을 고르시오.

① 개최 일자 ② 경주 코스 ③ 참가비
④ 기념품 ⑤ 참가 대상

W: Attention, runners! The Spring Half Marathon 1) ________ ________ ________ ________ ________, April 20. The race will have over 5,000 participants. 2) ________ ________ ________ in front of Town Square at 6:00 a.m. and finish in River Park. The 3) ________ ________ for the half marathon is $30. Participants will get a finisher medal and a T-shirt after the race. For more information, visit our website.

19 마지막 말에 이어질 응답 찾기

대화를 듣고, 남자의 마지막 말에 이어질 여자의 말로 가장 적절한 것을 고르시오.

Woman: ______________

① You're welcome.
② I'm sorry, but I can't.
③ No, you don't need to.
④ Hurry up and don't be late.
⑤ Thank you very much for coming.

W: Do you 1) ________ ________ ________ for Saturday?
M: No, I don't. Why?
W: I'm 2) ________ ________ ________ for people from our company. Do you want to come?
M: That sounds fun. What time will it start?
W: At eight o'clock.
M: 3) ________ ________ ________ ________?
W: No, you don't need to.

20 마지막 말에 이어질 응답 찾기

대화를 듣고, 남자의 마지막 말에 이어질 여자의 말로 가장 적절한 것을 고르시오.

Woman: ______________

① Let's split the bill.
② That was really delicious.
③ No, thanks. I don't want any dessert.
④ I think you would prefer the cream pasta.
⑤ I'll take the spaghetti with tomato sauce, please.

*** Focus on Sound tomato**

미국식은 [토메이토]로, 영국식은 [토마토]로 발음된다.

M: 1) ________ ________ ________ ________ you today?
W: Do you have pasta with cream sauce?
M: Sorry, we don't.
W: Hmm... I can't decide what to eat.
M: 2) ________ ________ ________ the spaghetti with *tomato sauce or the pepperoni pizza?
W: Those both sound really good. Hmm....
M: Have you decided 3) ________ ________ ________ ________?
W: I'll take the spaghetti with tomato sauce, please.

Word Test 실전모의고사 10~12회

A 다음 영어의 우리말 뜻을 쓰시오.

01 activity	____________	21 incident	____________
02 realize	____________	22 sunscreen	____________
03 stomachache	____________	23 particularly	____________
04 protect	____________	24 medicine	____________
05 highly	____________	25 friendship	____________
06 quite	____________	26 pharmacy	____________
07 stormy	____________	27 electronic device	____________
08 properly	____________	28 have a fever	____________
09 cheerful	____________	29 plenty of	____________
10 height	____________	30 split the bill	____________
11 embarrassed	____________	31 at least	____________
12 terrible	____________	32 lie down	____________
13 goal	____________	33 get a good deal	____________
14 exactly	____________	34 go on a trip	____________
15 allow	____________	35 pick up	____________
16 impact	____________	36 do the laundry	____________
17 pair	____________	37 upset one's stomach	____________
18 earn	____________	38 get hurt	____________
19 intelligent	____________	39 get along with	____________
20 terrific	____________	40 see a doctor	____________

정답 및 해설 p. 60

B 다음 우리말 뜻에 맞는 영어를 쓰시오.

01 해변 ______
02 절약하다; 구하다 ______
03 사실인; 진정한 ______
04 계획 ______
05 사고 ______
06 바퀴 ______
07 근육 ______
08 여권 ______
09 열대 우림 ______
10 선택 ______
11 경주 ______
12 유명한 ______
13 성인 ______
14 처방하다 ______
15 목소리 ______
16 두통 ______
17 어린 시절 ______
18 강도, 도둑 ______
19 아래층에 ______
20 정중한 ______
21 키우다; 자라다 ______
22 비싼 ______
23 알아채다, 알아보다 ______
24 4분의 1; 15분 ______
25 무게가 ~이다 ______
26 더하다, 추가하다 ______
27 부상을 입은, 다친 ______
28 요리법 ______
29 형사 ______
30 떠나다, 출발하다 ______
31 ~에게 잘 어울리다 ______
32 지금까지 ______
33 (책 등을) 대출하다 ______
34 개최되다 ______
35 살을 빼다 ______
36 ~을 (시험 삼아) 사용해 보다 ______
37 ~을 버리다 ______
38 ~을 명심하다 ______
39 (옷 등을) 벗다 ______
40 몸을 천천히 풀다 ______

실전모의고사 13회

정답 및 해설 pp. 61~65

점수: /20

보통 속도 듣기

빠르게 듣기

01 다음을 듣고, 내일의 날씨로 가장 적절한 것을 고르시오.

①  ②  ③ 

④  ⑤ 

02 대화를 듣고, 여자가 도난당한 자전거로 가장 적절한 것을 고르시오.

①  ②  ③ 

④  ⑤ 

03 대화를 듣고, 남자의 심정으로 가장 적절한 것을 고르시오.

① angry ② curious ③ ashamed
④ relieved ⑤ satisfied

04 대화를 듣고, 여자가 어제 한 일로 가장 적절한 것을 고르시오.

① 외출하기 ② 보드게임하기
③ 동생 돌보기 ④ 회의 참석하기
⑤ 파티 참석하기

05 대화를 듣고, 두 사람이 대화하는 장소로 가장 적절한 곳을 고르시오.

① 공원 ② 박물관 ③ 버스 정류장
④ 병원 ⑤ 택시 승차장

06 대화를 듣고, 남자의 마지막 말의 의도로 가장 적절한 것을 고르시오.

① 조언 ② 격려 ③ 사과
④ 허락 ⑤ 비난

07 대화를 듣고, 남자가 주문한 카메라의 색상으로 가장 적절한 것을 고르시오.

① 금색 ② 파란색 ③ 은색
④ 흰색 ⑤ 검은색

08 대화를 듣고, 여자가 대화 직후에 할 일로 가장 적절한 것을 고르시오.

① 수학 숙제하기 ② 양치하기
③ 충치 치료받기 ④ 저녁 식사하기
⑤ 치과 진료 예약하기

09 대화를 듣고, 두 사람이 영화에 대해 언급하지 않은 것을 고르시오.

① 연출가 ② 장르 ③ 주연 배우
④ 평점 ⑤ 상영 시간

10 다음을 듣고, 남자가 하는 말의 내용으로 가장 적절한 것을 고르시오.

① 식당 이전 안내 ② 식당 행사 홍보
③ 식당 공사 안내 ④ 식당 폐업 공지
⑤ 식당 재개점 홍보

고난도

11 대화를 듣고, Dance Festival에 대한 내용과 일치하지 <u>않는</u> 것을 고르시오.

① River Park에서 열린다.
② 9월 10일에 시작한다.
③ 5일간 매일 각기 다른 행사가 열린다.
④ 폐막식에서 불꽃놀이를 볼 수 있다.
⑤ 표를 미리 구입하면 할인받을 수 있다.

12 대화를 듣고, 남자가 전화를 건 목적으로 가장 적절한 것을 고르시오.

① 셔츠를 주문하기 위해서
② 영업시간을 문의하기 위해서
③ 매장 위치를 문의하기 위해서
④ 할인 행사 날짜를 문의하기 위해서
⑤ 셔츠 교환에 관해 문의하기 위해서

13 대화를 듣고, 남자가 지불해야 할 금액을 고르시오.

① $6 ② $7 ③ $9
④ $10 ⑤ $13

14 대화를 듣고, 두 사람의 관계로 가장 적절한 것을 고르시오.

① 은행원 - 손님
② 뮤지컬 배우 - 팬
③ 도서관 사서 - 손님
④ 매표소 직원 - 손님
⑤ 공연장 안내원 - 관람객

15 대화를 듣고, 여자가 남자에게 부탁한 일로 가장 적절한 것을 고르시오.

① 돈 빌려주기
② 여행책 빌려주기
③ 후식 추천해주기
④ 공항에 데려다주기
⑤ 현지 판매 음식 사다주기

16 대화를 듣고, 남자가 기분이 좋지 <u>않은</u> 이유로 가장 적절한 것을 고르시오.

① 숙제가 어려워서
② 숙제를 끝내지 못해서
③ 시험 점수가 낮게 나와서
④ 선생님이 자신을 믿지 않아서
⑤ 숙제를 제출하지 못해 감점당해서

17 다음 그림의 상황에 가장 적절한 대화를 고르시오.

① ② ③ ④ ⑤

18 다음을 듣고, 여자가 자신에 대해 언급하지 <u>않은</u> 것을 고르시오.

① 나이 ② 사는 곳 ③ 형제 관계
④ 취미 ⑤ 장래 희망

[19-20] 대화를 듣고, 여자의 마지막 말에 이어질 남자의 말로 가장 적절한 것을 고르시오.

19 Man: ______________________

① It doesn't work.
② I want a smaller one.
③ Can you recommend a store?
④ I don't really need a new one.
⑤ That's exactly what I'm looking for.

고난도

20 Man: ______________________

① Better luck next time.
② You should study abroad.
③ That's why you did so well.
④ English is difficult for me, too.
⑤ You should have practiced more.

보통 속도 듣기 빠르게 듣기

Dictation Test 13

정답 및 해설 pp. 61~65

01 세부 정보 파악

다음을 듣고, 내일의 날씨로 가장 적절한 것을 고르시오.

①  ②  ③ 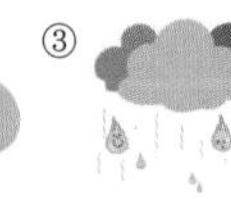

④ ⑤

W: Good evening. This is the weekly weather report. If you are 1) ________ ________ ________ for tomorrow, you're in luck. It's going to be sunny! But 2) ________ ________ ________ ________ while you can, because it's going to rain 3) ________ ________ ________ ________ ________ ________. It's supposed to clear up by the weekend, however.

02 그림 정보 파악

대화를 듣고, 여자가 도난당한 자전거로 가장 적절한 것을 고르시오.

①  ②   ③ 

④  ⑤ 

W: Hello, officer. I'd like to 1) ________ ________ ________. My bike was stolen.

M: When did this happen?

W: Last night.

M: What does it look like?

W: Well, it is black, but the 2) ________ ________ ________.

M: Anything else you can tell us?

W: Hmm... Oh! It 3) ________ ________ ________ in the front. And the seat is white.

M: Okay. We'll contact you if we find it.

03 심정 추론

대화를 듣고, 남자의 심정으로 가장 적절한 것을 고르시오.

① angry ② curious ③ ashamed
④ relieved ⑤ satisfied

M: Mom, I'm home!

W: You're 1) ________ ________. Where were you after school?

M: I was in the library with a few friends.

W: You were? And you bought that book you needed? I 2) ________ ________ ________ ________ for it this morning.

M: Umm... I didn't. I will buy it tomorrow.

W: You still have the money?

M: Ah... Yes, I do.

W: 3) ________ ________, John. I saw you going to a PC room. Did you spend all your money there?

M: I did... I'm sorry, Mom.

04 한 일 파악

대화를 듣고, 여자가 어제 한 일로 가장 적절한 것을 고르시오.

① 외출하기 ② 보드게임하기
③ 동생 돌보기 ④ 회의 참석하기
⑤ 파티 참석하기

M: Hi, Molly! Why didn't you come to the party yesterday?

W: I really wanted to go, but I 1) ________ ________ ________ ________.

M: Why?

W: My parents went out for an important meeting, so I had to 2) ________ ________ ________ ________ ________.

M: Oh, I see.

W: Did you have a good time at the party?

M: Yes. We had some great food. And then we 3) ________ ________ ________.

W: Sounds fun.

05 장소 추론

대화를 듣고, 두 사람이 대화하는 장소로 가장 적절한 곳을 고르시오.

① 공원 ② 박물관 ③ 버스 정류장
④ 병원 ⑤ 택시 승차장

W: Excuse me, 1) ________ ________ ________ ________ the National Museum?

M: The 42 bus. You just missed it.

W: The 42? Okay. 2) ________ ________ ________ ________ ________?

M: Every 15 minutes.

W: Do you know 3) ________ ________ ________ the museum is from here?

M: About three or four stops.

W: Thank you very much.

06 의도 파악

대화를 듣고, 남자의 마지막 말의 의도로 가장 적절한 것을 고르시오.

① 조언 ② 격려 ③ 사과
④ 허락 ⑤ 비난

M: I have something to tell you, Linda.
W: What is it?
M: I 1) ________ ________ ________.
W: I can't believe it! How did you break it?
M: 2) ________ ________ ________, and the screen broke.
W: I just bought it last week. How could you be so careless?
M: 3) ________ ________ ________ ________. I'm terribly sorry.

07 세부 정보 파악

대화를 듣고, 남자가 주문한 카메라의 색상으로 가장 적절한 것을 고르시오.

① 금색 ② 파란색 ③ 은색
④ 흰색 ⑤ 검은색

[Phone rings.]
W: Hello, ABC.com.
M: Hi. My new digital camera arrived today, but it's not 1) ________ ________ ________.
W: Oh, I'm so sorry. Is it the wrong model?
M: No, it's the wrong color. I 2) ________ ________ ________ ________, but it's silver.
W: Let's see... I'm afraid the black ones are 3) ________ ________ ________. How about a white or blue one?
M: No, thanks. I'd like to get a refund, please.
W: Okay. I can help you with that.

08 할 일 파악

대화를 듣고, 여자가 대화 직후에 할 일로 가장 적절한 것을 고르시오.

① 수학 숙제하기 ② 양치하기
③ 충치 치료받기 ④ 저녁 식사하기
⑤ 치과 진료 예약하기

W: Minsu, did you finish your math homework?
M: Yes, I did.
W: Good. I'm going to make dinner.
M: I think I should 1) ________ ________ ________ now.
W: Why don't you do it after dinner?
M: Well, I 2) ________ ________ ________. It really hurts.
W: Oh. You said you had a cavity. I'll call the dentist and 3) ________ ________ ________ right away.

09 언급하지 않은 내용 찾기

대화를 듣고, 두 사람이 영화에 대해 언급하지 않은 것을 고르시오.

① 연출가 ② 장르 ③ 주연 배우
④ 평점 ⑤ 상영 시간

W: Eric, what are you going to do tomorrow?
M: I'm going to watch the movie called *Life*.
W: Oh, is that movie 1) ________ ________ Martin Morris?
M: Yes, it is. My favorite actress, Emma Collins, 2) ________ ________ ________ ________.
W: That's why you want to see it.
M: Yes, but it is also 3) ________ ________ ________.
W: Good. So, what time is the movie? Can we meet up after it's over?
M: Sure. It starts at 2:30, and it's 130 minutes long. I'll call you after that.

10 주제 파악

다음을 듣고, 남자가 하는 말의 내용으로 가장 적절한 것을 고르시오.

① 식당 이전 안내 ② 식당 행사 홍보
③ 식당 공사 안내 ④ 식당 폐업 공지
⑤ 식당 재개점 홍보

M: Hello, everyone. Joe's Restaurant is pleased to announce that 1) ________ ________ ________ on June 1. We have remodeled our restaurant's interior, and we have 2) ________ ________ ________ ________ to our menu. You can also enjoy listening to live music every night from 7:00 to 9:00 p.m. We are excited to 3) ________ ________ ________, and we hope to see you soon.

11 내용 일치 파악

대화를 듣고, Dance Festival에 대한 내용과 일치하지 않는 것을 고르시오.

① River Park에서 열린다.
② 9월 10일에 시작한다.
③ 5일간 매일 각기 다른 행사가 열린다.
④ 폐막식에서 불꽃놀이를 볼 수 있다.
⑤ 표를 미리 구입하면 할인받을 수 있다.

M: Hey, did you know that the Dance Festival is going to be held at River Park?
W: Oh yeah? When is it?
M: It will 1) ________ ________ ________ ________ from September 6 to 10.
W: Will there be different events on each of the five days?
M: Yes. The festival will have a variety of dance classes, competitions, and performances. And you can see a firework display 2) ________ ________ ________ ________ on the last day.
W: That sounds exciting. Let's go together.
M: Sounds good. If we 3) ________ ________ ________ ________, we can get a discount.

12 목적 파악

대화를 듣고, 남자가 전화를 건 목적으로 가장 적절한 것을 고르시오.

① 셔츠를 주문하기 위해서
② 영업시간을 문의하기 위해서
③ 매장 위치를 문의하기 위해서
④ 할인 행사 날짜를 문의하기 위해서
⑤ 셔츠 교환에 관해 문의하기 위해서

*** Focus on Sound Wednesday**

[d]가 묵음이어서 [웬즈데이]로 발음된다.

[Phone rings.]

W: Fashion for Men. How can I help you?

M: Hi. Can you tell me about 1) ________ ________ ________ ________?

W: Sure. All of our shirts will be on sale for 20% off.

M: Yes, that's what I heard. 2) ________ ________ ________ ________?

W: This *Wednesday.

M: I see. Thanks for the information. I'll definitely be there.

W: Great. 3) ________ ________ ________ ________ ________, before all the good shirts are gone.

M: I will. Thanks.

13 숫자 정보 파악

대화를 듣고, 남자가 지불해야 할 금액을 고르시오.

① $6 ② $7 ③ $9
④ $10 ⑤ $13

M: Hi. I'm 1) ________ ________ ________ ________ on the history of Asia. Could you recommend one?

W: This one is the most popular.

M: 2) ________ ________ ________ ________?

W: Ten dollars.

M: I'll take it. And I have a 3) ________ ________ ________ ________.

W: Great. Would you like anything else?

M: No, thanks.

14 관계 추론

대화를 듣고, 두 사람의 관계로 가장 적절한 것을 고르시오.

① 은행원 - 손님
② 뮤지컬 배우 - 팬
③ 도서관 사서 - 학생
④ 매표소 직원 - 손님
⑤ 공연장 안내원 - 관람객

M: Hello. How may I help you?

W: I'd like to buy 1) ________ ________ ________ ________ today at 7:00.

M: How many tickets would you like?

W: Two, please. Is there a student discount?

M: Yes. If you have a student ID card, you 2) ________ ________ ________ ________.

W: Great. Then 3) ________ ________ ________, please. Here are our student ID cards.

M: Okay. Thank you.

15 부탁한 일 파악

대화를 듣고, 여자가 남자에게 부탁한 일로 가장 적절한 것을 고르시오.

① 돈 빌려주기
② 여행책 빌려주기
③ 후식 추천해주기
④ 공항에 데려다주기
⑤ 현지 판매 음식 사다주기

W: Hey, Ben. I heard that you'll be visiting Paris this vacation.

M: Yes. I'm very excited.

W: You must be. Hey, could you 1) ________ ________ ________ ________?

M: Sure. What is it?

W: 2) ________ ________ ________ ________ some macarons from Paris? A store there sells my favorite kind, and I can't buy them here.

M: Of course. I'll get you some.

W: Thank you so much! I'll give you the money 3) ________ ________ ________ ________.

16 이유 파악

대화를 듣고, 남자가 기분이 좋지 않은 이유로 가장 적절한 것을 고르시오.

① 숙제가 어려워서
② 숙제를 끝내지 못해서
③ 시험 점수가 낮게 나와서
④ 선생님이 자신을 믿지 않아서
⑤ 숙제를 제출하지 못해 감점당해서

W: Why do you look upset?

M: Yesterday, I worked really hard 1) ________ ________ ________ ________ ________.

W: Yes, you did. What happened?

M: When I arrived at school, I realized that I 2) ________ ________ ________ ________ ________.

W: Oh! So what did you do?

M: I told my teacher the truth. But because it was due today, I 3) ________ ________ ________.

W: That's why you feel bad. I'm sorry to hear that.

17 그림 상황에 적절한 대화 찾기

다음 그림의 상황에 가장 적절한 대화를 고르시오.

① ② ③ ④ ⑤

① M: Can I try this jacket on?

W: Sure. The fitting room is over there.

② M: It 1) ________ ________ ________ ________.

W: I know. I've gained a lot of weight.

③ M: Oh, my jacket is too dirty.

W: You 2) ________ ________ ________ ________ right away.

④ M: Would you like to exchange it for a different size?

W: No. Can I just get a refund?

⑤ M: Do you have this 3) ________ ________ ________ ________?

W: Yes. I'll go get one now.

18 언급하지 않은 내용 찾기

다음을 듣고, 여자가 자신에 대해 언급하지 <u>않은</u> 것을 고르시오.

① 나이 ② 사는 곳 ③ 형제 관계
④ 취미 ⑤ 장래 희망

W: My name is Sandra. I'm 15 years old. I was born in England, but 1) ________ ________ ________ ________ Vancouver, Canada. I moved here because of my father's job. I'm cheerful and like to make friends. My favorite subject is art. I 2) ________ ________ ________ ________ and make things like clothes and bags when I have free time. I want to 3) ________ ________ ________ ________ when I grow up. I'll do my best to achieve my dream.

19 마지막 말에 이어질 응답 찾기

대화를 듣고, 여자의 마지막 말에 이어질 남자의 말로 가장 적절한 것을 고르시오.

Man: ______________

① It doesn't work.
② I want a smaller one.
③ Can you recommend a store?
④ I don't really need a new one.
⑤ That's exactly what I'm looking for.

W: Can I help you?

M: Yes, I'd like to 1) ________ ________ ________.

W: Okay. These are the latest models.

M: Can you recommend one?

W: How about this one? It's the 2) ________ ________.

M: Hmm… It's not what I'm looking for.

W: Then 3) ________ ________ ________ ________ do you want?

M: I want a smaller one.

20 마지막 말에 이어질 응답 찾기

대화를 듣고, 여자의 마지막 말에 이어질 남자의 말로 가장 적절한 것을 고르시오.

Man: ______________

① Better luck next time.
② You should study abroad.
③ That's why you did so well.
④ English is difficult for me, too.
⑤ You should have practiced more.

★ Focus on Sound speech

[s] 뒤에 [p]가 오면 된소리가 되어 [스피치]가 아닌 [스삐치]로 발음된다.

M: Congratulations! You 1) ________ ________ ________ in the English ★speech contest.

W: Thank you. I'm very happy.

M: You 2) ________ ________ ________. Have you ever lived in an English-speaking country?

W: No.

M: Really? How long did you practice for the contest?

W: I 3) ________ ________ ________ for four months.

M: That's why you did so well.

보통 속도 듣기 빠르게 듣기

실전모의고사 14회

정답 및 해설 pp. 65~68

점수: /20

01 다음을 듣고, 내일 밤의 날씨로 가장 적절한 것을 고르시오.

고난도

02 대화를 듣고 여자가 만들 표지로 가장 적절한 것을 고르시오.

①

②

③

④

⑤

03 대화를 듣고, 남자의 심정으로 가장 적절한 것을 고르시오.

① bored ② pleased ③ confused
④ relieved ⑤ disappointed

04 대화를 듣고, 두 사람이 파티에 가져갈 선물로 가장 적절한 것을 고르시오.

① 도넛 ② 화분 ③ 과일
④ 케이크 ⑤ 꽃다발

05 대화를 듣고, 두 사람이 대화하는 장소로 가장 적절한 곳을 고르시오.

① 공원 ② 의류 매장 ③ 신발 가게
④ 스케이트장 ⑤ 스포츠용품점

06 대화를 듣고, 남자의 마지막 말의 의도로 가장 적절한 것을 고르시오.

① 격려 ② 변명 ③ 충고
④ 사과 ⑤ 동의

07 대화를 듣고, 여자가 사려는 책이 입고될 시간으로 가장 적절한 것을 고르시오.

① 오늘 정오 ② 오늘 저녁 ③ 내일 아침
④ 내일 정오 ⑤ 내일 저녁

08 대화를 듣고, 여자가 오후에 할 일로 가장 적절한 것을 고르시오.

① 과제 하기 ② 영화 보기
③ 오페라 보기 ④ 도서관에서 책 빌리기
⑤ 시험공부하기

09 대화를 듣고, 남자가 치료를 위해 지켜야 할 사항으로 언급하지 않은 것을 고르시오.

① 따뜻한 물 마시기 ② 대화 자제하기
③ 가습기 사용하기 ④ 쉬기
⑤ 약 복용하기

10 다음을 듣고, 여자가 하는 말의 내용으로 가장 적절한 것을 고르시오.

① 소화에 도움되는 운동
② 두뇌 활동에 좋은 음식
③ 효과적인 다이어트 방법
④ 과식이 건강에 해로운 이유
⑤ 아침 식사를 해야 하는 이유

고난도

11 다음을 듣고, 피겨 스케이팅 동아리에 대한 내용과 일치하지 않는 것을 고르시오.

① 연령 제한이 없다.
② 스케이트 초보자도 가입할 수 있다.
③ 매주 금요일에 강습이 있다.
④ 가입 시 회비를 내야 한다.
⑤ 이번 주 목요일까지 가입 신청을 해야 한다.

12 대화를 듣고, 여자가 전화를 건 목적으로 가장 적절한 것을 고르시오.

① 식사를 예약하기 위해서
② 영업시간을 문의하기 위해서
③ 식사 예약을 변경하기 위해서
④ 식사 예약을 취소하기 위해서
⑤ 식당 위치를 문의하기 위해서

13 대화를 듣고, 남자가 구입할 신발의 치수를 고르시오.

① 8 ② 9 ③ 10 ④ 11 ⑤ 12

14 대화를 듣고, 두 사람의 관계로 가장 적절한 것을 고르시오.

① 의사 – 환자 ② 교사 – 학생
③ 점원 – 손님 ④ 사장 – 비서
⑤ 비행기 승무원 – 승객

15 대화를 듣고, 여자가 남자에게 요청한 일로 가장 적절한 것을 고르시오.

① 물건을 두고 가기
② 물건을 회수해 가기
③ 물건을 옆집에 맡기기
④ 물건을 빨리 배송해 주기
⑤ 물건을 가지고 다시 오기

16 대화를 듣고, 여자가 남자에게 화가 난 이유로 가장 적절한 것을 고르시오.

① 늦잠을 자서 ② 시험을 못 봐서
③ 거짓말을 해서 ④ 방이 지저분해서
⑤ 집에 늦게 와서

17 다음 그림의 상황에 가장 적절한 대화를 고르시오.

① ② ③ ④ ⑤

18 다음을 듣고, 여자가 과제에 대해 언급하지 않은 것을 고르시오.

① 주제 ② 분량 ③ 제출 방법
④ 마감일 ⑤ 평가 기준

[19-20] 대화를 듣고, 남자의 마지막 말에 이어질 여자의 말로 가장 적절한 것을 고르시오.

고난도

19 Woman: ______________________

① I think that's more than enough.
② I don't really feel like going there.
③ They were all really great to visit.
④ There are lots of shopping centers here.
⑤ I'm interested in culture, so let's go to Gyeongbokgung.

20 Woman: ______________________

① It was here last time.
② Yes. I also think you're very lucky.
③ No, it'll take 10 minutes if we walk fast.
④ I'm sorry, but I can't tell you the location.
⑤ I'm glad I could help you find the station.

Dictation Test 14

보통 속도 듣기 

빠르게 듣기 

정답 및 해설 pp. 65~68

01 세부 정보 파악

다음을 듣고, 내일 밤의 날씨로 가장 적절한 것을 고르시오.

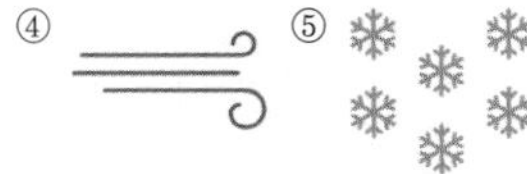

M: Good evening. This is the weather report. Today's 1) ________ ________ ________ through the night, but it will stop tomorrow morning. Tomorrow afternoon will be cloudy with some strong winds. And there will be 2) ________ ________ ________ ________. The temperatures will also be a little 3) ________ ________ ________ all day tomorrow. Have a wonderful day!

02 그림 정보 파악

대화를 듣고 여자가 만들 표지로 가장 적절한 것을 고르시오.

*** Focus on Sound bottom**

미국식은 강모음과 약모음 사이에 오는 [t]가 약화되어 [바럼]으로 발음되고, 영국식은 [t]를 정확하게 하여 [바텀]으로 발음된다.

M: What are you making, honey?

W: Dad! I'm making a cover for my class journal. It's not easy.

M: Let's see. I like that you put "Class Journal" at the *bottom.

W: You do? I was going to 1) ________ ________ ________ ________ ________.

M: No, just 2) ________ ________ ________ ________ ________.
But I'm not sure about the elephant and the big tree. I think you should move the elephant to the 3) ________ ________ ________ the tree.

W: I agree. Thank you, Dad.

03 심정 추론

대화를 듣고, 남자의 심정으로 가장 적절한 것을 고르시오.

① bored ② pleased ③ confused
④ relieved ⑤ disappointed

M: Hey, Laura!

W: Daniel! What are you doing here? I thought you were going to see the movie *Earth*.

M: I was, but 1) ________ ________ ________ ________.

W: Oh, that's too bad. You really 2) ________ ________ ________ ________.

M: Yes, I did. Because it's a documentary, I didn't think there would be many people at the theater.

W: You 3) ________ ________ ________ ________ ahead of time.

04 세부 정보 파악

대화를 듣고, 두 사람이 파티에 가져갈 선물로 가장 적절한 것을 고르시오.

① 도넛 ② 화분 ③ 과일
④ 케이크 ⑤ 꽃다발

M: Ellen moved into her new apartment.

W: I know. She's having a party to celebrate tonight. We're invited.

M: Oh, good. Let's bring a 1) ________ ________ ________.

W: She doesn't like donuts.

M: Then how about 2) ________ ________ ________ ________?

W: Flowers don't last long. I think a 3) ________ ________ ________ ________ ________.

M: That would be a good present.

05 장소 추론

대화를 듣고, 두 사람이 대화하는 장소로 가장 적절한 곳을 고르시오.

① 공원 ② 의류 매장 ③ 신발 가게
④ 스케이트장 ⑤ 스포츠용품점

M: Hi. Can I help you find something?

W: Yes, I'm looking for 1) ________ ________ ________.

M: All right. What kind of safety equipment do you need?

W: I need a pair of elbow pads 2) ________ ________ ________.

M: Oh, okay. They're over there, just past the baseball gloves.

W: Ah. I see them now. 3) ________ ________ ________ ________?

M: Yes, some of them are 10% off.

W: Great! Thanks for your help.

06 의도 파악

대화를 듣고, 남자의 마지막 말의 의도로 가장 적절한 것을 고르시오.

① 격려 ② 변명 ③ 충고
④ 사과 ⑤ 동의

W: Hi, Jimmy. Are you ready to study together?

M: Hi, Amanda. Sure, let's get started.

W: Great. Did you 1) ________ ________ of those pages from the library book?

M: No, I didn't. I guess I can go to the library now and do it.

W: Didn't I ask you to 2) ________ ________ ________ ________ for today?

M: Yes, but I 3) ________ ________ ________.

07 세부 정보 파악

대화를 듣고, 여자가 사려는 책이 입고될 시간으로 가장 적절한 것을 고르시오.

① 오늘 정오 ② 오늘 저녁 ③ 내일 아침
④ 내일 정오 ⑤ 내일 저녁

★Focus on Sound currently

[t]가 [n]과 [l] 사이에서 약화되어 [커런틀리]가 아닌 [커런리]로 발음된다.

M: How can I help you?

W: Do you have the book *The Little Prince*?

M: No, it's ★currently sold out. But we will be 1) ________ ________ ________ tomorrow.

W: Great. 2) ________ ________ ________ tomorrow morning.

M: Don't come too early. They'll 3) ________ ________ ________.

W: Okay, I'll come by sometime after that.

08 할 일 파악

대화를 듣고, 여자가 오후에 할 일로 가장 적절한 것을 고르시오.

① 과제 하기 ② 영화 보기
③ 오페라 보기 ④ 도서관에서 책 빌리기
⑤ 시험공부하기

M: Rebecca, do you want to 1) ________ ________ ________ ________ this afternoon?

W: I'd love to, but I can't.

M: Do you 2) ________ ________ ________?

W: Yes, I'm meeting my friends at the library. We have to 3) ________ ________ ________ ________ ________.

M: I see. Maybe next time, then.

W: You should ask Gina. She loves the opera.

M: Okay, I will.

09 언급하지 않은 내용 찾기

대화를 듣고, 남자가 치료를 위해 지켜야 할 사항으로 언급하지 않은 것을 고르시오.

① 따뜻한 물 마시기 ② 대화 자제하기
③ 가습기 사용하기 ④ 쉬기
⑤ 약 복용하기

M: What seems to be the problem?
W: I 1) ________ ________ ________ ________.
M: Let me take a look at it. Hmm... It's serious.
W: Really? What should I do?
M: Drink lots of warm water and 2) ________ ________ ________ ________ too much. And you need to rest.
W: Okay.
M: 3) ________ ________ ________ before you go to bed. You will feel much better.

10 주제 파악

다음을 듣고, 여자가 하는 말의 내용으로 가장 적절한 것을 고르시오.

① 소화에 도움되는 운동
② 두뇌 활동에 좋은 음식
③ 효과적인 다이어트 방법
④ 과식이 건강에 해로운 이유
⑤ 아침 식사를 해야 하는 이유

W: Do you eat breakfast every morning? Many people skip breakfast these days, and that's a problem. Doing so can make you eat more at lunch, so you 1) ________ ________ ________. Also, skipping meals can upset your stomach, so you may 2) ________ ________. It is important for students to eat breakfast because it 3) ________ ________ ________ ________. Starting tomorrow, make sure to eat breakfast every day.

11 내용 일치 파악

다음을 듣고, 피겨 스케이팅 동아리에 대한 내용과 일치하지 않는 것을 고르시오.

① 연령 제한이 없다.
② 스케이트 초보자도 가입할 수 있다.
③ 매주 금요일에 강습이 있다.
④ 가입 시 회비를 내야 한다.
⑤ 이번 주 목요일까지 가입 신청을 해야 한다.

★ **Focus on Sound** **first time**

똑같은 발음의 자음이 겹치면 앞 자음 소리가 탈락하여 [퍼ㄹ스트 타임]이 아닌 [퍼ㄹ스타임]으로 발음된다.

M: Do you like sports? Do you want to have fun? Come and join our figure skating club. We welcome 1) ________ ________ ________ ________ and skating levels. Is this your ★first time? Don't worry. You can take lessons every Friday. There are 2) ________ ________ ________. If you want to join our club, 3) ________ ________ ________ ________.

12 목적 파악

대화를 듣고, 여자가 전화를 건 목적으로 가장 적절한 것을 고르시오.

① 식사를 예약하기 위해서
② 영업시간을 문의하기 위해서
③ 식사 예약을 변경하기 위해서
④ 식사 예약을 취소하기 위해서
⑤ 식당 위치를 문의하기 위해서

[Phone rings.]

M: Hello, Roy's Restaurant. How may I help you?

W: I'd like to 1) ________ ________ ________ for tonight.

M: Can I have your name?

W: It's Dorothy Fenton.

M: Ms. Fenton... Here it is. Would you like to 2) ________ ________ ________ ________ for a different day?

W: Not right now. 3) ________ ________.

13 숫자 정보 파악

대화를 듣고, 남자가 구입할 신발의 치수를 고르시오.

① 8 ② 9 ③ 10 ④ 11 ⑤ 12

W: May I help you?

M: Yes, I'd like to buy these shoes.

W: 1) ________ ________ ________ ________ ________?

M: Size 9 or 10. I'm not sure.

W: These are size 9. Would you like to try them on?

M: Yes. *[pause]* Hmm... They're 2) ________ ________ ________. Do you have a pair that's one size larger?

W: Sure. These are size 10.

M: Oh, they 3) ________ ________. I'll take them.

14 관계 추론

대화를 듣고, 두 사람의 관계로 가장 적절한 것을 고르시오.

① 의사 - 환자 ② 교사 - 학생
③ 점원 - 손님 ④ 사장 - 비서
⑤ 비행기 승무원 - 승객

W: What's wrong? You look sick.

M: I 1) ________ ________ ________. It really hurts.

W: That's too bad. You'd better 2) ________ ________ ________ and see a doctor.

M: Okay, I will. But you know, I'm supposed to 3) ________ ________ ________ this afternoon.

W: Don't worry. I'll reschedule it. I hope you get better soon.

M: Thank you.

15 요청한 일 파악

대화를 듣고, 여자가 남자에게 요청한 일로 가장 적절한 것을 고르시오.

① 물건을 두고 가기
② 물건을 회수해 가기
③ 물건을 옆집에 맡기기
④ 물건을 빨리 배송해 주기
⑤ 물건을 가지고 다시 오기

*** Focus on Sound that**

접속사 that은 기능어로 문장에서 약하게 발음된다.

[Cell phone rings.]

W: Hello?

M: Hello. This is the deliveryman. I have a 1) ________ ________ ________. But it seems *that no one's home.

W: Oh, I didn't know you would come so early. I'll be home in 10 minutes.

M: Sorry, but I can't wait. I'll 2) ________ ________ ________ ________ ________. Is that okay with you?

W: Actually, you don't have to. Please just 3) ________ ________ ________ ________ ________.

M: Okay.

16 이유 파악

대화를 듣고, 여자가 남자에게 화가 난 이유로 가장 적절한 것을 고르시오.

① 늦잠을 자서 ② 시험을 못 봐서
③ 거짓말을 해서 ④ 방이 지저분해서
⑤ 집에 늦게 와서

W: Tom! Come here right now.

M: What is it?

W: Look at your messy room. I just 1) ________ ________ ________.

M: I'm sorry, Mom.

W: From now on, you have to clean your own room. Don't forget to 2) ________ ________ ________ ________ and make your bed.

M: Okay. I promise I'll 3) ________ ________ ________ ________.

W: Great. I'm going to check it every day.

17 그림 상황에 적절한 대화 찾기

다음 그림의 상황에 가장 적절한 대화를 고르시오.

① ② ③ ④ ⑤

① W: Can I watch TV now?

M: No, you need to do your homework first.

② W: 1) ________ ________ ________ ________ tonight?

M: Well, there's a baseball game on Channel 7.

③ W: Hey! The TV is too loud.

M: Oh, I'll 2) ________ ________ ________ ________.

④ W: Don't forget to turn off the TV 3) ________ ________ ________.

M: Don't worry. I won't.

⑤ W: Did you see the TV documentary about Alaska last night?

M: Yes. It was great.

18 언급하지 않은 내용 찾기

다음을 듣고, 여자가 과제에 대해 언급하지 않은 것을 고르시오.

① 주제 ② 분량 ③ 제출 방법
④ 마감일 ⑤ 평가 기준

W: Hello, students! Your assignment for this week is to write a one-page essay 1) ________ ________ ________. Your essay must contain at least 200 words. You need to 2) ________ ________ ________ by email, and it is due on Thursday, September 14. Make sure to 3) ________ ________ ________ ________. Students with the best written essays will be awarded prizes.

19 마지막 말에 이어질 응답 찾기

대화를 듣고, 남자의 마지막 말에 이어질 여자의 말로 가장 적절한 것을 고르시오.

Woman: ________________

① I think that's more than enough.
② I don't really feel like going there.
③ They were all really great to visit.
④ There are lots of shopping centers here.
⑤ I'm interested in culture, so let's go to Gyeongbokgung.

W: What are we going to see today?
M: Well, Gyeongbokgung is a 1) ________ ________ ________ ________ if you're interested in traditional Korean culture. And at Namsan, you can 2) ________ ________ ________ ________ Seoul.
W: What else is there?
M: If you'd like to go shopping, you can buy anything from clothes to food at Namdaemun Market.
W: Hmm... There are a lot of places to visit in Seoul.
M: Where do you 3) ________ ________ ________ ________?
W: I'm interested in culture, so let's go to Gyeongbokgung.

20 마지막 말에 이어질 응답 찾기

대화를 듣고, 남자의 마지막 말에 이어질 여자의 말로 가장 적절한 것을 고르시오.

Woman: ________________

① It was here last time.
② Yes. I also think you're very lucky.
③ No, it'll take 10 minutes if we walk fast.
④ I'm sorry, but I can't tell you the location.
⑤ I'm glad I could help you find the station.

M: Excuse me. Do you speak English?
W: Yes, I do. Do you 1) ________ ________ ________?
M: Yes, please. I'm looking for the Richmond Hotel, but 2) ________ ________ ________ ________.
W: Oh, that hotel is near Seoul Station. I'm going to that station, so we can go together.
M: Lucky me! Thank you.
W: It's my pleasure.
M: 3) ________ ________ ________ from here?
W: No, it'll take 10 minutes if we walk fast.

실전모의고사 15회

정답 및 해설 pp. 69~73

점수: /20

01 다음을 듣고, 베이징의 오늘 날씨로 가장 적절한 것을 고르시오.

①  ②  ③ 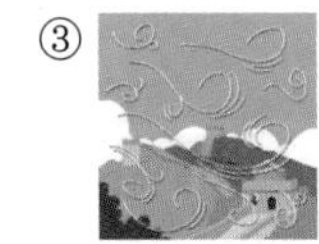
④  ⑤ 

02 대화를 듣고, 여자가 구입할 재킷으로 가장 적절한 것을 고르시오.

① 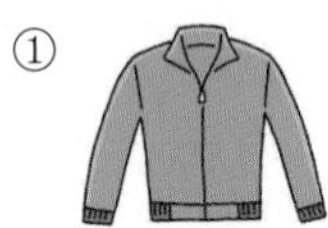 ②  ③ 
④  ⑤ 

03 대화를 듣고, 남자의 심정으로 가장 적절한 것을 고르시오.

① angry ② excited ③ embarrassed
④ nervous ⑤ disappointed

04 대화를 듣고, 남자가 학교 자원봉사 날에 한 일로 가장 적절한 것을 고르시오.

① 춤추기 ② 청소하기
③ 간호하기 ④ 요리하기
⑤ 연주하기

05 대화를 듣고, 두 사람이 대화하는 장소로 가장 적절한 곳을 고르시오.

① 호텔 ② 공항 ③ 서점
④ 여행사 ⑤ 백화점

06 대화를 듣고, 여자의 마지막 말의 의도로 가장 적절한 것을 고르시오.

① 금지 ② 조언 ③ 기대
④ 추천 ⑤ 동의

07 대화를 듣고, 여자의 장래 희망으로 가장 적절한 것을 고르시오.

① 건축가 ② 소설가
③ 영어 교사 ④ 여행 가이드
⑤ 의류 디자이너

08 대화를 듣고, 두 사람이 대화 직후에 할 일로 가장 적절한 것을 고르시오.

① 식사하기 ② 팝콘 사기
③ 책 빌리기 ④ 서점에 가기
⑤ 영화 표 예매하기

09 대화를 듣고, 두 사람이 결혼식에 대해 언급하지 않은 것을 고르시오.

① 일시 ② 장소 ③ 신랑
④ 피로연 ⑤ 축사

10 다음을 듣고, 여자가 하는 말의 내용으로 가장 적절한 것을 고르시오.

① 특별 할인 품목 ② 영업시간 변경
③ 상품권 증정 행사 ④ 할인 행사장 위치
⑤ 할인 행사 날짜 변경

고난도

11 대화를 듣고, 식당 예약에 대한 내용과 일치하지 않는 것을 고르시오.

① 내일 저녁 6시 30분으로 예약했다.
② 4명이 식사할 예정이다.
③ 예약자 이름은 Oliver Kim이다.
④ 내부 창가 자리가 배정될 것이다.
⑤ 축하 케이크 서비스가 제공된다.

12 대화를 듣고, 여자가 전화를 건 목적으로 가장 적절한 것을 고르시오.

① 약속을 미루기 위해서
② 접시를 빌리기 위해서
③ 파티를 취소하기 위해서
④ 파티에 초대하기 위해서
⑤ 요리법을 문의하기 위해서

고난도

13 대화를 듣고, 여자가 지불해야 할 금액을 고르시오.

① $10 ② $20 ③ $30 ④ $45 ⑤ $55

14 대화를 듣고, 두 사람의 관계로 가장 적절한 것을 고르시오.

① 경찰관 - 운전자
② 택시 운전사 - 승객
③ 자동차 판매원 - 고객
④ 자동차 정비사 - 손님
⑤ 컴퓨터 수리 기사 - 손님

15 대화를 듣고, 여자가 남자에게 부탁한 일로 가장 적절한 것을 고르시오.

① 휴대전화 골라주기
② 휴대전화 고쳐주기
③ 수리점에 데려다주기
④ 수리점 위치 찾아주기
⑤ 휴대전화 수리 맡겨주기

16 대화를 듣고, 남자가 기분이 좋지 않은 이유로 가장 적절한 것을 고르시오.

① 친구와 싸워서 ② 휴대전화가 고장 나서
③ 게임에서 져서 ④ 쇼핑몰에 가지 못해서
⑤ 엄마가 화가 나셔서

17 다음 그림의 상황에 가장 적절한 대화를 고르시오.

① ② ③ ④ ⑤

18 다음을 듣고, 남자가 요가의 장점으로 언급하지 않은 것을 고르시오.

① 근육 강화 ② 에너지 충전
③ 체중 관리 ④ 스트레스 완화
⑤ 숙면 유도

[19-20] 대화를 듣고, 여자의 마지막 말에 이어질 남자의 말로 가장 적절한 것을 고르시오.

고난도

19 Man: ______________________

① If you want, I can go there with you.
② Why didn't you enjoy your vacation?
③ I'm sorry, but that's not enough money.
④ Then how about getting a part-time job?
⑤ You'll have more time after you graduate.

20 Man: ______________________

① He doesn't have a cell phone.
② Yes, I'm sure he'll understand.
③ I'm not really hungry anyway.
④ Sorry, but I don't know his address.
⑤ Yes, I have his number on my phone.

Dictation Test 15

보통 속도 듣기 빠르게 듣기

정답 및 해설 pp. 69~73

01 세부 정보 파악

다음을 듣고, 베이징의 오늘 날씨로 가장 적절한 것을 고르시오.

①  ②  ③ 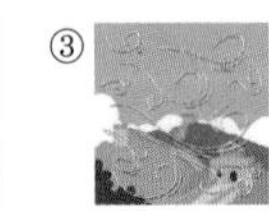

④  ⑤

M: Here is today's weather report for Asia. It will be 1) ________ ________ ________ ________ in Seoul all day, but there will be some showers in Tokyo. It 2) ________ ________ ________ in Beijing and Shanghai. Those in Shanghai can also expect 3) ________ ________ ________ ________ ________ at night.

02 그림 정보 파악

대화를 듣고, 여자가 구입할 재킷으로 가장 적절한 것을 고르시오.

①  ②  ③ 

④  ⑤ 

M: Good morning. Is there anything I can help you with today?

W: Hello. I'm looking for a jacket.

M: Okay. How about this one? It has a large pocket 1) ________ ________ ________ and a small pocket on the top right side.

W: Do you have it 2) ________ ________ ________ ________?

M: Let me check. *[pause]* Yes! Here's one 3) ________ ________ ________ ________.

W: Fantastic. I'll take it!

03 심정 추론

대화를 듣고, 남자의 심정으로 가장 적절한 것을 고르시오.

① angry ② excited ③ embarrassed
④ nervous ⑤ disappointed

W: Hi, Kevin. What are you doing here?
M: I 1) ________ ________ ________ in the school art contest.
W: Oh, really? Didn't they just 2) ________ ________ ________?
M: That's right. I won the grand prize for my painting.
W: Did you? Congratulations!
M: Thank you. I 3) ________ ________ ________ ________ my parents.
W: You should send them a message right now.
M: Yes, I think I will.

04 한 일 파악

대화를 듣고, 남자가 학교 자원봉사 날에 한 일로 가장 적절한 것을 고르시오.

① 춤추기 ② 청소하기
③ 간호하기 ④ 요리하기
⑤ 연주하기

W: Jerry, what are you looking at on your phone?
M: They're the pictures from the 1) ________ ________ ________.
W: Can I see them?
M: Sure. I 2) ________ ________ ________ ________ with my club.
W: Let me see. *[pause]* Oh, did you dance that day?
M: Yes. I'm a member of the dance club. We 3) ________ ________ ________ with the people there. They really liked it.
W: It looks like you had a good time.

05 장소 추론

대화를 듣고, 두 사람이 대화하는 장소로 가장 적절한 곳을 고르시오.

① 호텔 ② 공항 ③ 서점
④ 여행사 ⑤ 백화점

W: Can I see your 1) ________ ________ ________?
M: Here they are.
W: Thank you. Do you have any bags to check?
M: No. I'll 2) ________ ________ ________ ________ ________.
W: All right. Here's your boarding pass. You should board at Gate 30.
M: What time does boarding start?
W: It starts at eleven o'clock. You 3) ________ ________ ________ ________ ________ at least 20 minutes before boarding.
M: Okay. Thanks.

06 의도 파악

대화를 듣고, 여자의 마지막 말의 의도로 가장 적절한 것을 고르시오.

① 금지 ② 조언 ③ 기대
④ 추천 ⑤ 동의

W: Hey, Ben! It's surprising to see you here.

M: Hi! I came here to buy a book for my class, but these bestsellers look interesting.

W: Yeah? What kind of books 1) ________ ________ ________ ________?

M: Well, I've never liked novels, but this book has been a 2) ________ ________ ________ ________ ________.

W: This one? I've read it.

M: Oh, how was it?

W: The story was very interesting. I think 3) ________ ________ ________ ________.

07 세부 정보 파악

대화를 듣고, 여자의 장래 희망으로 가장 적절한 것을 고르시오.

① 건축가 ② 소설가
③ 영어 교사 ④ 여행 가이드
⑤ 의류 디자이너

*Focus on Sound **graduate**

명사일 때는 [그래주엇]으로 발음되며, 동사일 때는 [그래주에이트]로 발음된다.

M: What do you want to do after you *graduate?

W: I always wanted to be a great architect, but I 1) ________ ________ ________.

M: Did you? What do you want to do now?

W: I'd like to 2) ________ ________ ________ ________.

M: A clothing designer?

W: Yes. I enjoy 3) ________ ________ ________ ________. What about you?

M: I like going to new places and meeting new people, so I want to be a tour guide.

08 할 일 파악

대화를 듣고, 두 사람이 대화 직후에 할 일로 가장 적절한 것을 고르시오.

① 식사하기 ② 팝콘 사기
③ 책 빌리기 ④ 서점에 가기
⑤ 영화 표 예매하기

M: What time is it now?

W: It's 6:00 p.m. We 1) ________ ________ ________.

M: We have an hour before the movie starts.

W: How about 2) ________ ________?

M: I'm full, and we can have popcorn while watching the movie. I don't want to eat anything now.

W: Then why don't we 3) ________ ________ ________ ________ ________ instead? There's one next to the theater.

M: That's fine.

09 언급하지 않은 내용 찾기

대화를 듣고, 두 사람이 결혼식에 대해 언급하지 않은 것을 고르시오.

① 일시 ② 장소 ③ 신랑
④ 피로연 ⑤ 축사

M: Hi, Tiffany! What are you doing here?

W: I'm looking for a dress for my sister's wedding.

M: Oh! Why didn't you tell me she was getting married? 1) ________ ________ ________ ________?

W: It's next Saturday at 11:00 a.m.

M: Where is it going 2) ________ ________ ________?

W: At Saint Mary's Church.

M: Nice. I'm sure it will be a beautiful wedding. Do you know the groom very well?

W: Yes, he's a really nice guy. He and my sister have been best friends since high school. Their high school principal will 3) ________ ________ ________ at the wedding.

10 주제 파악

다음을 듣고, 여자가 하는 말의 내용으로 가장 적절한 것을 고르시오.

① 특별 할인 품목 ② 영업시간 변경
③ 상품권 증정 행사 ④ 할인 행사장 위치
⑤ 할인 행사 날짜 변경

W: Attention, shoppers! Because of our special one-day sale, we are 1) ________ ________ ________ ________ tomorrow. We 2) ________ ________ ________ from 10:30 a.m. to 8:00 p.m., but tomorrow we will close 30 minutes 3) ________ ________ ________. Thank you for shopping at our department store. Enjoy your day!

11 내용 일치 파악

대화를 듣고, 식당 예약에 대한 내용과 일치하지 않는 것을 고르시오.

① 내일 저녁 6시 30분으로 예약했다.
② 4명이 식사할 예정이다.
③ 예약자 이름은 Oliver Kim이다.
④ 내부 창가 자리가 배정될 것이다.
⑤ 축하 케이크 서비스가 제공된다.

[Phone rings.]

W: Thank you for calling Allie's Steakhouse. How can I help you?

M: I'd like to 1) ________ ________ ________ ________ tomorrow evening.

W: How many people and what time?

M: Four people at 6:30.

W: Okay. May I have your name, please?

M: Oliver Kim. Can I 2) ________ ________ ________ ________?

W: Sure. Are you celebrating anything tomorrow? We 3) ________ ________ ________ ________ ________ with a candle in it for celebrations.

M: Oh, that would be great. We are celebrating my mom's birthday.

W: All right. We'll see you tomorrow.

12 목적 파악

대화를 듣고, 여자가 전화를 건 목적으로 가장 적절한 것을 고르시오.

① 약속을 미루기 위해서
② 접시를 빌리기 위해서
③ 파티를 취소하기 위해서
④ 파티에 초대하기 위해서
⑤ 요리법을 문의하기 위해서

[Cell phone rings.]

M: Hello?

W: Hi, Clark. It's Mindy.

M: Hi, Mindy. How's it going?

W: Everything is going well. You know I'm 1) ________ ________ ________ ________ ________ tonight, right?

M: Yes, you invited me last week.

W: Right. Well, I was wondering if I could 2) ________ ________ ________ ________ ________. I don't have enough.

M: Sure. I'll 3) ________ ________ ________ ________.

W: Thanks!

13 숫자 정보 파악

대화를 듣고, 여자가 지불해야 할 금액을 고르시오.

① $10 ② $20 ③ $30 ④ $45 ⑤ $55

M: How can I help you?

W: I want to 1) ________ ________ ________ to Houston by regular mail.

M: Please put it on the scale. Hmm... It weighs about 2 kg. That'll be $30.

W: How long will it take?

M: About 10 days.

W: 2) ________ ________ ________.

M: If you use express mail, it'll be delivered within two days.

W: How much would that cost?

M: Fifty-five dollars.

W: That's too expensive. I'll just send it 3) ________ ________ ________.

M: Okay.

14 관계 추론

대화를 듣고, 두 사람의 관계로 가장 적절한 것을 고르시오.

① 경찰관 - 운전자
② 택시 운전사 - 승객
③ 자동차 판매원 - 고객
④ 자동차 정비사 - 손님
⑤ 컴퓨터 수리 기사 - 손님

M: May I help you?

W: Yes. I'd like to 1) ________ ________ ________ ________.

M: Okay. What seems to be the problem?

W: It suddenly made a strange noise, and then the 2) ________ ________ ________ ________.

M: Well, I'll have to 3) ________ ________ ________ ________.

W: Can you look at it now?

M: Yes, I can. Would you like to wait in the lounge?

W: Sure.

15 부탁한 일 파악

대화를 듣고, 여자가 남자에게 부탁한 일로 가장 적절한 것을 고르시오.

① 휴대전화 골라주기
② 휴대전화 고쳐주기
③ 수리점에 데려다주기
④ 수리점 위치 찾아주기
⑤ 휴대전화 수리 맡겨주기

W: Oh no. Not again!

M: What's wrong? Are you all right?

W: I think my phone is broken. I can't 1) ________ ________ ________.

M: What happened? Did you drop it?

W: Yeah, I did.

M: You should take it 2) ________ ________ ________ ________.

W: I know, but I don't know where it is. 3) ________ ________ ________ ________ ________ for me, please?

M: Sure. Give me a second.

16 이유 파악

대화를 듣고, 남자가 기분이 좋지 않은 이유로 가장 적절한 것을 고르시오.

① 친구와 싸워서
② 휴대전화가 고장 나서
③ 게임에서 져서
④ 쇼핑몰에 가지 못해서
⑤ 엄마가 화가 나셔서

* **Focus on Sound** **listen**

[t]는 묵음이어서 [리쓴]으로 발음된다.

W: Do you want to go to the mall, Jason?

M: No, I'm 1) ________ ________ ________ ________ to go shopping.

W: What's wrong? Did you have a fight with one of your friends?

M: No. But my mother 2) ________ ________ ________ ________ this morning.

W: Did you do something wrong?

M: Not really. But she said I 3) ________ ________ ________ ________ ________ phone games.

W: You should *listen to her. She knows best.

17 그림 상황에 적절한 대화 찾기

다음 그림의 상황에 가장 적절한 대화를 고르시오.

① ② ③ ④ ⑤

① W: You have so many shopping bags!
M: Yeah. There were 1) ________ ________ ________ ________ ________.

② W: Let me help you put your bags in the trunk.
M: Oh, thanks a lot.

③ W: How about this backpack?
M: It looks too big and heavy.

④ W: Can you help me 2) ________ ________ ________ ________?
M: Sure. I'd be happy to help you.

⑤ W: What did you buy?
M: I 3) ________ ________ ________ ________ ________.

18 언급하지 않은 내용 찾기

다음을 듣고, 남자가 요가의 장점으로 언급하지 않은 것을 고르시오.

① 근육 강화 ② 에너지 충전
③ 체중 관리 ④ 스트레스 완화
⑤ 숙면 유도

* **Focus on Sound** try
[t]와 [r]이 연달아 나와 [트라이]가 아닌 [츄라이]로 발음된다.

M: You might know that doing yoga is 1) ________ ________ ________ ________. But you might not know how it's good for your body. First of all, it 2) ________ ________ ________ ________, and it gives you energy. It is also great exercise for your mind, as it helps you 3) ________ ________ ________ ________ ________. If you want to feel healthy, physically and mentally, you should *try yoga.

19 마지막 말에 이어질 응답 찾기

대화를 듣고, 여자의 마지막 말에 이어질 남자의 말로 가장 적절한 것을 고르시오.

Man: ______________________

① If you want, I can go there with you.
② Why didn't you enjoy your vacation?
③ I'm sorry, but that's not enough money.
④ Then how about getting a part-time job?
⑤ You'll have more time after you graduate.

M: Hey, Mia. What's the matter? You look down.

W: I 1) ________ ________ ________ ________ to Japan for my summer vacation, but I can't.

M: Why can't you? 2) ________ ________ ________ ________?

W: No, I have plenty of time. But I 3) ________ ________ ________ ________.

M: How much do you need?

W: About $700.

M: Then how about getting a part-time job?

20 마지막 말에 이어질 응답 찾기

대화를 듣고, 여자의 마지막 말에 이어질 남자의 말로 가장 적절한 것을 고르시오.

Man: ______________________

① He doesn't have a cell phone.
② Yes, I'm sure he'll understand.
③ I'm not really hungry anyway.
④ Sorry, but I don't know his address.
⑤ Yes, I have his number on my phone.

[Cell phone rings.]

W: Hello, Ken.

M: What's up, Susan?

W: Have you seen Hector?

M: No, 1) ________ ________ ________ ________. Why?

W: We were going to meet for lunch, but I 2) ________ ________ ________.

M: Why don't you call him?

W: I tried calling him on his cell phone, but he didn't answer. Do you 3) ________ ________ ________ ________?

M: Yes, I have his number on my phone.

Word Test 실전모의고사 13~15회

A 다음 영어의 우리말 뜻을 쓰시오.

01 steal	______	21 award	______
02 weekly	______	22 messy	______
03 loud	______	23 relieve	______
04 address	______	24 usually	______
05 achieve	______	25 journal	______
06 currently	______	26 surprising	______
07 pocket	______	27 assignment	______
08 complete	______	28 remodel	______
09 contain	______	29 make a friend	______
10 through	______	30 first of all	______
11 announce	______	31 have a sore throat	______
12 contact	______	32 change one's mind	______
13 terribly	______	33 make one's bed	______
14 repair	______	34 do ~ a favor	______
15 definitely	______	35 turn down	______
16 clothing	______	36 in advance	______
17 within	______	37 look after	______
18 reschedule	______	38 have fun	______
19 broken	______	39 have a fight	______
20 tight	______	40 make a presentation	______

정답 및 해설 p. 73

B 다음 우리말 뜻에 맞는 영어를 쓰시오.

01 수준 ______	21 (물건을) 걸다 ______
02 맨 아래 ______	22 장소, 위치 ______
03 절도 ______	23 아마(도) ______
04 놓치다 ______	24 지원하다, 신청하다 ______
05 유창하게 ______	25 치통 ______
06 건축가 ______	26 환영하다 ______
07 진실, 사실 ______	27 기대하다, 예상하다 ______
08 부주의한 ______	28 정신적으로 ______
09 교장 ______	29 들고[가지고] 있다 ______
10 문화 ______	30 가득 찬; 배부른 ______
11 총괄하다; 연출하다 ______	31 햇살, 햇빛 ______
12 이사하다 ______	32 길을 잃은 ______
13 탑승하다 ______	33 저울 ______
14 구멍; 충치 ______	34 육체적으로 ______
15 극장 ______	35 이해하다 ______
16 여배우 ______	36 탈의실 ______
17 팔꿈치 ______	37 안전 장비 ______
18 치과 의사; 치과 ______	38 둘러보다 ______
19 알리다; 신고하다 ______	39 약을 복용하다 ______
20 졸업하다 ______	40 이제부터 ______

실전모의고사 16회

정답 및 해설 pp. 73~77

점수: /20

보통 속도 듣기 

빠르게 듣기 

01 다음을 듣고, 목요일의 날씨로 가장 적절한 것을 고르시오.

① 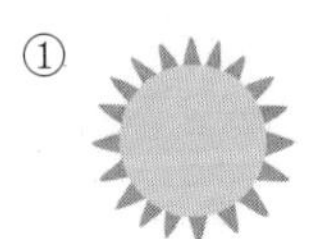 ②  ③ 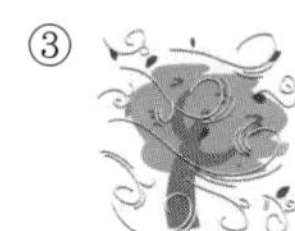
④  ⑤ 

02 대화를 듣고, 여자가 구입할 가면으로 가장 적절한 것을 고르시오.

①  ②  ③ 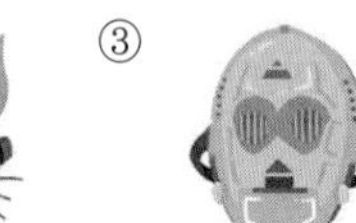
④  ⑤ 

03 대화를 듣고, 여자의 마지막 말의 의도로 가장 적절한 것을 고르시오.

① 후회 ② 항의 ③ 변명
④ 격려 ⑤ 사과

04 대화를 듣고, 남자가 어제 한 일로 가장 적절한 것을 고르시오.

① 농구하기 ② 집 청소하기
③ 병문안 가기 ④ 손님 마중 가기
⑤ 자전거 타기

05 대화를 듣고, 두 사람이 대화하는 장소로 가장 적절한 곳을 고르시오.

① 공항 ② 호텔 ③ 병원
④ 식당 ⑤ 영화관

06 다음을 듣고, Scott에 대한 내용과 일치하지 <u>않는</u> 것을 고르시오.

① 최근에 홍콩에서 이사 왔다.
② 로스앤젤레스에서 태어났다.
③ 축구와 음악에 관심이 있다.
④ 학교 축구팀에 들어가고 싶어 한다.
⑤ 한 살 많은 누나가 있다.

07 대화를 듣고, 여자가 이용할 교통수단으로 가장 적절한 것을 고르시오.

① 버스 ② 자동차 ③ 배
④ 기차 ⑤ 비행기

08 대화를 듣고, 두 사람이 방과 후에 할 일로 가장 적절한 것을 고르시오.

① 서점에 가기 ② 컴퓨터 게임하기
③ 시험공부하기 ④ 인터넷 채팅하기
⑤ 온라인 쇼핑하기

09 대화를 듣고, 두 사람이 파티 준비 사항으로 언급하지 <u>않은</u> 것을 고르시오.

① 상 차림 ② 풍선 장식
③ 선물 구입 ④ 의자 배치
⑤ 케이크 준비

10 다음을 듣고, 여자가 하는 말의 내용으로 가장 적절한 것을 고르시오.

① 콘서트 안내 ② 학교 축제 초대
③ 특별 강좌 홍보 ④ 학교 홈페이지 소개
⑤ 동아리 회원 모집 공고

고난도

11 대화를 듣고, 놀이공원에 대한 내용과 일치하지 않는 것을 고르시오.

① 지난달에 개장했다.
② 세계에서 가장 긴 롤러코스터가 있다.
③ 8시 30분에 야간 퍼레이드를 한다.
④ 밤 10시에 폐장한다.
⑤ 외부 음식은 반입 금지이다.

12 대화를 듣고, 남자가 전화를 건 목적으로 가장 적절한 것을 고르시오.

① 집에 초대하기 위해서
② 약속을 변경하기 위해서
③ 수업 시간을 확인하기 위해서
④ 차를 태워 달라고 부탁하기 위해서
⑤ 약속에 늦는 이유를 설명하기 위해서

고난도

13 대화를 듣고, 현재 시각을 고르시오.

① 7:35 p.m. ② 7:45 p.m. ③ 7:55 p.m.
③ 8:00 p.m. ⑤ 8:05 p.m.

14 대화를 듣고, 두 사람의 관계로 가장 적절한 것을 고르시오.

① 의사 - 환자
② 교사 - 학생
③ 판매원 - 손님
④ 자동차 정비사 - 손님
⑤ 컴퓨터 수리 기사 - 손님

15 대화를 듣고, 남자가 여자에게 부탁한 일로 가장 적절한 것을 고르시오.

① 식당 예약하기 ② 영화표 취소하기
③ 주말 계획 짜기 ④ 영화표 변경하기
⑤ 영화관에 데려다주기

16 대화를 듣고, 두 사람이 오늘 쇼핑몰에 가지 못하는 이유로 가장 적절한 것을 고르시오.

① 비가 많이 와서
② 급한 용무가 생겨서
③ 쇼핑몰 휴점일이어서
④ 폐점 시간이 거의 다 되어서
⑤ 쇼핑몰이 임시 휴업 중이어서

17 다음 그림의 상황에 가장 적절한 대화를 고르시오.

① ② ③ ④ ⑤

18 다음을 듣고, 남자가 과학 캠프에 대해 언급하지 않은 것을 고르시오.

① 참가 대상 ② 프로그램 ③ 기간
④ 참가비 ⑤ 신청 방법

[19-20] 대화를 듣고, 남자의 마지막 말에 이어질 여자의 말로 가장 적절한 것을 고르시오.

19 Woman: ______________________

① Oh, I see him now.
② Yes, I'm really hungry.
③ No, we don't have time.
④ I don't want to wait in line.
⑤ Well, I don't think he'll mind.

20 Woman: ______________________

① No, we'll fly there.
② Sure, I'll go with you.
③ I can recommend a nice hotel.
④ No, we'll stay at her friend's house.
⑤ Yes, every room in the hotel is already booked.

Dictation Test 16

정답 및 해설 pp. 73~77

보통 속도 듣기 빠르게 듣기

01 세부 정보 파악

다음을 듣고, 목요일의 날씨로 가장 적절한 것을 고르시오.

①  ②  ③ 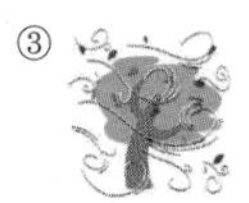

④ ⑤

W: Good morning! This is the weather forecast for this week. These 1) ________ ________ ________ ________ ________ for the next few days. It will be sunny on Monday and Tuesday. On Wednesday we can 2) ________ ________ ________. There will be 3) ________ ________ ________ ________ on Thursday and Friday. On Saturday and Sunday, it will be sunny again. Thank you.

02 그림 정보 파악

대화를 듣고, 여자가 구입할 가면으로 가장 적절한 것을 고르시오.

①  ②   ③ 

④  ⑤ 

W: I 1) ________ ________ ________ for the Halloween party.

M: You should get that monster mask.

W: I don't want to be a monster. I want to 2) ________ ________ ________.

M: What about a robot? Aren't robots cute?

W: No! But rabbits are cute. What do you think of this one?

M: It's nice, but I prefer the cat mask.

W: I don't like cats, so I'll 3) ________ ________ ________ ________ instead.

03 의도 파악

대화를 듣고, 여자의 마지막 말의 의도로 가장 적절한 것을 고르시오.

① 후회 ② 항의 ③ 변명
④ 격려 ⑤ 사과

★ Focus on Sound refund

명사일 때는 첫 음절에 강세를 두고, 동사일 때는 두 번째 음절에 강세를 두어 발음된다.

M: Hi. I'd like to return these pants and get a ★refund.

W: Oh, is there anything wrong with them?

M: Actually, it's the second time I've 1) ________ ________ ________ ________ here. There was a hole in the first pair I bought, so I got a new pair. And this time the zipper's broken. 2) ________ ________ ________ ________.

W: I'm very sorry about that. Do you have your receipt?

M: Yes. Here it is.

W: Here's your full refund. And again, I'm really 3) ________ ________ ________ ________.

04 한 일 파악

대화를 듣고, 남자가 어제 한 일로 가장 적절한 것을 고르시오.

① 농구하기 ② 집 청소하기
③ 병문안 가기 ④ 손님 마중 가기
⑤ 자전거 타기

W: Danny! What happened to your knee?

M: I fell and hurt it when I 1) ________ ________ ________ yesterday.

W: Oh, that's too bad.

M: Yeah, I had to 2) ________ ________ ________ ________ ________.

W: Really? Are you in a lot of pain still?

M: I'm okay now, but it really hurt yesterday.

W: How will you get home from school today?

M: My mom will be here to 3) ________ ________ ________.

05 장소 추론

대화를 듣고, 두 사람이 대화하는 장소로 가장 적절한 곳을 고르시오.

① 공항 ② 호텔 ③ 병원
④ 식당 ⑤ 영화관

★ Focus on Sound 선택의문문의 억양

선택의문문에서 or 앞은 올리고, 뒤는 내린다.

W: What can I do for you?

M: I'd like a 1) ________ ________ ________ ________ ________.

W: Okay. What's your name?

M: Mark Wallace.

W: ★Would you like a city view or a mountain view?

M: 2) ________ ________ ________ ________ ________, please.

W: It's $100 for one night. How will you pay?

M: I'll 3) ________ ________ ________.

06 내용 일치 파악

다음을 듣고, Scott에 대한 내용과 일치하지 않는 것을 고르시오.

① 최근에 홍콩에서 이사 왔다.
② 로스앤젤레스에서 태어났다.
③ 축구와 음악에 관심이 있다.
④ 학교 축구팀에 들어가고 싶어 한다.
⑤ 한 살 많은 누나가 있다.

M: Hello, class. Today we have a new student joining us. His name is Scott, and he just 1) ________ ________ ________ ________ ________. However, he was born and raised in Los Angeles. Scott says he's 2) ________ ________ ________ ________ ________, and hopes to join the school band. His sister will be attending our school as well. She is 3) ________ ________ ________. Please make them feel welcome.

07 세부 정보 파악

대화를 듣고, 여자가 이용할 교통수단으로 가장 적절한 것을 고르시오.

① 버스 ② 자동차 ③ 배
④ 기차 ⑤ 비행기

W: Do you have any plans for Christmas?

M: Not really. Are you going to 1) ________ ________ ________ in Busan?

W: Yes. I haven't seen them for more than six months.

M: Will you drive there?

W: No, I'll 2) ________ ________. It would take too long by car.

M: That's true. Did you 3) ________ ________ ________ yet?

W: Yes, I bought it last month.

08 할 일 파악

대화를 듣고, 두 사람이 방과 후에 할 일로 가장 적절한 것을 고르시오.

① 서점에 가기 ② 컴퓨터 게임하기
③ 시험공부하기 ④ 인터넷 채팅하기
⑤ 온라인 쇼핑하기

M: What are you going to do after class?

W: I'm going to a bookstore downtown.

M: Why don't you buy books on the Internet? It's 1) ________ ________ ________ ________.

W: I know, but I need this book tomorrow, and it would take at least two days 2) ________ ________ ________.

M: That makes sense. Can I go with you?

W: Sure.

M: I 3) ________ ________ ________, too.

09 언급하지 않은 내용 찾기

대화를 듣고, 두 사람이 파티 준비 사항으로 언급하지 않은 것을 고르시오.

① 상 차림 ② 풍선 장식
③ 선물 구입 ④ 의자 배치
⑤ 케이크 준비

M: I'm done 1) ________ ________ ________. Is there anything else I should do to help?

W: Did you put up the balloons?

M: Yes, I did, and I also 2) ________ ________ ________ ________ for the party table.

W: Thank you! I'm almost done making the food.

M: Good. But what else can I do?

W: Hmm... Can you 3) ________ ________ ________ ________ at the Paris Bakery?

M: I already picked it up this morning.

W: Then I guess I don't need any more help. Thanks!

10 주제 파악

다음을 듣고, 여자가 하는 말의 내용으로 가장 적절한 것을 고르시오.

① 콘서트 안내 ② 학교 축제 초대
③ 특별 강좌 홍보 ④ 학교 홈페이지 소개
⑤ 동아리 회원 모집 공고

W: The James Street Middle School's Spring Festival will be held this Friday. Our students 1) ________ ________ ________ ________ ________ of the festival. There'll be 2) ________ ________ ________ ________ you can enjoy, including music, dancing, and singing. It will be a fun day for everyone! Come and 3) ________ ________ ________!

11 내용 일치 파악

대화를 듣고, 놀이공원에 대한 내용과 일치하지 않는 것을 고르시오.

① 지난달에 개장했다.
② 세계에서 가장 긴 롤러코스터가 있다.
③ 8시 30분에 야간 퍼레이드를 한다.
④ 밤 10시에 폐장한다.
⑤ 외부 음식은 반입 금지이다.

W: What did you do last weekend, Ryan?

M: I went to the Star Land Amusement Park. It 1) ________ ________ ________.

W: Wow, how was it?

M: It was great. It has lots of exciting rides, 2) ________ ________ ________ ________ ________ in the world.

W: That's cool. Did you watch the parade?

M: Of course. The night parade started at 8:30, so I stayed at the park until closing time at 10:00 p.m. But it was worth it.

W: I really want to go there. Are there any good places to eat?

M: There are several food stands and restaurants. You can also 3) ________ ________ ________ ________ and eat it at the picnic area.

12 목적 파악

대화를 듣고, 남자가 전화를 건 목적으로 가장 적절한 것을 고르시오.

① 집에 초대하기 위해서
② 약속을 변경하기 위해서
③ 수업 시간을 확인하기 위해서
④ 차를 태워 달라고 부탁하기 위해서
⑤ 약속에 늦는 이유를 설명하기 위해서

[Cell phone rings.]

W: Hello?

M: Hello, Debbie.

W: Hi, Kenji. What's up?

M: Are you 1) ________ ________ ________ tonight?

W: Yes. Why?

M: I want to go too, but 2) ________ ________ ________ ________. Do you think I could go with you?

W: Sure. Your house is on my way to class. I'll 3) ________ ________ at 8:15.

M: Sounds great. I really appreciate it.

W: No problem. See you then.

---

13 숫자 정보 파악

대화를 듣고, 현재 시각을 고르시오.

① 7:35 p.m. ② 7:45 p.m. ③ 7:55 p.m.
③ 8:00 p.m. ⑤ 8:05 p.m.

W: Can I help you, sir?

M: Yes, please. I'd like to buy a 1) ________ ________ ________ ________ ________ to Seoul.

W: Okay, but you don't have much time. You'll 2) ________ ________ ________.

M: Really? What time does it leave?

W: It leaves at eight p.m.

M: Oh, I 3) ________ ________ ________. How much is the ticket?

W: It's 30,000 won.

---

14 관계 추론

대화를 듣고, 두 사람의 관계로 가장 적절한 것을 고르시오.

① 의사 - 환자
② 교사 - 학생
③ 판매원 - 손님
④ 자동차 정비사 - 손님
⑤ 컴퓨터 수리 기사 - 손님

M: Welcome to Kim's Computer Repair Shop. How may I help you?

W: Hi. 1) ________ ________ ________ ________ ________, so I can't play online games.

M: Let me see... How long have you had this problem?

W: Since last Sunday.

M: It's likely 2) ________ ________ ________ ________.

W: Should I buy a new computer?

M: No. I think 3) ________ ________ ________ ________ using an antivirus program.

W: Okay. How long will it take?

M: About 30 minutes.

15 부탁한 일 파악

대화를 듣고, 남자가 여자에게 부탁한 일로 가장 적절한 것을 고르시오.

① 식당 예약하기 ② 영화표 취소하기
③ 주말 계획 짜기 ④ 영화표 변경하기
⑤ 영화관에 데려다주기

W: I 1) ________ ________ for that movie you wanted to watch.

M: Really? You mean *The Ghost Friends*?

W: Yes. It's this Saturday afternoon.

M: Oh no! I already 2) ________ ________ ________ Saturday. Can we watch it on Sunday instead?

W: That's fine, but only evening tickets are available then.

M: I don't mind going in the evening. Can you 3) ________ ________ ________?

W: Sure, no problem.

16 이유 파악

대화를 듣고, 두 사람이 오늘 쇼핑몰에 가지 못하는 이유로 가장 적절한 것을 고르시오.

① 비가 많이 와서
② 급한 용무가 생겨서
③ 쇼핑몰 휴점일이어서
④ 폐점 시간이 거의 다 되어서
⑤ 쇼핑몰이 임시 휴업 중이어서

M: Do you want to go shopping with me?

W: Sure. What will you get?

M: I need a new suit.

W: 1) ________ ________ ________ ________ ________ ________?

M: The ABC Mall. There are some good clothing stores there.

W: They're 2) ________ ________ ________. Today's Monday, isn't it?

M: Ah, you're right.

W: Well, maybe 3) ________ ________ ________ ________.

M: Okay.

17 그림 상황에 적절한 대화 찾기

다음 그림의 상황에 가장 적절한 대화를 고르시오.

① ② ③ ④ ⑤

① W: This isn't 1) ________ ________ ________.
M: Oh, I'm sorry. Let me check your order.

② W: May I take your order?
M: Yes. I'd like the tomato pasta and a chicken salad.

③ W: How would you like your steak?
M: Well-done, please.

④ W: Sorry. I don't like Italian food.
M: Then what about Chinese food? I 2) ________ ________ ________ ________.

⑤ W: I ordered a pizza about an hour ago, but it 3) ________ ________ ________ yet.
M: Let me check. Can I have your address?

18 언급하지 않은 내용 찾기

다음을 듣고, 남자가 과학 캠프에 대해 언급하지 않은 것을 고르시오.

① 참가 대상 ② 프로그램 ③ 기간
④ 참가비 ⑤ 신청 방법

M: Our community college invites you to participate in the summer science camp. Students between the 1) ________ ________ ________ ________ ________ can join our program. The 2) ________ ________ ________ lectures, outdoor activities, and laboratory demonstrations. It will help students to learn how scientists conduct research and experiments. The camp will be held from July 23 to 27. Please 3) ________ ________ ________ ________ ________ before June 30.

19 마지막 말에 이어질 응답 찾기

대화를 듣고, 남자의 마지막 말에 이어질 여자의 말로 가장 적절한 것을 고르시오.

Woman: ______________________

① Oh, I see him now.
② Yes, I'm really hungry.
③ No, we don't have time.
④ I don't want to wait in line.
⑤ Well, I don't think he'll mind.

W: Wow, the fair 1) ________ ________ ________ this year.
M: Yes, it seems like everyone in town is here.
W: Do you 2) ________ ________ ________ ________ ________?
M: I think so. Isn't that Jack over there?
W: Jack? From our English class? Where?
M: Over there, 3) ________ ________ ________ to buy a hamburger.
W: Oh, I see him now.

20 마지막 말에 이어질 응답 찾기

대화를 듣고, 남자의 마지막 말에 이어질 여자의 말로 가장 적절한 것을 고르시오.

Woman: ______________________

① No, we'll fly there.
② Sure, I'll go with you.
③ I can recommend a nice hotel.
④ No, we'll stay at her friend's house.
⑤ Yes, every room in the hotel is already booked.

*** Focus on Sound helpful**

자음 3개가 겹쳐 나와 중간 자음인 [p]가 약화되어 [헬프풀]이 아닌 [헬풀]로 발음된다.

W: I just 1) ________ ________ ________ to Australia for my vacation.
M: That's fantastic. You must be excited. 2) ________ ________ ________ ________ ________?
W: My sister.
M: She's been to Australia before, right?
W: Yes, she took a language course there. So she knows a lot about Australia.
M: That will be *helpful. Are you 3) ________ ________ ________ ________?
W: No, we'll stay at her friend's house.

실전모의고사 17회

정답 및 해설 pp.77~81

점수: /20

보통 속도 듣기

빠르게 듣기

01 대화를 듣고, 크리스마스의 날씨로 가장 적절한 것을 고르시오.

02 대화를 듣고, 여자가 할 머리 모양으로 가장 적절한 것을 고르시오.

03 대화를 듣고, 남자의 심정으로 가장 적절한 것을 고르시오.

① jealous ② bored ③ angry
④ excited ⑤ worried

04 대화를 듣고, 남자가 누나에게 받은 선물로 가장 적절한 것을 고르시오.

① 바이올린 ② 인라인스케이트
③ 스웨터 ④ 야구 경기 표
⑤ 야구 모자

05 대화를 듣고, 두 사람이 대화하는 장소로 가장 적절한 곳을 고르시오.

① 집 ② 우체국 ③ 자동차 수리소
④ 경찰서 ⑤ 주민 센터

06 대화를 듣고, 남자의 마지막 말의 의도로 가장 적절한 것을 고르시오.

① 칭찬 ② 제안 ③ 감사
④ 허락 ⑤ 축하

07 대화를 듣고, 남자가 주말에 아르바이트하는 장소로 가장 적절한 곳을 고르시오.

① 카페 ② 편의점 ③ 음식점
④ 도서관 ⑤ 여행사

08 대화를 듣고, 여자가 저녁에 할 일로 가장 적절한 것을 고르시오.

① 병원 진료받기 ② 병문안 가기
③ 남자의 일 도와주기 ④ 할아버지 댁에 가기
⑤ 남자와 저녁 식사하기

09 대화를 듣고, 여자가 숙면을 위한 방법으로 언급하지 <u>않은</u> 것을 고르시오.

① 자기 전에 따뜻한 우유 마시기
② 낮잠 자지 않기
③ 자기 전에 목욕하기
④ 저녁에 커피 마시지 않기
⑤ 자기 전에 지나친 운동하지 않기

10 다음을 듣고, 남자가 하는 말의 내용으로 가장 적절한 것을 고르시오.

① 수재민 돕기 ② 야생 동물 보호
③ 화재 예방 교육 ④ 국제 난민 구제
⑤ 재해 방지 대책 마련

고난도

11 대화를 듣고, 캠프장에 대한 내용과 일치하지 <u>않는</u> 것을 고르시오.

① 가격은 1박에 75달러이다.
② 차량 한 대는 무료로 주차할 수 있다.
③ 바비큐 그릴을 가져가야 한다.
④ 피크닉 테이블은 대여 가능하다.
⑤ 샤워 시설을 갖추고 있다.

12 대화를 듣고, 남자가 서점을 방문한 목적으로 가장 적절한 것을 고르시오.

① 책을 사기 위해서
② 환불을 받기 위해서
③ 책을 교환하기 위해서
④ 친구를 만나기 위해서
⑤ 저자의 사인을 받기 위해서

고난도

13 대화를 듣고, 기타 수업의 정원을 고르시오.

① 15명 ② 16명 ③ 17명
④ 18명 ⑤ 19명

14 대화를 듣고, 두 사람의 관계로 가장 적절한 것을 고르시오.

① 사장 – 직원
② 영화배우 – 팬
③ 감독 – 운동선수
④ 영화감독 – 영화배우
⑤ 물리치료사 – 운동선수

15 대화를 듣고, 여자가 남자에게 부탁한 일로 가장 적절한 것을 고르시오.

① 집에 데려다주기
② 병원에 데려다주기
③ 병원 진료 예약하기
④ 아버지에게 연락하기
⑤ 아침에 학교까지 태워주기

16 대화를 듣고, 남자가 어젯밤에 늦게 잔 이유로 가장 적절한 것을 고르시오.

① 숙제가 많아서
② 잠이 오지 않아서
③ 컴퓨터 게임을 오래 해서
④ TV 프로그램이 늦게 끝나서
⑤ 수업 준비물을 챙길 게 많아서

17 다음 그림의 상황에 가장 적절한 대화를 고르시오.

① ② ③ ④ ⑤

고난도

18 다음을 듣고, 여자가 도마뱀붙이에 대해 언급하지 <u>않은</u> 것을 고르시오.

① 생김새 ② 서식지
③ 먹이 ④ 활동 시간대
⑤ 소리

[19-20] 대화를 듣고, 여자의 마지막 말에 이어질 남자의 말로 가장 적절한 것을 고르시오.

19 Man: ______________________

① I've never been to Paris before.
② Sure. It's just around the corner.
③ That would be great. Thank you.
④ It will get there quicker by express mail.
⑤ Don't worry. I'm going in the same direction.

20 Man: ______________________

① Can you just tell him that I called?
② It was really nice seeing you again.
③ In that case, let's change our plans.
④ Do you know if he will be back today?
⑤ You must be excited about going shopping.

Dictation Test 17

정답 및 해설 pp. 77~81

보통 속도 듣기 

빠르게 듣기 

01 세부 정보 파악

대화를 듣고, 크리스마스의 날씨로 가장 적절한 것을 고르시오.

① ② ③

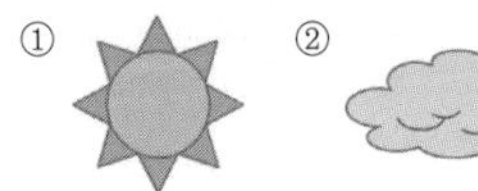

④ ⑤

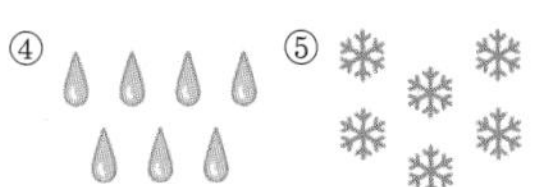

M: Hi, Jessica. You look pretty excited.

W: I am. Today's Christmas Eve! Do you think 1) ________ ________ ________ tomorrow?

M: No. Are you hoping for a white Christmas?

W: Yes, I am!

M: I'm sorry. The weather forecast said it won't be cold enough.

W: That's too bad. So will we 2) ________ ________ ________ ________?

M: No, it will be sunny. The wind will 3) ________ ________ ________ ________ ________ tonight.

W: Oh, that doesn't sound too bad.

02 그림 정보 파악

대화를 듣고, 여자가 할 머리 모양으로 가장 적절한 것을 고르시오.

①  ②   ③ 

④  ⑤ 

W: I want to get a completely new hairstyle today.

M: All right. Take a look at these pictures. How about this one?

W: I 1) ________ ________ ________ ________. And it's too long.

M: How about this hairstyle then?

W: It's too short. I'll 2) ________ ________ ________ ________.

M: Well, this one is popular. It's short in the back but 3) ________ ________ ________ ________.

W: Oh, I like that. It's very fashionable.

M: Great choice!

03 심정 추론

대화를 듣고, 남자의 심정으로 가장 적절한 것을 고르시오.

① jealous ② bored ③ angry
④ excited ⑤ worried

W: Do you have 1) ________ ________ ________ ________ ________?
M: Yes, I'm going to Thailand with my family.
W: That's great!
M: Yes, I'm going to go trekking and explore the jungle. 2) ________ ________ ________.
W: You're so lucky!
M: What about you? What are your plans?
W: Actually, I 3) ________ ________ ________ ________. I envy you.

04 세부 정보 파악

대화를 듣고, 남자가 누나에게 받은 선물로 가장 적절한 것을 고르시오.

① 바이올린 ② 인라인스케이트
③ 스웨터 ④ 야구 경기 표
⑤ 야구 모자

W: Sorry I missed your birthday party. How was it?
M: It was a lot of fun. Why couldn't you come?
W: I had a stomachache, so I had to stay in bed.
M: Oh. Are you okay now?
W: Yes. Anyway, did you 1) ________ ________ ________ ________?
M: I did. My parents got me a violin and some inline skates, and my sister 2) ________ ________ ________ ________.
W: That's great. I heard Jason got you baseball tickets.
M: He did. And Liz 3) ________ ________ ________ ________ ________.
W: Wow, you got some great gifts.

05 장소 추론

대화를 듣고, 두 사람이 대화하는 장소로 가장 적절한 곳을 고르시오.

① 집 ② 우체국 ③ 자동차 수리소
④ 경찰서 ⑤ 주민 센터

M: Hello, how can I help you?
W: Some things were stolen from my car last night.
M: Okay. Can you tell me more about it?
W: Yes. I parked my car in front of my house, and 1) ________ ________ ________ in it.
M: All right. 2) ________ ________ ________ ________, and we'll get back to you. We'll do our best to 3) ________ ________ ________.
W: Thank you so much.

06 의도 파악

대화를 듣고, 남자의 마지막 말의 의도로 가장 적절한 것을 고르시오.

① 칭찬 ② 제안 ③ 감사
④ 허락 ⑤ 축하

W: Bill, will you try this cake?

M: Sure. It looks delicious. Did you 1) ________ ________ ________?

W: Yes, I made it last night.

M: It's a cheesecake, right?

W: Yes, it's a blueberry cheesecake. 2) ________ ________ ________ ________?

M: It's just right. I never knew you were 3) ________ ________ ________ ________.

07 세부 정보 파악

대화를 듣고, 남자가 주말에 아르바이트하는 장소로 가장 적절한 곳을 고르시오.

① 카페 ② 편의점 ③ 음식점
④ 도서관 ⑤ 여행사

M: Do you 1) ________ ________ ________ ________?

W: Yes. I work at a convenience store after school. I enjoy working there. How about you?

M: I 2) ________ ________ ________ ________ on weekends and at the library after school on weekdays.

W: Wow. You must be busy with school and work.

M: Yeah. I'm 3) ________ ________ ________ ________ ________ to New York.

W: That's great.

08 할 일 파악

대화를 듣고, 여자가 저녁에 할 일로 가장 적절한 것을 고르시오.

① 병원 진료받기 ② 병문안 가기
③ 남자의 일 도와주기 ④ 할아버지 댁에 가기
⑤ 남자와 저녁 식사하기

* **Focus on Sound help me**

자음 3개가 겹쳐 나와 중간 자음인 [p]가 약화되어 [헬프 미]가 아닌 [헬미]로 발음된다.

M: It's very nice of you to *help me with my work.

W: It's my pleasure.

M: I'd like to 1) ________ ________ ________ tonight to thank you.

W: I'd love to, but I have to 2) ________ ________ ________ in the hospital. He's sick.

M: Oh, really? Is it serious?

W: No. He's 3) ________ ________ ________.

09 언급하지 않은 내용 찾기

대화를 듣고, 여자가 숙면을 위한 방법으로 언급하지 않은 것을 고르시오.

① 자기 전에 따뜻한 우유 마시기
② 낮잠 자지 않기
③ 자기 전에 목욕하기
④ 저녁에 커피 마시지 않기
⑤ 자기 전에 지나친 운동하지 않기

W: You look tired.

M: Yes, I'm not sleeping well these days. Do you have any advice?

W: How about 1) ________ ________ ________ before you go to bed?

M: No, that's not a good idea. I don't like milk.

W: Then 2) ________ ________ ________. It's a great way to relax. And don't drink coffee in the evening. Oh, and one more thing! 3) ________ ________ ________ ________ before going to sleep.

M: I'll try those suggestions tonight. Thank you.

10 주제 파악

다음을 듣고, 남자가 하는 말의 내용으로 가장 적절한 것을 고르시오.

① 수재민 돕기 ② 야생 동물 보호
③ 화재 예방 교육 ④ 국제 난민 구제
⑤ 재해 방지 대책 마련

M: The rainy season brought a lot of rain this year and caused heavy flooding in some parts of our country. Because of these floods, thousands of people have 1) ________ ________ ________, and more than 200 people have lost their lives. These families really 2) ________ ________ ________. And with your help, we can send them hope. Call 040-555-6677 to donate. Each call costs 2,000 won. All the money will be used to 3) ________ ________ ________ ________.

11 내용 일치 파악

대화를 듣고, 캠프장에 대한 내용과 일치하지 않는 것을 고르시오.

① 가격은 1박에 75달러이다.
② 차량 한 대는 무료로 주차할 수 있다.
③ 바비큐 그릴을 가져가야 한다.
④ 피크닉 테이블은 대여 가능하다.
⑤ 샤워 시설을 갖추고 있다.

M: I called the campsite and asked about the price. They said 1) ________ ________ ________ ________.

W: That's not bad.

M: Yeah. And a parking spot for one vehicle is free.

W: Good. Should we bring the barbeque grill?

M: No, we can 2) ________ ________ ________. They have picnic tables, too.

W: That will be convenient.

M: Also, they 3) ________ ________ ________, so you can shower there.

W: I love that!

12 목적 파악

대화를 듣고, 남자가 서점을 방문한 목적으로 가장 적절한 것을 고르시오.

① 책을 사기 위해서
② 환불을 받기 위해서
③ 책을 교환하기 위해서
④ 친구를 만나기 위해서
⑤ 저자의 사인을 받기 위해서

W: How may I help you?
M: I bought this book yesterday, but [1] ________ ________.
W: Can you show me where it's damaged?
M: Look. [2] ________ ________ ________ ________.
W: Oh, I'm sorry. Do you [3] ________ ________ ________ ________ for another one?
M: Yes, I do. But please check if it's damaged first.
W: I will. I apologize again for the trouble.

13 숫자 정보 파악

대화를 듣고, 기타 수업의 정원을 고르시오.

① 15명 ② 16명 ③ 17명
④ 18명 ⑤ 19명

*** Focus on Sound heard about**

자음의 끝과 모음의 처음이 만나면 연음되어 [허ㄹ드 어바웃]이 아닌 [허ㄹ더바웃]으로 발음된다.

M: Hey, have you checked the bulletin board?
W: No, why?
M: There will be a [1] ________ ________ ________ after school in the music room.
W: Yes, I *heard about that. I already [2] ________ ________ ________ ________ ________ with Ashley a few minutes ago.
M: You did? I should do that, too.
W: Yeah. I heard that I was the 15th student and there's [3] ________ ________ ________ ________.
M: Okay. I'll go sign up now. Bye!

14 관계 추론

대화를 듣고, 두 사람의 관계로 가장 적절한 것을 고르시오.

① 사장 - 직원
② 영화배우 - 팬
③ 감독 - 운동선수
④ 영화감독 - 영화배우
⑤ 물리치료사 - 운동선수

M: You [1] ________ ________ ________ ________ at practice today.
W: Really?
M: Yes, your passing and heading skills are really [2] ________ ________ ________. I know you've been practicing very hard.
W: Thank you.
M: I'd like you to [3] ________ ________ ________ ________ ________.
W: That's great. I'll do my best.
M: I know you'll do great.
W: I won't disappoint you.

15 부탁한 일 파악

대화를 듣고, 여자가 남자에게 부탁한 일로 가장 적절한 것을 고르시오.

① 집에 데려다주기
② 병원에 데려다주기
③ 병원 진료 예약하기
④ 아버지에게 연락하기
⑤ 아침에 학교까지 태워주기

* **Focus on Sound** **don't worry**

[t]는 단어 끝에서 거의 발음되지 않아 [돈트 워리]가 아닌 [돈워리]로 발음된다.

M: Amy, how did you break your leg?

W: I 1) ________ ________ ________ ________.

M: Oh no! Don't you walk to school every day?

W: I usually do, but my dad drove me to school today. But I have to 2) ________ ________ ________ ________.

M: That sounds inconvenient.

W: It is. Do you think you can 3) ________ ________ ________ instead?

M: Of course. *Don't worry about it.

W: Thanks a lot.

16 이유 파악

대화를 듣고, 남자가 어젯밤에 늦게 잔 이유로 가장 적절한 것을 고르시오.

① 숙제가 많아서
② 잠이 오지 않아서
③ 컴퓨터 게임을 오래 해서
④ TV 프로그램이 늦게 끝나서
⑤ 수업 준비물을 챙길 게 많아서

M: I'm late for school!

W: Why didn't you get up earlier?

M: I 1) ________ ________ ________ ________ last night.

W: Were you playing computer games?

M: No, Mom. I 2) ________ ________ ________ ________, so I stayed up until 2:00 a.m. working on it.

W: Oh, I see. 3) ________ ________ ________ ________ ________!

M: Okay.

17 그림 상황에 적절한 대화 찾기

다음 그림의 상황에 가장 적절한 대화를 고르시오.

① ② ③ ④ ⑤

① W: What happened to your coat?
M: A passing car splashed mud on me.

② W: Did you 1) ________ ________ ________?
M: Oh, I forgot. I need to wash them now!

③ W: 2) ________ ________ ________ ________ ________ around here?
M: Yes. Walk down this street and make a right on Seventh Avenue.

④ W: Can you 3) ________ ________ ________?
M: Sure. I don't think it will be a problem.

⑤ W: Is this coat on sale?
M: Yes. It's one of our most popular items. And it's machine washable.

18 언급하지 않은 내용 찾기

다음을 듣고, 여자가 도마뱀붙이에 대해 언급하지 않은 것을 고르시오.

① 생김새 ② 서식지
③ 먹이 ④ 활동 시간대
⑤ 소리

W: Geckos are small lizards with large eyes, padded toes, and a thick tail. They are 1) ________ ________ ________ ________ in the world, except for Antarctica. They can live in urban areas, rainforests, or even deserts and cold mountains. Most geckos are 2) ________ ________ ________. They make chirping, barking, or clicking sounds to 3) ________ ________ ________ or search for a mate.

19 마지막 말에 이어질 응답 찾기

대화를 듣고, 여자의 마지막 말에 이어질 남자의 말로 가장 적절한 것을 고르시오.

Man: ______________________

① I've never been to Paris before.
② Sure. It's just around the corner.
③ That would be great. Thank you.
④ It will get there quicker by express mail.
⑤ Don't worry. I'm going in the same direction.

M: Hey, Grace. Where are you going?
W: I'm going to the post office.
M: Do you need to 1) ________ ________ ________?
W: Yes. To my mother in Paris.
M: I'll 2) ________ ________ ________. Get in!
W: No, thanks. I 3) ________ ________ ________ ________ you.
M: Don't worry. I'm going in the same direction.

20 마지막 말에 이어질 응답 찾기

대화를 듣고, 여자의 마지막 말에 이어질 남자의 말로 가장 적절한 것을 고르시오.

Man: ______________________

① Can you just tell him that I called?
② It was really nice seeing you again.
③ In that case, let's change our plans.
④ Do you know if he will be back today?
⑤ You must be excited about going shopping.

[Phone rings.]
W: Hello, this is Future Education. How can I help you?
M: Hello. 1) ________ ________ ________ ________ Chris, please?
W: Can I ask who's calling?
M: This is Ted Smith.
W: All right. Well, unfortunately Chris 2) ________ ________ ________ right now.
M: Will he be available later today?
W: No, he's left the office for today. He'll be back tomorrow. Would you like to 3) ________ ________ ________?
M: Can you just tell him that I called?

실전모의고사 18회

정답 및 해설 pp. 81~85

점수: /20

보통 속도 듣기

빠르게 듣기

01 다음을 듣고, 내일 오후의 날씨로 가장 적절한 것을 고르시오.

① 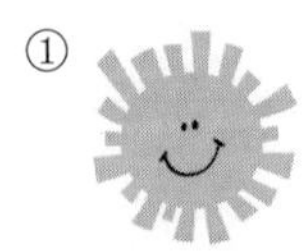 ②  ③ 

④  ⑤ 

고난도

02 대화를 듣고, 탁자 위의 모습으로 가장 적절한 것을 고르시오.

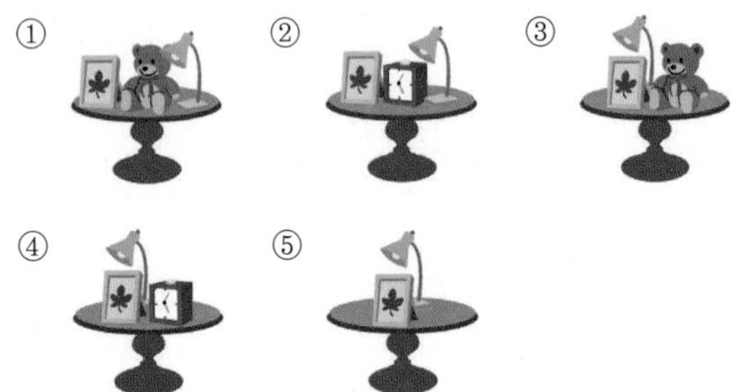

03 대화를 듣고, 여자의 심정으로 가장 적절한 것을 고르시오.

① angry ② lonely ③ excited
④ grateful ⑤ embarrassed

04 대화를 듣고, 남자가 토요일에 한 일로 가장 적절한 것을 고르시오.

① 놀이 기구 타기 ② 댄스 공연하기
③ 콘서트 관람하기 ④ 테디베어 사기
⑤ 불꽃놀이 구경하기

05 대화를 듣고, 두 사람이 대화하는 장소로 가장 적절한 곳을 고르시오.

① 식당 ② 제과점
③ 선물 가게 ④ 식료품점
⑤ 파티 용품 가게

06 대화를 듣고, 여자의 마지막 말의 의도로 가장 적절한 것을 고르시오.

① 추천 ② 거절 ③ 동의
④ 격려 ⑤ 비난

07 대화를 듣고, 남자가 선물할 물건으로 가장 적절한 것을 고르시오.

① 반지 ② 소설책 ③ 꽃
④ 향수 ⑤ 목걸이

08 대화를 듣고, 두 사람이 대화 직후에 할 일로 가장 적절한 것을 고르시오.

① 병원에 가기 ② 점심 먹기
③ 아기 옷 사기 ④ 과일 사기
⑤ 친구에게 전화하기

09 대화를 듣고, 두 사람이 남자가 해야 할 일로 언급하지 <u>않은</u> 것을 고르시오.

① 방 청소하기 ② 숙제하기
③ 문단속하기 ④ 식물에 물 주기
⑤ 고양이 먹이 주기

10 다음을 듣고, 여자가 하는 말의 내용으로 가장 적절한 것을 고르시오.

① 돈 절약 방법
② 건강 관리 비결
③ 환경 보호의 필요성
④ 자전거 타기의 이점
⑤ 대중교통 이용의 장단점

고난도

11 대화를 듣고, 조각상에 대한 내용과 일치하지 않는 것을 고르시오.

① 학교 남쪽 입구에 세워져 있다.
② 실물 크기의 석상이다.
③ 학교 설립자들 중 한 사람이 모델이다.
④ 개교 100주년을 기념하기 위해 만들어졌다.
⑤ 도서관을 가리키고 있다.

12 대화를 듣고, 여자가 전화를 건 목적으로 가장 적절한 것을 고르시오.

① 실수를 사과하기 위해서
② 스웨터를 빌리기 위해서
③ 점심 식사에 초대하기 위해서
④ 늦은 이유를 설명하기 위해서
⑤ 카페에 가자고 제안하기 위해서

13 대화를 듣고, 두 사람이 만날 시각을 고르시오.

① 6:00 p.m. ② 6:30 p.m. ③ 6:45 p.m.
④ 7:00 p.m. ⑤ 7:30 p.m.

14 대화를 듣고, 두 사람의 관계로 가장 적절한 것을 고르시오.

① 가수 - 팬 ② 쇼 진행자 - 출연자
③ 웨이터 - 손님 ④ 뉴스 진행자 - 기자
⑤ 라디오 DJ - 청취자

15 대화를 듣고, 여자가 남자에게 제안한 일로 가장 적절한 것을 고르시오.

① 독서하기 ② TV 시청하기
③ 목욕하기 ④ 가벼운 운동하기
⑤ 명상 음악 듣기

16 대화를 듣고, 남자가 댄스파티에 참석하지 못한 이유로 가장 적절한 것을 고르시오.

① 다리를 다쳐서 ② 춤을 잘 못 춰서
③ 날짜를 착각해서 ④ 스키를 타러 가서
⑤ 시험공부를 해야 해서

17 다음 그림의 상황에 가장 적절한 대화를 고르시오.

① ② ③ ④ ⑤

18 다음을 듣고, 남자가 도서관에 대해 언급하지 않은 것을 고르시오.

① 도서 보유량 ② 부대시설
③ 운영 시간 ④ 대출 기간
⑤ 휴관일

[19-20] 대화를 듣고, 남자의 마지막 말에 이어질 여자의 말로 가장 적절한 것을 고르시오.

19 Woman: ______________________

① They're just too expensive.
② I've never been to Singapore.
③ I don't like sleeping on airplanes.
④ We don't need to buy any tickets.
⑤ If we don't hurry, we'll miss the flight.

고난도

20 Woman: ______________________

① Okay, let's try another store.
② In that case, these are perfect.
③ Do you have them in my size?
④ Why don't you try them on first?
⑤ No, I think I'll buy the white ones.

Dictation Test 18

보통 속도 듣기  빠르게 듣기 

정답 및 해설 pp.81~85

01 세부 정보 파악

다음을 듣고, 내일 오후의 날씨로 가장 적절한 것을 고르시오.

① 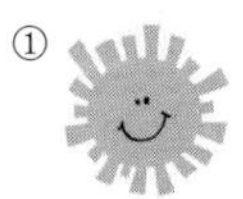 ②  ③ 

④  ⑤ 

M: Good evening. This is the weather report for tonight and tomorrow. Today's 1) ________ ________ ________ through the night. But it will clear up by tomorrow morning. It'll be cloudy 2) ________ ________ ________ tomorrow afternoon. The temperatures will be 3) ________ ________ ________ ________ ________ all day tomorrow. Have a wonderful evening.

02 그림 정보 파악

대화를 듣고, 탁자 위의 모습으로 가장 적절한 것을 고르시오.

①  ②   ③ 

④  ⑤ 

★ **Focus on Sound** **should I**

[d]가 모음 사이에서 약화된 후 연음되어 [슈드 아이]가 아닌 [슈라이]로 발음된다.

M: Where did you get the lamp?

W: Sally bought it for me.

M: Nice. We need one in the living room.

W: Yeah. Where ★should I put it?

M: Well, it might look good on the table. Let's put it 1) ________ ________ ________ ________ the clock.

W: Hmm. I'm not sure. I'd like to put it 2) ________ ________ ________.

M: Then let's put the lamp behind the picture and 3) ________ ________ ________ next to the picture. What do you think?

W: That will look great.

03 심정 추론

대화를 듣고, 여자의 심정으로 가장 적절한 것을 고르시오.

① angry ② lonely ③ excited
④ grateful ⑤ embarrassed

W: Oh, hi, Todd. What are you doing here?

M: I met your sister at the mall this morning. She said you had a problem.

W: Yes. My smartphone 1) ________ ________ ________. I may have lost some pictures.

M: Well, you know, I'm really good at fixing devices.

W: I know. But I didn't want to 2) ________ ________ ________ ________ ________.

M: Don't be silly. 3) ________ ________ ________ ________? Let me take a look.

W: All right. Thanks.

04 한 일 파악

대화를 듣고, 남자가 토요일에 한 일로 가장 적절한 것을 고르시오.

① 놀이 기구 타기 ② 댄스 공연하기
③ 콘서트 관람하기 ④ 테디베어 사기
⑤ 불꽃놀이 구경하기

W: Sean! You went to the Dreamland Amusement Park last Saturday, didn't you?

M: Yes. How did you know?

W: My brother said you 1) ________ ________ ________ ________ at the entrance of the performance hall.

M: I was. The band STB held a concert there. I had to wait for three hours to see them.

W: So, did you 2) ________ ________ ________?

M: Yeah! It was amazing.

W: I heard that the souvenir shop sold limited edition teddy bears with the band's name on them.

M: Right. I really wanted to get one, but they 3) ________ ________ ________.

05 장소 추론

대화를 듣고, 두 사람이 대화하는 장소로 가장 적절한 곳을 고르시오.

① 식당 ② 제과점
③ 선물 가게 ④ 식료품점
⑤ 파티 용품 가게

M: Hi, can I help you?

W: Yes. Are these fresh?

M: Yes. They were 1) ________ ________ ________ ________.

W: I need to buy one for a birthday party, and I want to make sure 2) ________ ________ ________.

M: Don't worry, ma'am. Everything here is fresh and delicious.

W: I don't know. I 3) ________ ________ ________ ________ last week, and it was too hard.

M: Oh, I'm sorry to hear that.

06 의도 파악

대화를 듣고, 여자의 마지막 말의 의도로 가장 적절한 것을 고르시오.

① 추천 ② 거절 ③ 동의
④ 격려 ⑤ 비난

W: Have you been to the new sandwich store across the street?

M: No, I haven't. Have you?

W: Yes. I went there with Eric yesterday. We 1) ________ ________ ________.

M: How was it?

W: It was good. The food was delicious, and the service was excellent. 2) ________ ________ ________ ________.

M: What is the best dish there?

W: Try the steak sandwich. You 3) ________ ________ ________.

07 세부 정보 파악

대화를 듣고, 남자가 선물할 물건으로 가장 적절한 것을 고르시오.

① 반지 ② 소설책 ③ 꽃
④ 향수 ⑤ 목걸이

M: I want to buy a gift for Mary's birthday, but I don't know what I should get.

W: How about 1) ________ ________ ________ ________?

M: I already gave her a bouquet of flowers last month.

W: Hmm. Why don't you buy her a ring or a necklace?

M: Those things are 2) ________ ________.

W: How about a book? She 3) ________ ________ ________ ________.

M: That's a good idea. Thanks.

08 할 일 파악

대화를 듣고, 두 사람이 대화 직후에 할 일로 가장 적절한 것을 고르시오.

① 병원에 가기 ② 점심 먹기
③ 아기 옷 사기 ④ 과일 사기
⑤ 친구에게 전화하기

M: Did you hear the news? Julie 1) ________ ________ ________ yesterday at Grace Hospital.

W: Yes, I heard. It's a girl.

M: Isn't that wonderful?

W: Yes. Let's 2) ________ ________ ________ ________ ________.

M: That's a great idea. How about 3) ________ ________ ________ for her?

W: Okay. Julie will like that.

M: There's a supermarket near here.

09 언급하지 않은 내용 찾기

대화를 듣고, 두 사람이 남자가 해야 할 일로 언급하지 않은 것을 고르시오.

① 방 청소하기 ② 숙제하기
③ 문단속하기 ④ 식물에 물 주기
⑤ 고양이 먹이 주기

★ Focus on Sound water

미국식은 [t]가 약화되고 [r]을 강하게 발음하여 [워러ㄹ]로 발음되고, 영국식은 [t]를 정확하게 발음하여 [워터]로 발음된다.

W: Tim, you remember that your dad and I are going on a trip this weekend, right?

M: Yes, Mom.

W: I want you 1) ________ ________ ________ ________ while we're gone.

M: Okay. You want me to 2) ________ ________ ________ and do my homework every day, right?

W: That's right. And there's more. You need to *water all the plants on Sunday morning. And don't forget to 3) ________ ________ ________.

M: All right, Mom. Don't worry.

10 주제 파악

다음을 듣고, 여자가 하는 말의 내용으로 가장 적절한 것을 고르시오.

① 돈 절약 방법
② 건강 관리 비결
③ 환경 보호의 필요성
④ 자전거 타기의 이점
⑤ 대중교통 이용의 장단점

★ Focus on Sound tired of

자음의 끝과 모음의 처음이 만나면 연음되어 [타이어ㄹ드 오브]가 아닌 [타이어ㄹ도브]로 발음된다.

W: Are you *tired of taking the bus or subway? Are you tired of crowds? Then how about 1) ________ ________ ________? Riding a bicycle is good for the environment, and you can 2) ________ ________ ________ ________ ________. Riding a bike is also good for your health, because you'll be exercising 3) ________ ________ ________ ________ ________.

11 내용 일치 파악

대화를 듣고, 조각상에 대한 내용과 일치하지 않는 것을 고르시오.

① 학교 남쪽 입구에 세워져 있다.
② 실물 크기의 석상이다.
③ 학교 설립자들 중 한 사람이 모델이다.
④ 개교 100주년을 기념하기 위해 만들어졌다.
⑤ 도서관을 가리키고 있다.

M: Janet, do you know why there's a statue of Thomas Smith 1) ________ ________ ________ ________ of the school?

W: Ah, you mean the life-size bronze sculpture of a man?

M: Yes. He was one of our school's founders.

W: I know. I heard that the statue 2) ________ ________ ________ ________ our school's 100th anniversary.

M: That's right. Do you know where the statue is pointing?

W: I have no idea.

M: It is 3) ________ ________ ________ ________ with one hand while holding a book in the other.

W: That's interesting. I should check it out.

12 목적 파악

대화를 듣고, 여자가 전화를 건 목적으로 가장 적절한 것을 고르시오.

① 실수를 사과하기 위해서
② 스웨터를 빌리기 위해서
③ 점심 식사에 초대하기 위해서
④ 늦은 이유를 설명하기 위해서
⑤ 카페에 가자고 제안하기 위해서

[Cell phone rings.]

M: Hello?

W: Hello, Frank.

M: Hi, Sandy. What's up?

W: I just wanted to tell you 1) ________ ________ ________ ________ about this afternoon.

M: Oh, don't worry about it. It was an old sweater.

W: But I 2) ________ ________ ________ ________ ________ in the cafeteria. I'm really sorry.

M: It's all right. I'm sure the coffee 3) ________ ________ ________ ________ will come out in the wash.

W: I hope so. Thanks for being so understanding!

13 숫자 정보 파악

대화를 듣고, 두 사람이 만날 시각을 고르시오.

① 6:00 p.m. ② 6:30 p.m. ③ 6:45 p.m.
④ 7:00 p.m. ⑤ 7:30 p.m.

* **Focus on Sound** bus stop

똑같은 발음의 자음이 겹치면 앞 자음 소리가 탈락하여 [버스 스탑]이 아닌 [버스탑]으로 발음된다.

[Cell phone rings.]

M: Hello?

W: Hi, Jack. What time does 1) ________ ________ ________ tonight?

M: Seven thirty p.m.

W: Okay. But I don't know 2) ________ ________ ________ ________. Let's go together.

M: All right.

W: Shall we meet at seven at the *bus stop?

M: If we do, we might be late. Let's 3) ________ ________ ________ ________ the class begins.

W: Sounds good.

14 관계 추론

대화를 듣고, 두 사람의 관계로 가장 적절한 것을 고르시오.

① 가수 - 팬 ② 쇼 진행자 - 출연자
③ 웨이터 - 손님 ④ 뉴스 진행자 - 기자
⑤ 라디오 DJ - 청취자

[Phone rings.]

W: Hello! You're on CBM.

M: Hello! I'm a 1) ________ ________ ________ this program.

W: Thank you. What's your name?

M: Sam Marsh.

W: Do you have a song you 2) ________ ________ ________ ________?

M: Yes. Today is my mother's birthday. Could you 3) ________ ________ ________ ________ ________, *Let It Be* by the Beatles?

W: Okay.

15 제안한 일 파악

대화를 듣고, 여자가 남자에게 제안한 일로 가장 적절한 것을 고르시오.

① 독서하기 ② TV 시청하기
③ 목욕하기 ④ 가벼운 운동하기
⑤ 명상 음악 듣기

W: Josh, you look so tired.

M: Yeah. I haven't been sleeping well these days. I stayed up until 1:00 a.m. last night.

W: Oh. What were you doing?

M: I was just watching TV, 1) ________ ________ ________ ________.

W: Watching TV can make falling asleep more difficult. You need to try to 2) ________ ________ ________.

M: What can I do to relax?

W: How about 3) ________ ________ ________ in bed?

M: Okay. I'll give it a try.

16 이유 파악

대화를 듣고, 남자가 댄스파티에 참석하지 <u>못한</u> 이유로 가장 적절한 것을 고르시오.

① 다리를 다쳐서 ② 춤을 잘 못 춰서
③ 날짜를 착각해서 ④ 스키를 타러 가서
⑤ 시험공부를 해야 해서

[Cell phone rings.]

W: Hello?

M: Hi, Susan.

W: What's up, Mike?

M: 1) ________ ________ ________ ________ ________ last Friday night?

W: It was fantastic. Why didn't you come? You love dancing.

M: I 2) ________ ________ ________, so I couldn't go.

W: I'm sorry to hear that. How did it happen?

M: I fell while I was skiing.

W: Well, I hope your leg 3) ________ ________ ________.

17 그림 상황에 적절한 대화 찾기

다음 그림의 상황에 가장 적절한 대화를 고르시오.

① ② ③ ④ ⑤

① M: Can I borrow your camera?

W: Oh, sorry. It's 1) ________ ________.

② M: I like the photos on the wall.

W: Thanks. They're pictures from my family trip to Korea.

③ M: I want to 2) ________ ________ ________.

W: Cool! You're good at taking photos.

④ M: Could you 3) ________ ________ ________ ________ ________?

W: No problem. Stand close together.

⑤ M: Which camera do you recommend?

W: How about this one? It's the newest model.

18 언급하지 않은 내용 찾기

다음을 듣고, 남자가 도서관에 대해 언급하지 <u>않은</u> 것을 고르시오.

① 도서 보유량 ② 부대시설
③ 운영 시간 ④ 대출 기간
⑤ 휴관일

M: Welcome to the Central Library! It is open to the general public. Our library holds over five million books. We also 1) ________ ________ ________, meeting rooms, and computing facilities. You may 2) ________ ________ ________ ________ 10 books for two weeks at a time. Our library 3) ________ ________ ________ ________, but you can still return books in our book return bin in front of the main building.

19 마지막 말에 이어질 응답 찾기

대화를 듣고, 남자의 마지막 말에 이어질 여자의 말로 가장 적절한 것을 고르시오.

Woman: ____________________

① They're just too expensive.
② I've never been to Singapore.
③ I don't like sleeping on airplanes.
④ We don't need to buy any tickets.
⑤ If we don't hurry, we'll miss the flight.

M: Michelle! I 1) ________ ________ ________ ________ for our trip to Singapore.
W: That's great!
M: Yes. They cost $200 less than the ones we were going to buy.
W: Really? Why are they so cheap?
M: Well, we would have to 2) ________ ________ ________ ________ and arrive early in the morning.
W: Oh. In that case, 3) ________ ________ ________ ________ for the other tickets.
M: You're kidding. Why?
W: I don't like sleeping on airplanes.

20 마지막 말에 이어질 응답 찾기

대화를 듣고, 남자의 마지막 말에 이어질 여자의 말로 가장 적절한 것을 고르시오.

Woman: ____________________

① Okay, let's try another store.
② In that case, these are perfect.
③ Do you have them in my size?
④ Why don't you try them on first?
⑤ No, I think I'll buy the white ones.

*** Focus on Sound neighborhood**
gh는 묵음이어서 [네이버후드]로 발음된다.

W: Did you find any white sandals?
M: No. I asked the salesperson. She said they 1) ________ ________ ________ ________ ________.
W: I guess I can buy brown ones instead.
M: But you said you really 2) ________ ________ ________ ________.
W: Yes. They would look great with my new dress.
M: Then 3) ________ ________ ________. There are several more shoe stores in this *neighborhood.
W: Okay, let's try another store.

Word Test 실전모의고사 16~18회

A 다음 영어의 우리말 뜻을 쓰시오.

01 view ______
02 bother ______
03 suit ______
04 skill ______
05 flooding ______
06 damaged ______
07 support ______
08 chirp ______
09 rent ______
10 worth ______
11 passing ______
12 crowded ______
13 research ______
14 vehicle ______
15 statue ______
16 immediately ______
17 fashionable ______
18 annoying ______
19 demonstration ______
20 conduct ______
21 bronze ______
22 improve ______
23 inconvenient ______
24 stain ______
25 urban ______
26 defend ______
27 bulletin board ______
28 except for ______
29 in that case ______
30 in cash ______
31 on one's way to ______
32 lose one's life ______
33 look like ______
34 take a look at ______
35 participate in ______
36 sign up for ______
37 leave the office ______
38 set the table ______
39 blow away ______
40 stay up ______

B 다음 우리말 뜻에 맞는 영어를 쓰시오.

01 조언, 충고 ______

02 부러워하다 ______

03 반 친구 ______

04 신선한 ______

05 목걸이 ______

06 지불하다 ______

07 실험실 ______

08 ~을 포함하여 ______

09 얘기하다, 초래하다 ______

10 강의 ______

11 시설 ______

12 마음; 언짢아하다 ______

13 입구 ______

14 실험 ______

15 (문을) 닫은 ______

16 평일 ______

17 도움이 되는 ______

18 기부하다 ______

19 (액체 등을) 쏟다 ______

20 탐험하다 ______

21 트레킹을 하다 ______

22 열다, 개최하다 ______

23 곱슬곱슬한, 컬이 많은 ______

24 제안 ______

25 끼얹다, 튀기다 ______

26 참석하다; ~에 다니다 ______

27 도마뱀 ______

28 기념일, ~주년 ______

29 건강 ______

30 치우다; 제거하다 ______

31 방향 ______

32 남극대륙 ______

33 사진작가 ______

34 긴장을 풀다 ______

35 수천의 ______

36 ~에 늦다 ______

37 ~로 바쁘다 ______

38 줄 서서 기다리다 ______

39 잠들다 ______

40 ~에서 태어나다 ______

고난도 실전모의고사  회

정답 및 해설 pp. 86~90

점수: /20

01 다음을 듣고, 수요일의 날씨로 가장 적절한 것을 고르시오.

①  ②  ③ 

④  ⑤ 

02 대화를 듣고, 여자의 딸의 모습으로 가장 적절한 것을 고르시오.

①  ②  ③ 

④  ⑤ 

03 대화를 듣고, 남자의 심정으로 가장 적절한 것을 고르시오.

① nervous ② worried ③ excited
④ peaceful ⑤ disappointed

04 대화를 듣고, 남자가 여행에서 제일 좋았던 것으로 가장 적절한 것을 고르시오.

① 낚시 ② 수영
③ 수상 스키 ④ 스쿠버 다이빙
⑤ 코끼리 타기

05 대화를 듣고, 두 사람이 대화하는 장소로 가장 적절한 곳을 고르시오.

① 여행사 ② 경찰서 ③ 백화점
④ 환전소 ⑤ 공항 세관

06 대화를 듣고, 여자의 마지막 말의 의도로 가장 적절한 것을 고르시오.

① 제안 ② 조언 ③ 칭찬
④ 격려 ⑤ 부탁

07 대화를 듣고, 남자의 스마트폰의 문제로 가장 적절한 것을 고르시오.

① 전원 오작동 ② 정보 삭제
③ 액정 유리 파손 ④ 전화벨 무음
⑤ 터치스크린 고장

08 대화를 듣고, 두 사람이 대화 직후에 할 일로 가장 적절한 것을 고르시오.

① 쇼핑하기 ② 만화책 읽기
③ 공원 산책하기 ④ 해변에 가기
⑤ 여자의 집에 들르기

09 대화를 듣고, 두 사람이 프리타타에 대해 언급하지 않은 것을 고르시오.

① 맛 ② 재료 ③ 조리 시간
④ 조리법 ⑤ 영양분

10 다음을 듣고, 남자가 하는 말의 내용으로 가장 적절한 것을 고르시오.

① 화재 예방 수칙
② 태풍 시 주의 사항
③ 화재 시 대피 요령
④ 자연재해의 위험성
⑤ 소방 시설 점검의 필요성

11 대화를 듣고, 선물에 대한 내용과 일치하지 않는 것을 고르시오.

① 배낭을 선물할 것이다.
② 여자의 조카에게 줄 것이다.
③ 예산은 100달러이다.
④ 온라인으로 구매할 예정이다.
⑤ 깜짝 선물로 준비하고 있다.

12 대화를 듣고, 남자가 학교 식당에 가는 목적으로 가장 적절한 것을 고르시오.

① 점심을 먹기 위해서
② 지갑을 찾기 위해서
③ 숙제를 하기 위해서
④ 음료수를 사기 위해서
⑤ 친구를 만나기 위해서

13 대화를 듣고, 두 사람이 만날 시각을 고르시오.

① 5:30 p.m. ② 5:40 p.m. ③ 6:00 p.m.
④ 6:30 p.m. ⑤ 7:00 p.m.

14 대화를 듣고, 두 사람의 관계로 가장 적절한 것을 고르시오.

① 교사 – 학생 ② 요리사 – 손님
③ 점원 – 손님 ④ 배달원 – 고객
⑤ 요리사 – 웨이터

15 대화를 듣고, 여자가 남자에게 부탁한 일로 가장 적절한 것을 고르시오.

① 청소 도와주기 ② 이사 도와주기
③ 파티 초대해주기 ④ 친구 소개해주기
⑤ 기숙사에 데려다주기

16 대화를 듣고, 남자가 지하철을 탄 이유로 가장 적절한 것을 고르시오.

① 차가 고장 나서
② 택시비가 모자라서
③ 도로에 교통이 혼잡해서
④ 버스 정류장을 못 찾아서
⑤ 지하철 역이 집에서 가까워서

17 다음 그림의 상황에 가장 적절한 대화를 고르시오.

① ② ③ ④ ⑤

18 다음을 듣고, 여자가 통학 버스의 문제점으로 언급하지 않은 것을 고르시오.

① 차체의 노후 ② 과속 운전
③ 탑승 인원 초과 ④ 운행 지연
⑤ 안전벨트 미설치

[19-20] 대화를 듣고, 여자의 마지막 말에 이어질 남자의 말로 가장 적절한 것을 고르시오.

19 Man: ______________________

① Why didn't you buy more milk?
② Dad is going to be really surprised.
③ Can you buy some more at the store?
④ Great! Then let's get started right now.
⑤ We can go shopping when we're done.

20 Man: ______________________

① I went there last week.
② How long will you be there?
③ It will stop raining this afternoon.
④ We need to start packing for the trip.
⑤ Oh no. It's going to be cloudy and rainy.

고난도 Dictation Test 01

정답 및 해설 pp. 86~90

보통 속도 듣기 빠르게 듣기

01 세부 정보 파악

다음을 듣고, 수요일의 날씨로 가장 적절한 것을 고르시오.

①  ②  ③ 

④  ⑤

W: Good morning. This is the weekly weather forecast. Unfortunately, this 1) ________ ________ ________ ________ until Friday. It will be foggy and cloudy all day Monday and Tuesday. 2) ________ ________ ________ ________ ________ on Wednesday because there will be heavy rain. And there will be 3) ________ ________ ________ ________. On Friday, it'll be partly cloudy, but it will stay dry. Have a great week!

02 그림 정보 파악

대화를 듣고, 여자의 딸의 모습으로 가장 적절한 것을 고르시오.

①  ②  ③ 

④  ⑤ 

★ Focus on Sound calm

[l]은 묵음이어서 [캄]으로 발음한다.

W: Excuse me, officer. Can you help me?

M: Sure. What's the matter?

W: I can't find my daughter. While I was buying some flowers, 1) ________ ________.

M: Please stay ★calm. How old is she?

W: She is five years old.

M: 2) ________ ________ ________ ________ ________?

W: She has 3) ________ ________ ________ ________.

M: Okay. What is she wearing?

W: A blue T-shirt, a white skirt, and 4) ________ ________.

M: Okay. We'll do our best to find her.

03 심정 추론

대화를 듣고, 남자의 심정으로 가장 적절한 것을 고르시오.

① nervous ② worried ③ excited
④ peaceful ⑤ disappointed

W: Did you get a good grade on your test?

M: No, I didn't.

W: Then why do you 1) ________ ________ ________?

M: I'm going to the Sweetbox concert tomorrow after school. They're my favorite band.

W: But you said you couldn't 2) ________ ________ ________ the other day. What happened?

M: My aunt gave me a VIP ticket. It's near the stage, so I will 3) ________ ________ ________ ________ the singer's face.

W: Wow! That sounds great.

04 세부 정보 파악

대화를 듣고, 남자가 여행에서 제일 좋았던 것으로 가장 적절한 것을 고르시오.

① 낚시 ② 수영
③ 수상 스키 ④ 스쿠버 다이빙
⑤ 코끼리 타기

W: Hey, Richard. When did you 1) ________ ________ ________ Thailand?

M: Last week. But I wish I could have stayed longer.

W: It must have been a good trip. What did you do there?

M: I 2) ________ ________ ________ ________, went scuba diving, and rode an elephant.

W: Wow, that sounds like so much fun. What did you like best?

M: I 3) ________ ________ ________ ________. Riding an elephant was really fun, but I don't want to do it again.

W: Why not?

M: I 4) ________ ________ ________ the elephants.

05 장소 추론

대화를 듣고, 두 사람이 대화하는 장소로 가장 적절한 곳을 고르시오.

① 여행사 ② 경찰서 ③ 백화점
④ 환전소 ⑤ 공항 세관

W: Hi. How can I help you today?

M: Well, I'm 1) ________ ________ ________ tomorrow morning for a vacation.

W: I see. So you need some Korean currency?

M: That's right. 2) ________ ________ ________ ________ $500.

W: All right. Today, the exchange rate is $1 to 1,200 won.

M: That's fine.

W: I just need you to fill out this form and 3) ________ ________ ________ ________.

M: Sure.

06 의도 파악

대화를 듣고, 여자의 마지막 말의 의도로 가장 적절한 것을 고르시오.

① 제안 ② 조언 ③ 칭찬
④ 격려 ⑤ 부탁

W: I'm starving. Let's go have lunch!

M: I'd like to, but I don't have time.

W: You don't have time to go out for lunch? Why not?

M: I 1) ________ ________ ________ ________ tomorrow, so I have to study for it.

W: I think you 2) ________ ________ ________. Didn't you study all weekend?

M: Yes, but I'm not ready for it at all. I'm nervous.

W: Don't worry. You always 3) ________ ________ ________. I'm sure you'll do well.

M: I think the test will be difficult. I'm going to study all night.

W: Martin, you need to relax. You'd better 4) ________ ________ ________ ________ the night before the test.

07 세부 정보 파악

대화를 듣고, 남자의 스마트폰의 문제로 가장 적절한 것을 고르시오.

① 전원 오작동 ② 정보 삭제
③ 액정 유리 파손 ④ 전화벨 무음
⑤ 터치스크린 고장

★Focus on Sound the apps

모음 앞의 the는 [더]가 아닌 [디이]로 발음된다.

W: Hi, there. How can I help you?

M: There's 1) ________ ________ ________ my smartphone.

W: What's wrong with it?

M: None of *the apps will open, and I can't 2) ________ ________ ________ ________.

W: Let me see... It looks like your 3) ________ ________ ________ ________. I think I can fix it, but it will take a couple of days.

M: That's good news. I can wait.

W: Okay. We'll email you when it's done. You can pick it up then.

M: Thanks.

08 할 일 파악

대화를 듣고, 두 사람이 대화 직후에 할 일로 가장 적절한 것을 고르시오.

① 쇼핑하기 ② 만화책 읽기
③ 공원 산책하기 ④ 해변에 가기
⑤ 여자의 집에 들르기

★Focus on Sound instead

[s] 뒤에 [t]가 오면 된소리가 되어 [인스테드]가 아닌 [인스떼드]와 가깝게 발음된다.

M: Are you ready to go to the mall?

W: I changed my mind. I don't want to go shopping.

M: Well, we can 1) ________ ________ ________ *instead.

W: No, the weather's too nice. Let's 2) ________ ________ ________.

M: How about taking a walk in the park?

W: That sounds okay, but I'd rather 3) ________ ________ ________ ________.

M: The beach is too far away. It will take more than two hours to get there.

W: You're right. Then let's go to the park. But first, let's 4) ________ ________ ________ ________ to get my bike.

M: Okay.

09 언급하지 않은 내용 찾기

대화를 듣고, 두 사람이 프리타타에 대해 언급하지 않은 것을 고르시오.

① 맛 ② 재료 ③ 조리 시간
④ 조리법 ⑤ 영양분

M: Elisa, I just made this frittata. Try some.

W: Mmm. It tastes so good. It has potatoes and spinach in it, right?

M: Right. And eggs are the 1) ________ ________.

W: Can you tell me how to make a frittata?

M: Sure. First, stir eggs and milk. Next, fry potatoes and spinach. Then, pour the eggs over the vegetables. Finally, 2) ________ ________ ________ ________ ________ and bake it until the eggs are set.

W: That's simple. Maybe I should try.

M: Definitely. It's low in calories and fat, and 3) ________ ________ ________.

10 주제 파악

다음을 듣고, 남자가 하는 말의 내용으로 가장 적절한 것을 고르시오.

① 화재 예방 수칙
② 태풍 시 주의 사항
③ 화재 시 대피 요령
④ 자연재해의 위험성
⑤ 소방 시설 점검의 필요성

M: It's important to avoid causing fires. However, it's even more important to know 1) ________ ________ ________ if one occurs. You should 2) ________ ________ ________ ________ ________ with a wet cloth. You should get to the nearest exit as quickly as possible. Never take the elevator; always 3) ________ ________ ________. Most importantly, you shouldn't panic. Try to be calm and find a way out.

11 내용 일치 파악

대화를 듣고, 선물에 대한 내용과 일치하지 않는 것을 고르시오.

① 배낭을 선물할 것이다.
② 여자의 조카에게 줄 것이다.
③ 예산은 100달러이다.
④ 온라인으로 구매할 예정이다.
⑤ 깜짝 선물로 준비하고 있다.

M: Mia, what are you doing?

W: I'm looking for a backpack online. 1) ________ ________ ________ ________ ________ this year, and I'd like to give him one as a present.

M: Have you found any good ones?

W: Well, actually, the backpacks on this website are too expensive. My 2) ________ ________ ________.

M: Then why don't you go to the store across the street? They 3) ________ ________ ________ ________ ________ this week. You can get a good one there.

W: Oh, really? I think I should go there tomorrow, then.

M: How about taking your nephew to the store and asking him to pick one out for himself?

W: No, I want it 4) ________ ________ ________ ________.

12 목적 파악

대화를 듣고, 남자가 학교 식당에 가는 목적으로 가장 적절한 것을 고르시오.

① 점심을 먹기 위해서
② 지갑을 찾기 위해서
③ 숙제를 하기 위해서
④ 음료수를 사기 위해서
⑤ 친구를 만나기 위해서

W: Matt! Where are you going?
M: I'm going to the school cafeteria.
W: Why are you in such a hurry?
M: I 1) ________ ________ ________ Henry there at 4:00, but I'm late. I hope he's 2) ________ ________ ________ ________.
W: Don't worry. I saw him in the cafeteria a few minutes ago.
M: Really? 3) ________ ________ ________ ________? Did he look angry?
W: Not really. He looked like he 4) ________ ________ ________ on his laptop.
M: Oh, okay. I should run. See you later!

13 숫자 정보 파악

대화를 듣고, 두 사람이 만날 시각을 고르시오.

① 5:30 p.m. ② 5:40 p.m. ③ 6:00 p.m.
④ 6:30 p.m. ⑤ 7:00 p.m.

W: Why don't we watch *The Luckiest Man* at 6:30 p.m. today?
M: Sure. 1) ________ ________ ________ ________ ________?
W: How about 5:30?
M: 2) ________ ________ ________ ________?
W: We can eat dinner before the movie starts. It'll 3) ________ ________ ________ ________.
M: I'm sorry, but my swimming class ends at 5:40. 4) ________ ________ ________ ________ ________ and having dinner after the movie?
W: Okay.

14 관계 추론

대화를 듣고, 두 사람의 관계로 가장 적절한 것을 고르시오.

① 교사 - 학생 ② 요리사 - 손님
③ 점원 - 손님 ④ 배달원 - 고객
⑤ 요리사 - 웨이터

*** Focus on Sound serve it**

자음의 끝과 모음의 처음이 만나면 연음되어 [서ㄹ브 잇]이 아닌 [서ㄹ빗]으로 발음된다.

W: Can I talk to you for a moment?
M: Sure, but I don't have much time.
W: That's fine. I just wanted you to know that a customer just came up to me and 1) ________ ________ ________ ________ ________. He said it was too cold.
M: I don't understand.
W: The soup was cold because you 2) ________ ________ ________ ________ too late.
M: Oh, I'm so sorry. We were very busy tonight.
W: I know that, but 3) ________ ________ ________ ________ ________ ________ something, you should *serve it to the customer.
M: I know. I'll try to be faster next time.
W: Okay.

15 부탁한 일 파악

대화를 듣고, 여자가 남자에게 부탁한 일로 가장 적절한 것을 고르시오.

① 청소 도와주기　② 이사 도와주기
③ 파티 초대해주기　④ 친구 소개해주기
⑤ 기숙사에 데려다주기

M: Hey, Sue. What's up?

W: Hi, Eric! Are you busy this Saturday?

M: Not really. I don't have any plans yet.

W: Then can you 1) ________ ________ ________ ________?

M: Sure. I guess you need help 2) ________ ________ ________ ________ ________ ________.

W: That's right. I need 3) ________ ________ ________ ________ ________. Can you?

M: Sure. I'll 4) ________ ________ ________ ________.

W: Thank you so much. Please be there by 10:00 a.m.

16 이유 파악

대화를 듣고, 남자가 지하철을 탄 이유로 가장 적절한 것을 고르시오.

① 차가 고장 나서
② 택시비가 모자라서
③ 도로에 교통이 혼잡해서
④ 버스 정류장을 못 찾아서
⑤ 지하철 역이 집에서 가까워서

M: Sorry I'm late. Have you been waiting long?

W: Yes. I've been here about 30 minutes. Why didn't you answer your phone?

M: I left it at home by mistake.

W: Why are you so late? Was there a lot of 1) ________ ________ ________ ________?

M: Oh, I didn't drive. My car 2) ________ ________ ________ ________ ________ because of engine problems.

W: Then how did you get here?

M: By subway. When I transferred from Line 4 to 7, I 3) ________ ________ ________ ________ ________.

W: Anyway, I'm glad you finally made it.

17 그림 상황에 적절한 대화 찾기

다음 그림의 상황에 가장 적절한 대화를 고르시오.

① ② ③ ④ ⑤

① W: I 1) ________ ________ ________ ________ ________.
M: Oh no. Here's a tissue.

② W: 2) ________ ________ ________ ________?
M: That shirt will look great on you.

③ W: I 3) ________ ________ ________ ________. Do you like it?
M: Thank you so much! I love it.

④ W: I need a new shirt. Can you go to the mall with me?
M: Sure. I'm not busy right now.

⑤ W: I don't think this color suits me.
M: I disagree. I think that blue shirt 4) ________ ________ ________ ________.

18 언급하지 않은 내용 찾기

다음을 듣고, 여자가 통학 버스의 문제점으로 언급하지 않은 것을 고르시오.

① 차체의 노후 ② 과속 운전
③ 탑승 인원 초과 ④ 운행 지연
⑤ 안전벨트 미설치

*** Focus on Sound** **recently**
[t]가 [n]과 [l] 사이에서 약화되어 [리슨틀리]가 아니라 [리슨리]와 비슷하게 발음된다.

W: *Recently, we have 1) ________ ________ ________ from parents about the school's bus service. They're concerned that the buses are too old and that the 2) ________ ________ ________ ________. There have also been reports of buses being late in the morning. And lastly, some parents 3) ________ ________ ________ ________ on the school buses immediately. Today we will discuss these problems and try to find solutions.

19 마지막 말에 이어질 응답 찾기

대화를 듣고, 여자의 마지막 말에 이어질 남자의 말로 가장 적절한 것을 고르시오.

Man: ______________________

① Why didn't you buy more milk?
② Dad is going to be really surprised.
③ Can you buy some more at the store?
④ Great! Then let's get started right now.
⑤ We can go shopping when we're done.

W: Are you making Dad's birthday cake now?

M: Yeah. I'm 1) ________ ________ ________ if we have enough flour.

W: Is there anything I can do to help?

M: Maybe. Can you check if we have milk and eggs?

W: Sure. *[pause]* Well, we 2) ________ ________ ________ ________. How many eggs do you need?

M: The recipe says to use four.

W: Oh. Well, there are 3) ________ ________ ________ ________ ________.

M: Can you buy some more at the store?

20 마지막 말에 이어질 응답 찾기

대화를 듣고, 여자의 마지막 말에 이어질 남자의 말로 가장 적절한 것을 고르시오.

Man: ______________________

① I went there last week.
② How long will you be there?
③ It will stop raining this afternoon.
④ We need to start packing for the trip.
⑤ Oh no. It's going to be cloudy and rainy.

W: Today is Wednesday! I can't wait until Friday.

M: Are you 1) ________ ________ ________ ________ to Italy this weekend?

W: Of course I am! Aren't you?

M: I am, too. I really hope the 2) ________ ________ ________ ________.

W: I think we should 3) ________ ________ ________ so we can be prepared.

M: Good idea. I'll check on the Internet.

W: 4) ________ ________ ________ ________?

M: Oh no. It's going to be cloudy and rainy.

고난도 실전모의고사 02회

정답 및 해설 pp. 91~95

점수: /20

보통 속도 듣기

빠르게 듣기

01 다음을 듣고, 파리의 날씨로 가장 적절한 것을 고르시오.

①②③

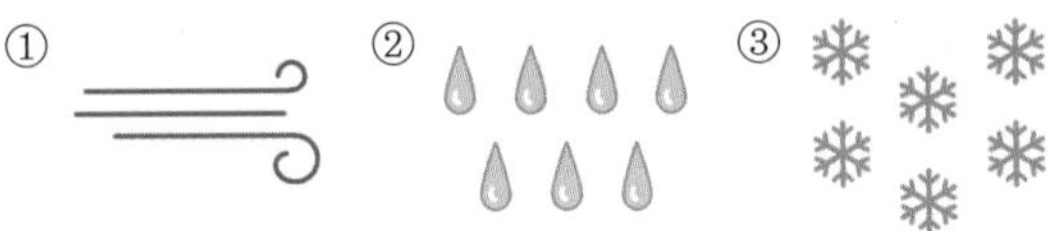

④⑤

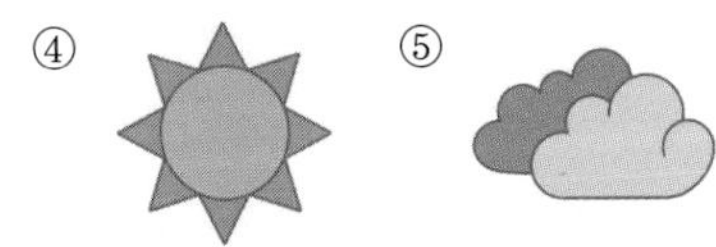

02 대화를 듣고, 두 사람이 사용할 식탁보로 가장 적절한 것을 고르시오.

①②③④⑤

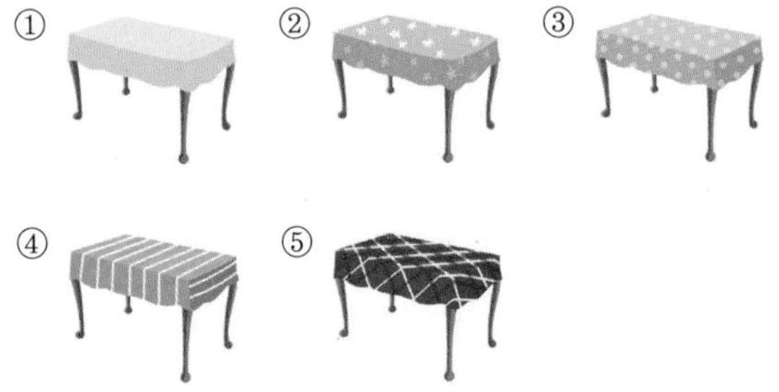

03 대화를 듣고, 남자의 심정으로 가장 적절한 것을 고르시오.

① shy ② proud ③ curious
④ annoyed ⑤ disappointed

04 대화를 듣고, 여자가 유기견 보호소에서 한 일로 가장 적절한 것을 고르시오.

① 개 먹이 주기 ② 개 입양하기
③ 개 산책시키기 ④ 개 목욕시키기
⑤ 개 우리 청소하기

05 대화를 듣고, 두 사람이 대화하는 장소로 가장 적절한 곳을 고르시오.

① 사무실 ② 산
③ 건물 계단 ④ 헬스장
⑤ 엘리베이터

06 대화를 듣고, 남자의 마지막 말의 의도로 가장 적절한 것을 고르시오.

① 칭찬 ② 사과 ③ 항의
④ 변명 ⑤ 조언

07 대화를 듣고, 두 사람의 저녁 메뉴로 가장 적절한 것을 고르시오.

① 피자 ② 스파게티 ③ 샌드위치
④ 카레 ⑤ 프라이드 치킨

08 대화를 듣고, 남자가 대화 직후에 할 일로 가장 적절한 것을 고르시오.

① 새 컴퓨터 사기
② 과제 마무리하기
③ 친구에게 전화하기
④ 컴퓨터 수리점에 가기
⑤ 컴퓨터 관련 서적 읽기

09 대화를 듣고, 두 사람이 노트북에 대해 언급하지 <u>않은</u> 것을 고르시오.

① 가격 ② 구입 시기 ③ 모델명
④ 방수 기능 ⑤ 보증 기간

10 다음을 듣고, 여자가 하는 말의 내용으로 가장 적절한 것을 고르시오.

① TV 시청의 이점
② 여행 경험의 가치
③ 컴퓨터 게임의 유해성
④ 효율적인 시간 활용 방법
⑤ 방학 기간 연장의 필요성

11 다음을 듣고, 그림 동아리에 대한 내용과 일치하지 않는 것을 고르시오.

① 그리기를 좋아하는 사람 누구나 가입할 수 있다.
② 한 달에 두 번 모인다.
③ 15년간 자원봉사 활동을 해 왔다.
④ 무료로 학교 벽을 페인트칠하고 있다.
⑤ 웹 사이트에서 가입할 수 있다.

12 대화를 듣고, 남자가 전화를 건 목적으로 가장 적절한 것을 고르시오.

① 함께 수영하러 가기 위해서
② 프랑스어 책을 빌리기 위해서
③ 숙제를 도와달라고 부탁하기 위해서
④ 친구의 전화번호를 물어보기 위해서
⑤ 프랑스어 수업에 관해 물어보기 위해서

13 대화를 듣고, 남자가 받은 거스름돈을 고르시오.

① $0.50 ② $1.50 ③ $2.00
④ $3.50 ⑤ $4.50

14 대화를 듣고, 두 사람의 관계로 가장 적절한 것을 고르시오.

① 손님 - 웨이터 ② 손님 - 음식 배달원
③ 손님 - 요리사 ④ 손님 - 편의점 직원
⑤ 집주인 - 택배 배달원

15 대화를 듣고, 여자가 남자에게 제안한 일로 가장 적절한 것을 고르시오.

① 부모님 찾아뵙기 ② 부모님께 카드 쓰기
③ 부모님과 여행 가기 ④ 부모님께 돈 드리기
⑤ 부모님께 선물 사 드리기

16 대화를 듣고, 남자가 배탈이 난 이유로 가장 적절한 것을 고르시오.

① 과식해서
② 급하게 먹어서
③ 음식 재료가 상해서
④ 면접 때문에 초조해서
⑤ 음식 알레르기가 있어서

17 다음 그림의 상황에 가장 적절한 대화를 고르시오.

① ② ③ ④ ⑤

18 다음을 듣고, 여자가 게임 박람회에 대해 언급하지 않은 것을 고르시오.

① 규모 ② 후원사 ③ 개최일
④ 개최 장소 ⑤ 즐길 거리

[19-20] 대화를 듣고, 남자의 마지막 말에 이어질 여자의 말로 가장 적절한 것을 고르시오.

19 Woman: ______________________

① Sorry, I can't break the rules.
② Sure, I can take you there later.
③ I would, but I don't like the color.
④ No thanks, I think this one is fine.
⑤ You can't exchange it without a receipt.

20 Woman: ______________________

① Why don't you take the subway instead?
② Why don't we take a taxi to the phone store?
③ I don't know why he won't answer your calls.
④ Do you think it's a good idea to buy a brand new phone?
⑤ Then why don't you call them and ask if they found it?

고난도 Dictation Test 02

정답 및 해설 pp. 91~95

01 세부 정보 파악

다음을 듣고, 파리의 날씨로 가장 적절한 것을 고르시오.

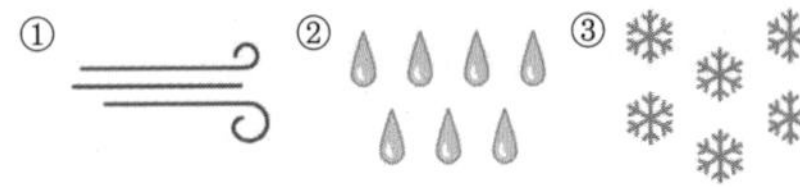

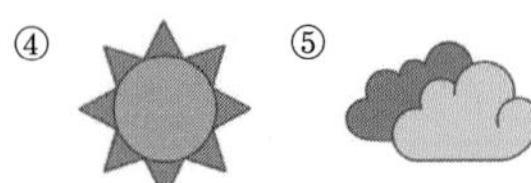

M: Good morning. This is the world weather forecast for today. Seoul and Beijing will have 1) ________, ________ ________. It will be cloudy all day in Los Angeles, but it won't rain. In Vancouver, 2) ________ ________ ________ ________ ________ ________ this afternoon. In London, it is foggy, and there will be 3) ________ ________ in the afternoon. But the weather is very different in Paris. It 4) ________ ________ ________ ________ ________ all day there. Thank you.

02 그림 정보 파악

대화를 듣고, 두 사람이 사용할 식탁보로 가장 적절한 것을 고르시오.

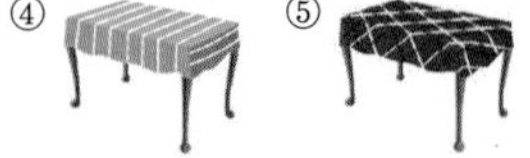

W: Are you almost ready for the dinner party?

M: Yes, I've finished cooking everything.

W: Are you going to use that 1) ________ ________ ________?

M: I don't know. What do you suggest?

W: Well, we also have a pink one with flowers on it.

M: 2) ________ ________ ________ ________. Do we have a checkered one? Or a striped one?

W: We 3) ________ ________ ________ ________, but not a checkered one.

M: All right, I'll use that one, then.

03 심정 추론

대화를 듣고, 남자의 심정으로 가장 적절한 것을 고르시오.

① shy ② proud ③ curious
④ annoyed ⑤ disappointed

W: Happy birthday, Gordon!

M: Oh, you remembered.

W: Of course I did. And I 1) ________ ________ ________ ________ ________, too.

M: Really? Where is it?

W: I 2) ________ ________ ________ ________. It's in the backyard.

M: Why couldn't you bring it inside?

W: Don't ask so many questions. Let's just 3) ________ ________ ________ ________.

M: All right.

W: Close your eyes and follow me.

04 한 일 파악

대화를 듣고, 여자가 유기견 보호소에서 한 일로 가장 적절한 것을 고르시오.

① 개 먹이 주기 ② 개 입양하기
③ 개 산책시키기 ④ 개 목욕시키기
⑤ 개 우리 청소하기

M: Hi, Olivia. Did you have a nice weekend?

W: I did. I went to a dog shelter with Haley and Nathan.

M: Why? Did you get a dog there?

W: No. We volunteered. We helped 1) ________ ________ ________ ________ ________.

M: That's great. But Haley is afraid of dogs, isn't she?

W: Well, she likes dogs, but she is a little scared to touch them. So she 2) ________ ________ ________.

M: What did you do?

W: I 3) ________ ________ ________, and Nathan fed them. The dogs seemed to like it, so I was very happy.

M: It seems like you really enjoyed taking care of them.

W: Yes. There are many dogs that need homes. I'll adopt one next month.

M: That's great! Maybe I should 4) ________ ________ ________.

05 장소 추론

대화를 듣고, 두 사람이 대화하는 장소로 가장 적절한 곳을 고르시오.

① 사무실 ② 산
③ 건물 계단 ④ 헬스장
⑤ 엘리베이터

★ **Focus on Sound** close

'가까운'의 의미인 경우 [클로우스], '닫다'의 의미인 경우 [클로우즈]로 발음된다.

M: I'm pretty tired. Let's 1) ________ ________ ________.

W: But we're so ★close to the top.

M: I know, but we've 2) ________ ________ ________ ________.

W: Come on. It's just a little bit further.

M: Sorry, I guess I'm 3) ________ ________ ________. I should start working out.

W: Just take the stairs when you go to work every morning. That will help.

M: That's a good idea. Let's 4) ________ ________ ________ and then maybe we can keep going.

06 의도 파악

대화를 듣고, 남자의 마지막 말의 의도로 가장 적절한 것을 고르시오.

① 칭찬 ② 사과 ③ 항의
④ 변명 ⑤ 조언

M: Excuse me. I'd like to talk to the manager.

W: I'm the manager. How may I help you?

M: Well, I heard that this was an excellent restaurant, but 1) ________ ________ ________.

W: I'm sorry to hear that. Can you explain why?

M: It took more than 40 minutes for 2) ________ ________ ________ ________ ________.

W: I'm very sorry. We are very busy on weekends.

M: That's not all. The vegetables in the salad 3) ________ ________, and the steak was cold.

07 세부 정보 파악

대화를 듣고, 두 사람의 저녁 메뉴로 가장 적절한 것을 고르시오.

① 피자 ② 스파게티 ③ 샌드위치
④ 카레 ⑤ 프라이드 치킨

★ Focus on Sound that

접속사 that은 기능어로 문장에서 약하게 발음된다.

W: What do you want for dinner?

M: How about spaghetti or pizza?

W: No, I had spaghetti for lunch. Let's 1) ________ ________ ________.

M: I heard a new Indian restaurant opened on Main Street. Let's 2) ________ ________ ________ there.

W: I'm 3) ________ ________ ________ ________ ________ curry.

M: But I heard ★that they have really good chicken curry.

W: Okay, then 4) ________ ________ ________. Let's go.

08 할 일 파악

대화를 듣고, 남자가 대화 직후에 할 일로 가장 적절한 것을 고르시오.

① 새 컴퓨터 사기
② 과제 마무리하기
③ 친구에게 전화하기
④ 컴퓨터 수리점에 가기
⑤ 컴퓨터 관련 서적 읽기

W: Can you help me? There's 1) ________ ________ ________ my computer.

M: Sure. What's wrong with it?

W: It 2) ________ ________ ________.

M: Let me check. Hmm... I don't know what's wrong.

W: Oh no. I have to finish my paper tomorrow.

M: Shall I 3) ________ ________ ________ Joe? He knows all about computers.

W: Thanks!

09 언급하지 않은 내용 찾기

대화를 듣고, 두 사람이 노트북에 대해 언급하지 않은 것을 고르시오.

① 가격 ② 구입 시기 ③ 모델명
④ 방수 기능 ⑤ 보증 기간

[Phone rings.]

M: Thanks for calling AT Electronics. How may I help you?

W: Hello. I 1) ________ ________ ________ from your store six months ago.

M: Okay. Is there something wrong with it?

W: Yes. I spilled some water on it, and now it's not working.

M: I see. Could you tell me the 2) ________ ________ ________ ________?

W: Sure. It's TX503. I think this model 3) ________ ________ ________ ________ ________.

M: You're right. You should take it to the customer service center. That model comes with a one-year warranty.

W: I see. Thank you.

10 주제 파악

다음을 듣고, 여자가 하는 말의 내용으로 가장 적절한 것을 고르시오.

① TV 시청의 이점
② 여행 경험의 가치
③ 컴퓨터 게임의 유해성
④ 효율적인 시간 활용 방법
⑤ 방학 기간 연장의 필요성

W: People often think students only watch TV and play games during the summer. But many students use their vacation time more wisely. Some of them 1) ________ ________ ________, and others gain experience through part-time jobs. Unfortunately, their 2) ________ ________ ________. But if they had two or three 3) ________ ________ ________ ________ ________, they could do even more.

11 내용 일치 파악

다음을 듣고, 그림 동아리에 대한 내용과 일치하지 않는 것을 고르시오.

① 그리기를 좋아하는 사람 누구나 가입할 수 있다.
② 한 달에 두 번 모인다.
③ 15년간 자원봉사 활동을 해 왔다.
④ 무료로 학교 벽을 페인트칠하고 있다.
⑤ 웹 사이트에서 가입할 수 있다.

M: Hello, everyone. I'd like to tell you about our painting club, Wonderful Art. 1) ________ ________ ________ ________ ________ can join us, even if you're not good at painting. We 2) ________ ________ ________ ________, and we have a good time painting together. But that's not the only thing we do. Our club was established 15 years ago. And for the past 10 years, 3) ________ ________ ________ ________ our time by painting the walls of schools for free. If you want to join us, please 4) ________ ________ ________. Thank you.

12 목적 파악

대화를 듣고, 남자가 전화를 건 목적으로 가장 적절한 것을 고르시오.

① 함께 수영하러 가기 위해서
② 프랑스어 책을 빌리기 위해서
③ 숙제를 도와달라고 부탁하기 위해서
④ 친구의 전화번호를 물어보기 위해서
⑤ 프랑스어 수업에 관해 물어보기 위해서

[Cell phone rings.]

W: Hello?

M: Hi, Laura, it's Thomas. Can I [1] ________ ________ ________?

W: Sure. What's up?

M: Did you [2] ________ ________ ________ last semester?

W: Yes, I did. Why?

M: I was wondering if you could [3] ________ ________ ________ ________ ________ today. It's too difficult.

W: Sorry, I can't. I'm going swimming with Jennifer. Why don't you ask David? He [4] ________ ________ ________. And he's probably home.

M: That's a good idea. I'll call him.

13 숫자 정보 파악

대화를 듣고, 남자가 받은 거스름돈을 고르시오.

① $0.50 ② $1.50 ③ $2.00
④ $3.50 ⑤ $4.50

W: What can I get you today?

M: I'll have a chocolate donut and a small coffee.

W: Okay. But did you know our [1] ________ ________ ________ today?

M: No, I didn't. How much are they usually?

W: They're [2] ________ ________ ________.

M: Great. I'll take two chocolate donuts, then. And [3] ________ ________ ________ ________ ________?

W: It's $2.50.

M: All right. Here's $5, then.

W: Thank you. And here's your change.

14 관계 추론

대화를 듣고, 두 사람의 관계로 가장 적절한 것을 고르시오.

① 손님 – 웨이터 ② 손님 – 음식 배달원
③ 손님 – 요리사 ④ 손님 – 편의점 직원
⑤ 집주인 – 택배 배달원

[knocking]

W: Hi, there.

M: Good evening, ma'am. [1] ________ ________ ________ ________.

W: Thanks. How much is it?

M: It's $12.50.

W: Are you sure? That [2] ________ ________ ________. I ordered a large pizza, a bottle of cola, and a salad. That should be $15.

M: Let me see. *[pause]* I'm sorry. There's no salad. I can [3] ________ ________ ________ ________ you one.

W: Okay, but please hurry.

15 제안한 일 파악

대화를 듣고, 여자가 남자에게 제안한 일로 가장 적절한 것을 고르시오.

① 부모님 찾아뵙기 ② 부모님께 카드 쓰기
③ 부모님과 여행 가기 ④ 부모님께 돈 드리기
⑤ 부모님께 선물 사 드리기

M: Do you have any plans for Parents' Day?

W: I'm going to visit my parents in Incheon.

M: Did you 1) ________ ________ ________ ________?

W: Yes. I bought a silk scarf for my mom and a wallet for my dad.

M: Oh, those are nice gifts.

W: What about you? Are you going to 2) ________ ________ ________?

M: I'd like to, but I can't. I have to go to Busan on business that day. So I'm thinking of 3) ________ ________ ________ ________.

W: You're just going to send them money?

M: Yes. I don't know what else to do. I don't have time to go shopping.

W: Why don't you just buy them a card and 4) ________ ________ ________ ________ ________? I think they would like that more than money.

M: That's a great idea. Thanks!

16 이유 파악

대화를 듣고, 남자가 배탈이 난 이유로 가장 적절한 것을 고르시오.

① 과식해서
② 급하게 먹어서
③ 음식 재료가 상해서
④ 면접 때문에 초조해서
⑤ 음식 알레르기가 있어서

M: I threw up after I got home from the restaurant. My stomach still hurts.

W: Oh no. 1) ________ ________ ________ ________ something you ate?

M: No. I don't have any food allergies.

W: Maybe some of the ingredients 2) ________ ________ ________.

M: The food tasted fine. My friends had the same food as me, and they're all okay. I think I was 3) ________ ________ ________ about the interview I had this morning.

W: You must have been. But I'm sure you did well. Now you can 4) ________ ________ ________.

17 그림 상황에 적절한 대화 찾기

다음 그림의 상황에 가장 적절한 대화를 고르시오.

① ② ③ ④ ⑤

① W: My head is killing me.
M: Why don't you 1) ________ ________ ________ ________?

② W: What happened?
M: I slipped while inline skating and 2) ________ ________ ________.

③ W: Do your feet hurt?
M: No, they're just uncomfortable.

④ W: Did you 3) ________ ________ ________ ________?
M: Yes. I hit my head on the ground.

⑤ W: I'm going to ride a scooter.
M: Don't forget to 4) ________ ________ ________. You need to be careful.

18 언급하지 않은 내용 찾기

다음을 듣고, 여자가 게임 박람회에 대해 언급하지 않은 것을 고르시오.

① 규모 ② 후원사 ③ 개최일
④ 개최 장소 ⑤ 즐길 거리

W: Hello! We're excited to announce that the Star Game Expo is coming soon! It is 1) ________ ________ ________ ________ for the digital entertainment industry in the world. The expo 2) ________ ________ ________ ________ the International Exhibition Center from August 18 to 20. You can 3) ________ ________ ________ ________, cosplay, and hands-on interactive experience booths. Come play with your friends and 4) ________ ________ ________!

19 마지막 말에 이어질 응답 찾기

대화를 듣고, 남자의 마지막 말에 이어질 여자의 말로 가장 적절한 것을 고르시오.

Woman: ______________

① Sorry, I can't break the rules.
② Sure, I can take you there later.
③ I would, but I don't like the color.
④ No thanks, I think this one is fine.
⑤ You can't exchange it without a receipt.

M: Hi. I'd like to 1) ________ ________ ________.
W: Okay. Is there something wrong with it?
M: No, I just don't like the style. Here's my receipt.
W: Thanks. Oh, you didn't 2) ________ ________ ________ ________ ________.
M: No. I bought it at the downtown store.
W: Unfortunately, you have to exchange it at the store you bought it from.
M: But that store is too far. Please 3) ________ ________ ________ ________ ________.
W: Sorry, I can't break the rules.

20 마지막 말에 이어질 응답 찾기

대화를 듣고, 남자의 마지막 말에 이어질 여자의 말로 가장 적절한 것을 고르시오.

Woman: ______________

① Why don't you take the subway instead?
② Why don't we take a taxi to the phone store?
③ I don't know why he won't answer your calls.
④ Do you think it's a good idea to buy a brand new phone?
⑤ Then why don't you call them and ask if they found it?

W: Hey, why didn't you answer my text?
M: I don't have my phone with me.
W: Why? Did you leave it at home?
M: No, I think I 1) ________ ________ ________ ________ ________ this morning.
W: Oh no! Have you tried calling it?
M: Yes, I did, but 2) ________ ________ ________ ________.
W: Do you remember the taxi company or the cab number?
M: Well, I don't remember the number, but I 3) ________ ________ ________ ________.
W: Then why don't you call them and ask if they found it?

Word Test 고난도 실전모의고사 01~02회

A 다음 영어의 우리말 뜻을 쓰시오.

01 exit ______
02 occur ______
03 rest ______
04 discuss ______
05 calm ______
06 climb ______
07 discover ______
08 shelter ______
09 dorm ______
10 gloomy ______
11 consider ______
12 college ______
13 slip ______
14 concerned ______
15 partly ______
16 stir ______
17 excellent ______
18 expo ______
19 backyard ______
20 panic ______
21 wisely ______
22 gain ______
23 ingredient ______
24 extra ______
25 customer ______
26 volunteer ______
27 semester ______
28 limited ______
29 establish ______
30 rain shower ______
31 out of shape ______
32 on business ______
33 be afraid of ______
34 get back ______
35 by mistake ______
36 make a call ______
37 the other day ______
38 would rather ______
39 none of ______
40 work out ______

정답 및 해설 p. 95

B 다음 우리말 뜻에 맞는 영어를 쓰시오.

01 젖은 ______________________

02 입양하다 ______________________

03 규칙, 원칙 ______________________

04 땅바닥 ______________________

05 보증 ______________________

06 사라지다 ______________________

07 방수의 ______________________

08 시금치 ______________________

09 냉장고 ______________________

10 해결책 ______________________

11 밀가루 ______________________

12 불평하다 ______________________

13 조카 (아들) ______________________

14 붓다, 따르다 ______________________

15 안개가 낀 ______________________

16 계단 ______________________

17 줄무늬의 ______________________

18 (동물의) 우리 ______________________

19 알레르기가 있는 ______________________

20 설명하다 ______________________

21 무대 ______________________

22 더 멀리; 더 ______________________

23 설치하다 ______________________

24 영양분 ______________________

25 동의하지 않다 ______________________

26 따르다, 따라오다 ______________________

27 최근에 ______________________

28 깨다; 어기다 ______________________

29 통화, 화폐 ______________________

30 산업 ______________________

31 상호적인, 쌍방향의 ______________________

32 환율 ______________________

33 최신형의, 아주 새로운 ______________________

34 ~을 잘하다 ______________________

35 ~하자마자 ______________________

36 (음식이) 상하다 ______________________

37 (탈것에서) 떨어지다 ______________________

38 좋은 성적을 받다 ______________________

39 토하다 ______________________

40 산책하다 ______________________

지은이

NE능률 영어교육연구소

NE능률 영어교육연구소는 혁신적이며 효율적인 영어 교재를 개발하고 영어 학습의 질을 한 단계 높이고자 노력하는 NE능률의 연구조직입니다.

능률 중학영어 듣기 모의고사 22회 <Level 2>

펴 낸 이 주민홍
펴 낸 곳 서울특별시 마포구 월드컵북로 396(상암동) 누리꿈스퀘어 비즈니스타워 10층
㈜NE능률 (우편번호 03925)
펴 낸 날 2023년 1월 5일 개정판 제1쇄 발행
2024년 9월 15일 제8쇄
전 화 02 2014 7114
팩 스 02 3142 0356
홈페이지 www.neungyule.com
등록번호 제1-68호
I S B N 979-11-253-4038-6 53740
정 가 15,000원

NE 능률

고객센터

교재 내용 문의 : contact.nebooks.co.kr (별도의 가입 절차 없이 작성 가능)
제품 구매, 교환, 불량, 반품 문의 : 02-2014-7114
☎ 전화문의는 본사 업무시간 중에만 가능합니다.

NE능률 교재 MAP

듣기 말하기 쓰기

아래 교재 MAP을 참고하여 본인의 현재 혹은 목표 수준에 따라 교재를 선택하세요.
NE능률 교재들과 함께 영어실력을 쑥쑥~ 올려보세요!
MP3 등 교재 부가 학습 서비스 및 자세한 교재 정보는 www.nebooks.co.kr 에서 확인하세요.

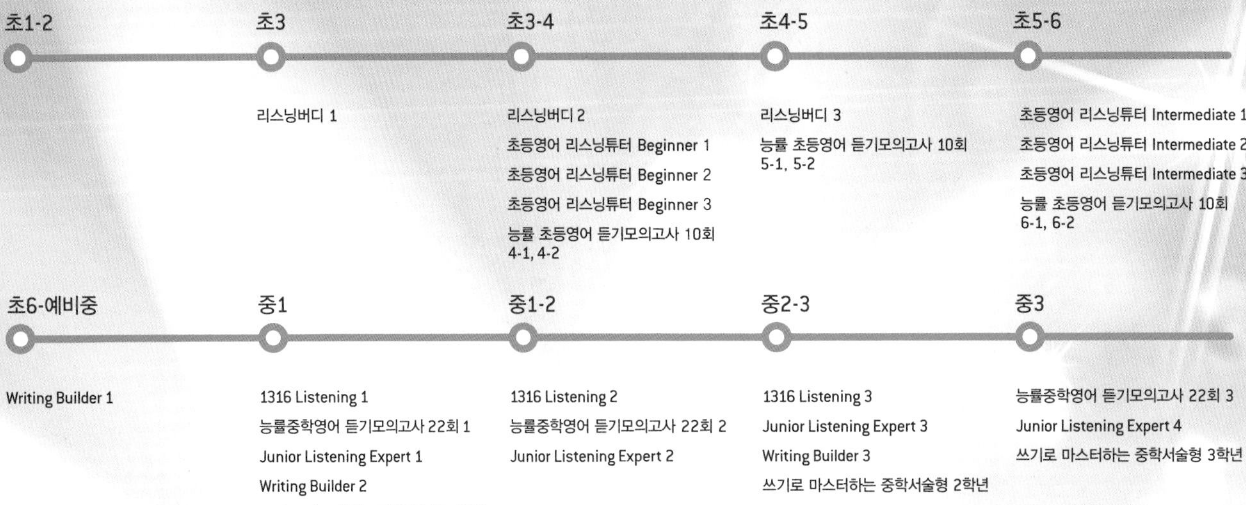

초1-2

초3
- 리스닝버디 1

초3-4
- 리스닝버디 2
- 초등영어 리스닝튜터 Beginner 1
- 초등영어 리스닝튜터 Beginner 2
- 초등영어 리스닝튜터 Beginner 3
- 능률 초등영어 듣기모의고사 10회 4-1, 4-2

초4-5
- 리스닝버디 3
- 능률 초등영어 듣기모의고사 10회 5-1, 5-2

초5-6
- 초등영어 리스닝튜터 Intermediate 1
- 초등영어 리스닝튜터 Intermediate 2
- 초등영어 리스닝튜터 Intermediate 3
- 능률 초등영어 듣기모의고사 10회 6-1, 6-2

초6-예비중
- Writing Builder 1

중1
- 1316 Listening 1
- 능률중학영어 듣기모의고사 22회 1
- Junior Listening Expert 1
- Writing Builder 2
- 쓰기로 마스터하는 중학서술형 1학년

중1-2
- 1316 Listening 2
- 능률중학영어 듣기모의고사 22회 2
- Junior Listening Expert 2

중2-3
- 1316 Listening 3
- Junior Listening Expert 3
- Writing Builder 3
- 쓰기로 마스터하는 중학서술형 2학년

중3
- 능률중학영어 듣기모의고사 22회 3
- Junior Listening Expert 4
- 쓰기로 마스터하는 중학서술형 3학년

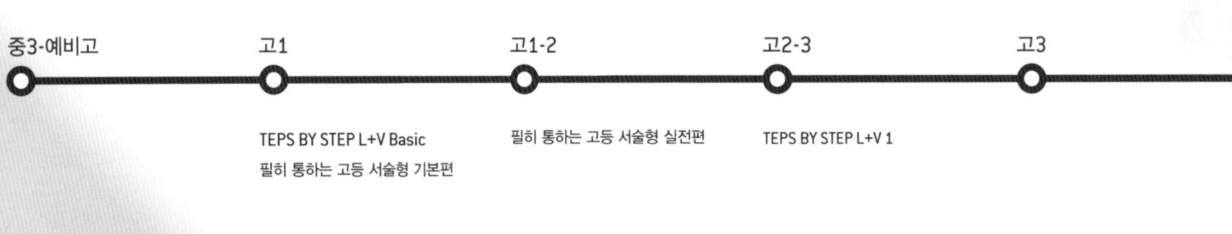

중3-예비고

고1
- TEPS BY STEP L+V Basic
- 필히 통하는 고등 서술형 기본편

고1-2
- 필히 통하는 고등 서술형 실전편

고2-3
- TEPS BY STEP L+V 1

고3

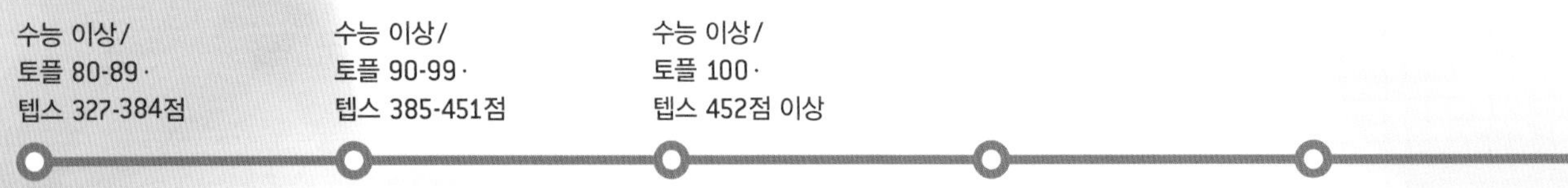

수능 이상/ 토플 80-89 · 텝스 327-384점
- TEPS BY STEP L+V 2
- RADIX TOEFL Blue Label Listening 1
- RADIX TOEFL Blue Label Listening 2

수능 이상/ 토플 90-99 · 텝스 385-451점
- RADIX TOEFL Black Label Listening 1

수능 이상/ 토플 100 · 텝스 452점 이상
- TEPS BY STEP L+V 3
- RADIX TOEFL Black Label Listening 2

전국 16개 시·도 교육청 주관 **영어듣기평가 실전대비서**

능률 중학영어 듣기 모의고사 22회

LEVEL 2

정답 및 해설

NE 능률

전국 16개 시·도 교육청 주관 **영어듣기평가 실전대비서**

능률 중학영어 듣기 모의고사 22회

LEVEL 2

정답 및 해설

기출문제 01회

pp. 26~27

01 ③	02 ①	03 ①	04 ⑤	05 ⑤
06 ③	07 ⑤	08 ④	09 ⑤	10 ③
11 ④	12 ①	13 ③	14 ①	15 ②
16 ②	17 ①	18 ④	19 ⑤	20 ②

01 ③

여: 저는 지난 겨울에 맨체스터로 여행을 갔습니다. 보통, 영국에는 겨울에 비가 많이 내립니다. 그래서 저는 우산과 레인 부츠를 준비했습니다. 하지만 제가 거기에 갔을 때는, 날씨가 따뜻하고 맑았습니다. 제가 좋은 날씨를 즐길 수 있어서 운이 좋다고 느꼈습니다.

해설 여자는 지난 겨울에 맨체스터로 여행을 갔을 때 날씨가 따뜻하고 맑았다고 했다.

어휘 go on a trip 여행을 가다 usually [júːʒuəli] 보통, 대개

02 ①

여: 도와드릴까요?
남: 제 딸의 방에 사용할 벽지가 필요합니다.
여: 줄무늬가 있는 것은 어떠세요?
남: 음… 줄무늬는 싫어요. 다른 것을 사고 싶어요.
여: 알겠습니다. 저희는 꽃무늬도 있어요.
남: 꽃무늬는 싫어요.
여: 토끼가 있는 이건 어떠세요? 요즘 매우 인기 있어요.
남: 귀여워 보이네요. 토끼 무늬가 있는 것을 살게요.

해설 남자는 딸의 방에 사용할 벽지로 토끼 무늬가 있는 것을 구입하기로 했다.

어휘 wallpaper [wɔ́ːlpèipər] 벽지 stripe [straip] 줄무늬 pattern [pǽtərn] 무늬 popular [pápjələr] 인기 있는

03 ①

여: Ron, 놀랄 소식이 있어.
남: 놀랄 소식? 그게 뭔데?
여: 내가 가장 좋아하는 가수가 우리 동네에서 콘서트를 할 거래.
남: 아, 정말? Alexa가 우리 동네에 온다는 거야?
여: 응, 게다가 우리 엄마가 나에게 표를 사 주셨어.
남: 잘됐다! 너 이거 정말 오랫동안 기다렸잖아.
여: 맞아. 그녀를 빨리 보고 싶어.

해설 여자는 가장 좋아하는 가수가 하는 콘서트에 갈 수 있게 되어 신이 날(excited) 것이다.

② 무서운 ③ 화난 ④ 지루한 ⑤ 부끄러운

어휘 surprising [sərpráiziŋ] 놀라운, 놀랄 news [njuːz] 소식 long [lɔːŋ] 오랫동안 can't wait to-v 빨리 ~하고 싶다

04 ⑤

여: Peter, 너 어제 뭐 했어?
남: 나 그냥 집에 있었어. 너는, Stella?
여: 나는 영화 〈The Three Kingdoms〉를 봤어. 정말 좋았어.
남: 그 영화의 뭐가 좋았어?
여: 영화 속의 아름다운 음악들이 다 너무 좋았어.
남: 영화를 혼자 봤어?
여: 아니, 남동생과 함께 봤어.

해설 여자는 어제 남동생과 함께 영화를 봤다고 했다.

어휘 alone [əlóun] 혼자

05 ⑤

여: 도와드릴까요?
남: 제가 시계를 잃어버렸는데요. 비행기에 두고 온 것 같아요.
여: 저희가 분실물 목록을 가지고 있어요. 제가 확인해 볼게요.
남: 그건 저에게 아주 중요한 거예요. 거기에 있으면 좋겠네요.
여: 죄송합니다, 지금 여기에 시계는 하나도 없네요. 선생님의 항공편이 뭐였나요?
남: 뉴욕발 Sunny Airlines 15였어요.
여: 알겠습니다. 성함과 전화번호를 적어 주세요. 저희가 나중에 전화 드리겠습니다.

해설 남자가 비행기에 시계를 두고 내린 것 같다고 하자, 여자는 분실물 목록을 확인하고 있으므로, 두 사람이 대화하는 장소로 가장 적절한 곳은 공항 분실물 센터이다.

어휘 leave [liːv] 떠나다; *두고 오다 (leave-left-left) lost item 분실물 flight [flait] 항공편, 항공기

06 ③

여: 우리 같이 점심 먹으러 나가자. 나 정말 배고파.
남: 나도 그래. 너는 뭐 먹고 싶어?
여: Park 가에 새로 생긴 멕시코 식당이 있어. 거긴 인기 있어.
남: 음, 난 멕시코 음식을 안 좋아해. 나에겐 너무 맵거든.
여: 그럼 피자나 파스타 같은 이탈리아 음식은 어때?
남: 그거 좋은 생각이야. 난 좋아.

해설 점심으로 이탈리아 음식이 어떻냐는 여자의 제안에 남자는 좋은 생각이라며 동의하고 있다.

어휘 go out 나가다 spicy [spáisi] 매운

07 ⑤

남: 우리 수학 과제 시작하자. 스터디룸에 가는 게 어때?
여: 좋아. 우리 뭘 가져와야 하지?
남: 나는 수학 교과서와 태블릿 PC를 가지고 있어. 우리 뭔가 다른 게 필요할까?
여: 정보를 찾으려면 수학 잡지가 필요할 것 같아.
남: 동의해, 하지만 난 한 권도 없어.
여: 나는 집에 수학 잡지가 몇 권 있어. 내가 가져올게.
남: 좋아. 나중에 보자.

해설 여자는 수학 과제 정보를 찾기 위해 집에서 수학 잡지를 가져오겠다고 했다.

어휘 bring [briŋ] 가져오다 textbook [tékstbùk] 교과서 magazine [mǽgəzì:n] 잡지 look for ~을 찾다 information [ìnfərméiʃən] 정보

08 ④

남: 유나야, 오늘 아빠 생신이야.
여: 맞아. 나는 아빠께 편지를 썼어.
남: 나도. 우리 아빠께 편지를 드리면 되겠다.
여: 우리가 할 수 있는 다른 게 없을까?
남: 아빠가 오시기 전에 뭔가 요리를 해 보자.
여: 좋은 생각이야. 음, 갈비 어때?
남: 좋아. 우린 갈비 요리하는 방법을 알아내야 해.
여: 그래. 지금 바로 조리법을 찾아보자.

해설 두 사람은 오늘이 아빠 생신이어서 갈비를 만들기 위한 조리법을 찾아보기로 했다.

어휘 find out ~을 알아내다 recipe [résəpì:] 조리법

09 ⑤

여: Harry, 너 뭐 읽고 있어?
남: 내가 가장 좋아하는 작가 Eliot Corbel의 새로 나온 만화책이야.
여: 아, 나 그거 뉴스에서 봤어. 3월 1일에 출간됐잖아. 제목이 뭐였지?
남: 〈Secret Lives〉야. 새로운 행성에서의 인간의 삶에 관한 거야.
여: 그건 공상 과학물 같네.
남: 응, 맞아. 나는 공상 과학물이 정말 좋아.

해설 작가(Eliot Corbel), 출간일(3월 1일), 제목(Secret Lives), 장르(공상 과학물)에 대해서는 언급하였으나, 판매 부수는 언급하지 않았다.

어휘 author [ɔ́:θər] 작가 come out (밖으로) 나오다; *(책이) 출간되다 planet [plǽnit] 행성 science fiction 공상 과학물

10 ③

남: 안녕하세요, 여러분. 기말고사가 오늘 시작됩니다. 지침을 잘 들어주세요. 첫째, 책상을 치우세요. 여러분의 책상 위에 어떤 책도 있으면 안 됩니다. 둘째, 시험 중에 친구에게 말하면 안 됩니다. 셋째, 질문이 있으면 조용히 손을 드세요. 마지막으로, 시험을 제시간에 마치세요. 다 이해되었나요? *[잠시 후]* 행운을 빌며 최선을 다하십시오.

해설 책상을 치우고 시험 중에 말하면 안 되며 질문이 있으면 조용히 손을 들라고 했으므로, 시험 주의사항에 대해 이야기하고 있음을 알 수 있다.

어휘 direction [dirékʃən] 방향; *지시, 지침 clear [kliər] 치우다; 이해하는 raise [reiz] 들다, 올리다 on time 제시간에

11 ④

남: 소은아, 너 Shine River Campground 알아? 그건 담양에 있어.
여: 응. 거기서 아름다운 강을 볼 수 있다고 들었어.
남: 맞아. 우리 가족과 나는 지난주에 거기에 갔거든. 우리는 거기서 캠프파이어를 즐겼어.
여: 텐트 가져갔어?
남: 아니. 무료로 텐트를 빌릴 수 있어.
여: 와, 나도 거기 가 봐야겠다.
남: 수영복 가져가는 거 잊지 마. 수영장이 있거든.
여: 알았어. 그럴게.

해설 텐트를 무료로 빌릴 수 있다고 했다.

어휘 campfire [kǽmpfàiər] 캠프파이어, 모닥불 borrow [bárou] 빌리다 for free 무료로 swimsuit [swímsu:t] 수영복

12 ①

[휴대전화가 울린다.]
여: 안녕, 아빠.
남: 얘, Grace. 너 집에 있니?
여: 네. 왜요?
남: 거기에 내 신용카드 보이니?
여: 아, 파란색 카드 말씀하시는 거예요?
남: 응. 내 지갑에서 찾을 수가 없네. 네가 그걸 찾아볼 수 있겠니?
여: *[잠시 후]* 아, 여기 아빠 신용카드 있어요! 주방 식탁 위에 두고 가셨네요.
남: 휴… 난 잃어버린 줄 알았어. 고맙다.
여: 천만에요. 안녕, 아빠.

해설 남자는 신용카드가 지갑에 없다며 여자에게 찾아봐 달라고 했다.

어휘 wallet [wálit] 지갑 lose [lu:z] 잃어버리다 (lose-lost-lost)

13 ③

남: 안녕하세요, My Sea Aquarium에 오신 것을 환영합니다. 어떻게 도와드릴까요?
여: 안녕하세요, 표 2장을 사고 싶어요.
남: 네. 인당 12달러입니다.
여: 학생 할인이 있나요?
남: 네, 있어요. 2달러 할인이 있습니다.
여: 그럼 각각 10달러네요, 맞나요?
남: 네. 총액은 20달러가 되겠습니다.
여: 여기 있습니다. 감사합니다.

해설 표는 인당 12달러인데 학생 할인을 적용해서 10달러라고 했으므로, 표 2장을 사려면 20달러를 지불해야 한다.

어휘 discount [diskáunt] 할인 total [tóutl] 합계, 총액

14 ①

여: 안녕하세요. 무엇을 도와드릴까요?
남: 안녕하세요. 제 아내를 위해 꽃바구니를 주문하고 싶어요.
여: 꽃을 고르시면, 제가 만들어 드릴 수 있어요.
남: 알겠습니다. 제 아내는 장미와 튤립을 좋아해요.
여: 좋은 선택이세요.
남: 그걸 아내의 사무실로 배달해 주실 수 있나요?
여: 물론이죠. 총액은 35달러가 되겠습니다.

해설 여자는 남자가 아내를 위해 주문한 꽃바구니를 만들어서 배달해 주겠다고 했으므로, 꽃가게 점원과 손님의 관계임을 알 수 있다.

어휘 order [ɔ́:rdər] 주문하다 choice [tʃɔis] 선택 deliver [dilívər] 배달하다

15 ②

남: 유리야, 무슨 일이야? 걱정스러워 보여.
여: 나 어제 선생님께 숙제를 안 냈어.
남: 무슨 일이 있었니? 숙제하는 걸 잊은 거야?
여: 응. 난 요즘 종종 무언가를 잊어버리곤 해.
남: 저런.
여: 내가 어떻게 해야 할까?
남: 네 스마트폰으로 스케줄 앱을 사용하는 게 어때? 네가 할 일을 기억하는 데 도움이 될 수 있어.
여: 그거 좋은 생각이야. 내 전화기에 하나 다운로드해야겠다.

해설 남자는 요즘 할 일을 종종 잊어버린다는 여자의 말에 스마트폰의 스케줄 앱 사용을 제안했다.

어휘 forget [fərgét] 잊다 schedule [skédʒu:l] 일정, 스케줄 app [æp] 앱 (application의 약자)

16 ②

남: 엄마, 저 학교에 다시 가려고요.
여: 하지만 오후 4시야. 왜 지금 학교에 가려는 거니?
남: 친구들을 만나야 하거든요.
여: 친구들? 그 애들과 무엇을 할 거니?
남: 저희는 같이 축구 연습을 할 거예요. 다음 주에 축구 시합이 있거든요.
여: 선생님과 함께 연습할 거니?
남: 네, 선생님께서 우리와 함께 해 주실 거예요.
여: 알았다. 최선을 다하렴.

해설 남자는 다음 주에 축구 시합이 있어서 친구들과 축구 연습을 하기 위해 학교에 다시 간다고 했다.

어휘 practice [prǽktis] 연습하다 match [mætʃ] 경기, 시합

17 ①

① 남: 이건 언제 그려졌나요?
여: 1887년에 그려졌어요.
② 남: 조심해! 그 컵은 아주 뜨거워.
여: 아, 몰랐어. 고마워.
③ 남: 일어나! 너 학교에 늦었어!
여: 5분만 더요, 아빠.
④ 남: 이 배드민턴 경기 진짜 재미있다.
여: 맞아. 저 선수 좀 봐!
⑤ 남: 어떻게 도와드릴까요?
여: 이어폰을 사고 싶어요.

해설 미술관에서 여자 가이드가 남자 관람객에게 그림에 대해 설명하고 있는 상황이다.

어휘 paint [peint] 페인트를 칠하다; *(그림물감으로) 그리다 watch out 조심해라

18 ④

여: 안녕하세요, 교장입니다. 새 학교 도서관이 5월 3일에 문을 열게 됩니다. 이름은 하나 도서관입니다. 우리 학교 학생들이 이름을 선택했습니다. 도서관은 2층에 있습니다. 교무실 옆에 보입니다. 여러분은 오전 9시부터 오후 4시까지 도서관을 이용할 수 있습니다. 여러분이 와서 구경하는 것을 환영합니다. 감사합니다.

해설 개관 날짜(5월 3일), 이름(하나 도서관), 위치(2층 교무실 옆), 이용 시간(오전 9시부터 오후 4시까지)에 대해서는 언급하였으나, 수용 인원은 언급하지 않았다.

어휘 principal [prínsəpəl] 교장 floor [flɔ:r] 층

19 ⑤

남: 넌 믿어지니? 다음 주에 우리 학교 안 가!
여: 응, 벌써 여름 방학이네.
남: 시간이 진짜 빨리 지나간다!
여: 맞아. 너는 방학에 특별한 계획이라도 있어?
남: 음, 난 일주일에 최소 세 번 운동할 계획이야.
여: 멋지다! 어떤 종류의 운동을 할 거야?
남: 아직 결정 못 했어. 뭐 추천해 줄 수 있어?
여: 조깅이 좋을 것 같아.

해설 방학에 할 운동을 추천해 달라고 했으므로, 운동 종류를 말하는 응답이 가장 적절하다.
① 오른쪽으로 돌아.
② 그는 그럴 필요가 없어.
③ 넌 어디 출신이니?
④ 거기에 어떻게 가니?

어휘 go by 지나가다 exercise [éksərsàiz] 운동하다 at least 적어도, 최소한 awesome [ɔ́:səm] 멋진, 굉장한

20 ②

남: 안녕, 소연아. 너 뭐 보고 있어?
여: 안녕, 지훈아. 이건 Your Music Camp의 웹 사이트야.
남: Your Music Camp? 그것에 관해 좀 더 말해 줘.
여: 그 캠프에서 너는 자작곡 만드는 방법을 배울 수 있어.
남: 재미있겠다! 무료야?
여: 음… 내가 확인해 볼게. *[잠시 후]* 아니, 돈을 지불해야 해.
남: 그래, 그럼 얼마야?
여: 학생은 5달러야.

해설 캠프의 참가비가 얼마인지 물었으므로, 가격을 말하는 응답이 가장 적절하다.
① 그는 기타를 칠 수 있어.
③ 나는 지금 정말 피곤해.
④ 그녀는 10시 정각에 잠을 자.
⑤ 전화를 잘못 거신 것 같네요.

어휘 pay [pei] 지불하다 [문제] have the wrong number 전화를 잘못 걸다

Dictation Test 01

pp. 28~35

01 1) it rains a lot 2) warm and sunny 3) enjoy the nice weather

02 1) something different 2) very popular these days 3) with the rabbit pattern

03 1) is having a concert 2) bought me a ticket 3) can't wait to see

04 1) saw the movie 2) all the beautiful music 3) watched it with my brother

05 1) left it on the airplane 2) list of lost items 3) What was your flight

06 1) want to eat 2) too spicy for me 3) I like it

07 1) need to bring 2) look for information 3) have some math magazines

08 1) cook something 2) find out how to cook 3) look for a recipe

09 1) by my favorite author 2) came out on 3) science fiction

10 1) clear your desk 2) raise your hand quietly 3) finish the exam on time

11 1) enjoyed a campfire 2) borrow a tent for free 3) bring your swimsuit

12 1) see my credit card 2) look for it 3) I lost it

13 1) for each person 2) discounts for students 3) Your total will be

14 1) order a flower basket 2) make it for you 3) deliver it to her office

15 1) often forget things 2) using a schedule app 3) download one on my phone

16 1) going to school 2) meet my friends 3) practice soccer together

17 1) was it painted 2) late for school 3) is really exciting

18 1) will open on 2) on the second floor 3) can use the library

19 1) plans for the vacation 2) What kind of exercise 3) recommend something

20 1) website for 2) write your own music 3) pay for it

기출문제 02회

pp. 36~37

01 ③	02 ①	03 ①	04 ④	05 ③
06 ②	07 ④	08 ②	09 ④	10 ①
11 ⑤	12 ④	13 ②	14 ⑤	15 ⑤
16 ①	17 ⑤	18 ③	19 ③	20 ⑤

01 ③

남: Weather Korea에 오신 것을 환영합니다. 내일 서울에는 많은 눈이 내리겠습니다. 속초에는 눈이 내리고 강풍이 불겠으니, 운전할 때 조심하십시오. 그리고 전주에는 폭우가 예상되니, 우산 가져가는 걸 잊지 마시기 바랍니다.

해설 내일 전주에는 폭우가 예상되니 우산을 가져가라고 했다.

어휘 strong wind 강풍 heavy rain 폭우 expect [ikspékt] 예상하다

02 ①

남: 안녕하세요. 실내용 화초를 찾고 계신가요?
여: 네, 그래요.
남: 그럼 이것들 중 하나가 어떠세요? 저희가 막 들여온 것들입니다.
여: 하트 모양의 잎이 아주 마음에 드네요. 그것들 중 하나를 살게요.
남: 어느 게 좋으세요? 둥근 화분에 있는 거요, 아니면 사각 화분에 있는 거요?
여: 둥근 화분에 있는 것을 주세요.
남: 알겠습니다!

해설 여자는 둥근 화분에 있는 하트 모양 잎의 화초를 구입하기로 했다.

어휘 houseplant [háusplæ̀nt] 실내용 화초 round [raund] 둥근 pot [pɑt] 냄비; 항아리; *화분 square [skwɛər] 사각형 모양의

03 ①

[휴대전화가 울린다.]
남: 지수야, 어디니? 9시가 거의 다 됐어.
여: 태민아! 나 늦게 일어났어! 버스 정류장으로 달려가고 있어.
남: 우리 9시에 현장 학습을 떠나기로 되어 있잖아.
여: 알아. 나는 거기 제시간에 도착 못할 것 같아.
남: 어서! 서둘러! 여기 언제 도착할 수 있어?
여: 잘 모르겠어. 버스가 언제 올지 몰라서. 이런! 나 어떻게 해야 해?

해설 여자는 늦어서 제시간에 도착 못할 것 같다고 했으므로 걱정될(worried) 것이다.
② 감사한 ③ 지루한 ④ 활기찬 ⑤ 평화로운

어휘 be supposed to-v ~하기로 되어 있다 field trip 현장 학습

04 ④

여: Roger, 너 어제 뭐 했어?
남: 나는 공원에서 개를 산책시켰어. 너는, Stacy?
여: 난 우리 가족과 덕수궁에 갔었어.
남: 재미있었겠다. 어땠어?
여: 우린 아주 좋은 시간을 보냈어. 한복을 입고 사진을 많이 찍었어.
남: 나에게 사진 좀 보여 줄래?
여: 응. 이것 봐!

해설 여자는 가족과 덕수궁에 가서 한복을 입고 사진을 많이 찍었다고 했다.

어휘 walk [wɔːk] 걷다; *(동물을) 산책시키다 take a picture 사진을 찍다

05 ③

남: 와, 여기 동물들이 많다!
여: 응. 이 개 봐. 너무 귀엽다.
남: 그래, 근데 너무 말랐다.
여: 가엾어라! 얘는 최근에 여기 온 것 같아.
남: 응. 좋은 보살핌이 필요하겠어.
여: 난 얘가 새 가족을 빨리 찾으면 좋겠어.
남: 나도 그래. 이곳의 모든 동물들이 좋은 가족을 찾으면 좋겠어.

해설 이곳의 모든 동물들이 좋은 가족을 찾으면 좋겠다고 했으므로, 두 사람이 대화하는 장소로 가장 적절한 곳은 동물 보호소이다.

어휘 skinny [skíni] 마른 recently [ríːsəntli] 최근에 care [kɛər] 돌봄, 보살핌

06 ②

여: 한 선생님, 질문이 하나 있어요.
남: 그래. 그게 뭐니, 은재야?
여: 지난주 역사 시험에 관한 거예요. 주로 5번 문제요.
남: 그래.
여: 그 문제는 조선 왕조의 13번째 왕의 이름을 쓰는 거였잖아요.
남: 아, 네가 문제를 오해했구나. 그건 13번째가 아니라 3번째 왕에 관한 거였어.
여: 이런! 제가 숫자를 혼동했네요.
남: 다음에는 시험지를 제출하기 전에 답을 다시 한 번 확인해야 한다.

해설 시험 문제를 혼동했다는 여자의 말에 남자는 시험지 제출 전에 답을 다시 확인하라고 조언하고 있다.

어휘 mainly [méinli] 주로 misunderstand [mìsʌndərstǽnd] 오해하다 (misunderstand-misunderstood-misunderstood)

confuse [kənfjúːz] 혼동하다 double-check [dʌ́bltʃèk] 다시 한 번 확인하다 hand in ~을 제출하다

07 ④

여: Henry, 너 Hate Waste에 대해 들어 봤어?
남: 아니. 그게 뭐야?
여: 그건 우리가 만드는 쓰레기의 양을 줄이는 캠페인이야.
남: 와! 좋은 캠페인 같다.
여: 그래. 난 플라스틱 쓰레기를 줄이려고 노력 중이야.
남: 어떻게 하고 있는데?
여: 난 쇼핑 갈 때 비닐봉지 대신에 에코백을 사용해.
남: 좋은 생각이야.

해설 여자는 플라스틱 쓰레기를 줄이기 위해 쇼핑 갈 때 비닐봉지 대신에 에코백을 사용한다고 했다.

어휘 waste [weist] 낭비; *쓰레기 reduce [ridjúːs] 줄이다 amount [əmáunt] (무엇의) 양 plastic bag 비닐봉지

08 ②

여: 네 누나에 대한 놀라운 소식 들었니?
남: 네, 엄마. 누나가 새로 취직했다고 들었어요.
여: 그래. 누나가 마침내 해냈어.
남: 누나에게 선물을 사 주는 게 어때요?
여: 나도 그 생각하고 있었어. 지금 쇼핑몰에 가는 게 어떠니?
남: 좋아요. 그런데 제 숙제를 먼저 끝내도 돼요? 5분밖에 안 걸릴 거예요.
여: 그래. 네가 준비되면 알려 주렴.

해설 남자는 누나의 선물을 사러 쇼핑몰에 가기 전에 숙제를 먼저 끝내겠다고 했다.

어휘 get a job 취직하다 finally [fáinəli] 마침내 make it 해내다, 성공하다 present [prézənt] 선물

09 ④

여: 안녕하세요. 오늘 쇼에는 John Lee 감독님을 모셨습니다.
남: 초대해 주셔서 감사합니다.
여: 천만에요. 그럼 감독님의 새 영화 〈Just Like a Woman〉에 대해 말씀해 주세요.
남: 그것은 예술가로서 한 여성의 삶에 관한 것입니다.
여: 누가 주인공 배역을 맡나요?
남: Scarlett Stone이요. 그녀의 연기는 놀라워요.
여: 약 5백만 명의 사람들이 벌써 감독님의 영화를 봤습니다. 기분이 어떠세요?
남: 그렇게 많은 사람들이 좋아해 주셔서 기쁩니다.

해설 제목(Just Like a Woman), 내용(예술가로서 한 여성의 삶), 주연배우(Scarlett Stone), 관객 수(약 5백만 명)에 대해서는 언급하였으나, 수상 여부는 언급하지 않았다.

어휘 director [diréktər] 감독 play [plei] 놀다; *연기하다, 배역을 맡다 main character 주인공 acting [ǽktiŋ] 연기 amazing [əméiziŋ] 놀라운 million [míljən] 100만

10 ①

남: 안녕하세요, 태양 중학교 학생 여러분. 제 이름은 신우빈입니다. 제가 학생회장이 되면, 우리 체육대회를 다양한 활동들로 더 재미있게 만들겠습니다. 또한, 저는 새로운 동아리들을 만들겠습니다. 그리고 우리 학교를 더 깨끗하고 안전하게 만들겠습니다. 그러니 다음 학생회장으로 저를 선택해 주십시오. 감사합니다.

해설 자신이 학생회장이 되면 할 일들에 대해 말하고 있으므로, 선거 공약임을 알 수 있다.

어휘 sports day 체육대회 a variety of 다양한 safer [seifər] 더 안전한 (safe의 비교급)

11 ⑤

여: Fred, 시청 근처에 Rose Cottage 건물 본 적 있어?
남: 응. 큰 빨간색 건물이잖아.
여: 전에 거기 가 본 적 있어?
남: 응, 몇 번. 그건 유명 건축가 Jack London이 설계한 거야.
여: 난 몰랐어.
남: 2020년에 디자인상도 탔어.
여: 정말? 놀랍다. 나도 거기 가 보고 싶어.
남: 사실, 지금 거기에서 미술 전시회가 열리고 있거든. 내일 거기에 갈래?
여: 좋아.

해설 내일 국제 회의가 열리는 것이 아니라 현재 미술 전시회가 열리고 있다고 했다.

어휘 a couple of 몇 개의 design [dizáin] 설계하다; 디자인 architect [ɑ́ːrkitèkt] 건축가 win an award 상을 타다 exhibition [èksibíʃən] 전시회

12 ④

[휴대전화가 울린다.]
남: 안녕, Jenny.
여: 안녕, Vincent. 무슨 일이야?
남: 너 춘천에서 왔다고 하지 않았어?
여: 맞아. 그곳이 내 고향이야.
남: 내가 다음 주에 거길 여행하거든. 가 볼 만한 좋은 장소를 몇 군데 알려 줄래?
여: 그래. 넌 남이섬이랑 강촌 레일 파크에 가봐야 해.

남: 고마워! 꼭 거기 가서 사진을 찍어야겠다.
여: 좋은 시간 보내길 바랄게! 나중에 나에게 사진 보여 줘!

해설 남자는 다음 주에 여자의 고향인 춘천을 여행할 예정이라며 가 볼 만한 좋은 장소를 알려 달라고 했다.

어휘 hometown [hóumtáun] 고향 definitely [définətli] 틀림없이, 꼭

13 ②

남: 안녕하세요. 주문 받아도 될까요?
여: 네. 수박 주스 한 잔이랑 키위 주스 한 잔 주세요.
남: 어느 사이즈를 원하세요? 작은 것이요, 아니면 중간 것이요?
여: 둘 다 작은 것으로요. 얼마예요?
남: 총 8달러입니다.
여: 알겠어요. 여기 10달러 있습니다.
남: 네. 여기 거스름돈 있습니다. 곧 음료를 갖다 드릴게요.
여: 정말 감사합니다.

해설 주문한 음료가 총 8달러인데 10달러를 냈으므로, 여자는 거스름돈으로 2달러를 받아야 한다.

어휘 take an order 주문을 받다 change [tʃeindʒ] 변화; *거스름돈 right away 즉시, 곧

14 ⑤

여: 안녕하세요. 무엇을 도와드릴까요?
남: 제가 아들에게 이 스웨터를 사 줬는데, 그 애에게 너무 커서요.
여: 그것을 더 작은 사이즈로 교환하고 싶으신가요?
남: 사실, 아들이 색도 좋아하지 않더라고요. 그래서 환불받고 싶어요.
여: 알겠습니다. 영수증을 가지고 계신가요?
남: 네. 여기 있습니다.
여: 잠시만 기다려 주세요.

해설 옷 사이즈와 색, 교환, 환불, 영수증 등에 대해 대화하고 있으므로, 점원과 고객의 관계임을 알 수 있다.

어휘 exchange [ikstʃéindʒ] 교환하다 get a refund 환불받다 receipt [risíːt] 영수증

15 ⑤

남: 안녕하세요. 어떻게 도와드릴까요?
여: 〈Charlie's Comic Series〉가 어디에 있는지 알려 주시겠어요?
남: 어린이 도서 구역의 코너에 있을 거예요.
여: 제가 거길 봤는데, 찾지 못했어요.
남: 음… 확인해 보겠습니다. *[타이핑 소리]* 죄송하지만, 그 책은 품절되었네요.
여: 제가 그 책이 토요일까지 필요한데요. 제안해 주실 게 있으실까요?
남: 오늘 저희 웹 사이트에서 그걸 주문하시면, 그때까지 댁으로 배송받으실 수 있을 거예요.
여: 좋네요. 감사합니다.

해설 남자는 여자에게 매장에서 품절된 책을 웹 사이트에서 주문할 것을 제안했다.

어휘 section [sékʃən] 부분, 구역 be sold out 품절되다 suggestion [sədʒéstʃən] 제안, 의견

16 ①

남: 엄마, 저 집에 왔어요.
여: 그래, 인성아. 왜 그렇게 헐떡거리고 있니?
남: 계단을 걸어 올라왔거든요.
여: 왜? 엘리베이터에 무슨 문제 있어?
남: 아니요, 없어요.
여: 그럼 왜 계단으로 왔어? 15층을 걸어 올라오기 힘들 텐데.
남: 그냥 운동 삼아서요. 계단을 이용하는 게 건강을 유지하는 좋은 방법인 것 같아요.
여: 맞아. 잘했어.

해설 남자는 운동 삼아 계단으로 걸어 올라왔다며 계단을 이용하는 것이 건강 유지에 좋은 방법인 것 같다고 했다.

어휘 breathe hard 헐떡거리다 walk up the stairs 계단을 걸어 오르다 stay healthy 건강을 유지하다

17 ⑤

① 남: 이거 네 재킷이니?
여: 응, 그거 신제품이야.
② 남: 너는 어떤 스포츠를 가장 좋아해?
여: 내가 가장 좋아하는 스포츠는 농구야.
③ 남: 실례지만, 버스 정류장이 어디 있나요?
여: 죄송합니다. 저는 여기 근처에 살지 않아요.
④ 남: 너는 스케이트 타러 얼마나 자주 가니?
여: 겨울에는 일주일에 한 번.
⑤ 남: 저는 베이컨 샌드위치를 주문하고 싶어요.
여: 죄송하지만, 베이컨이 떨어졌어요.

해설 가게에서 여자 점원이 남자에게 베이컨이 떨어졌다고 말하는 상황이다.

어휘 brand new 신제품인 be out of ~이 바닥나다, ~이 떨어지다

18 ③

여: 해인아, BotBots World Cup에 대해 들어 봤어?
남: 응. 그게 다가오잖아, 맞지?
여: 그래. 10월 4일부터 10일까지야. 같이 갈래?

남: 가자. 우리 티켓을 예약해야 하니?
여: 응, 해야 돼.
남: 어떻게 하는데?
여: 오늘부터 다음 주 토요일까지 온라인에서 티켓을 살 수 있어.
남: 그래. 얼마야?
여: 학생은 5달러야.
남: 알았어. 재미있겠다.

해설 명칭(BotBots World Cup), 개최 기간(10월 4일부터 10일까지), 티켓 판매 기간(오늘부터 다음 주 토요일까지), 티켓 가격(학생 5달러)에 대해서는 언급하였으나, 개최 장소는 언급하지 않았다.

어휘 come up (어떤 행사나 때가) 다가오다 book [buk] 책; *예약하다

19 ③

여: Ted, 너는 여가 시간에 뭐 해?
남: 나는 대개 수영하러 가. 너는?
여: 나는 게임하는 걸 좋아해.
남: 재미있겠다! 나에게 하나 추천해 줄래?
여: 너는 〈Towering〉을 정말 좋아할 것 같아. 전에 해 본 적 있니?
남: 아니. 그거 어떻게 하는 거야?
여: 나무 블록들로 최대한 높이 탑을 세워야 해.
남: 멋지다! 그거 정말 해 보고 싶어!
여: 내일 같이 하면 어떨까?
남: 그거 좋다.

해설 여자가 남자에게 내일 같이 게임을 하자고 제안했으므로, 수락 여부를 말하는 응답이 가장 적절하다.
① 그는 행복해 보여.
② 처음 뵙겠습니다, 안녕하십니까?
④ 정말 아름다운 나무야!
⑤ 나는 선생님이 되고 싶어.

어휘 recommend [rèkəménd] 추천하다 build [bild] 짓다, 세우다 tower [táuər] 탑 block [blɑ:k] 덩어리; *블록

20 ⑤

여: 너 뭐 하고 있어, Eric?
남: 안녕, Karen. 학교 음악 대회 때 우리 밴드의 공연 영상을 보고 있어.
여: 아. 나도 좀 보자.
남: 여기. 밴드에 우리 다섯 명이 있어.
여: 너희 정말 잘한다! 얼마나 오래 연습했어?
남: 우리는 한 달 동안 거의 매일 연습했어. 그리고 그거 알아? 우리가 우승했어!
여: 축하해! 너희가 연주한 노래 제목이 뭐야?
남: Neil Henn의 〈Sunlight Sonata〉야.

해설 대회에서 남자의 밴드가 연주한 노래의 제목을 물었으므로, 노래 제목을 말하는 응답이 가장 적절하다.
① 그는 내 사촌이야.
② 나는 드럼을 연주했어.
③ 그녀는 곧 돌아올 거야.
④ 아니, 그 식당은 여전히 문이 닫혀 있어.

어휘 performance [pərfɔ́:rməns] 공연 contest [kɑ́ntest] 대회 win first place 일등을 하다, 우승하다

Dictation Test 02

pp. 38~45

01 1) have a lot of snow 2) strong winds 3) heavy rain is expected
02 1) looking for a houseplant 2) heart-shaped leaves 3) in the round pot
03 1) woke up late 2) get there on time 3) bus will come
04 1) walked my dog 2) with my family 3) took a lot of pictures
05 1) recently got here 2) needs good care 3) find good families
06 1) about the history test 2) misunderstood the question 3) should double-check your answers
07 1) amount of waste 2) reduce plastic waste 3) use an eco-bag
08 1) got a new job 2) buy her a present 3) finish my homework first
09 1) one woman's life 2) plays the main character 3) About five million people
10 1) become your student leader 2) a variety of activities 3) please choose me
11 1) was designed by 2) won a design award 3) art exhibition going on
12 1) some good places to visit 2) definitely go there 3) Show me your pictures
13 1) Which size would you like 2) eight dollars in total 3) get the drinks to you
14 1) bought this sweater 2) get a refund 3) have the receipt
15 1) couldn't find it 2) is sold out 3) order it on our website
16 1) walked up the stairs 2) Just for exercise 3) to stay healthy

17 1) My favorite sport 2) from around here
3) out of bacon

18 1) need to book tickets 2) buy the tickets online
3) five dollars for students

19 1) recommend one for me 2) build a tower
3) playing it together

20 1) watching a video 2) practiced almost every day
3) title of the song

실전모의고사 01회

pp. 48~49

01 ⑤	02 ③	03 ②	04 ③	05 ①
06 ①	07 ②	08 ③	09 ④	10 ②
11 ③	12 ④	13 ③	14 ④	15 ③
16 ③	17 ②	18 ④	19 ③	20 ⑤

01 ⑤

남: 안녕하세요. 오늘 캐나다 전역의 날씨를 보시겠습니다. 밴쿠버는 따뜻하고 비가 오겠으며, 에드먼턴과 캘거리는 두 곳 모두 약간의 눈을 경험하실 겁니다. 토론토에는 구름이 많겠지만, 몬트리올에는 온종일 태양이 빛나겠습니다. 어디에 계시든지 좋은 하루 되십시오!

해설 몬트리올에는 온종일 태양이 빛날 것이라고 했다.

어휘 experience [ikspí:əriəns] 경험하다 light [lait] 가벼운; *약간의 shine [ʃain] 빛나다 wherever [wɛərévər] 어디에(서) ~하든지

02 ③

남: 너 뭐 하고 있어, Julie?
여: 인터넷으로 숄더백을 사려고 하고 있어. 내가 고르는 거 좀 도와줄래?
남: 그래, 어디 보자. *[잠시 후]* 큰 꽃이 있는 것 어때?
여: 귀여워 보이지만, 난 가운데에 나비가 있는 것이 더 좋아.
남: 음. 난 나비 두 마리가 있는 것이 더 좋아 보이는데.
여: 오, 네 말이 맞아. 그걸 사야겠다. 고마워.
남: 천만에.

해설 여자는 남자가 추천한 나비 두 마리가 있는 가방을 구입하기로 했다.

어휘 choose [tʃu:z] 고르다 butterfly [bʌ́tərflài] 나비 middle [mídl] 가운데

03 ②

여: 실례합니다, 선생님. 지금 몇 시인지 아세요?
남: 8시 45분입니다. 9시 버스를 기다리고 계시나요?
여: 아니요. 제 버스는 8시 30분에 여기 오기로 되어 있었어요. 늘 그렇듯이, 늦네요.
남: 그거 유감이군요. 직장에 늦나요?
여: 아니요. 전 그냥 그 버스가 한 번이라도 제시간에 왔으면 좋겠어요. 벌써 30분이나 기다렸어요.
남: 30분이요? 믿을 수가 없군요.
여: 버스 회사에 이에 대해 불만을 말해야 할 것 같아요. 더 이상은 참을 수가 없네요.
남: 이해합니다.

해설 여자는 버스가 항상 늦게 와서 더 이상 참을 수 없다고 했으므로, 짜증 날(annoyed) 것이다.
① 지루한 ③ 부끄러운 ④ 궁금한 ⑤ 놀란

어휘 be supposed to-v ~하기로 되어 있다 as usual 늘 그렇듯이 for once 한 번이라도 already [ɔ:lrédi] 이미, 벌써 complain [kəmpléin] 불만을 말하다 company [kʌ́mpəni] 회사

04 ③

여: 안녕, Michael!
남: 안녕! 토요일에 농구 경기는 어땠어?
여: 아주 흥미진진했어.
남: 어느 팀이 이겼어?
여: Mark네 팀이 이겼어. 정말 잘했어.
남: 잘됐다.
여: 너는 어디 있었니? 네가 와서 우리와 같이 경기를 볼 거라 생각했는데.
남: 그러고 싶었지만, 부모님과 할머니 댁에 가야 했어. 할머니 생신이었거든.

해설 남자는 토요일에 할머니 생신이어서 부모님과 할머니 댁을 방문했다고 했다.

어휘 basketball [bǽskitbɔ̀:l] 농구 win [win] 이기다 (win-won-won)

05 ①

여: 실례지만, 문제가 생긴 것 같아요.
남: 어떻게 도와드릴까요?
여: 이 기계에서 돈을 좀 찾고 싶은데, 제 카드를 받지 않네요.
남: 음. 고장 난 것 같습니다. 저희 계좌를 가지고 계신가요?
여: 네.

남: 그러면 저희 종업원 중 한 명이 돈을 인출하는 것을 도와드릴 겁니다. 번호표를 뽑고 기다려 주세요.
여: 알겠습니다. 감사합니다.

해설 기계가 고장 나서 돈을 인출하려면 번호표를 뽑고 기다리라고 했으므로, 두 사람이 대화하는 장소로 가장 적절한 곳은 은행이다.

어휘 machine [məʃíːn] 기계 out of order 고장 난 account [əkáunt] 계좌 employee [implɔiíː] 종업원, 고용인 make a withdrawal 돈을 인출하다

06 ①

남: 점심 먹으러 가자!
여: 나는 먹고 싶지 않아.
남: 아, 너 걱정 있어 보여. 무슨 일이야?
여: 나 수학 시험에서 정말 낮은 점수를 받았어.
남: 너무 걱정하지 마. 그냥 다음에 열심히 공부해.
여: 하지만 난 그렇게 했어! 개인 교습이 필요한 것 같은데, 너무 비싸.
남: 그럼 온라인 강좌를 듣는 건 어때? 훨씬 싸지만 그런데도 훌륭해.

해설 여자가 수학 개인 교습이 필요하지만 너무 비싸다고 하자, 남자는 온라인 강좌 수강을 제안하고 있다.

어휘 worried [wə́ːrid] 걱정하는 low [lou] 낮은 score [skɔːr] 득점; *(시험 등의) 점수 private [práivit] 개인적인 lesson [lésn] 수업, 교습, 강습 expensive [ikspénsiv] 비싼 take a course 강좌를 듣다

07 ②

여: 안녕, Andy!
남: 오! 안녕, Carrie! 오랫동안 헬스장에서 너를 못 봤네.
여: 나는 헬스장에 싫증이 났거든.
남: 그러면 이제 다른 종류의 운동을 하고 있니?
여: 응, 매일 아침 공원에 조깅하러 가.
남: 그거 좋다. 그거 아니? 나는 수영 강습을 받기 시작했어.
여: 정말? 난 네가 이미 수영을 잘하는 줄 알았어.
남: 아니야. 하지만 이제 점점 나아지고 있어.

해설 여자는 헬스장에 싫증이 나서 이제 매일 아침 조깅을 한다고 했다.

어휘 get bored with ~에 싫증이 나다 type [taip] 종류, 유형 exercise [éksərsàiz] 운동 go jogging 조깅하러 가다

08 ③

여: Alex! 무슨 일이야? 한 시간이나 늦었어.
남: 미안해, 근데 어쩔 수 없었어.
여: 내가 너에게 여러 번 전화했는데. 왜 전화 안 받았어?
남: 내가 지하철에서 서류 가방을 잃어버렸는데, 내 전화기가 그 안에 있었어.
여: 아 이런! 분실물 보관소 확인해 봤어?
남: 가 봤는데, 거기에 없었어.
여: 안됐네. 그 안에 또 뭐 있었어?
남: 노트북 컴퓨터랑 신용카드.
여: 너 전화해서 카드 분실 신고부터 해야 할 것 같아. 누군가 사용할 수도 있어.
남: 알았어, 당장 그렇게 할게.

해설 여자가 서류 가방 안에 있던 신용카드 분실 신고부터 하라고 하자, 남자는 당장 그렇게 하겠다고 했다.

어휘 several [sévərəl] 몇몇의, 여럿의 briefcase [bríːfkèis] 서류 가방 laptop [lǽptɑːp] 노트북 컴퓨터 report [ripɔ́ːrt] 알리다; *신고하다

09 ④

남: 이번 주말에 뭐 할 거야?
여: 일요일에 수진이랑 벼룩시장에 갈 거야.
남: 어디서 하는데?
여: 헤이리 예술 마을에서. 오전 10시부터 오후 5시까지 열려.
남: 입장료가 얼마야?
여: 무료야. 모든 수익은 자선 단체에 보내질 거래.
남: 그거 좋다.
여: 여러 가지 중고 의류, 보석, 장난감, 책이 판매될 거야. 우리랑 같이 갈래?
남: 좋지! 나는 책을 좀 사고 싶어.

해설 장소(헤이리 예술 마을), 운영 시간(오전 10시부터 오후 5시까지), 입장료(무료), 판매 품목(의류, 보석, 장난감, 책)에 대해서는 언급하였으나, 주최 기관은 언급하지 않았다.

어휘 flea market 벼룩시장 admission fee 입장료 free [friː] 무료의 profit [prάfit] 이익, 수익 charity [tʃǽrəti] 자선 단체 a variety of 여러 가지의 used [juːzd] 중고의

10 ②

여: FG 쇼핑몰을 방문해 주셔서 감사합니다. 저희는 여름 특별 세일을 하고 있습니다. 모든 가방과 신발은 30퍼센트 할인됩니다. 회원 카드를 소지하고 계시다면, 추가 5% 할인을 받으실 수 있습니다. 100달러 이상 구매하신 고객분들께는 무료 머그잔을 드립니다. 오늘이 세일 마지막 날이니, 기회를 놓치지 마세요!

해설 쇼핑몰의 할인 품목, 할인율, 구매 사은품 등을 말하고 있으므로, 쇼핑몰에서 진행하는 세일에 대한 안내임을 알 수 있다.

어휘 mall [mɔːl] 쇼핑몰 special [spéʃəl] 특별한 off [ɔːf] 할인되어 additional [ədíʃənəl] 추가의 discount [dískaunt] 할인 membership card 회원 카드 customer [kʌ́stəmər] 고객 purchase [pə́ːrtʃəs] 구매

11 ③

남: 부산행 7시 10분 열차표를 사고 싶습니다.
여: 죄송하지만, 표가 모두 매진되었습니다.
남: 그러면 다음 열차는 몇 시에 출발하나요?
여: 오전 8시에요.
남: 음. 저는 정오 전에 부산에 도착해야 해요.
여: 그러면 KTX를 타시는 게 좋겠어요. 그건 8시 30분에 출발해요. 정오 전에 부산에 도착할 거예요.
남: 좋아요. 얼마인가요?
여: 5만 원입니다.
남: 여기 있습니다.

해설 남자는 정오 전에 부산에 도착하기 위해 8시 30분에 출발하는 KTX를 탈 것이다.

어휘 sold out 매진된 noon [nu:n] 낮 12시, 정오

12 ④

[휴대전화가 울린다.]
남: 여보세요, 엄마.
여: 안녕, Dan. 내일 네 비행기가 몇 시에 도착하니?
남: 6시 정각에요.
여: 저녁에?
남: 아니요. 아침이요. 오전 6시에 착륙할 거예요.
여: 그래. 알겠다.
남: 공항에 오실 거예요?
여: 물론이지.
남: 고마워요, 엄마.

해설 여자는 내일 공항에 아들을 마중 나가려고 비행기 도착 시각을 물어보았다.

어휘 plane [plein] 비행기 land [lænd] 착륙하다 airport [ɛ́ərpɔ̀:rt] 공항

13 ③

여: 나 왔어! 슈퍼마켓이 정말 붐비더라.
남: 오렌지 샀어?
여: 응, 여기 네 오렌지 다섯 개야.
남: 고마워. 싱싱해 보인다. 이것들이 얼마였어?
여: 3,000원이었어.
남: 오, 매우 싸다.
여: 할인 중이었거든. 여기 거스름돈 2,000원이야.

해설 오렌지 다섯 개의 가격이 3,000원이므로, 한 개의 가격은 600원이다.

어휘 cost [kɔ:st] (비용이) ~이다 pretty [príti] 매우 on sale 할인 중인 change [tʃeindʒ] 거스름돈

14 ④

남: 안녕하세요.
여: 안녕하세요. 오늘 머리를 좀 자르려고요.
남: 오! Laura. 두서너 주 전에 여기 오시지 않았나요?
여: 네, 그리고 그때 정말 잘 해 주셨어요. 모두들 제가 멋져 보인다고 해요.
남: 그런데 왜 이렇게 빨리 다시 오셨어요?
여: 훨씬 더 짧게 자르기로 결정했어요. 그렇게 하면 관리하기가 아주 쉬울 거예요!
남: 알겠어요. 짧으면서도 멋지게 해 볼게요.
여: 좋아요!

해설 남자가 여자의 머리를 멋지게 잘라 주겠다고 했으므로, 미용사와 손님의 관계임을 알 수 있다.

어휘 a couple of 두서너 개의 decide [disáid] 결정하다 even [í:vn] (비교급을 강조하여) 훨씬 stylish [stáiliʃ] 유행을 따른, 멋진

15 ③

남: 얘, Anna. 시내에 인도 음식점이 새로 문 연 거 알고 있었어?
여: 정말? 나 인도 음식 정말 좋아하는데!
남: 그래서 너한테 얘기하는 거야. 우리 저녁 먹으러 거기에 가자!
여: 좋아. 어디 있는데?
남: 20분 정도 떨어진 곳에 있어. 시청 근처야.
여: 내가 예약할까?
남: 아니, 내가 할게. 내가 전화번호를 알아. 그 음식점 웹 사이트에서 쿠폰을 다운로드해 줄래?
여: 문제없지. 카레를 빨리 먹고 싶다!

해설 남자는 인도 음식점에 저녁을 먹으러 가기 위해 여자에게 웹 사이트에서 쿠폰을 다운로드해 달라고 부탁했다.

어휘 Indian [índiən] 인도의 downtown [dàuntáun] 시내에 book [buk] 책; *예약하다 coupon [kú:pɑn] 쿠폰 curry [kə́:ri] 카레

16 ③

여: 오늘 밤 내 파티에 올 거니?
남: 그러고 싶지만, 난 갈 수 없어.
여: 왜 안 되는데? 일을 해야 하니?
남: 아니.
여: 몸은 괜찮아?
남: 응, 괜찮아.
여: 그럼 이유가 뭐야?
남: 사실, 저녁 내내 남동생을 돌봐야 하거든. 부모님께서 중요한 볼일이 있어서 집에 안 계셔.
여: 아, 알겠어.

해설 남자는 부모님이 외출하신 동안 남동생을 돌봐야 해서 여자의 파티에 가지 못한다고 했다.

어휘 actually [ǽktʃuəli] 사실은 watch [wɑtʃ] 보다; *돌보다 away from (어디에 가서) ~에 없는 on business 업무로, 볼일이 있어서

17 ②

① 남: 우리 차 어디에 있어?
여: 기억이 안 나. 주차장이 너무 커.

② 남: 이곳은 장애인 전용 주차 공간입니다.
여: 아, 제 차를 바로 옮길게요.

③ 남: 나를 집까지 태워 줄 수 있어?
여: 미안하지만, 안 돼. 내 차가 어제 고장 났거든.

④ 남: 우리 어디에 주차할까?
여: 봐! 저쪽에 빈자리가 하나 있어.

⑤ 남: 적신호에 달리셨습니다. 운전면허증을 볼 수 있을까요?
여: 죄송해요. 신호 바뀌는 걸 못 봤어요.

해설 남자는 장애인 전용 주차 공간임을 지적하고 있고 여자가 주차된 차 앞에서 겸연쩍어 하는 상황이다.

어휘 parking lot 주차장 handicapped [hǽndikæ̀pt] 장애가 있는 break down 고장 나다 driver's license 운전면허증

18 ④

남: 건강을 유지하고 싶다면, Fitness Heroes Club으로 오세요! 저희 체육관은 웨스트 37번가에 위치해 있습니다. 매일 오전 6시부터 밤 11시까지 영업합니다. 저희는 최신 운동 기구, 훌륭한 트레이너들, 큰 샤워실을 갖추고 있습니다. 회원분들은 개인 물품 보관함을 무료로 사용하실 수 있습니다. 또한 회원분들에게는 한 달에 단돈 10달러로 요가 강좌를 제공합니다. 회비는 한 달에 50달러입니다. 웹 사이트에서 등록하면 10% 할인받을 수 있습니다.

해설 위치(웨스트 37번가), 영업시간(오전 6시부터 밤 11시까지), 시설(최신 운동 기구, 큰 샤워실, 개인 물품 보관함), 회비(한 달에 50달러)에 대해서는 언급하였으나, 무료 강좌는 언급하지 않았다.

어휘 stay in shape 건강을 유지하다 newest [núːəst] 최신의 locker [lákər] 개인 물품 보관함 provide [prəváid] 제공하다 sign up 등록하다

19 ③

여: 안녕, Trent.
남: 안녕, Alyssa. 내가 빌려준 책 다 읽었어?
여: 응. 정말 재미있었어!
남: 재미있었다니 기쁘네. 지금 그걸 돌려받을 수 있을까?
여: 실은, 남동생에게 빌려줬어. 그 애도 좋아할 것 같아서.
남: 빌려줬다고? 하지만 내 친구에게 그 다음으로 읽게 해 준다고 약속했는 걸.
여: 아. 나는 이게 문제가 될 거라고 생각하지 않았는데.
남: 먼저 나에게 물어봤어야지.

해설 여자는 남자의 책을 허락 없이 남동생에게 빌려주고 문제가 될지 몰랐다고 했으므로, 남자가 자신에게 먼저 물어봤어야 했다고 말하는 응답이 가장 적절하다.
① 내가 나중에 그것을 너에게 줄게.
② 우리 모두 함께 가는 게 어때?
④ 그건 내가 이제껏 읽어본 것 중에 최고의 책이야.
⑤ 네 남동생에게서 그것을 빌릴 수 있을까?

어휘 lend [lend] 빌려주다 (lend-lent-lent) borrow [bárou] 빌리다

20 ⑤

여: 실례합니다. 공항으로 가는 고속버스가 여기 몇 시에 서나요?
남: 유감이지만, 그 버스는 더 이상 이곳에 정차하지 않아요.
여: 그렇지만 제가 지난달에도 탔었는데요.
남: 네, 하지만 그 버스는 2주 전에 운행이 중단됐어요.
여: 오 이런. 그럼 공항에 어떻게 가야 하죠?
남: 지하철을 타시면 돼요. 길 건너편에 역이 있어요.

해설 운행이 중단된 고속버스 대신 공항에 갈 수 있는 방법을 물었으므로, 지하철을 타라고 말하는 응답이 가장 적절하다.
① 그냥 2주 후에 다시 오셔야 할 거예요.
② 지하철 노선을 잘못 타신 것 같은데요.
③ 조금 더 기다리시면, 분명히 올 거예요.
④ 항공편을 바꿀 수 있는지 항공사에 물어봅시다.

어휘 express bus 고속버스 anymore [ènimɔ́ːr] 더 이상 [문제] airline [ɛ́ərlàin] 항공사 flight [flait] 비행; *항공편

Dictation Test 01

pp. 50~57

01 1) warm and rainy 2) lots of clouds 3) shine all day

02 1) big flower on it 2) with the butterfly 3) I'll buy that one

03 1) was supposed to be here 2) come on time 3) complain about this

04 1) How was the basketball game 2) come and watch with us 3) visit my grandmother

05 1) having a problem 2) out of order 3) make a withdrawal

06 1) don't feel like eating 2) study hard next time
3) taking an online course
07 1) got bored with the gym 2) go jogging in the park
3) started to take swimming lessons
08 1) answer your phone 2) lost and found office
3) report the lost card
09 1) Where will it take place 2) the admission fee
3) be sent to charity
10 1) having a special summer sale
2) get an additional 5% discount
3) make purchases over $100
11 1) all sold out 2) arrive in Busan before noon
3) leaves at 8:30
12 1) your plane arrive tomorrow 2) I'll be landing
3) coming to the airport
13 1) your five oranges 2) How much did these cost
3) They were on sale
14 1) get a haircut 2) want it cut even shorter
3) make it short
15 1) why I'm telling you 2) book a table
3) download a coupon
16 1) have to work 2) Are you feeling okay
3) watch my little brother
17 1) handicapped parking spot 2) My car broke down
3) ran the red light
18 1) is located on 2) newest training machines
3) Our membership fee is
19 1) I lent you 2) have it back 3) read it next
20 1) doesn't stop here anymore
2) that bus stopped running
3) get to the airport

실전모의고사 02회

pp. 58~59

01 ③	02 ④	03 ④	04 ④	05 ⑤
06 ⑤	07 ⑤	08 ②	09 ③	10 ②
11 ④	12 ③	13 ③	14 ⑤	15 ①
16 ⑤	17 ②	18 ④	19 ④	20 ①

01 ③

남: 안녕하세요, 여러분. 일기 예보입니다. 내일은 날씨가 많이 변할 것입니다. 오전에는 맑겠지만, 오후에는 몇 차례 소나기가 예상됩니다. 금요일에는 종일 비가 오겠습니다. 하지만 주말에는 맑고 화창해서, 원하시는 어떤 야외 활동이라도 즐기실 수 있겠습니다. 남은 한 주 즐겁게 보내십시오.

해설 금요일에는 종일 비가 올 것이라고 했다.

어휘 shower [ʃáuər] 샤워; *소나기

02 ④

여: 너 저 무늬 없는 티셔츠를 사려는 거야?
남: 응. 왜? 무슨 문제 있어?
여: 단조롭잖아. 가운데에 기로지른 줄무늬가 있는 이건 어때?
남: 음. 줄무늬는 좋지만, 나는 짧은 소매가 필요해.
여: 알았어. 음, 이건 줄무늬에 짧은 소매야.
남: 그래, 근데 그건 주머니가 없잖아.
여: 주머니가 왜 필요하니? 너 어차피 그걸 안 쓸 거잖아.
남: 네 말이 맞는 것 같아. 그럼, 그걸로 할게.

해설 남자는 줄무늬가 있고 주머니는 없는 짧은 소매 티셔츠를 구입하기로 했다.

어휘 plain [plein] 분명한; *무늬 없는 stripe [straip] 줄무늬
across [əkrɔ́ːs] 가로질러, 가로로 short sleeves 짧은 소매

03 ④

여: 안녕, John. 내가 외출했을 때 누가 전화했었니?
남: 아니. 온종일 전화가 오지 않았어. 전화 기다리고 있었어?
여: 음, 지난주에 취업 면접을 봤거든.
남: 아! 그들이 언제 전화한다고 했어?
여: 그 일에 내가 선발되면 오늘 전화해 준다고 했어.
남: 음, 이제 겨우 4시 30분이야. 아직 전화가 올 수 있어.
여: 응, 하지만 그렇지 않을 거라는 생각이 들기 시작해.

해설 여자는 면접 합격을 알리는 전화를 기다리고 있지만 아직 오지 않아서 걱정될(worried) 것이다.

① 지루한 ② 기쁜 ③ 안도하는 ⑤ 놀란

어휘 expect [ikspékt] 기대하다, 기다리다 job interview (취업) 면접 select [silékt] 선발하다

04 ④

남: 오늘 수학여행 어땠니?
여: 좋았어요, 아빠. 제가 놀이공원 정말 좋아하는 거 아시잖아요.
남: 사진 많이 찍었니?
여: 아니요. 휴대전화 배터리가 다 됐었거든요.
남: 안됐구나. 거기서 무엇을 했니?
여: 정글 보트를 타는 것이 신났었는데, 수리하느라 문을 닫았더라고요.
남: 네가 가장 좋아하는 롤러코스터는 탔어?
여: 줄 서서 기다리는 사람들이 많이 있어서 대신 퍼레이드를 봤어요. 기념품으로 이 인형도 샀고요!

해설 여자는 대기 줄이 긴 롤러코스터를 타는 대신 퍼레이드를 봤다고 했다.

어휘 school trip 수학여행 amusement park 놀이공원 take a picture 사진을 찍다 ride [raid] 타다 wait in line 줄을 서서 기다리다 parade [pəréid] 퍼레이드, 행진 instead [instéd] 대신에 souvenir [sùːvəníər] 기념품

05 ⑤

여: 안녕하세요. 시카고행 다음 기차는 몇 시에 출발하죠?
남: 4시 40분에 출발합니다.
여: 좋아요. 표를 한 장 사고 싶어요. 얼마예요?
남: 한 장에 30달러입니다.
여: 네. 여기 신용카드요.
남: 네. *[잠시 후]* 여기 표입니다. 고객님 기차는 8번 승강장에서 출발합니다. 바로 저쪽이에요.
여: 고맙습니다.

해설 여자는 기차표를 사고 남자가 표를 주며 승강장의 위치를 안내하고 있으므로, 두 사람이 대화하는 장소로 가장 적절한 곳은 기차역이다.

어휘 depart [dipáːrt] 출발하다 platform [plǽtfɔːrm] 승강장

06 ⑤

남: Kate, 오늘 피아노 대회 준비는 다 됐어?
여: 아! 너 기억했네!
남: 물론이지!
여: 고마워, Paul.
남: 기분이 어때?
여: 사실, 아주 긴장돼. 실수할까 봐 걱정되지만, 정말 잘하고 싶어.
남: 걱정하지 마, Kate. 너 연습 많이 한 거 알아. 넌 분명히 잘할 거야.

해설 남자는 피아노 대회를 앞두고 긴장한 여자에게 잘할 거라며 격려하고 있다.

어휘 competition [kàmpitíʃən] 경쟁, 대회 nervous [nə́ːrvəs] 긴장되는 afraid [əfréid] 두려워하는, 걱정하는 make a mistake 실수하다 practice [prǽktis] 연습하다

07 ⑤

남: 안녕, Gina. 와, 너 구릿빛 피부에 기분도 상쾌해 보여.
여: 고마워. 멕시코 해변에 누워서 일주일을 보냈거든.
남: 멋진데. 정말 즐겁게 지냈나 보구나.
여: 응, 수영하고 선탠하는 게 좋았어. 근데 그게 여행에서 가장 좋았던 점은 아니었어.
남: 내가 맞혀 볼게. 현지 시장에 쇼핑하러 갔었구나.
여: 응, 갔었고 그것도 재미있었지. 하지만 칸쿤 도시 관광을 한 것만큼 재미있지는 않았어. 그게 최고였지.
남: 분명 그랬을 거야.

해설 여자는 수영, 선탠, 쇼핑도 좋았지만 도시 관광이 제일 재미있었다고 했다.

어휘 tan [tæn] 황갈색의; 선탠 refreshed [rifréʃd] (기분이) 상쾌한 lie [lai] 눕다 local [lóukəl] 지역의, 현지의 tour [tuər] 관광, 여행

08 ②

[전화벨이 울린다.]
남: 여보세요.
여: 안녕, 나 영주야. 내 문자 못 받았어?
남: 문자 보냈어? 내가 방 청소를 하고 있어서 전화기 확인을 못 했어. 무슨 일이야?
여: 너 이번 주 토요일에 무슨 계획 있니?
남: 응. 남동생과 등산을 갈 거야.
여: 정말? 난 너와 공원에 인라인스케이트를 타러 가고 싶었는데.
남: 미안해. 다음에 가자.
여: 알았어.

해설 남자는 이번 주 토요일에 남동생과 등산을 가기로 해서 여자와 인라인스케이트를 탈 수 없다고 했다.

어휘 text message 문자 메시지 clean [kliːn] 청소하다 check [tʃek] 확인하다

09 ③

남: 안녕, 유나야! 뭐 하고 있어?
여: 이번 주 퀴즈 대회를 위해 공부하고 있어.
남: 그 얘기 들었어. 언제 하는데?
여: 금요일 오후 2시에. 강당에서 열릴 거래.

남: 역사에 관한 거라고 들었어. 네가 가장 좋아하는 과목이잖아. 네가 우승하면 좋겠다!
여: 나도 그러면 좋겠어. 일등상이 새 스마트폰이거든!
남: 와, 좋다. 나는 네가 우승할 거라고 확신해.
여: 그렇게 말해 줘서 고마워.

해설 개최 일시(금요일 오후 2시), 개최 장소(강당), 퀴즈 주제(역사), 우승 상품(스마트폰)에 대해서는 언급하였으나, 참가 인원은 언급하지 않았다.

어휘 take place 열리다 main hall 강당 subject [sʌ́bdʒikt] 과목 first prize 일등상

10 ②

여: 안녕하세요, 여러분. 저는 Stacy입니다. 저는 우리의 학습 환경을 염려하고 있습니다. 제가 학생회장이 되면, 우리 교실을 더 쾌적하게 만들기 위해 노력할 것입니다. 그러기 위해서 저는 자원봉사자 모임을 조직해서 매달 교실을 꾸밀 것입니다. 쾌적한 환경에서 공부하고 싶다면 저에게 투표해 주십시오. 들어 주셔서 감사합니다.

해설 자신이 학생회장이 되면 교실을 쾌적하게 만들겠다며 투표해 달라고 말하고 있으므로, 선거 유세임을 알 수 있다.

어휘 be concerned about ~을 염려하다 environment [inváiərənmənt] 환경 school president 학생회장 pleasant [plézənt] 쾌적한, 즐거운 organize [ɔ́ːrgənàiz] 조직하다 volunteer [vɑ̀ləntíər] 자원봉사자 decorate [dékərèit] 꾸미다 vote for ~에 투표하다

11 ④

여: Charlie's Bookstore의 개점 행사에 관해 들었어?
남: 그 가게 지난 8월에 큰 화재가 나지 않았어?
여: 그랬지, 근데 4번가에 있는 새 건물로 이전했어. 행사는 이번 주 토요일이야.
남: 10월 22일? 어떤 할인 행사를 하는데?
여: 모든 소설이 반값이래.
남: 좋다. 우리 가자! 몇 시에 문을 열어?
여: 행사는 아침 9시에 시작해서 저녁 9시까지 계속돼.

해설 모든 책이 아닌 소설을 반값에 판매한다고 했다.

어휘 grand opening 개장, 개점 novel [nɑ́vəl] 소설 half-price [hǽfpràis] 반값의 last [læst] 계속되다

12 ③

[전화벨이 울린다.]
여: 여보세요. Dr. Kim's 치과입니다. 어떻게 도와드릴까요?
남: 안녕하세요, 제 예약을 변경하고 싶어요.
여: 성함이 어떻게 되세요?
남: Tom Lee입니다.
여: 예약이 언제인가요?
남: 수요일 5시 30분이요. 금요일 4시로 변경하고 싶어요.
여: 좋습니다. 그때 뵐게요.
남: 감사합니다.

해설 남자는 치과 예약을 수요일 5시 30분에서 금요일 4시로 변경하고 싶다고 했다.

어휘 dental clinic 치과 appointment [əpɔ́intmənt] 약속, 예약

13 ③

남: 안녕, Marsha. 너 아직도 오늘 밤에 그 영화 보러 가고 싶어?
여: 응, 그런데 나 숙제가 좀 있어. 나중에 그것을 끝내야 해.
남: 음, 영화가 8시에 시작해. 두 시간짜리니까, 우리는 10시 넘어서 집에 올 거야.
여: 그건 너무 늦어!
남: 어디 보자… 오후 6시 30분에 상영을 시작하는 것도 있네.
여: 아, 잘됐다! 대신 그걸 보러 가자!
남: 그래. 나도 좋아.
여: 영화 정말 기대된다!

해설 두 사람은 오후 6시 30분에 시작하는 두 시간짜리 영화를 보기로 했으므로, 영화는 8시 30분에 끝날 것이다.

어휘 afterwards [ǽftərwərdz] 나중에, 그 뒤에 showing [ʃóuiŋ] 상영

14 ⑤

여: 안녕하세요.
남: 안녕하세요, 저는 〈조선 왕조〉라는 책을 찾고 있어요. 그게 있나요?
여: 컴퓨터로 확인해 보겠습니다.
남: 네. 감사합니다.
여: 저희가 보유하고 있긴 한데, 누군가가 그 책을 빌렸어요.
남: 언제 이용할 수 있을까요?
여: 그분이 화요일에 그걸 반납할 겁니다.
남: 알겠어요, 제가 그때 다시 올게요.

해설 책을 빌리고 반납하는 내용의 대화를 하고 있으므로, 도서관 사서와 손님의 관계임을 알 수 있다.

어휘 available [əvéiləbl] 이용할 수 있는 return [ritə́ːrn] 반납하다

15 ①

여: 우리 캠핑 여행 계획을 세워야 해.
남: 그래. 너는 뭐 하고 싶어?
여: 나는 하이킹하고 수영도 하고 싶어. 너는?

남: 나는 캠프파이어와 바비큐 파티를 하고 싶어.
여: 재미있겠다! 뭘 챙길지 목록을 만들자.
남: 좋아. 간식, 물, 옷, 텐트… 또 뭘 가져가야 하지?
여: 우리 침낭! 그런데 내가 그걸 어디에 뒀는지 기억이 안 나. 네가 찾아봐 줄래?
남: 알겠어.

해설 캠핑 준비물 목록을 만들던 중 여자는 남자에게 침낭을 어디에 뒀는지 기억이 나지 않는다며 찾아봐 달라고 부탁했다.

어휘 have a barbecue 바비큐 파티를 하다 pack [pæk] (짐을) 싸다, 챙기다 sleeping bag 침낭 look for ~을 찾다

16 ⑤

남: Lisa, 너 왜 수업에 늦었니? 지금 거의 10시야.
여: 정말 죄송해요.
남: 늦잠 잤니?
여: 아니요, 오늘 아침에 일찍 일어났어요.
남: 그럼 이유가 뭐지? 교통 정체가 있었니?
여: 아니요. 실은 숙제를 가져오는 걸 깜빡 잊어서 그걸 가지러 다시 집에 돌아갔어요.
남: 알겠다. 다시는 지각하지 마라.
여: 네, 안 할게요.

해설 여자는 숙제를 안 가져와서 다시 집에 다녀오느라 수업에 늦었다고 했다.

어휘 oversleep [òuvərslíːp] 늦잠 자다 reason [ríːzn] 이유 heavy traffic 교통 정체

17 ②

① 여: 냉장고가 작동하지 않아.
남: 내가 지금 수리 기사를 부를게.
② 여: 이런. 우리 야채가 하나도 없어.
남: 우리 슈퍼마켓에 가야겠다.
③ 여: 문 닫는 거 잊지 마.
남: 잊지 않을게!
④ 여: 실례합니다. 야채가 어디에 있죠?
남: 7번 통로에 있어요.
⑤ 여: 피자 남은 거 있어?
남: 내가 냉장고에 넣어 놨어. 좀 줄까?

해설 부엌에서 여자는 냉장고의 빈 야채 칸을 보며 남자와 이에 관해 말하고 있는 상황이다.

어휘 refrigerator [rifrídʒərèitər] 냉장고(= fridge) repairman [ripέərmæ̀n] 수리 기사 aisle [ail] 통로

18 ④

남: 북극곰은 북극의 해안을 따라 삽니다. 그들은 러시아, 캐나다, 알래스카, 노르웨이, 그린란드에서 볼 수 있습니다. 그들은 목이 길고 몸집이 큽니다. 수컷 북극곰은 몸무게가 350에서 600킬로그램 사이입니다. 두꺼운 털은 그들을 따뜻하게 유지해 줍니다. 북극곰은 물개, 물고기, 다른 작은 동물들을 먹습니다. 그들은 약 20년에서 30년 동안 삽니다.

해설 서식지(북극 해안), 몸무게(350에서 600킬로그램 사이), 먹이(물개, 물고기, 작은 동물들), 수명(약 20년에서 30년)에 대해서는 언급하였으나, 개체 수는 언급하지 않았다.

어휘 coast [koust] 해안 Arctic [ɑ́ːrktik] 북극 weigh [wei] 무게가 ~이다 thick [θik] 두꺼운 seal [siːl] 물개

19 ④

남: 너 야구 보는 거 좋아해?
여: 응. 왜?
남: 오늘 오후에 야구 경기 보러 갈래? 큰 경기야.
여: 오늘?
남: 응, 재미있을 거야. 나와 같이 가자.
여: 음… 나는 별로 가고 싶지 않아.
남: 왜?
여: 경기장에 있기엔 너무 더워.

해설 야구 경기를 왜 보러 가고 싶지 않냐고 물었으므로, 경기장에 있기에는 너무 덥다고 말하는 응답이 가장 적절하다.
① 아주 좋아.
② 그걸 듣게 되어 유감이야.
③ 나는 축구보다 야구를 좋아해.
⑤ 우리 그것보다 일찍 만나는 게 어때?

어휘 [문제] stadium [stéidiəm] 경기장

20 ①

남: 안녕, Christina!
여: 안녕, Tony! 한동안 너를 못 봤네.
남: 그러게. 내가 너무 바빴어.
여: 왜 그렇게 바빴는데?
남: 기말고사 공부를 해야 했거든. 하지만 이제 마침내 끝났어.
여: 어떻게 봤어? 벌써 결과가 나왔어?
남: 응. 오늘 성적표를 받았어. 모두 A를 받았지.
여: 잘했어.

해설 남자가 시험에서 좋은 성적을 받았다고 말했으므로, 잘했다고 칭찬하는 응답이 가장 적절하다.
② 그것 참 안됐다.
③ 오랜만이야.

④ 그렇게 말해 줘서 정말 고마워.
⑤ 힘내. 다음에는 더 잘할 거야.

어휘 in a while 한동안 final exam 기말고사 finally [fáinəli] 마침내 be over 끝나다 report card 성적표

18 1) can be found 2) weigh between 350 and 600
3) live for about

19 1) like watching baseball 2) see a baseball game
3) don't really want to

20 1) I've been too busy 2) they're finally over
3) got my report card

Dictation Test 02

pp. 60~67

01 1) be changing a lot 2) several showers
3) will be rainy all day

02 1) with a stripe across the middle
2) need short sleeves 3) have a pocket

03 1) The phone didn't ring 2) had a job interview
3) if I was selected

04 1) cell phone's battery died 2) closed for repairs
3) watched a parade instead

05 1) next train for Chicago leave 2) buy a ticket
3) Your train will depart

06 1) ready for the piano competition
2) How do you feel 3) you'll do fine

07 1) lying on the beach 2) the best part of the trip
3) tour of the city

08 1) was cleaning my room 2) going hiking
3) go inline skating

09 1) take place in 2) your favorite subject
3) First prize is

10 1) I'm concerned about
2) make our classrooms more pleasant
3) vote for me

11 1) have a big fire 2) moved to a new building
3) novels are half-price

12 1) How may I help you 2) change my appointment
3) Friday at 4:00

13 1) go see that movie 2) two hours long
3) starts at 6:30

14 1) looking for a book 2) someone has borrowed it
3) return it on Tuesday

15 1) plan our camping trip 2) make a list
3) look for them

16 1) late for class 2) got up early
3) forgot to bring my homework

17 1) don't have any vegetables 2) close the door
3) put it in the fridge

실전모의고사 03회

pp. 68~69

01 ⑤	02 ③	03 ④	04 ②	05 ⑤
06 ④	07 ⑤	08 ②	09 ③	10 ⑤
11 ⑤	12 ②	13 ④	14 ③	15 ②
16 ⑤	17 ③	18 ④	19 ⑤	20 ⑤

01 ⑤

여: 안녕하세요. 금요일 오전 일기 예보입니다. 이번 주 내내 흐린 날씨였는데요. 오늘도 강한 바람이 불며 흐리겠습니다. 하지만 내일은 밝은 하늘이 될 것입니다. 일요일 오후까지 따뜻하고 밝겠습니다. 일요일 밤에는 소나기가 올 예정이지만, 월요일 아침에는 그치겠습니다.

해설 오늘까지 흐리다가 내일은 밝은 하늘이 될 것이라고 했다.

어휘 throughout [θruːáut] ~ 동안 죽, 내내 whole [houl] 전체의 strong [strɔːŋ] 강한 bright [brait] 밝은 shower [ʃáuər] 샤워; *소나기

02 ③

여: 안녕하세요, 저희 새집에 놓을 탁자를 사고 싶은데요.
남: 저희는 여러 종류의 탁자를 갖추고 있습니다. 이 삼각형 탁자는 최신 모델입니다.
여: 아, 독특하네요. 그런데 저희 집에 어울릴 것 같진 않아요. 원형 탁자를 좀 보여 주시겠어요?
남: 알겠습니다. 다리가 하나인 이 탁자는 어떠세요?
여: 음, 저는 다리가 네 개 있는 저것이 더 좋네요. 그게 더 유행을 안 탈 것 같아요.
남: 좋은 선택입니다. 그게 원하시는 것 맞나요?
여: 네, 맞아요.

해설 여자는 다리가 네 개 있는 원형 탁자를 구입하기로 했다.

어휘 kind [kaind] 종류, 유형 triangular [traiǽŋgjələr] 삼각형의 latest [léitist] 최신의 unique [juːníːk] 독특한 go well with ~와 잘 어울리다 prefer [prifə́ːr] 더 좋아하다 classic [klǽsik] 고전적인, 유행을 안 타는

03 ④

여: 안녕하세요, 저는 Silvia Andrews인데요. 예약을 했습니다.
남: 네, 확인해 볼게요. *[잠시 후]* Andrews 씨라고요? 죄송합니다만, 명단에 성함이 없습니다.
여: 하지만 저는 2주 전에 예약을 했어요. 다시 확인해 주시겠어요?
남: 정말 죄송합니다. 뭔가 착오가 있었나 봅니다.
여: 어떻게 이런 일이 일어날 수 있죠? 지금은 빈자리가 없나요?
남: 오늘은 예약이 꽉 찼습니다.
여: 믿을 수가 없네요. 관리자와 이야기하고 싶어요.

해설 여자는 예약을 했지만 명단에 없고 빈자리도 없는 상황이므로, 짜증이 났을(annoyed) 것이다.
① 지루한 ② 외로운 ③ 신이 난 ⑤ 만족한

어휘 reservation [rèzərvéiʃən] 예약 list [list] 명단, 목록 mistake [mistéik] 실수, 착오 empty [émpti] 빈, 비어 있는 manager [mǽnidʒər] 지배인, 관리자

04 ②

여: 너 여행 갈 거니?
남: 응. 다음 주에 남아메리카에 갈 거야.
여: 정말? 남아메리카 어디?
남: 브라질, 칠레, 페루를 여행할 거야.
여: 난 브라질에 가 봤어.
남: 그래?
여: 응. 정말 좋았어. 근데 칠레도 무척 아름답다고 들었어.
남: 응, 나도. 하지만 난 페루에 더 관심이 있어서, 다른 나라들보다 거기에 더 오래 머물 거야.

해설 남자는 페루에 관심이 많아서 남아메리카의 다른 나라들보다 더 오래 머물 것이라고 했다.

어휘 take a trip 여행하다 be interested in ~에 관심이 있다

05 ⑤

여: 안녕하세요, 도와드릴까요?
남: 네. 제가 다음 달에 결혼을 하는데, 신혼여행 계획하는 걸 도와주실 수 있나요?
여: 물론입니다. 생각하고 계신 장소가 있나요?
남: 음, 저희는 신나는 곳으로 가고 싶어요.
여: 알겠습니다. 이 책자들을 훑어보세요.
남: 와, 이 해변들은 정말 아름답네요. 신혼여행 비용이 얼마나 들까요? 제가 돈이 많지 않거든요.
여: 걱정하지 마세요. 저희는 어떤 예산에든 맞는 패키지들이 있답니다.

해설 신혼여행 갈 장소를 상담하고 있으므로, 두 사람이 대화하는 장소로 가장 적절한 곳은 여행사이다.

어휘 honeymoon [hʌ́nimùːn] 신혼여행 have ~ in mind ~을 염두에 두다, ~을 생각하다 take a look at ~을 훑어보다 brochure [bróuʃuər] (안내용) 책자 package [pǽkidʒ] 소포; *(여행 등의) 패키지 fit [fit] (꼭) 맞다 budget [bʌ́dʒit] 예산

06 ④

남: Julie, 무슨 일이야? 걱정스러워 보여.
여: 실은 어제 Josh의 생일이었는데, 그 애에게 생일 축하한다고 말하는 걸 잊었어.
남: 아, 그래서 지금 그 애가 속상해하고 있구나.
여: 그 애는 괜찮다고 말하는데, 실망한 것 같아.
남: 그래, 분명 그럴 거야.
여: 그 애의 기분이 나아지도록 내가 무엇을 할 수 있을까?
남: 편지를 쓰는 게 어때? 그런 다음 작은 선물이랑 같이 주는 거지.

해설 여자가 생일 축하하는 것을 잊어서 실망한 Josh의 기분을 나아지게 할 방법을 묻자, 남자는 편지와 선물을 주라고 제안하고 있다.

어휘 upset [ʌpsét] 속상한 disappointed [dìsəpɔ́intid] 실망한

07 ⑤

남: 나 정말 배고파. 우리 이 음식점에서 먹을까?
여: 그러자. 아, 봐봐. 창에 메뉴가 있네.
남: 프라이드 치킨을 제공해?
여: 아니, 하지만 치킨 버거는 있어.
남: 괜찮네. 네가 먹고 싶은 거 있어?
여: 음, 치즈 버거와 베이컨 샌드위치가 있네.
남: 너 어제 치즈 버거 먹지 않았어?
여: 맞아. 그럼 나는 베이컨 샌드위치를 먹어야겠다.

해설 여자는 어제 치즈 버거를 먹어서, 오늘은 베이컨 샌드위치를 먹겠다고 했다.

어휘 serve [səːrv] (음식을) 제공하다

08 ②

여: 여기 네 탑승권이야.
남: 고마워. 우리 탑승 전까지 한 시간 남았네.
여: 난 면세점을 둘러볼 건데. 같이 갈래?
남: 아니. 난 화장실에 가야 해. 그리고 비행기에서 읽을 책을 살 거야.
여: 아, 나 신문 좀 사다 줄래?
남: 그래! 그럼 17번 탑승구에서 30분 후에 만나는 게 어때?

여: 좋아.

해설 남자는 먼저 화장실에 갔다가 책을 사러 갈 것이라고 했다.

어휘 boarding pass (여객기의) 탑승권 duty-free shop 면세점 restroom [réstrùm] 화장실 gate [geit] 문; *(공항의) 탑승구

09 ③

여: 뭐 읽고 있어, Ted?
남: 지구를 침략한 외계인들에 대한 책이야.
여: 재미있겠다. 책 제목이 뭐야?
남: 〈The Spaceship〉이라는 책이야.
여: 넌 공상 과학 소설을 정말 좋아하는 것 같아.
남: 맞아. 이 책을 쓴 사람이 John P. Smith거든. 그의 소설들은 정말 훌륭해.
여: 너 그 책 다 읽으면 내가 빌려도 될까?
남: 그래, 그렇게 해.

해설 내용(지구를 침략한 외계인들), 제목(The Spaceship), 장르(공상 과학 소설), 작가(John P. Smith)에 대해서는 언급하였으나, 가격은 언급하지 않았다.

어휘 alien [éiljən] 외계인 invade [invéid] 침략하다 title [táitl] 제목

10 ⑤

남: 안녕하세요, 여러분. 방과 후 프로그램에 관심이 있으시다면, 주목해 주십시오. 이번 학기에는 네 개의 프로그램을 제공할 예정입니다. 테니스, 하키, 그림, 그리고 춤입니다. 이 프로그램은 3월 1일에 시작됩니다. 참여를 원하시면, 양식을 작성해서 이번 주 금요일까지 제출하셔야 합니다. 감사합니다.

해설 방과 후 프로그램의 종류, 시작일, 참여 방법 등을 말하고 있으므로, 방과 후 프로그램에 대한 안내임을 알 수 있다.

어휘 pay attention 주목하다 semester [siméstər] 학기 drawing [drɔ́:iŋ] 그림 fill out a form 양식을 작성하다 submit [səbmít] 제출하다

11 ⑤

남: 여기 우리 박물관 견학 일정이 있어. 15일이야.
여: 그래. 아침에 학교에서 출발하는 거야?
남: 응. 9시 30분에 출발해서 11시에 박물관에 도착해.
여: 좋네. 거기서 얼마나 머물러?
남: 2시간. 그리고 Tom's Sandwiches에서 점심을 먹을 거야.
여: 완벽하네. 그럼 학교에 언제 돌아오는 거야?
남: 4시에 돌아올 거야.

해설 4시에 집이 아닌 학교로 돌아올 예정이라고 했다.

어휘 field trip 현장 학습, 견학 museum [mjuzí:əm] 박물관 perfect [pə́:rfikt] 완벽한 get back 돌아오다

12 ②

[전화벨이 울린다.]
남: 안녕하세요? Tony's Pizza입니다.
여: 안녕하세요, 제가 5분 전에 큰 사이즈 포테이토 피자를 주문했는데요. 주문을 변경할 수 있는지 궁금해서요.
남: 성함과 주소가 어떻게 되시나요?
여: 제 이름은 Mary Rain입니다. 워싱턴가 32번지에 살아요.
남: 확인해 볼게요. 아, 운이 좋으시군요. 아직 주문을 변경할 시간이 있네요.
여: 좋아요! 큰 사이즈 대신 중간 사이즈로 하고 싶어요.
남: 알겠습니다.
여: 얼마나 걸릴까요?
남: 30분 이내에 배달될 거예요.

해설 여자는 주문한 피자를 큰 사이즈에서 중간 사이즈로 변경하고 싶다고 했다.

어휘 order [ɔ́:rdər] 주문하다; 주문 wonder [wʌ́ndər] 궁금하다 be in luck 운이 좋다 deliver [dilívər] 배달하다 within [wiðín] ~ 이내에

13 ④

여: 식사 잘 하셨습니까?
남: 네. 모두 맛있었어요.
여: 디저트를 좀 드시겠습니까?
남: 아뇨, 괜찮아요. 그냥 계산서 가져다주세요.
여: 여기 있습니다.
남: 잠깐만요, 총액이 22달러라고 나와 있네요. 저희 식사는 20달러가 된다고 생각했는데요. 각각 10달러였잖아요.
여: 맞습니다. 식사 비용 20달러에 세금으로 2달러가 더해진 거예요.
남: 아, 알겠습니다. 여기 50달러요.
여: 거스름돈을 가지고 곧 돌아오겠습니다.

해설 남자가 지불해야 할 금액이 22달러인데 50달러를 냈으므로, 거스름돈으로 28달러를 받아야 한다.

어휘 meal [mi:l] 식사 check [tʃek] 검사; *계산서 total [tóutl] 합계, 총액 come to (총계가) ~가 되다 tax [tæks] 세금

14 ③

남: 안녕하세요. 어디로 가시나요, 손님?
여: 월드컵 경기장으로 가 주세요. 이 근처에서는 택시를 잡기가 힘드네요.
남: 지금이 하루 중 바쁜 시간이거든요.

여: 10분 후에 그곳에 도착할 수 있을 것 같나요?
남: 글쎄요, 교통량이 많아서 안 될 것 같습니다. 하지만 최선을 다해 보겠습니다.
여: 감사합니다.

해설 목적지, 소요 시간, 교통량 등에 대해 대화하고 있으므로, 택시 운전사와 승객의 관계임을 알 수 있다.

어휘 get a cab 택시를 잡다 traffic [trǽfik] 교통(량) do one's best 최선을 다하다

15 ②

남: 너 오늘 왜 점심을 먹지 않았어? 아픈 거야?
여: 아니. 다이어트를 하고 있어. 살이 많이 쪘거든.
남: 식사를 거르는 것은 건강에 안 좋아. 넌 운동을 좀 해야 해.
여: 넌 무슨 운동을 하니?
남: 난 매일 아침 헬스장에 가.
여: 난 헬스장에서 운동하는 것을 좋아하지 않아. 난 운동할 때 신선한 공기가 필요해.
남: 그럼 조깅하는 건 어때? 그건 너를 상쾌하게 하고 살 빼는 데 도움이 될 거야.
여: 해 볼게!

해설 여자는 살을 빼야 하지만 헬스장에서 운동하는 것은 좋아하지 않는다고 말하자, 남자가 조깅을 해 보라고 제안했다.

어휘 gain weight 살이 찌다 skip [skip] 깡충깡충 뛰다; *거르다 exercise [éksərsàiz] 운동; 운동하다 work out 운동하다

16 ⑤

남: 제 이에 뭔가 문제가 있는 것 같아요.
여: 왜 그러는데? 아프니?
남: 네. 그리고 차가운 걸 마시면 더 아파요.
여: 아. 당장 치과에 가야겠다.
남: 알아요. 하지만 갈 수 없어요.
여: 왜? 치과가 무섭니?
남: 아니요. 오늘 숙제가 많아서요.
여: 하지만 넌 가야 해. 지금 치료하지 않으면, 더 안 좋아질 거야. 숙제는 나중에 해.

해설 남자는 이가 아프지만 오늘 숙제가 많아서 치과에 갈 수 없다고 했다.

어휘 tooth [tu:θ] 이 hurt [həːrt] 아프다 see a dentist 치과에 가다 be afraid of ~을 무서워하다 treat [tri:t] 다루다; *치료하다

17 ③

① 여: 뛰지 마세요! 수영장 주변이 미끄러워요.
　남: 아, 다시는 안 그럴게요.
② 여: 수영장 파티야. 수영복 가져와.
　남: 나 수영복 없는 것 같은데.
③ 여: 수영장 안에서는 수영 모자를 쓰셔야 해요.
　남: 죄송해요. 오늘 그걸 가져오는 걸 잊었어요.
④ 여: 나 수영하는 법을 배우고 싶어.
　남: 내가 가르쳐 줄 수 있을 것 같은데.
⑤ 여: 나랑 수영하러 가고 싶어?
　남: 아니, 괜찮아. 나 너무 피곤해.

해설 여자 안전 요원이 수영장 안에 있는 남자에게 수영 모자를 써야 한다고 말하는 상황이다.

어휘 slippery [slípəri] 미끄러운 bathing suit 수영복

18 ④

여: 신사 숙녀 여러분, 안녕하세요. 저는 기장입니다. 괌으로 가는 737편 항공기에 탑승하신 것을 환영합니다. 오늘 저희 비행 시간은 4시간 15분이 되겠습니다. 괌의 현지 시각은 오전 10시 45분입니다. 날씨가 좋아서 순조로운 비행이 될 것입니다. 저희 모든 승무원들을 대표하여, 오늘 여러분의 항공사로 Fly Air를 선택해 주셔서 감사합니다. 즐거운 비행이 되시기를 바랍니다.

해설 항공편명(737편 항공기), 목적지(괌), 비행 시간(4시간 15분), 항공사명(Fly Air)에 대해서는 언급하였으나, 착륙 시각은 언급하지 않았다.

어휘 captain [kǽptin] 선장, 기장 aboard [əbɔ́:rd] 탄, 탑승[승선]한 smooth [smu:ð] 매끄러운; *순조로운 on behalf of ~을 대표하여 crew [kru:] 승무원 airline [érlain] 항공사

19 ⑤

여: 얘, Bill. 너 어디 가니?
남: 요가 수업을 들으러 시내에 가는 중이야.
여: 네가 요가를 배우고 있는지 몰랐어. 언제 시작했어?
남: 지난달에.
여: 하기 힘들지 않아?
남: 처음에는 어려웠는데, 지금은 즐기고 있어. 너도 수업에 참여하는 데 관심이 있니?
여: 응, 나도 하고 싶어. 수업이 언제야?
남: 매주 월요일과 목요일 6시야.

해설 요가 수업이 언제인지 물었으므로, 수업 일시를 말하는 응답이 가장 적절하다.
① 각 수업은 1시간 30분이야.
② 한 달에 6만 원이야.
③ 난 3주간 그 수업을 들었어.
④ 넌 6시에 예약되어 있어.

어휘 take a class 수업을 듣다

20 ⑤

남: 우리 파티 준비 다 됐니?
여: 아니. 해야 할 몇 가지 일들이 더 있어.
남: 정말? 하지만 사람들이 한 시간 후에 올 거야! 뭐가 남았지?
여: 의자를 똑바로 놓고, 장식을 걸고, 식탁을 차려야 해.
남: 좋아. 내가 의자를 정리하는 동안 넌 장식을 걸면 되겠다.
여: 식탁은?
남: 의자를 정리하고 나서 내가 할게.

해설 파티 준비로 남은 일들 중 식탁 차리기에 대해 물었으므로, 자신이 의자 정리 후에 하겠다고 말하는 응답이 가장 적절하다.
① 식탁은 충분히 있어.
② 그건 이미 차려져 있어.
③ 파티가 끝나고 그것들을 고치면 돼.
④ 나를 위해 그걸 해 줘서 고마워.

어휘 set up ~을 똑바로 놓다, ~을 차리다 put up (장식을) 걸다
decoration [dèkəréiʃən] 장식 arrange [əréindʒ] 정리하다
[문제] fix [fiks] 고치다

Dictation Test 03

pp. 70~77

01 1) had cloudy days 2) have bright skies
3) expecting some showers
02 1) our latest model 2) some round tables
3) prefer that one with four legs
03 1) is not on the list 2) must be some mistake
3) fully booked
04 1) taking a trip 2) I'll travel to
3) stay there longer than
05 1) have a place in mind
2) take a look at these brochures
3) fit every kind of budget
06 1) forgot to say 2) looks disappointed
3) give it to him
07 1) Do they serve 2) anything you want
3) get the bacon sandwich
08 1) look around the duty-free shops
2) go to the restroom 3) in 30 minutes
09 1) book about aliens 2) science fiction novels
3) was written by
10 1) interested in after-school programs
2) provide four programs 3) fill out a form
11 1) schedule for our field trip
2) arrive at the museum 3) be back at 4:00
12 1) change my order 2) still have time to change
3) How long will it take
13 1) bring me the check 2) total is $22
3) $2 for tax
14 1) get a cab 2) get there in 10 minutes
3) a lot of traffic
15 1) need some exercise 2) working out at a gym
3) go jogging
16 1) something wrong with my tooth
2) should see a dentist 3) have a lot of homework
17 1) slippery around the pool
2) wear a swimming cap 3) learn how to swim
18 1) Our flight time today 2) have a smooth flight
3) as your airline
19 1) you were learning yoga 2) hard to do
3) joining the class
20 1) several things to do 2) set the tables
3) arrange the chairs

Word Test 01~03

pp. 78~79

Ⓐ

01 낮은	02 빌려주다
03 식사	04 쾌적한, 즐거운
05 예약	06 고치다
07 수리 기사	08 경쟁, 대회
09 독특한	10 몇몇의, 여럿의
11 교통(량)	12 해안
13 제공하다	14 통로
15 아프다	16 전체의
17 조직하다	18 궁금하다
19 속상한	20 빌리다
21 출발하다	22 이미, 벌써
23 운동; 운동하다	24 제출하다
25 정리하다	26 (여객기의) 탑승권
27 늘 그렇듯이	28 ~을 찾다
29 ~을 염두에 두다, ~을 생각하다	30 여행하다
31 고장 난	32 ~와 잘 어울리다
33 등록하다	34 양식을 작성하다
35 살이 찌다	36 실수하다
37 ~을 염려하다	38 사진을 찍다
39 고장 나다	40 ~하기로 되어 있다

B

01 experience	02 novel
03 noon	04 empty
05 souvenir	06 employee
07 treat	08 environment
09 pack	10 worried
11 local	12 disappointed
13 last	14 budget
15 volunteer	16 stadium
17 appointment	18 practice
19 manager	20 plain
21 thick	22 available
23 shine	24 prefer
25 skip	26 handicapped
27 fit	28 return
29 decoration	30 order
31 serve	32 slippery
33 total	34 deliver
35 tax	36 field trip
37 vote for	38 pay attention
39 do one's best	40 be interested in

실전모의고사 04회

pp. 80~81

01 ④	02 ②	03 ⑤	04 ②	05 ⑤
06 ③	07 ⑤	08 ①	09 ③	10 ⑤
11 ②	12 ④	13 ②	14 ②	15 ②
16 ④	17 ②	18 ②	19 ②	20 ④

01 ④

남: 안녕하세요, 여러분! 일기 예보 시간입니다. 이번 주말에는 화창한 햇살을 즐겼지만, 좋은 날씨는 내일로 끝날 것 같습니다. 강한 바람과 함께 비가 많이 올 예정이니, 우산을 가져가는 것을 기억해 주세요. 모레는 온종일 맑겠습니다.

해설 주말까지 화창했지만, 내일은 강한 바람이 불고 비가 많이 올 것이라고 했다.

어휘 sunshine [sʌ́nʃàin] 햇빛, 햇살 heavily [hévili] 심하게, 많이 the day after tomorrow 모레

02 ②

남: 와, 이 사진 굉장하다. 어디야?
여: 아, 알프스 산맥이야. 산들이 정말 아름다웠어.
남: 그러네. 네 옆에 있는 사람들은 누구야?
여: 왼쪽에 큰 배낭을 메고 있는 남자는 우리 오빠야.
남: 네 오른쪽에 빨간 파카를 입은 사람은 누구야?
여: 우리 오빠의 가장 친한 친구야. 우리는 같이 무척 재미있게 보냈어.

해설 사진 속 여자의 왼쪽에는 큰 배낭을 멘 남자가, 오른쪽에는 빨간 파카를 입은 남자가 있다.

어휘 the Alps 알프스 산맥 backpack [bǽkpæ̀k] 배낭 parka [pɑ́ːrkə] 파카

03 ⑤

남: 안녕, Angelina! 오랜만이야! 잘 지냈어?
여: 네? 저에게 말씀하시는 거예요?
남: 농담하지 마. 나야, Fred. 옛 동창.
여: 죄송한데요. 저는 Fred라는 이름을 가진 사람을 몰라요. 그리고 제 이름은 Angelina가 아니고요.
남: 아. 정말요? 다른 사람으로 착각했어요. 죄송해요.
여: 괜찮아요. 음, 실례지만 전 가 봐야겠어요.

해설 남자는 옛 동창인 줄 알고 여자에게 반갑게 인사를 했는데 다른 사람임을 알게 되어 당황스러울(embarrassed) 것이다.
① 슬픈 ② 화난 ③ 자랑스러운 ④ 기쁜

어휘 kid around 농담하다 classmate [klǽsmèit] 동급생, 동창생

04 ②

여: 안녕, Max. 이번 주말에 포트럭 파티를 열 거야. 너도 올래?
남: 포트럭 파티? 그게 뭐야?
여: 그건 특별한 종류의 파티야. 모두가 직접 요리한 것을 가지고 오지.
남: 재미있겠다. 하지만 난 요리를 잘 못해. 넌 뭘 만들 건데?
여: 난 케이크를 구울 거야. 넌 스파게티를 만드는 게 어때?
남: 그건 너무 어려울 것 같아. 하지만 난 치킨 샐러드는 만들 수 있을 것 같아.
여: 그거 좋겠다!

해설 남자는 포트럭 파티를 위해 치킨 샐러드를 만들겠다고 했다.

어휘 potluck [pɑ́tlʌ̀k] 포트럭(각자 음식을 조금씩 마련해 가지고 오는 식사) cook [kuk] 요리하다; 요리사 bake [beik] 굽다

05 ⑤

여: 이건 어떠세요?
남: 잘 모르겠어요. 결혼식 때 입기에 좋을 것 같나요?

여: 그럼요. 그걸 입으면 멋질 거예요. 짙은 남색은 손님을 위한 색이에요.
남: 좋아요. 사기 전에 입어 봐야 할 것 같아요.
여: 그러셔야죠. 탈의실은 저쪽에 있어요.
남: 네. 곧 돌아올게요.
여: 여기서 기다리겠습니다.

해설 여자는 옷을 추천해 주고 남자가 사기 전에 입어 보려는 상황이므로, 두 사람이 대화하는 장소로 가장 적절한 곳은 옷 가게이다.

어휘 navy [néivi] 짙은 남색 try on ~을 입어 보다 dressing room 탈의실 in a few minutes 몇 분 안에, 곧

06 ③

여: 인터넷 쇼핑 사이트에서 저렴한 노트북 컴퓨터를 찾았어.
남: 아, 얼만데?
여: 보통 때는 900달러인데, 지금 60% 할인을 하고 있어. 싸지 않니?
남: 그거 너무 싼데. 이상한 것 같지 않아?
여: 글쎄, 잘 모르겠어. 나는 그걸 살 거야.
남: 나는 네가 신중해야 한다고 생각해. 그건 모종의 사기일지도 몰라. 그 웹 사이트에 대해 정보를 더 찾아볼 필요가 있어.
여: 그래, 네 말이 맞아. 그래야겠다.

해설 남자는 인터넷 쇼핑 사이트에서 물건을 너무 싸게 판매할 경우 그 사이트에 대해 잘 알아봐야 한다고 충고했고, 여자가 이에 동의하고 있다.

어휘 normally [nɔ́ːrməli] 보통, 보통 때는 careful [kɛ́ərfəl] 신중한 scam [skæm] (신용) 사기 information [ìnfərméiʃən] 정보

07 ⑤

남: 여보, Paul이 ABC 은행에 취직했어요.
여: 아, 잘됐네요. 우리 그에게 선물을 주는 게 어떨까요?
남: 좋아요. 그에게 무엇을 사 줄까요?
여: 넥타이 어때요?
남: 그는 충분한 넥타이를 가지고 있어요.
여: 그러면 신발 한 켤레는 어때요? 그의 신발이 너무 낡았어요.
남: 그것도 괜찮지만, 우리가 그에게 줄 수 있는 더 좋은 것이 없을까요? 멋진 서류 가방은 어때요?
여: 좋은 생각이에요. 그가 좋아할 것 같네요.

해설 두 사람은 Paul의 취직 선물로 서류 가방을 사 주기로 결정했다.

어휘 get a job 취직하다 a pair of 한 켤레의, 한 쌍의 briefcase [bríːfkèis] 서류 가방

08 ①

남: 우리집에 올래? 같이 저녁 먹자.
여: 그러고 싶지만, 나는 지금 공항에 가야 해.
남: 거기에 왜 가는데?
여: 내 남동생 Ron이 중국에서 오거든. 그래서 그를 차로 태우러 가려고.
남: 아, 그렇구나. 조심해서 운전해.
여: 다음에 저녁 같이 먹자.
남: 그래.

해설 여자는 중국에서 오는 남동생을 데리러 지금 공항에 가야 한다고 했다.

어휘 pick up ~을 (차로) 태우러 가다

09 ③

남: 얘, 민아야! 너 Youth Art Contest 알아?
여: 그거 시에서 주최하는 연례 미술 대회 아니야?
남: 응. 올해의 주제는 '지구 보호하기'야.
여: 너 거기에 참가할 거야?
남: 응. 모든 참가자들은 상품을 받아. 너도 해 봐.
여: 아, 그거 좋다. 어떻게 참가할 수 있어?
남: 너의 작품을 사진 찍어서 온라인으로 제출하면 돼. 다음 주 월요일까지야.

해설 주최 기관(시), 주제(지구 보호하기), 참가 방법(온라인으로 작품 사진 제출), 작품 제출 기한(다음 주 월요일)에 대해서는 언급하였으나, 심사 기준은 언급하지 않았다.

어휘 annual [ǽnjuəl] 매년의, 연례의 theme [θiːm] 주제 enter [éntər] 들어가다; *(대회 등에) 참가하다 participant [pɑːrtísəpənt] 참가자 due [duː] ~까지 하기로 되어 있는

10 ⑤

여: 안녕하세요, 학생 여러분. 학교 자원봉사의 날에 관한 알림입니다. 자원봉사자들은 5월 3일에 어린이 병원에 갈 것입니다. 아이들과 게임을 하고, 아이들에게 책을 읽어 주고, 영어를 가르쳐 줄 것입니다. 자원봉사자들은 마술 쇼도 할 예정입니다. 여러분 중 누구든 자원봉사를 하고 싶다면, 이번 주 금요일까지 담임 선생님께 말씀해 주세요. 감사합니다.

해설 자원봉사자들이 어린이 병원을 방문해서 하게 될 활동을 알리고 지원자를 모집하고 있으므로, 자원봉사 활동에 대한 안내임을 알 수 있다.

어휘 announcement [ənáunsmənt] 발표, 공고 volunteer [vɑ̀ləntíər] 자원봉사자; 자원봉사로 하다 put on a show 쇼를 상연하다 homeroom teacher 담임 교사

11 ②

남: 우리 학교에 새로운 동아리가 생겼습니다. Gamers Club이라고 하고, 컴퓨터 게임에 관심이 있는 사람들을 위한 것입니다. 하지만

우리가 게임만 하는 건 아닙니다! 우리는 게임이 어떻게 만들어지는지 배웁니다. 현재 6명의 회원이 있지만, 더 많은 사람들이 참여하길 바랍니다. 우리는 매주 목요일 4시 방과 후에 모입니다. 관심이 있으면, 목요일에 29번 방으로 오세요.

해설 게임을 잘하는 비결이 아니라 게임이 어떻게 만들어지는지 배운다고 했다.

어휘 member [mémbər] 회원

12 ④

[전화벨이 울린다.]

여: Han 항공사입니다. 어떻게 도와드릴까요?
남: 안녕하세요. 제가 324편 뉴욕행 표를 예매했는데요.
여: 성함이 어떻게 되시죠?
남: 제 이름은 Grey Roberts예요.
여: 네. 비행 일정을 변경하고 싶으신가요?
남: 아니요. 수하물 규정에 대해 문의하려고 전화한 거예요. 제가 20kg 짜리 가방을 무료로 부칠 수 있나요?
여: 네, 고객님. 25kg 미만의 짐에는 요금이 없습니다.
남: 잘됐네요. 고맙습니다.

해설 남자는 예매해 놓은 비행편의 수하물 규정에 대해 문의했다.

어휘 baggage [bǽgidʒ] 수하물, 짐 regulation [règjuléiʃən] 규정 check [tʃek] 확인하다; *(수하물을) 부치다 for free 무료로 charge [tʃɑːrdʒ] 요금

13 ②

남: 어디로 가시나요, 손님?
여: 서울역이요. 가능한 한 빨리 가야 해요.
남: 알겠습니다. 제가 거기로 가는 빠른 길을 압니다.
여: 잘됐네요. 열차가 30분 후에 출발하거든요. 제시간에 도착할 것 같나요?
남: 그럴 것 같아요. 지금이 3시 정각이고, 15분밖에 안 걸릴 겁니다.
여: 완벽해요. 감사합니다.
남: 천만에요.

해설 지금은 3시 정각이고 서울역까지 15분 걸릴 것이라고 했으므로, 여자는 서울역에 3시 15분에 도착할 것이다.

어휘 in time 제시간에

14 ②

남: 운전면허증을 보여 주십시오.
여: 여기 있어요. 제가 뭔가를 잘못했나요?
남: 네, 너무 빨리 운전하셨어요.
여: 저는 시속 50km 정도로 운전하고 있었는데요.
남: 이곳의 제한 속도는 시속 30km입니다. 속도위반 딱지를 드려야겠네요.
여: 아, 죄송해요. 제가 급했어요.
남: 다음엔 더 주의해서 운전하세요.
여: 네, 그럴게요.

해설 남자는 여자에게 운전면허증 제시를 요구하고 속도위반 딱지를 부과하고 있으므로, 경찰관과 운전자의 관계임을 알 수 있다.

어휘 driver's license 운전면허증 limit [límit] 제한 speeding [spíːdiŋ] 속도위반 in a hurry 급히 carefully [kέərfəli] 주의하여

15 ②

남: 무슨 일이에요, Ann? 왜 그렇게 걸어요?
여: 버스에서 내리다가 넘어졌어요.
남: 다쳤어요?
여: 발목을 다친 것 같은데요, 그렇게 심각한 건 아니에요.
남: 집에 어떻게 갈 거예요?
여: 실은… 저 좀 태워줄 수 있나요? 집까지 걸을 수가 없어요.
남: 물론이죠. 일 끝나고 주차장에서 만나요.

해설 여자는 버스에서 내리다가 넘어져 발목을 다쳐서 남자에게 집까지 태워달라고 부탁했다.

어휘 get off (차 등에서) 내리다 get hurt 다치다 ankle [ǽŋkl] 발목 serious [síəriəs] 심각한 give a ride 태워주다

16 ④

여: 왜 숙제를 제출하지 않았니?
남: 죄송해요. 실은, 그것을 끝내지 못했어요.
여: 왜 못 끝냈니?
남: 저는 숙제가 다음 주 목요일까지라고 생각했어요. 제가 헷갈렸어요.
여: 이런 일이 다시는 일어나지 않으면 정말 좋겠구나. 너는 이번이 처음이니까, 내일 제출하면 된단다. 그렇게 할 수 있겠니?
남: 네, 하겠다고 약속할게요. 감사합니다.

해설 남자는 숙제 제출일을 헷갈려서 숙제를 끝내지 못했다고 했다.

어휘 hand in ~을 제출하다 confused [kənfjúːzd] 헷갈리는 happen [hǽpən] 일어나다, 발생하다 turn in ~을 제출하다 promise [prámis] 약속하다

17 ②

① 남: 나 지하철에 지갑을 두고 내렸어.
여: 분실물 보관소에 가 봤어?
② 남: 실례합니다. 이걸 떨어뜨리신 것 같아요.
여: 아! 정말 감사합니다.
③ 남: 거기에 가려면 어디서 갈아타죠?
여: 동대문역에서 4호선으로 갈아타야 해요.

④ 남: 여기 앉아도 될까요?
여: 네, 괜찮습니다. 앉으세요.
⑤ 남: 지하철 탈 거니?
여: 아니, 버스 탈 거야. 지하철은 너무 붐빌 거야.

해설 지하철 안에서 바닥에 떨어져 있는 지갑을 발견한 남자가 그 앞에 서 있는 여자에게 그것을 알려 주는 상황이다.

어휘 drop [drɑp] 떨어뜨리다 crowded [kráudid] (사람들이) 붐비는 transfer [trǽnsfər] 갈아타다

18 ②

여: 패스트푸드에 싫증이 나셨나요? 그럼 Farmer Larry's에 오셔서 슬로푸드를 즐기세요. 저희의 모든 채소는 지역 농민들에 의해 유기농으로 재배되어, 신선하고 영양분이 많습니다. 그리고 저희는 소금이나 기름을 많이 사용하지 않는 저칼로리 요리만을 제공합니다. 그래도 여전히 아주 맛있습니다! 저희 요리사들은 모두 파리 최고의 요리 학교에서 교육받았습니다. 또한, 저희 직원들 모두 친절하고 다정함을 보증합니다.

해설 음식 재료(유기농으로 재배한 신선하고 영양분 많은 채소), 음식의 칼로리(저칼로리 음식), 요리사의 출신 학교(파리 최고의 요리 학교 교육 수료), 서비스(친절하고 다정한 직원)에 대해서는 언급하였으나, 음식 가격은 언급하지 않았다.

어휘 be tired of ~에 싫증이 나다 organically [ɔːrgǽnikəli] 유기농으로 nutritious [njutríʃəs] 영양분이 많은 dish [diʃ] 접시; *요리 train [trein] 훈련하다, 교육하다 ensure [inʃúər] 보증하다

19 ②

여: 너 블로그 있니?
남: 응. 난 주로 내가 정말 좋아하는 음식과 음식점에 대해 올려. 너는?
여: 나도 하나 있긴 한데, 무언가 자주 올리지는 않아.
남: 왜 안 하는데?
여: 음, 나는 다른 사람들의 블로그를 보는 게 더 좋아.
남: 나는 거의 매일 내 블로그에 사진을 올려. 내 블로그에 방문해서 내 사진을 보지 않을래?
여: 좋아. 주소를 알려 줘.

해설 남자는 여자에게 자신의 블로그에 방문해서 사진을 볼 것을 제안했으므로, 제안을 받아들이며 블로그 주소를 알려 달라고 말하는 응답이 가장 적절하다.
① 나는 사진 찍는 것을 좋아해.
③ 물론이지, 너 오늘 좋아 보여.
④ 나 자신의 블로그를 만드는 것이 좋겠어.
⑤ 내 블로그는 매일 업데이트돼.

어휘 blog [blɑːg] 블로그 post [poust] (웹 사이트에 정보 등을) 올리다 [문제] address [ədrés, ǽdres] 주소 own [oun] 자신의 update [ʌ́pdèit] 최신의 것으로 하다, 업데이트하다

20 ④

남: 우리 개 사진 좀 봐. 귀엽지 않니?
여: 예쁘다, 특히 눈이 말이야. 이름이 뭐야?
남: Lucy야. 3개월 됐어.
여: 나도 한 마리 기르고 싶어.
남: 너 개를 좋아해? 한 마리 키우지 그래?
여: 엄마가 개를 좋아하지 않으셔.

해설 개를 기르고 싶다는 여자에게 남자가 한 마리 키우는 게 어떻냐고 제안했으므로, 엄마가 개를 좋아하지 않는다고 말하는 응답이 가장 적절하다.
① 응, 난 반려동물을 많이 키워.
② 내가 개를 싫어하기 때문이야.
③ 그래, 하지만 그에게 먼저 물어보자.
⑤ 맞아, 난 대신 고양이를 키울래.

어휘 especially [ispéʃəli] 특히 [문제] pet [pet] 반려동물

Dictation Test 04

pp. 82~89

01 1) enjoyed wonderful sunshine
2) rain heavily with high winds 3) be sunny all day
02 1) mountains were really beautiful
2) wearing the big backpack
3) wearing the red parka
03 1) Long time no see 2) Stop kidding around
3) you were someone else
04 1) Everyone brings something 2) bake a cake
3) make some chicken salad
05 1) look great in it 2) try it on
3) dressing room is over there
06 1) That's too cheap 2) you should be careful
3) find out more information
07 1) give him a present 2) has enough ties
3) How about a nice briefcase
08 1) go to the airport 2) pick him up
3) some other time
09 1) hosted by the city 2) get a prize
3) submit it online
10 1) school volunteer day 2) read them books
3) would like to volunteer
11 1) interested in computer games
2) how the games are made 3) meet after school

12 1) reserved a ticket 2) change your flight schedule
3) ask about baggage regulations

13 1) as quickly as possible 2) get there in time
3) take only 15 minutes

14 1) Show me your driver's license
2) give you a ticket 3) drive more carefully

15 1) was getting off the bus 2) hurt my ankle
3) give me a ride

16 1) hand in your homework 2) was confused
3) turn it in tomorrow

17 1) you dropped this 2) Where do I transfer
3) will be too crowded

18 1) were grown organically
2) serve only low-calorie dishes
3) chefs were trained

19 1) post things often
2) looking at other people's blogs 3) visit my blog

20 1) picture of my dog 2) three months old
3) Why don't you get one

실전모의고사 05회

pp. 90~91

01 ③	02 ①	03 ②	04 ①	05 ③
06 ④	07 ⑤	08 ④	09 ③	10 ①
11 ④	12 ②	13 ②	14 ②	15 ③
16 ④	17 ②	18 ④	19 ④	20 ②

01 ③

여: 안녕, Jake. 내일 할 일 있어?
남: 아니, 아무 계획 없어.
여: 그럼 공원에서 자전거 타자.
남: 좋아. 근데 날이 흐려지고 있어. 내일 비가 오면 어쩌지?
여: 오늘 오후에는 비가 올 거지만 기상 예보관이 내일은 완전히 갤 거라고 했어. 그러니까 야외 활동을 즐기기에 날씨가 좋을 거야. 그건 걱정하지 마.
남: 아, 잘됐다.

해설 오늘 오후에는 비가 올 것이지만 내일은 완전히 갤 것이라고 했다.

어휘 weather forecaster 기상 예보관 clear up (날씨가) 개다 completely [kəmplíːtli] 완전히 outdoor activity 야외 활동

02 ①

여: 크리스마스에 네 여자친구에게 무엇을 줄지 결정했어?
남: 나는 목걸이를 사 주려고 생각 중인데, 고르는 게 어렵네. 내 전화기에 사진이 몇 장 있거든. 고르는 걸 도와줄래?
여: 그래, 어디 보자.
남: 십자가 한 개 있는 이거 어때? 아니면 십자가 두 개 있는 건?
여: 귀엽긴 한데, 난 별이 세 개 있는 이게 아주 예쁜 것 같아.
남: 음… 그러네. 별들이 더 예쁘다. 그럼 그걸 살래. 도와줘서 고마워.

해설 남자는 여자가 추천해 준 별이 세 개 있는 목걸이를 구입하기로 했다.

어휘 decide [disáid] 결정하다 necklace [néklis] 목걸이 trouble [trʌ́bl] 문제, 어려움, 곤란 cross [krɔːs] 십자가

03 ②

남: 점심 먹은 후에 볼링을 치러 가는 거 어때?
여: 그러고 싶지만, 나는 오늘 바빠.
남: 뭘 해야 하는데?
여: 과학 숙제도 해야 하고, 그러고 나서 어머니가 집 청소하시는 걸 도와드려야 해.
남: 그럼 오늘 저녁은 어때?
여: 미안하지만, 그때도 못 가. Amy와 저녁 먹고 영화 보러 가기로 약속했거든.

해설 남자가 볼링을 치러 가자고 제안했지만, 여자는 낮에는 할 일이 있고 저녁에는 Amy와 선약이 있어 갈 수 없다고 거절하고 있다.

어휘 go bowling 볼링을 치러 가다

04 ①

여: 얘, Bill! 내가 어제 너에게 전화했는데, 안 받더라.
남: 아, 내가 전화기를 갖고 있지 않았어. 그리고 너에게 다시 전화하는 걸 잊어버렸네.
여: 뭐 하고 있었는데?
남: Ethan이랑 수영장에 갔어.
여: 재미있었겠다. 난 어제 힘든 하루를 보냈거든.
남: 너는 뭐 했는데?
여: 나는 도서관에서 수학 숙제를 하고 있었어. 네가 그걸 도와주겠는지 물어보려고 전화했지.

해설 남자는 어제 Ethan과 함께 수영장에 갔다고 했다.

어휘 call back 다시 전화를 하다

05 ③

여: 실례합니다. 저희가 좌석을 찾는 걸 도와주시겠어요?
남: 그러죠. 표를 볼 수 있을까요?
여: 여기 있어요.
남: 네. 저쪽으로 걸어가셔야 해요. 외야 쪽에 앉으시겠네요.
여: 저런. 경기를 보기 힘들까요?
남: 아니요, 시야가 좋을 거예요. 그리고 홈런 볼을 잡을 가능성도 있을 거예요.
여: 좋아요!

해설 외야 쪽에 앉게 되어서 홈런 볼을 잡을 수도 있다고 했으므로, 두 사람이 대화하는 장소로 가장 적절한 곳은 (야구) 경기장이다.

어휘 seat [si:t] 자리 outfield [áutfi:ld] 외야 view [vju:] 시야 chance [tʃæns] 가능성, 기회 catch [kætʃ] 잡다

06 ④

여: 안녕하세요, 여러분. 내일은 우리 학교의 연례 영어의 날입니다. 일정을 말씀드리겠습니다. 10시에는 영어 말하기 대회가 있을 것입니다. 정오에는 원어민 영어 선생님들과 함께 점심 식사를 할 것입니다. 3시에는 연극 동아리가 공연하는 영어 연극이 있겠습니다. 5시에는 대강당에서 뒤풀이가 있을 것입니다. 여러분 모두 영어의 날을 즐기길 바랍니다. 감사합니다.

해설 영어 연극은 원어민 영어 선생님들이 아니라 연극 동아리가 공연한다고 했다.

어휘 perform [pərfɔ́:rm] 공연하다 main hall 대강당

07 ⑤

여: 너 백화점 옆에 있는 이탈리아 음식점에 가 봤니?
남: 아니. 너는 가 봤어?
여: 응. 거기 음식이 맛있어. 난 몇 번 갔었어.
남: 거기 피자와 스테이크 먹어 봤어?
여: 응. 그것들도 맛있었지만, 최고의 음식은 파스타야. 너도 먹어 봐야 해.
남: 좋아, 오늘 밤에 가 봐야겠다.

해설 여자는 피자와 스테이크도 맛있었지만 파스타가 최고의 음식이라고 먹어 볼 것을 추천했다.

어휘 department store 백화점 delicious [dilíʃəs] 맛있는

08 ④

남: Anne이 몇 분 전에 전화했어.
여: 아, 그랬어?
남: 그 애는 네가 아프다는 얘기를 듣고, 네가 어떤지 알고 싶어 했어.
여: 그 애는 좋은 친구야.
남: 그래, 그렇지.
여: 내 친구들 대부분은 내가 파티를 열거나 뭔가 재미있는 걸 할 때만 전화를 하는데, Anne은 내가 어려움에 처할 때 항상 나를 도와줘.
남: 나도 그런 좋은 친구가 있으면 좋겠다.
여: 그래. 나는 그 애에게 지금 전화해야겠어.

해설 여자는 자신이 아프다는 얘기를 듣고 걱정되어 전화한 친구 Anne에게 지금 전화해야겠다고 했다.

어휘 be in trouble 어려움에 처하다

09 ③

여: 너 새 스마트폰 생겼구나!
남: 응. 최신 모델 Z5야.
여: 멋지다! 그거 화면이 크구나.
남: 응. 나는 동영상을 많이 봐서, 나에게 아주 좋아.
여: 좋네.
남: 내 예전 스마트폰보다 훨씬 더 큰 메모리도 가지고 있어.
여: 그런데 비싸지 않았어?
남: 아니 별로. 할인 중이었어.

해설 모델명(Z5), 화면 크기(큼), 메모리 용량(예전 것보다 훨씬 큼), 할인 판매 여부(할인 중)에 대해서는 언급하였으나, 색상은 언급하지 않았다.

어휘 latest [léitist] 최근의, 최신의 memory [méməri] 기억; *메모리(기억 장치에 들어갈 수 있는 데이터의 최대량) on sale 할인 중인

10 ①

남: 이번 주말에 정원 중학교는 가을 축제를 엽니다. 1학년과 2학년 학생들이 공연하는 장기 자랑이 있을 것입니다. 학교 밴드의 공연과 미술 동아리에서 공개하는 전시회도 즐길 수 있습니다. 학생들과 선생님들 모두 이 축제를 열심히 준비했으니, 오셔서 함께 즐겨 주세요!

해설 이번 주말 학교에서 가을 축제가 열려 장기 자랑, 밴드 공연, 전시회 등이 있을 것이라고 말하고 있으므로, 학교 축제에 대한 내용임을 알 수 있다.

어휘 festival [féstivəl] 축제 talent show 장기 자랑 performance [pərfɔ́:rməns] 공연 exhibition [èksibíʃən] 전시회 present [prizént] 보여 주다, 공개하다

11 ④

여: 금요일 밤에 나랑 콘서트에 갈래?
남: 가수가 누구인데?
여: Tom Brown. 미국의 유명한 R&B 가수야.
남: 나 그를 알아. 그는 멋진 공연가지. 몇 시에 시작하니?

여: 저녁 7시에. 공연은 2시간 동안 진행돼.
남: 표는 얼마야?
여: 3만 원이야.
남: 나쁘지 않네. 같이 가고 싶어.

해설 콘서트는 저녁 7시에 시작해서 2시간 동안 진행된다고 했으므로, 9시에 끝난다.

어휘 performer [pərfɔ́:rmər] 공연가

12 ②

[전화벨이 울린다.]
여: 안녕하세요, 카메라 닷컴입니다.
남: 안녕하세요. 제가 열흘 전에 디지털 카메라를 주문했는데, 아직 도착하지 않았어요.
여: 주문 번호 좀 알려 주시겠어요?
남: 네. 49854예요.
여: 죄송합니다. 저희가 실수를 했네요. 그걸 아직 발송하지 않았어요.
남: 저는 이번 주말에 그게 필요해요. 이번 금요일 전에 보내 주세요.
여: 알겠습니다. 그렇게 할게요. 대단히 죄송합니다.

해설 남자는 주문한 디지털 카메라가 아직 도착하지 않았는데 주말에 필요하니 빨리 보내 달라고 했다.

어휘 order [ɔ́:rdər] 주문하다; 주문 yet [jet] 아직

13 ②

남: 어떻게 도와드릴까요?
여: 딸기 한 상자를 사고 싶어요.
남: 알겠습니다. 여기 싱싱한 딸기가 있습니다. 한 상자에 만 원이에요.
여: 그건 약간 비싸네요. 더 작은 상자 있나요?
남: 네, 있어요. 그건 큰 상자의 반값입니다.
여: 그거 좋네요. 그걸로 한 상자 살게요.
남: 싱싱한 포도도 있어요. 좀 사시겠어요? 그건 딸기의 반값입니다.
여: 아니요, 괜찮습니다. 딸기만 주세요.

해설 여자는 딸기 작은 한 상자를 사는데 만 원짜리 큰 상자의 반값이라고 했으므로, 5천 원을 지불해야 한다.

어휘 strawberry [strɔ́:bèri] 딸기 a bit 약간 half [hæf] 반의 price [prais] 값, 가격

14 ②

남: 안녕하세요. 어떻게 도와드릴까요?
여: 안녕하세요, 계좌를 개설하고 싶어요.
남: 어떤 종류의 계좌를 개설하고 싶으세요?
여: 저축 예금 계좌요.
남: 좋아요. 이 양식을 작성해 주세요.
여: 알겠어요.
남: 신분증 좀 보여 주시겠어요?
여: 네, 여기 있어요.

해설 은행에서 계좌를 개설하며 나누는 대화이므로, 은행원과 손님의 관계임을 알 수 있다.

어휘 open an account 계좌를 개설하다 savings account 저축 예금 (계좌) ID card 신분증(= identity card)

15 ③

남: 안녕, Martha!
여: 안녕, Nick. 너 결혼한다고 들었어. 축하해!
남: 고마워. 내 결혼식 관련해서 너에게 뭐 좀 물어보고 싶어.
여: 그래? 그게 뭔데?
남: 네가 노래를 잘한다고 알고 있어. 그래서 내 결혼식에서 노래해 줄 수 있니?
여: 영광이지! 네 신부도 내가 노래하길 원하니?
남: 물론이야. 그녀는 네 목소리를 정말 좋아해.

해설 남자는 여자에게 자신의 결혼식에서 노래해 달라고 부탁했다.

어휘 get married 결혼하다 wedding [wédiŋ] 결혼식 honored [ɑ́nərd] 영광인 bride [braid] 신부

16 ④

여: Jim은 어디 있죠? 제가 어제 그에게 회의가 9시에 시작할 거라고 말했거든요.
남: 아, 그가 당신에게 전화하지 않았나요?
여: 아니요. 그에게서 아무 전화도 못 받았는데요.
남: 그는 병원에 가야 했어요.
여: 왜요? 그가 아픈가요?
남: 아니요, 그의 아버지가 심장병이 있으셔서, 그가 어젯밤에 병원에 갔어요.
여: 아, 정말 안됐네요.

해설 남자는 Jim이 아버지의 심장병 때문에 병원에 가느라 회의에 참석하지 못했다고 했다.

어휘 meeting [mí:tiŋ] 회의 receive [risí:v] 받다 heart trouble 심장병

17 ②

① 남: 표를 어떻게 구할 수 있죠?
여: 온라인에서 구할 수 있습니다.
② 남: 이 무료 음료 쿠폰을 사용할 수 있나요?
여: 네, 가능합니다.
③ 남: 주문하시겠습니까?

여: 아, 아직 주문할 준비가 안 됐어요.
④ 남: 표를 몇 장 원하시나요?
여: 한 장만 주세요.
⑤ 남: 신용 카드로 지불해도 될까요?
여: 네, 그럼요.

해설 남자가 여자 점원에게 무료 음료 쿠폰을 보여 주고 있는 상황이다.

어휘 for free 무료로

18 ④

여: 자전거 타는 것을 좋아하신다면, I-Bike를 이용해 보세요! 이 자전거 대여 서비스는 1년 365일, 하루 24시간 운영됩니다. 13세 이상이라면 누구나 자전거를 빌릴 수 있습니다. 먼저, I-Bike 앱을 다운로드하고 가입하셔야 합니다. 그런 다음, 가장 가까운 대여소에 가서 자전거를 고르고 앱으로 결제하세요. 이동 후에, 자전거는 지도상의 어느 대여소에든 반납하시면 됩니다.

해설 운영 시간(매일 24시간), 이용자 연령 제한(13세 이상), 이용 방법(앱에서 가입 후 대여소에서 대여), 자전거 반납 장소(지도상 어느 대여소에든 반납)에 대해서는 언급하였으나, 이용 요금은 언급하지 않았다.

어휘 rental [réntəl] 대여 sign up 가입하다 trip [trip] 여행, 이동

19 ④

남: 아 이런. 내 TV에 뭔가 문제가 있는 것 같아.
여: 정말? 왜 그러는데?
남: 채널을 바꾸고 싶은데, 할 수가 없네.
여: 그거 이상하네. 내가 한번 볼게.
남: 큰일이야. 수리 기사를 불러야 할 것 같아.
여: 아, 그럴 필요 없어. 그냥 리모컨에 새 건전지를 넣기만 하면 될 것 같아.
남: 내가 왜 그 생각을 못했지?

해설 남자는 TV가 고장 난 줄 알고 수리 기사를 부르려고 했는데 여자가 리모컨 건전지만 교체하면 된다고 했으므로, 여자가 제시한 해결책에 대한 의견을 말하는 응답이 가장 적절하다.
① 먼저 TV를 고치자.
② 나는 어제 그에게 전화했어.
③ 그거 얼마였어?
⑤ 하지만 이 쇼는 재미가 없어.

어휘 channel [tʃǽnl] 채널 remote control 리모컨

20 ②

여: 미술 수업 준비됐니, Martin?
남: 응, 준비됐어. 제도용 연필을 몇 자루 가져왔어.
여: 그걸 왜 가져왔어?
남: 선생님의 이메일 못 받았어? 수업에 그게 필요해.
여: 내가 어젯밤에 이메일 확인을 안 한 것 같아.
남: 그래서 제도용 연필 하나도 안 가져왔어?
여: 응, 안 가져왔어. 네 것 하나 빌려줄 수 있어?
남: 물론이야, 난 충분하고도 남아.

해설 여자는 미술 수업에 필요한 연필을 안 가져와서 몇 자루가 있는 남자에게 빌려줄 수 있는지 물었으므로, 충분하고도 남으니 빌려주겠다고 말하는 응답이 가장 적절하다.
① 아니, 난 하나밖에 안 가지고 있어.
③ 응, 내가 더 열심히 공부했으면 좋았을걸.
④ 그래, 오늘 밤에 너에게 그걸 보낼게.
⑤ 미안, 나도 이메일 확인을 안 했어.

어휘 bring [briŋ] 가지고 오다 (bring-brought-brought) drawing pencil 제도용 연필 lend [lend] 빌려주다

Dictation Test 05

pp. 92~99

01 1) ride bikes at the park 2) getting cloudy
3) clear up completely
02 1) what to give 2) this one with a cross
3) The stars are prettier
03 1) going bowling after lunch
2) help my mother clean
3) promised to have dinner
04 1) have my phone with me 2) went to the pool
3) doing my math homework
05 1) help us find our seats 2) hard to see the game
3) chance to catch
06 1) English speech contest
2) performed by our theater club
3) have an after-party
07 1) food there is delicious 2) tried their pizza
3) best dish is the pasta
08 1) called a few minutes ago 2) how you were doing
3) call her now
09 1) has a large screen 2) has much more memory
3) on sale
10 1) having a fall festival 2) enjoy a performance
3) join in the fun
11 1) go to a concert 2) What time does it start
3) lasts for two hours

12 1) hasn't arrived yet 2) made a mistake
3) send it before this Friday

13 1) 10,000 won for a box 2) half the price of
3) have fresh grapes

14 1) open an account 2) savings account
3) fill out this form

15 1) getting married 2) sing at my wedding
3) loves your voice

16 1) our meeting would start 2) go to the hospital
3) having heart trouble

17 1) use these coupons 2) not ready to order yet
3) by credit card

18 1) over the age of 13 2) pay through the app
3) return it to any station

19 1) change the channel 2) call a repairman
3) put a new battery

20 1) brought some drawing pencils
2) didn't check my email 3) lend me one of yours

실전모의고사 06회

pp. 100~101

01 ②	02 ④	03 ②	04 ③	05 ④
06 ④	07 ③	08 ②	09 ④	10 ③
11 ④	12 ④	13 ④	14 ③	15 ②
16 ①	17 ④	18 ②	19 ④	20 ⑤

01 ②

여: 이제 일기 예보 시간입니다. 서울과 인천은 내일 구름이 걷히고 이번 주에 맑은 하늘이 되겠습니다. 하지만 부산은 내일 흐리고 주말에 비가 오겠습니다. 대구는 내일 강한 바람이 불고 비가 오겠으며, 비는 금요일까지 계속되겠습니다.

해설 부산은 내일 흐릴 것이라고 했다.

어휘 clear [kliər] 치우다; *(구름 등이) 걷히다 cloudy [kláudi] 흐린, 구름 낀 continue [kəntínjuː] 계속되다

02 ④

여: 안녕하세요. 저는 목도리를 사려고 해요. 도와주시겠어요?
남: 네. 저희는 다양한 색상과 디자인이 있습니다.
여: 무엇을 추천하시나요?
남: 이 노란 것들이 모두 매우 인기 있습니다.
여: 음, 저는 노란색을 안 좋아해요. 빨간 것들도 있나요?
남: 물론입니다. 무늬가 없는 빨간색, 빨간 줄무늬, 빨간 물방울무늬가 있습니다. 빨간 줄무늬나 빨간 물방울무늬가 손님에게 잘 어울릴 것 같아요.
여: 음… 빨간 물방울무늬가 귀여워 보이네요. 이걸로 할게요. 도와주셔서 고맙습니다.

해설 여자는 점원이 추천해 준 것들 중 빨간 물방울무늬의 목도리를 구입하기로 했다.

어휘 scarf [skaːrf] 목도리, 스카프 a variety of 다양한 solid [sálid] 단단한; *무늬가 없는 dot [dat] 점, 물방울무늬 pattern [pǽtərn] 무늬

03 ②

남: 네가 가장 좋아하는 밴드가 여기에서 콘서트를 여는 거 알지, 그렇지?
여: 알아. 난 표를 구하지 못했어. 너무 실망했어.
남: 음, 내가 너에게 줄 게 있어.
여: 뭐야? 우리 표를 구했어? 믿을 수가 없어! 정말 고마워!
남: 네가 보고 싶어 했던 걸 알아서, 너를 위해 표를 구했어.
여: 이건 꿈처럼 느껴져. 빨리 보고 싶어!

해설 여자는 남자가 표를 구해 줘서 좋아하는 밴드의 콘서트를 볼 수 있게 되어 기뻐하며 빨리 보고 싶어 하고 있다.

어휘 disappointed [dìsəpɔ́intid] 실망한 believe [bilíːv] 믿다

04 ③

남: Sarah, 나 네 프로필 사진 봤어. 멋지더라!
여: 아, 나는 지난 주말에 가족과 해변에 갔었거든. 거기서 그 사진을 찍은 거야.
남: 좋은 시간을 보낸 것 같네.
여: 응, 그랬지. 너의 주말은 어땠어?
남: 나는 편의점에서 아르바이트를 했어. 거기서 이번 달부터 시작했거든.
여: 정말? 그건 몰랐네.
남: 새 스마트폰을 사려면 돈을 모아야 하거든.
여: 음, 빨리 살 수 있길 바랄게!

해설 남자는 새 스마트폰을 사기 위해 주말에 편의점에서 아르바이트를 했다고 했다.

어휘 profile [próufail] 인물 소개, 프로필 work part-time 아르바이트를 하다 convenience store 편의점 save [seiv] (돈을) 모으

다, 저축하다

05 ④

여: 안녕하세요. 뭘 좀 도와드릴까요?
남: 네, 이걸 뉴욕으로 보내고 싶은데요.
여: 알겠습니다. 그 안에 무엇이 들어 있는지 여쭤봐도 될까요?
남: 전통 접시 세트예요.
여: 그렇군요. 그러면 그것들이 깨지지 않도록 특별 속달로 보내셔야 해요.
남: 그게 좋겠네요.
여: 네. 15달러 되겠습니다.

해설 남자는 특별 속달로 뉴욕에 접시 세트를 보내려 하고 있으므로, 두 사람이 대화하는 장소로 가장 적절한 곳은 우체국이다.

어휘 traditional [trədíʃənəl] 전통의 plate [pleit] 접시 express [iksprés] 속달 break [breik] 깨지다

06 ④

남: 건강을 유지하고 싶으신가요? 그렇다면, 오셔서 Pro Fitness와 함께 하세요. 저희는 훌륭한 신체 단련실과 깨끗한 수영장, 테니스 코트를 보유하고 있습니다. 또한 샤워실과 사우나도 갖추고 있습니다. 저희는 매일 24시간 문을 엽니다. 이번 달에 등록하시면, 20% 할인을 받으실 것입니다. 곧 여러분을 만나길 바랍니다.

해설 매일 24시간 문을 연다고 했으므로, 모든 요일에 이용할 수 있다.

어휘 stay healthy 건강을 유지하다 fitness [fítnis] 신체 단련 get a discount 할인을 받다

07 ③

여: 넌 추석에 뭐 할 거니?
남: 나는 우리 가족을 방문하러 광주에 갈 거야.
여: 네가 운전할 거야? 교통이 혼잡할 텐데.
남: 아니, 운전 안 해. 버스를 탈 거야.
여: 대신 기차를 타는 게 어때? 그게 더 빠르고 더 편리할 것 같은데.
남: 알아. 하지만 기차표가 모두 매진되었어.
여: 아, 그렇구나.

해설 남자는 기차표가 매진돼서 버스를 타고 광주에 갈 거라고 했다.

어휘 instead [instéd] 대신에 convenient [kənvíːnjənt] 편리한 sold out 매진된

08 ②

남: 공부하는 거 너무 싫증 나.
여: 잠시 쉬자. 내가 TV를 켤게.
남: 책을 읽느라 눈이 아파. 난 TV를 보고 싶지 않아.
여: 차라리 공원에 걸어갈래?
남: 걷는 건 좋은데, 대신 카페에 걸어가서 간식을 먹자. 나 너무 배고파.
여: 그래. 나도 배고파.
남: 좋아. 잠시 이 책들에서 벗어나자.

해설 두 사람은 공부하던 것을 잠시 쉬고 카페에 가서 간식을 먹기로 했다.

어휘 take a break 잠시 쉬다 turn on ~을 켜다 hurt [həːrt] 아프다 rather [rǽðər] 오히려, 차라리 get away from ~에서 벗어나다

09 ④

남: 너 몸매가 정말 좋아. 살을 좀 뺐니?
여: 응, 나 두 달에 6kg을 뺐어.
남: 와! 나도 체중을 줄이려고 노력하는 중인데, 힘들어. 나에게 조언 좀 해 줄래?
여: 규칙적으로 운동하고, 고기는 덜 먹고 채소를 더 많이 먹어. 또 기름에 튀긴 음식 먹는 건 피해.
남: 그 밖에 다른 건?
여: 저녁 8시 이후에는 먹지 마. 그게 내가 살을 뺀 방법이야.
남: 난 더 열심히 노력해야 할 것 같아.

해설 체중 감량 방법으로 물을 충분히 마시는 것은 언급하지 않았다.

어휘 shape [ʃeip] 모양; *체형, 몸매 tip [tip] 조언 regularly [régjələrli] 규칙적으로 less [les] 더 적은 (little의 비교급) avoid [əvɔ́id] 피하다 fried [fraid] 기름에 튀긴 else [els] 그 밖의, 다른

10 ③

여: 주목해 주십시오, 손님 여러분! 저희 직원 중 한 명이 방금 3층에 있는 화장실에서 쇼핑백 하나를 발견했습니다. 그 안에는 티셔츠 세 장과 데님 바지 한 벌이 들어 있습니다. 만일 쇼핑백을 분실하셨다면, 1층에 있는 고객 서비스 데스크로 와 주십시오. 영수증도 지참해 주세요. 감사합니다.

해설 고객 서비스 데스크로 와서 분실한 쇼핑백을 찾아가라고 말하고 있으므로, 분실물 습득 안내임을 알 수 있다.

어휘 staff [stæf] 직원 a pair of 한 벌의 customer service 고객 서비스 receipt [risíːt] 영수증

11 ④

남: 안녕하세요, Patty. 내일 우리 회의 기억하죠?
여: 오후에 있는 거요? 네, 기억해요. 왜 물어보는 거예요?
남: 우리 회의 일정의 변경 사항에 대해 알려 주려고요.
여: 아, 그거 취소됐어요?
남: 아뇨. 사장님이 내일 일본으로 출장을 가셔야 해요. 그래서 우리 회

의를 다음 주 화요일로 일정을 변경하셨어요.
여: 알겠어요. 시간도 변경되었나요?
남: 아뇨. 회의실을 다시 예약해 줄 수 있어요?
여: 그럼요. 오후 3시부터 4시까지, 맞죠?
남: 맞아요. 고마워요.

해설 회의 요일은 변경되었지만, 시간은 변경되지 않았다.

어휘 cancel [kǽnsəl] 취소하다 boss [bɔːs] 사장, 상사 business trip 출장 reschedule [rìːskédʒuːl] 일정을 변경하다 as well 또한, 역시 conference room 회의실

12 ④

[전화벨이 울린다.]
남: 여보세요, J마트입니다. 어떻게 도와드릴까요?
여: 안녕하세요, 여쭤볼 게 있어요. 몇 시에 문을 닫는지 알려 주시겠어요?
남: 네. 저희는 9시까지 문을 엽니다.
여: 알겠습니다. 주말에도 9시까지 문을 여나요?
남: 사실, 주말에는 10시까지 문을 엽니다.
여: 아, 그렇군요. 고맙습니다.

해설 여자는 마트가 몇 시에 문을 닫는지 물어보았다.

어휘 till [til] ~까지

13 ④

여: 여보, 우리 집들이에 몇 명 초대했어요?
남: 아홉 명에게 와 달라고 했어요.
여: 그러면 그들 모두 올 수 있어요?
남: 그렇지 않을 것 같아요. Jackson은 다른 계획이 있다고 했거든요.
여: 그래서 여덟 명이 오는 거네요?
남: 아! Cathy가 남편과 딸을 데려올 거라고 했어요.
여: 알았어요.

해설 아홉 명을 초대했는데, 한 명은 못 오고 다른 한 명이 남편과 딸을 데려온다고 했으므로, 파티에 참석할 사람은 모두 10명이다.

어휘 invite [inváit] 초대하다 housewarming party 집들이

14 ③

남: 실례합니다. 기사를 위해 몇 가지 질문을 드려도 될까요?
여: 물론이죠. 뭘 알고 싶으신가요?
남: 당신의 새 영화가 언제 개봉하나요?
여: 다음 주요. 〈I'll Always Love You〉라는 영화죠.
남: 그 영화에서 어떤 역할을 맡으셨나요?
여: 아름다운 스파이 역을 맡았어요.
남: 멋지군요. 곧 보게 되기를 기대합니다. 시간 내주셔서 감사해요.
여: 별말씀을요.

해설 남자는 기사를 위해 여자에게 영화 개봉일과 영화에서 맡은 역할에 대해 묻고 있으므로, 기자와 영화배우의 관계임을 알 수 있다.

어휘 article [áːrtikl] 기사 release [rilíːs] 풀어 주다; *(영화 등을) 개봉하다 role [roul] 역할 look forward to v-ing ~하기를 기대하다

15 ②

남: 오늘 밤 저녁 식사는 뭐예요?
여: 소고기 스튜를 만들 거야. 지금 조리법을 보고 있어.
남: 저 몹시 배고파요, 엄마.
여: 우리 한 시간 안에 먹을 수 있어. 음… *[잠시 후]* 아, 그런데 양파가 하나도 없네. 네가 가게에 가서 좀 사다 줄래?
남: 정말 죄송하지만, 우리 시간이 없을 것 같아요. 오늘 저녁에 축구 경기 볼 거잖아요. 그게 8시에 시작해요.
여: 아, 내가 경기를 깜박했네.
남: 그냥 음식을 주문하는 게 어때요?
여: 음, 그래야겠구나. 스튜는 내일 요리해도 되니까.

해설 남자는 축구 경기를 보기 전에 식사를 하려면 시간이 없다며 음식을 주문할 것을 제안했다.

어휘 starve [staːrv] 몹시 배고프다

16 ①

여: 뭔가 잘못됐니, Bob? 너 별로 안 좋아 보여.
남: 악몽을 꿨어. 정말 기분 나쁜 채로 잠에서 깼어.
여: 저런! 꿈에서 무슨 일이 있었는데?
남: 내 가장 친한 친구들이 나에게 화가 나서, 우리가 크게 싸웠어.
여: 기분 나빠하지 마. 그냥 꿈이었잖아.
남: 하지만 그 애들 모두가 나에게 몹시 화가 났었어. 너무 진짜 같았어.
여: 진짜가 아니야. 그냥 잊어버리려고 해 봐, 알겠지?
남: 알았어. 고마워.

해설 남자는 친한 친구들과 크게 싸우는 악몽을 꿔서 기분이 좋지 않다고 했다.

어휘 fight [fait] 싸움 mad [mæd] 미친; *몹시 화가 난

17 ④

① 남: 이 스마트폰 어떻게 생각해?
여: 아, 디자인이 정말 마음에 들어.
② 남: 너 왜 전화기를 껐어?
여: 미안해. 배터리가 다 돼가고 있었어.
③ 남: 내 전화기는 너무 오래됐어.
여: 새것을 사는 게 어때?

④ 남: 전화기에 무슨 문제가 있죠?
여: 제가 화면을 만져도 반응하지 않아요.
⑤ 남: 전화기를 물에 떨어뜨렸어.
여: 그거 서비스 센터에 가져가야 해.

해설 휴대전화 수리점에서 여자가 직원에게 전화기의 문제를 설명하는 상황이다.

어휘 die [dai] 죽다; *꺼지다, 없어지다 respond [rispánd] 대답하다; *반응하다 drop [drɑp] 떨어뜨리다

18 ②

남: 만약 당신에게 원치 않는 장난감이 있다면, 그것들에게 새 집을 찾아 주세요. 기부를 통해, 우리는 어려움에 처한 아이들에게 기쁨을 가져다주고 환경을 보호할 수 있습니다. 매달 첫째 월요일에, 기부함에 장난감을 넣으면 됩니다. 그것은 커뮤니티 센터 정문 앞에 있습니다. 자전거나 인형의 집 같이 너무 큰 장난감은 받을 수 없다는 점을 주의해 주십시오.

해설 행사 취지(어려움에 처한 아이들에게 기쁨을 주고 환경 보호하기), 기부품 수거일(매달 첫째 월요일), 기부품 수거 장소(커뮤니티 센터 정문 앞 기부함), 기부 불가 품목(너무 큰 장난감)에 대해서는 언급하였으나, 주최 기관은 언급하지 않았다.

어휘 unwanted [ʌnwántid] 원치 않는 donation [dounéiʃən] 기부 in need 어려움에 처한 environment [inváiərənmənt] 환경 collection [kəlékʃən] 수집; *모금, 기부(금) main entrance 정문 note [nout] ~에 주목[주의]하다 accept [əksépt] 받아 주다 oversized [óuvərsàizd] 너무 큰

19 ④

[전화벨이 울린다.]
남: 서울 지하철입니다. 어떻게 도와드릴까요?
여: 제가 오늘 아침에 가방을 지하철에 두고 내려서 전화했어요.
남: 몇 호선을 타셨죠?
여: 2호선이요.
남: 어디서 내리셨나요?
여: 사당역에서요.
남: 확인해 볼게요. 가방이 어떻게 생겼죠?
여: 갈색이고 주머니가 한 개 있어요.

해설 분실한 가방이 어떻게 생겼냐고 물었으므로, 가방의 생김새를 설명하는 응답이 가장 적절하다.
① 그건 제가 가장 좋아하는 가방이에요.
② 저는 4호선으로 갈아탔어요.
③ 저는 그것을 지하철에서 찾았어요.
⑤ 분실물 보관소로 연결해 주시겠어요?

어휘 metro [métrou] 지하철 [문제] transfer [trǽnsfər] 갈아타다 connect [kənékt] 연결하다

20 ⑤

남: 안녕, Linda. 어떻게 지내니?
여: 그럭저럭. 뭐 잘못된 거 있어, Bill?
남: 아니. 왜 물어보는 거야?
여: 너 이상하게 걷고 있는 것 같아.
남: 아! 내 신발 때문일 거야. 어떤 것 같아?
여: 괜찮은데, 너무 작은 것 같아.
남: 네 말이 맞아. 아주 불편해.
여: 너 다음에는 더 큰 치수로 사야겠다.

해설 신발이 작아서 불편하다고 했으므로, 다음에는 더 큰 치수를 사라고 말하는 응답이 가장 적절하다.
① 난 그걸 사지 않을 것 같아.
② 그렇게 얘기하다니 넌 정말 친절하구나.
③ 난 네가 더 작은 신발이 필요한 것 같아.
④ 넌 병원에 가 봐야 할 것 같아.

어휘 strangely [stréindʒli] 이상하게 uncomfortable [ʌnkʌ́mfərtəbl] 불편한

Dictation Test 06

pp. 102~109

01 1) have sunny skies 2) be cloudy tomorrow 3) experience strong winds
02 1) all very popular 2) have any red ones 3) red dot pattern
03 1) having a concert 2) got you something 3) feels like a dream
04 1) went to the beach 2) worked part-time 3) save money
05 1) send this to 2) what's in it 3) by special express
06 1) clean swimming pool 2) 24 hours every day 3) get a 20% discount
07 1) Traffic will be heavy 2) taking the bus 3) were all sold out
08 1) take a break 2) Would you rather walk 3) have a snack
09 1) Exercise regularly 2) avoid eating fried food 3) Don't eat after 8:00
10 1) found a shopping bag 2) lost a bag 3) bring your receipt with you
11 1) our meeting tomorrow 2) take a business trip 3) Has the time changed

12 1) what time you close 2) We're open until
3) stay open till 10:00

13 1) how many people 2) be able to come
3) bring her husband

14 1) questions for my article
2) new movie be released
3) What role do you play

15 1) looking at the recipe 2) we have time
3) order some food

16 1) had a bad dream 2) had a huge fight
3) It's not real

17 1) turn off your phone 2) is too old
3) screen doesn't respond

18 1) children in need 2) at the collection box
3) cannot accept oversized toys

19 1) left my bag 2) Which line did you take
3) bag look like

20 1) seem to be walking strangely
2) they're too small 3) pretty uncomfortable

B

01 believe	02 festival
03 participant	04 pattern
05 role	06 avoid
07 decide	08 promise
09 exhibition	10 traditional
11 information	12 rental
13 starve	14 dish
15 careful	16 regularly
17 convenient	18 perform
19 invite	20 respond
21 enter	22 cancel
23 uncomfortable	24 annual
25 dot	26 train
27 connect	28 release
29 receipt	30 transfer
31 donation	32 housewarming party
33 business trip	34 get a discount
35 a variety of	36 get a job
37 open an account	38 sold out
39 take a break	40 for free

Word Test 04~06

pp. 110~111

A

01 심하게, 많이	02 조언
03 주제	04 계속되다
05 ~까지 하기로 되어 있는	06 받다
07 요금	08 최근의, 최신의
09 단단한; 무늬가 없는	10 발목
11 보통, 보통 때는	12 일어나다, 발생하다
13 헷갈리는	14 공연
15 서류 가방	16 가능성, 기회
17 받아 주다	18 영광인
19 수하물, 짐	20 발표, 공고
21 심각한	22 보증하다
23 규정	24 오히려, 차라리
25 다시 전화를 하다	26 약간
27 할인 중인	28 어려움에 처하다
29 ~하기를 기대하다	30 ~에서 벗어나다
31 ~을 제출하다	32 급히
33 ~에 싫증이 나다	34 어려움에 처한
35 ~을 제출하다	36 태워주다
37 ~을 입어 보다	38 (차 등에서) 내리다
39 ~을 (차로) 태우러 가다	40 제시간에

실전모의고사 07회

pp. 112~113

01 ④	02 ④	03 ②	04 ②	05 ②
06 ②	07 ④	08 ③	09 ④	10 ①
11 ④	12 ⑤	13 ②	14 ③	15 ⑤
16 ⑤	17 ④	18 ②	19 ②	20 ③

01 ④

여: 늦었어. TV 끄고 자자.
남: 잠깐만. 내일 일기 예보가 나온다.
여: 또 비가 오지 않으면 좋겠다. 날씨가 맑으면 좋겠어.
남: 아, 봐. 바람이 불 거래. 좋은데!
여: 그게 왜 좋아?
남: 왜냐하면 나는 공원에 가서 연을 날리고 싶거든.
여: 그럼 잘됐네!

해설 일기 예보에서 내일 바람이 불 것이라고 했다.

어휘 turn off ~을 끄다 windy [wíndi] 바람이 부는 fly a kite 연을 날리다

02 ④

남: 아빠를 위해 넥타이를 고르자. 이거 어때?
여: 줄무늬는 재미없어. 뭔가 재미있는 걸 사 드리자. 이건 어때?
남: 아빠가 하트를 좋아하시지 않을 것 같은데.
여: 그럼 이건 어때? 아빠는 낚시를 좋아하시잖아.
남: 아, 그거 마음에 든다. 근데 아빠가 물방울무늬를 더 좋아하시지 않을까?
여: 아니야, 물고기무늬가 있는 게 더 나아. 이걸로 하자.
남: 그래. 아빠가 좋아하시면 좋겠다!

해설 두 사람은 낚시를 좋아하는 아빠를 위해 물고기무늬 넥타이를 구입하기로 했다.

어휘 pick out ~을 고르다 fishing [fíʃiŋ] 낚시 prefer [prifə́ːr] 더 좋아하다 polka dot 물방울무늬

03 ②

여: 재민아, 안녕. 여기서 뭐 하고 있어?
남: 내 여동생을 보러 왔어. 그 애가 영어 철자 대회에 참가했거든.
여: 정말? 그 애가 영어를 하는 줄 몰랐네.
남: 음, 내가 몇 달 동안 방과 후에 그 애를 가르치고 있어.
여: 대단하다. 그래서 그 애는 어떻게 했어?
남: 아주 잘했어. 사실, 그 애가 1등 상을 탔어!
여: 정말 훌륭하다.

해설 남자는 몇 달 동안 영어를 가르친 여동생이 대회에서 1등 상을 탔으므로 자랑스러울(proud) 것이다.
① 지루한 ③ 불안한 ④ 느긋한 ⑤ 실망한

어휘 spelling [spéliŋ] 철자 in fact 사실 impressive [imprésiv] 인상적인, 훌륭한

04 ②

남: 엄마, 저 집에 왔어요!
여: Jeff, 이리 와서 앉아 봐.
남: 제가 뭐 잘못했어요?
여: 방과 후에 어디에 있었니?
남: 숙제하느라 도서관에 있었다고 말씀드렸잖아요.
여: 네 누나가 도서관에 있었는데, 거기서 널 못 봤다고 하더라.
남: 음… 죄송해요, 엄마. 사실은 저 Jack네 집에 있었어요. 같이 컴퓨터 게임을 했어요.
여: 다시는 나한테 거짓말하지 말아라.

해설 남자는 방과 후에 도서관에 있었던 것이 아니라, 사실은 친구 집에서 컴퓨터 게임을 했다고 했다.

어휘 lie [lai] 거짓말하다

05 ②

여: 안녕하세요. 어떻게 도와드릴까요?
남: 음, 제가 감기에 걸린 것 같아요.
여: 증상이 뭐죠?
남: 콧물이 나고 목이 아파요.
여: 알약을 좀 드릴게요. 하루에 세 번 두 알씩 드세요. 그리고 물을 많이 마시세요.
남: 알겠습니다.
여: 이삼일 후에도 좋아지지 않으면, 가서 진찰을 받으셔야 합니다.
남: 네, 감사합니다.

해설 남자의 감기 증상을 듣고 여자가 약을 주며 복용법을 알려 주고 있으므로, 두 사람이 대화하는 장소로 가장 적절한 곳은 약국이다.

어휘 catch a cold 감기에 걸리다 symptom [símptəm] 증상 pill [pil] 알약 get better 좋아지다, 호전되다 see a doctor 진찰을 받다, 병원에 가다

06 ②

남: 난 이탈리아 여행에 정말 신이 나.
여: 그렇겠다. 어디를 갈지 계획 세웠어?
남: 아니 아직. 방문할 곳이 아주 많아. 박물관, 극장, 공원…
여: 그래. 그런데 도둑들을 조심해야 하는 거 기억해.
남: 도둑들? 정말?
여: 응. 역사적인 장소, 식당, 지하철에는 도둑들이 많아.
남: 난 몰랐어.
여: 너 같은 관광객이 주요 표적이야.

해설 이탈리아를 여행할 때 관광객이 도둑들의 주요 표적이므로 조심하라고 경고하고 있다.

어휘 thief [θiːf] 도둑 historical [histɔ́ːrikəl] 역사적인 tourist [túərist] 관광객 major [méidʒər] 주요한 target [tɑ́ːrgit] 표적, 대상

07 ④

여: 나 집에 가야 해. Charlie에게 밥을 먹일 시간이야.
남: Charlie? 너 남동생이 있니?
여: 아니! Charlie는 내 반려동물이야.
남: 너 반려동물이 있어? 하지만 넌 개랑 고양이를 싫어하잖아.
여: 맞아. 그들은 내 방을 지저분하게 만들 거야. 하지만 Charlie는 우리 아파트에서 뛰어다닐 수 없어.
남: 음. 분명히 햄스터일 거야… 아니면 물고기이거나.
여: 물고기야. 새를 키울까 생각했었는데, 새들은 너무 시끄러워.

해설 여자는 방을 지저분하게 만들거나 뛰어다닐 수 없으며 조용한 동물인 물고기를 키운다고 했다.

어휘 feed [fiːd] 밥을 먹이다, 먹이를 주다 pet [pet] 반려동물 hate

[heit] 싫어하다 mess up ~을 지저분하게 만들다 noisy [nɔ́izi] 시끄러운

08 ③

남: 이번 크리스마스에 뭘 하고 싶니?
여: 음… 모르겠어. 엄마가 작은 파티를 열고 싶어 하시는 것 같아.
남: 그거 좋네! 우린 넷이서만 함께 시간을 보낼 필요가 있어.
여: 맞아. 엄마와 아빠에게 깜짝 선물을 드리자.
남: 좋아. 그리고 우리가 음식과 음료를 좀 준비해야 할 것 같아.
여: 그래. 내가 거실도 장식할게.
남: 좋은 생각이야. 방과 후에 쇼핑하러 가자.

해설 두 사람은 크리스마스 파티를 계획하며 그 준비를 위해 방과 후에 쇼핑하러 가기로 했다.

어휘 spend [spend] (시간을) 보내다 surprise gift 깜짝 선물 prepare [pripɛ́ər] 준비하다

09 ④

남: 너 CNM에서 하는 〈Back in Time〉 보니?
여: 아니. 무엇에 관한 건데?
남: 역사적 사건들에 관한 거야. 요즘 높은 시청률을 얻고 있어.
여: 글쎄, 나는 역사에 관심이 없어.
남: 하지만 그건 전혀 지루하지 않아. 역사를 더 쉽게 배울 수 있어.
여: 아, 그래?
남: 그럼. David Wilson이 진행자인데, 정말 잘해.
여: 그렇구나. 한번 볼게.

해설 채널(CNM), 소재(역사적 사건들), 시청률(높음), 진행자(David Wilson)에 대해서는 언급하였으나, 방송 시간은 언급하지 않았다.

어휘 viewer rating 시청률 history [hístri] 역사 boring [bɔ́ːriŋ] 재미없는, 지루한 host [houst] 주인; *진행자

10 ①

남: 우선, 저와 함께 작업한 모든 배우분들에게 감사하고 싶습니다. 그들은 제가 더 나은 배우가 되도록 도와주었습니다. 또한, 우리 훌륭한 감독님들, 작가님들, 모든 스태프 분들이 없었다면, 저는 이 상을 타지 못했을 것입니다. 이 상을 주셔서 정말 고맙고, 훌륭한 배우가 되기 위해 항상 최선을 다하겠습니다. 감사합니다.

해설 상을 탄 것에 감사하고, 함께 작업한 배우, 감독, 작가, 스태프에게 감사 인사를 하고 있으므로, 수상 소감임을 알 수 있다.

어휘 win an award 상을 타다 director [diréktər] 감독 staff [stæf] 직원; *스태프(연극, 영화, 방송의 제작에 관계하는 모든 사람) appreciate [əpríːʃièit] 고마워하다

11 ④

여: Ben과 Lisa의 결혼식 초대장 받았어?
남: 응, 하지만 아직 안 열어 봤어. 언제야?
여: Fisherman's 레스토랑에서 5월 11일 토요일이야.
남: 저런. 나 그날 저녁에 바쁜데.
여: 걱정하지 마. 파티는 2시에 시작해서 두 시간만 진행돼.
남: 좋네. 그들에게 정말 근사한 걸 사 주자.
여: 아니야, 그들은 누구도 선물을 가져오길 원하지 않아.
남: 아, 그렇구나.

해설 파티는 2시에 시작해서 두 시간만 진행된다고 했다.

어휘 invitation [ìnvitéiʃən] 초대(장) gift [gift] 선물

12 ⑤

[휴대전화가 울린다.]
여: 여보세요, Paul.
남: 안녕, Amy. 너 집이니?
여: 응. 방금 도착했어. 무슨 일이야?
남: 내가 금요일 밤에 생일 파티를 열거든. 네가 올 수 있나 궁금해서.
여: 네 생일 파티가 금요일이야? 난 이미 금요일에 계획이 있어. 내가 그걸 바꿀 수 있는지 볼게.
남: 그럴래? 고마워. 난 정말 네가 오면 좋겠어.

해설 남자는 여자에게 금요일에 있을 자신의 생일 파티에 와 달라고 했다.

어휘 wonder [wʌ́ndər] 궁금하다

13 ②

남: 어떻게 도와드릴까요?
여: 댄스 축제 표 2장 주세요.
남: 어떤 공연을 보길 원하시나요?
여: 3시 것으로 주세요.
남: 알겠습니다. 총 20달러입니다.
여: 아, 제가 회원 카드를 가지고 있는 걸 깜박했어요. 10% 할인 맞죠?
남: 네.
여: 여기 20달러예요.
남: 거스름돈 여기 있습니다. 축제를 즐기세요.

해설 두 장에 20달러인 표가 10% 할인을 받아 18달러인데 20달러를 냈으므로, 거스름돈으로 2달러를 받아야 한다.

어휘 festival [féstivəl] 축제 in total 모두 합해서 forget [fərgét] 잊다 (forget-forgot-forgotten) membership card 회원 카드 change [tʃeindʒ] 거스름돈

14 ③

여: 안녕하세요.
남: 안녕하세요. 선생님을 만나 뵙게 돼서 기뻐요. 저는 선생님의 소설을 좋아해요.
여: 정말 감사합니다.
남: 저는 선생님의 책을 모두 읽었어요. 이게 제가 가장 좋아하는 거예요. 사인해 주시겠어요?
여: 물론이죠. 이름이 어떻게 되나요?
남: Jim이에요. 감사합니다. 저는 선생님과 같은 작가가 되고 싶어요.
여: 행운을 빌게요.

해설 남자는 여자의 책을 모두 읽었다며 사인을 부탁하고 있으므로, 소설가와 독자의 관계임을 알 수 있다.

어휘 sign [sain] 서명하다, 사인하다 luck [lʌk] 행운

15 ⑤

여: 얘, Zack. 뭐 좀 물어봐도 되니?
남: 물론이야. 뭔데?
여: 오늘 아침에 너와 얘기하던 남자 누구니?
남: 아, Carlos 말하는 거야? 스페인에서 온 내 친구야. 왜?
여: 음, 내가 요즘 스페인어를 공부하고 있어서, 나를 그에게 소개해줄 수 있니?
남: 그럼. 우리 오늘 밤에 같이 저녁 먹을 거야. 너도 같이 먹어. 구내식당에서 7시에 만나자.
여: 좋아. 그때 보자.

해설 여자는 요즘 스페인어를 공부하고 있다며 스페인에서 온 남자의 친구를 소개해달라고 부탁했다.

어휘 Spanish [spǽniʃ] 스페인어 cafeteria [kæ̀fətíəriə] 구내식당

16 ⑤

여: Tony, 수영 강습 받으러 스포츠 센터에 가자.
남: 난 오늘 안 갈 거야. 집에 갈 거야.
여: 왜? 너 아파?
남: 아니, 난 괜찮아. 하지만 내일 중요한 시험이 있어. 그걸 공부해야 해.
여: 음. 오늘 네가 없어서 재미없겠다.
남: 미안해. 하지만 시험 후에 돌아올게.

해설 남자는 내일 중요한 시험이 있어서 공부해야 한다고 했다.

어휘 lesson [lésən] 수업, 강습 important [impɔ́ːrtənt] 중요한 fun [fʌn] 재미

17 ④

① 여: 어떻게 도와드릴까요?
남: 제 새 휴대전화가 작동을 멈췄어요.
② 여: 미술관 안에 있는 그림들을 만지지 마세요.
남: 상기시켜 주셔서 감사합니다.
③ 여: 나 벚꽃 사진 찍으러 갈 거야.
남: 내가 같이 가도 될까?
④ 여: 여기서 사진 촬영은 허용되지 않습니다.
남: 아, 그걸 몰랐어요. 죄송합니다.
⑤ 여: 이 그림 어떤 것 같아?
남: 정말 아름다워!

해설 미술관 안에서 사진을 찍고 있는 남자에게 여자가 사진 촬영 불가임을 알려 주는 상황이다.

어휘 work [wəːrk] 일하다; *(기계·장치 등이) 작동되다 touch [tʌtʃ] 만지다 painting [péintiŋ] 그림 remind [rimáind] 상기시키다 cherry blossom 벚꽃 permit [pə́ːrmit] 허용하다, 허락하다

18 ②

여: 여름 휴가를 계획하고 있으신가요? Atlantic 호텔은 햇살을 받으며 즐기기에 완벽한 장소입니다. 해변에 위치하고, 모든 객실은 바다가 보이는 전망입니다. 호텔은 두 개의 야외 수영장, 세 개의 테니스 코트, 고급 스파를 특별히 포함하고 있습니다. Dinosaur Park와 Opera House가 호텔에서 단 몇 분 거리에 있습니다. 6월 전에 예약하시면, 숙박비의 10%를 할인받으실 수 있습니다.

해설 위치(해변), 부대시설(수영장, 테니스 코트, 스파), 주변 관광지(Dinosaur Park, Opera House), 요금 할인(6월 전 예약 시 10% 할인)에 대해서는 언급하였으나, 객실 수는 언급하지 않았다.

어휘 be located on ~에 위치하다 ocean view 바다가 보이는 전망 feature [fíːtʃər] 특징; *특별히 포함하다 outdoor [áutdɔːr] 야외의 luxury [lʌ́kʃəri] 고급의 stay [stei] 머무르다; *머무름, 방문

19 ②

여: 무엇을 주문하실지 결정하셨어요?
남: 음, 오늘 저녁에는 뭘 추천하시나요?
여: 오늘의 특별 요리는 스테이크입니다.
남: 좋아요, 스테이크를 먹겠어요.
여: 알겠습니다. 그것과 함께 고구마나 감자튀김을 드시겠어요?
남: 고구마 주세요.
여: 그리고 스테이크는 어떻게 원하시나요?
남: 완전히 익혀 주세요.

해설 스테이크를 어떻게 원하는지 물었으므로, 스테이크 조리 방법을 말하는 응답이 가장 적절하다.
① 환상적이에요!

③ 오렌지 주스로 주세요.
④ 10분 후에 준비될 겁니다.
⑤ 네, 대신 닭고기로 주세요.

어휘 recommend [rekəménd] 추천하다 sweet potato 고구마 French fries 감자튀김 [문제] fantastic [fæntǽstik] 환상적인

20 ③

여: Jack, 너 돈이 얼마나 남았니?
남: 내 주머니에 10달러 있어. 너는?
여: 나는 5달러밖에 없어. 나머지는 기차표 사는 데 썼어.
남: 너 뭐 사고 싶은 것 있어?
여: 응, 엄마와 아빠를 위해 저 작은 시계를 사고 싶어.
남: 근사한 기념품이 되겠다! 얼만데?
여: 20달러야.
남: 우리는 그것을 살 수 없을 것 같아.

해설 20달러인 시계를 사기에는 두 사람이 현재 가지고 있는 돈이 부족하므로, 그것을 살 수 없다고 말하는 응답이 가장 적절하다.
① 난 이미 하나 가지고 있어.
② 우리는 표 두 장이 필요해.
④ 좋아, 네 거스름돈 여기 있어.
⑤ 그분들은 새 시계가 필요하지 않으셔.

어휘 leave [li:v] 떠나다; *남기다 (leave-left-left) rest [rest] 나머지 souvenir [sù:vəníər] 기념품 [문제] afford [əfɔ́:rd] ~을 살 수 있다

Dictation Test 07

pp. 114~121

01 1) weather forecast for tomorrow 2) be windy 3) fly my kite
02 1) Stripes are boring 2) likes fishing 3) prefer polka dots
03 1) came to see 2) she could speak English 3) won first prize
04 1) do something wrong 2) doing homework 3) played a computer game
05 1) I caught a cold 2) give you some pills 3) go see a doctor
06 1) where to go 2) be careful of thieves 3) major targets
07 1) It's time to feed 2) have a pet 3) can't run around
08 1) have a small party 2) prepare some food 3) go shopping after school
09 1) What is it about 2) gets high viewer ratings 3) is the host
10 1) become a better actor 2) win this award 3) appreciate this award
11 1) get an invitation 2) last only two hours 3) to bring gifts
12 1) wondering if you could come 2) have plans on Friday 3) want you to come
13 1) $20 in total 2) have a membership card 3) Here is $20
14 1) like your novels 2) all of your books 3) want to be a writer
15 1) guy you were talking to 2) introduce me to him 3) You should join us
16 1) going home 2) have an important test 3) after my test
17 1) don't touch the paintings 2) take pictures of 3) You're not permitted to
18 1) is located on 2) are just minutes from the hotel 3) get 10% off your stay
19 1) Have you decided 2) have the steak 3) how would you like
20 1) how much money 2) spent the rest 3) be a great souvenir

실전모의고사 08회

pp. 122~123

01 ③	02 ③	03 ⑤	04 ③	05 ③
06 ①	07 ⑤	08 ⑤	09 ④	10 ④
11 ④	12 ⑤	13 ③	14 ②	15 ③
16 ②	17 ⑤	18 ④	19 ⑤	20 ④

01 ③

남: 안녕하세요. 저는 기상 센터의 Scott입니다. 오늘은 심한 뇌우가 예상되지만, 비는 밤늦게 그치겠습니다. 내일은 오전에 소나기가 올 가능성이 있으며 흐리겠습니다. 그러니 외출하실 때는 우산을 챙기

시는 게 좋겠습니다. 하지만 오후에는 아주 화창한 날씨가 되겠습니다.

해설 내일은 오전에 소나기 가능성과 함께 흐리다가 오후에는 화창할 것이라고 했다.

어휘 weather center 기상 센터 heavy [hévi] 무거운; *(바람·비 등이) 심한 thunderstorm [θʌ́ndərstɔ̀ːrm] 뇌우(천둥과 번개를 동반한 비) chance [tʃæns] 기회; *가능성 beautiful [bjúːtiːfl] 아름다운; *화창한

02 ③

남: 난 Julie의 생일을 위해 케이크를 사야 해. 어떤 걸 살까?
여: 그 애는 딸기를 좋아하니까, 이것이 가장 좋을 것 같아.
남: 아니야, 난 더 특별한 걸 원해.
여: 가운데 구멍이 있는 이건 어때? 커다란 도넛처럼 생겼다.
남: 아니야, 난 이게 더 좋아. 초콜릿이야!
여: 하트 모양인 거? 정말 좋아 보여!
남: 응. 맛도 있으면 좋겠다.

해설 남자는 Julie의 생일을 위해 하트 모양의 초콜릿 케이크를 구입하기로 했다.

어휘 hole [houl] 구멍 doughnut [dóunət] 도넛

03 ⑤

여: 얘, Jason. 왜 어젯밤에 내 이메일에 답하지 않았어?
남: 이메일? 무슨 이메일?
여: 내가 어젯밤에 너한테 재미있는 농담을 이메일로 보냈잖아.
남: 아. 어젯밤에 내가 이메일을 확인했는데, 너한테서 온 것은 아무것도 못 봤어.
여: 정말? 어디 보자. *[잠시 후]* 아 이런! 내가 그걸 엉뚱한 사람에게 보냈네.
남: 누구에게 보냈는데?
여: 우리 수학 선생님.

해설 여자는 친구에게 보낼 이메일을 실수로 수학 선생님께 보낸 것을 알게 되어 당황스러울(embarrassed) 것이다.
① 화가 난 ② 신이 난 ③ 외로운 ④ 만족한

어휘 joke [dʒouk] 농담 wrong [rɔːŋ] 잘못된, 엉뚱한

04 ③

여: 네 취미가 뭐니?
남: 나는 소설 읽는 것을 좋아해.
여: 보통 어떤 종류의 소설을 읽니?
남: 판타지 소설, 역사 소설, 추리 소설을 즐겨 읽어. 하지만 추리 소설을 제일 좋아해. 나는 Haley Christie의 모든 책을 가지고 있어.
여: 굉장하다! 내가 한 권 빌릴 수 있을까?
남: 물론이지.

해설 남자는 여러 종류의 소설을 즐겨 읽지만, 그 중 추리 소설을 제일 좋아한다고 했다.

어휘 fantasy [fǽntəsi] 공상 문학 작품, 판타지 mystery [místəri] 추리 소설 amazing [əméiziŋ] 굉장한, 놀랄 만한 borrow [bárou] 빌리다

05 ③

남: 도와드릴까요?
여: 친구에게 장미 열두 송이를 보내고 싶어요.
남: 좋습니다. 무슨 색으로요?
여: 빨간색이요.
남: 알겠습니다. 그걸 어디로 배달해 드릴까요?
여: St. James 병원 435호실이요.
남: 알겠습니다. 30분 후에 배달될 거예요.
여: 얼마인가요?
남: 3만 원입니다.

해설 여자가 친구에게 보낼 꽃을 주문하고 있으므로, 두 사람이 대화하는 장소로 가장 적절한 곳은 꽃집이다.

어휘 send [send] 보내다 deliver [dilívər] 배달하다

06 ①

여: 안녕, John.
남: 안녕, Gina. 학교 신문에서 네 수필을 읽었어.
여: 정말? 어땠어?
남: 주제가 흥미롭고 결말이 훌륭하다고 생각했어.
여: 그렇게 말해 줘서 정말 고마워. 주제를 고르는 것이 어려웠지만, 일단 고르고 나서는, 쓰는 것이 매우 재미있었어.
남: 음, 넌 글 쓰는 데 정말 재능이 있는 것 같아.

해설 남자는 학교 신문에 실린 여자의 수필을 읽고, 여자가 글 쓰는 데 재능이 있다며 칭찬하고 있다.

어휘 essay [ései] 수필, 에세이 school paper 학교 신문 topic [tápik] 주제 ending [éndiŋ] 결말 excellent [éksələnt] 훌륭한 once [wʌns] 일단 ~하면 talented [tǽləntid] 재능이 있는

07 ⑤

여: 너는 졸업 선물로 뭘 원하니?
남: 자전거를 원했는데, 마음을 바꿨어요.
여: 내가 맞혀 볼게. 지금은 스마트폰을 원하는 구나.
남: 아니요, 전 스마트폰이 필요하지 않아요.
여: 그러면 뭘 원하니?

남: 스케이트보드 타는 걸 배우고 싶어서 스케이트보드를 갖고 싶어요.
여: 알겠다, 내일 오후에 가게에 가서 하나 사자.

해설 남자는 스케이트보드 타는 걸 배우고 싶어서 졸업 선물로 스케이트보드를 원한다고 했다.

어휘 graduation [grӕ̀dʒəwéiʃən] 졸업 change one's mind 마음을 바꾸다 skateboard [skéitbɔ̀ːrd] 스케이트보드를 타다; 스케이트보드

08 ⑤

여: 얼마예요?
남: 총 60달러입니다.
여: 네. 여기 신용 카드요.
남: 회원 카드 있으신가요? 있으시면, 30% 할인을 받으실 수 있답니다.
여: 아, 정말이에요? 전 그게 없어요. 지금 만들 수 있나요?
남: 물론입니다. 가입만 하시면 됩니다.
여: 무료인가요?
남: 네, 하지만 이 회원 신청서를 작성하셔야 합니다.
여: 알았어요. 잠시만요.

해설 할인을 위해 회원 카드를 만들려면 회원 신청서를 작성해야 한다는 남자의 말에 여자가 알겠다고 대답했다.

어휘 credit card 신용 카드 free [friː] 무료의 form [fɔːrm] 형태; *신청서

09 ④

여: 실례합니다. 텐트를 찾고 있어요.
남: 어떤 크기의 텐트가 필요하세요?
여: 음, 저희 셋이 캠핑을 가려고 계획하고 있는데요. 저희가 편안했으면 해요.
남: 그렇다면 이게 3명에게 충분히 클 거예요.
여: 좋아 보이네요. 무겁나요?
남: 2.1kg입니다. 꽤 가볍고 작죠. 설치하기도 아주 쉬워요. 우산처럼 그것을 그냥 펼치시면 됩니다.
여: 아주 좋네요. 얼마인가요?
남: 100달러입니다.

해설 크기(3인에게 충분히 큰 크기), 무게(2.1kg), 설치 방법(우산처럼 펼치기), 가격(100달러)에 대해서는 언급하였으나, 색상은 언급하지 않았다.

어휘 comfortable [kʌ́mfərtəbl] 편안한 quite [kwait] 꽤, 상당히 light [lait] 밝은; *가벼운 compact [kəmpǽkt] 소형의 set up 설치하다

10 ④

여: 안녕하세요, 여러분. 10분 후에 저희 공연이 시작됩니다. 오늘 밤 공연 전에, 휴대전화를 꺼 주십시오. 공연 중에는 사진을 찍을 수 없지만, 연극이 끝난 후에 배우들과 사진을 찍는 시간이 있을 것입니다. 1막이 끝나면 15분간의 휴식 시간이 있겠습니다. 감사드리며, 공연을 즐기십시오.

해설 공연 전에 휴대전화를 끌 것을 요청하고 공연 중에 사진을 찍으면 안 된다는 등의 내용을 안내하고 있으므로, 공연 관람 예절임을 알 수 있다.

어휘 take a picture 사진을 찍다 play [plei] 놀다; *연극 act [ӕkt] 행동; *(연극 등의) 막

11 ④

남: Tiffany, 그 귀신의 집에 관해 들었어?
여: 아, 우리 학교 핼러윈 파티의 주요 행사에 대해 말하는 거니?
남: 응. 나 그게 정말 기대돼!
여: 나도 그래. 재미있을 거야. 언제야?
남: 10월 31일 금요일 오후 1시부터 5시까지야. 체육관에서 열릴 거야.
여: 영어 선생님들과 미술부원들이 귀신의 집을 만들려고 공을 들이고 있다더라.
남: 그래. 그런데 의상을 안 입으면 못 들어가. 너는 뭐 입을 거야?
여: 난 아직 못 정했어.

해설 영어 동아리 학생들이 아니라, 영어 선생님들과 미술부원들이 귀신의 집을 만들고 있다고 했다.

어휘 main [mein] 주된, 주요한 haunted [hɔ́ːntid] 귀신이 나오는 enter [éntər] 들어가다 costume [kástjuːm] 의상

12 ⑤

[전화벨이 울린다.]
여: 안녕하세요, Travel 호텔입니다. 어떻게 도와드릴까요?
남: 안녕하세요. 제가 다음 주에 예약했는데, 정보를 좀 얻고 싶어서요.
여: 네. 무엇을 알고 싶으신가요?
남: 비치타월을 빌려주는지 알고 싶어요.
여: 네. 저희는 투숙객들에게 비치타월을 빌려드리고 있습니다.
남: 돈을 지불해야 하나요?
여: 아니요, 요금은 없습니다.
남: 알겠습니다. 감사합니다.

해설 남자는 호텔에서 비치타월을 빌려주는지 문의했다.

어휘 lend out (돈을 받고) ~을 빌려주다 guest [gest] 손님, 투숙객

13 ③

여: 저 외출해요, 아빠.
남: 너 어디 가니?
여: 학교에서 음악 축제가 있어요.
남: 몇 시에 시작하는데?
여: 저녁 7시요.
남: 그럼 왜 이렇게 빨리 나가니? 지금 5시잖아.
여: 먼저 Mark네 집에 들를 거예요. 저희는 좋은 자리를 맡기 위해 학교에 일찍 갈 거거든요. 그 애를 5시 30분에 만나기로 했어요.
남: 알겠다, 이따 보자.

해설 여자는 축제가 저녁 7시에 시작하는데 좋은 자리를 맡기 위해서 5시 30분에 Mark를 만나기로 했다고 말했다.

어휘 stop by ~에 들르다 be supposed to-v ~하기로 되어 있다

14 ②

여: 이번 주 일요일이 우리 결혼기념일인 것 알고 있나요?
남: 물론이죠. 5주년이잖아요, 그렇지 않나요?
여: 아니요, 6주년이죠.
남: 아, 헷갈렸어요. 어쨌든, 당신은 축하하기 위해서 뭘 하고 싶어요?
여: 난 우리가 처음 만난 식당에 가고 싶어요.
남: 그거 정말 좋은 생각이군요. 내가 바로 예약할게요.

해설 두 사람의 결혼기념일에 대해 대화하고 있으므로, 아내와 남편의 관계임을 알 수 있다.

어휘 wedding anniversary 결혼기념일 confused [kənfjúːzd] 혼란스러운, 헷갈리는 celebrate [séləbrèit] 축하하다

15 ③

여: 이 버스가 시청에 가나요?
남: 네, 손님. 버스에 타세요. 곧 출발합니다.
여: 알겠어요. 거기까지 가는 데 얼마나 걸려요?
남: 여기서 아홉 번째 정류장이니까, 30분 정도 걸릴 거예요.
여: 30분이요? 꽤 오래 걸리네요.
남: 네. 혼잡 시간이라서, 좀 더 오래 걸려요.
여: 네, 고맙습니다. 버스 안이 좀 춥네요. 히터 좀 켜 주시겠어요?
남: 물론입니다. 자리에 앉으세요.

해설 여자는 버스 안이 춥다며 히터를 켜 달라고 부탁했다.

어휘 City Hall 시청 get on (탈것에) 타다 rush hour (교통) 혼잡 시간 heater [híːtər] 히터, 난방기 take a seat 자리에 앉다

16 ②

여: 안녕하세요. 제가 어제 여기서 이 블라우스를 샀거든요.
남: 아, 치수가 잘못됐나요?
여: 아뇨, 잘 맞아요.
남: 그럼 그것에 문제가 있나요?
여: 네, 깃에 얼룩이 있어요.
남: 정말 죄송합니다. 새것으로 교환해 드리겠습니다.
여: 그냥 그걸 반품하고 환불받을 수 있나요?
남: 네, 가능합니다. 영수증 보여 주세요.

해설 여자는 어제 구입한 블라우스의 깃에 얼룩이 있어서 반품하고 환불받길 원한다고 했다.

어휘 stain [stein] 얼룩 collar [kálər] (윗옷의) 칼라, 깃 exchange [ikstʃéindʒ] 교환하다 return [ritə́ːrn] 돌아오다; *반품하다 get a refund 환불받다 receipt [risíːt] 영수증

17 ⑤

① 남: 여기 앉아도 되나요?
여: 죄송해요. 이 자리는 주인이 있어요.
② 남: 제 자리 찾는 것을 도와주시겠어요?
여: 네. 표를 좀 봐도 될까요, 손님?
③ 남: 창가 좌석으로 하시겠어요, 아니면 통로 좌석으로 하시겠어요?
여: 창가 좌석으로 주세요.
④ 남: 비행기가 곧 이륙할 거야.
여: 그래! 앉아서 안전벨트를 매.
⑤ 남: 실례지만, 제 자리에 앉아 계신 것 같아요.
여: 아, 죄송합니다. 제가 15B, 통로 자리에 있어야 하네요.

해설 비행기 안에서 남자가 창가 자리에 앉아 있는 여자에게 표를 보여 주자 여자가 자리에서 일어서는 상황이다.

어휘 take off 이륙하다 fasten one's seat belt 안전벨트를 매다 aisle [ail] 통로

18 ④

남: 새 영화 〈The Space Walk〉는 영화 시리즈 〈The Space〉의 마지막 편입니다. 유명 영화배우 Brad Shaw가 주인공을 연기합니다. 그 영화는 우주에 살면서 지구로 돌아오고 싶어 하는 한 소년에 관한 것입니다. 상영 시간은 두 시간 반입니다. 지금 근처에 있는 가장 가까운 상영관을 찾아가서 영화를 확인해 보세요.

해설 제목(The Space Walk), 주연 배우(Brad Shaw), 내용(우주에서 지구로 돌아오고 싶어 하는 한 소년의 이야기), 상영 시간(두 시간 반)에 대해서는 언급하였으나, 개봉일은 언급하지 않았다.

어휘 space [speis] 공간; *우주 final [fáinəl] 마지막의 series [sí(ː)əriːz] 시리즈, 연재물 main character 주인공 running time 상영 시간 nearest [niərist] 가장 가까운 (near의 최상급) check out ~을 확인하다

19 ⑤

여: 나 학교 도서관 아르바이트 그만뒀어.
남: 아, 정말? 너 그 일 좋아했잖아.
여: 그랬지, 그런데 여름에는 도움이 필요 없대. 너는 여름에 할 아르바이트 벌써 구했니?
남: 아니 아직. 여전히 구하려고 노력하는 중이야. 너는?
여: 나는 벌써 좋은 걸 찾았어.
남: 정말? 어디서 일할 건데?
여: 나는 서점에서 일할 거야.

해설 어디서 일할 것인지 물었으므로, 일할 장소를 말하는 응답이 가장 적절하다.
① 나는 내 일이 마음에 들어.
② 나는 일본을 방문하고 싶어.
③ 응, 그건 너무 비싸.
④ 나는 2주 전에 일을 그만두었어.

어휘 leave one's job 일을 그만두다, 사직하다 already [ɔːlrédi] 이미, 벌써 [문제] quit [kwit] 그만두다 (quit-quit-quit)

20 ④

여: 안녕, Harry. 너희 팀은 오늘 오후에 있을 중요한 경기에 준비가 됐니?
남: 아니, 그렇지 않아. Scott이 경기에 못 나오거든.
여: 그 애는 너희 팀 최고의 선수잖아! 그 애가 왜 못 오는데?
남: 그 애가 아파. 의사 선생님께서 그 애가 며칠간 쉬어야 한다고 하셨대.
여: 그거 큰일이네. 아무래도 너희 경기를 취소해야겠다.
남: 아니, 그럴 수 없어. 그건 상대 팀에게 정당하지 않아.
여: 그럼 너흰 그저 최선을 다해야겠다.

해설 팀 최고의 선수가 경기에 못 나오지만 경기를 취소할 수 없다고 했으므로, 최선을 다하라고 말하는 응답이 가장 적절하다.
① 네가 아프면, 경기를 하지 말아야지.
② 네가 너무 쉽게 포기하는 것 같아.
③ 우리 오늘 오후 늦게 Scott에게 전화해 보자.
⑤ 걱정하지 마. 분명히 그가 곧 여기 올 거야.

어휘 rest [rest] 쉬다 fair [fɛər] 공평한; *정당한 [문제] do one's best 최선을 다하다

Dictation Test 08

pp. 124~131

01 1) heavy thunderstorms 2) chance of showers 3) beautiful, sunny weather

02 1) buy a cake 2) something more special 3) It looks really nice

03 1) answer my email 2) sent you an email 3) to the wrong person

04 1) like reading novels 2) enjoy reading fantasy 3) like mysteries most

05 1) send 12 roses to 2) Where shall I deliver them 3) will be delivered

06 1) read your essay 2) kind of you to say so 3) very talented writer

07 1) changed my mind 2) don't need a smartphone 3) how to ride a skateboard

08 1) get a 30% discount 2) need to sign up 3) fill out this membership form

09 1) is big enough for 2) quite light 3) very easy to set up

10 1) begin in 10 minutes 2) turn off your cell phones 3) after the first act

11 1) be held in the gym 2) are working hard 3) without wearing a costume

12 1) get some information 2) lend out beach towels 3) there's no charge

13 1) What time does it start 2) leaving so early 3) I'm supposed to meet him

14 1) our wedding anniversary 2) to celebrate 3) where we first met

15 1) We're about to leave 2) It's rush hour 3) turn on the heater

16 1) it fits fine 2) there's a stain 3) get a refund

17 1) This seat is taken 2) fasten your seat belt 3) you're sitting in my seat

18 1) plays the main character 2) Its running time 3) check it out

19 1) left my part-time job 2) trying to find one 3) Where are you going to work

20 1) ready for the big game 2) needs to rest 3) cancel the game

실전모의고사 09회

pp. 132~133

01 ①	02 ②	03 ④	04 ④	05 ①
06 ⑤	07 ③	08 ②	09 ②	10 ②
11 ⑤	12 ①	13 ④	14 ②	15 ⑤
16 ④	17 ③	18 ④	19 ⑤	20 ⑤

01 ①

남: 안녕하세요. 오늘의 일기 예보입니다. 캘거리는 오늘 마침내 폭설이 그치겠고, 내일까지 춥고 대체로 건조하겠습니다. 에드먼턴은 오늘 가벼운 소나기가 내리고 흐리겠습니다. 내일은 기온이 떨어지고, 눈이 더 내리겠습니다. 감사합니다.

해설 에드먼턴은 내일 기온이 떨어지고 눈이 더 내릴 것이라고 했다.

어휘 weather forecast 일기 예보 heavy snow 폭설 finally [fáinəli] 마침내 mostly [móustli] 주로, 대체로 dry [drai] 건조한 temperature [témpərətʃər] 기온 drop [drɑp] 떨어지다 snowfall [snóufɔːl] 강설(량)

02 ②

여: 여보, 우리 침실에 새 담요가 필요해요. 내가 고르는 거 도와줄래요?
남: 물론이죠. 이 회색 어떤 것 같아요?
여: 음… 난 더 밝은 것을 원해요. 봄이잖아요.
남: 맞아요. 당신은 줄무늬를 좋아하지 않으니까, 이 분홍색 꽃무늬는 어때요?
여: 색상이 마음에 들지 않아요. 하지만 이 초록색 체크무늬는 좋네요.
남: 색상과 무늬 둘 다 좋네요. 그걸로 합시다.

해설 두 사람은 초록색 체크무늬 담요를 구입하기로 했다.

어휘 blanket [blǽŋkit] 담요 brighter [braitər] 더 밝은 (bright의 비교급) checkered [tʃékərd] 체크무늬의

03 ④

여: 휴가 어디로 갈 거야, Edward?
남: 아직 확실하지 않아. 너는?
여: 나는 해외로 가고 싶은데, 어느 나라로 가야 할지 결정을 못 하겠어.
남: 캐나다는 어때? 나는 작년에 거기 갔었는데, 정말 아름다웠어.
여: 캐나다에서 갈 만한 가장 좋은 장소가 어디야?
남: 동부 해안을 따라 여행하는 게 좋을 것 같아. 너는 거기서 멋진 시간을 보내게 될 거야.

해설 여자가 캐나다에서 갈 만한 좋은 장소를 묻자, 남자는 동부 해안을 추천하고 있다.

어휘 abroad [əbrɔ́ːd] 해외로 along [əlɔ́ːŋ] ~을 따라 East Coast 동부 해안

04 ④

남: 여보, 나 집에 왔어요!
여: 오늘 회사에서는 어땠어요?
남: 괜찮았어요. 당신은 내내 집에 있었어요?
여: 아뇨. 내 친구 Anna가 아파서, 병원에 있는 그녀를 찾아가야 했어요.
남: 아, 안됐네요. 그녀는 괜찮나요?
여: 네. 난 그녀가 곧 좋아질 거라 믿어요.
남: 나도 그랬으면 좋겠어요. 음, 내가 당신을 위해 저녁 식사를 준비할게요.
여: 오늘 저녁은 외식하는 게 어때요? 냉장고가 거의 비었거든요. 내가 오늘 장을 보러 못 갔어요.

해설 여자는 친구가 아파서 병원으로 찾아갔다고 했다.

어휘 eat out 외식하다 go grocery shopping 장을 보러 가다, 식료품 사러 가다

05 ①

여: 나 배고파. 팝콘 좀 사자.
남: 좋아, 하지만 서둘러야 해. 공연이 곧 시작할 거야.
여: 내가 갈게. 넌 여기 있으면서 확실하게 아무도 우리 자리를 차지하지 않게 해.
남: 알았어. 내 음료수도 사다 줄래? 팝콘을 먹으면 목이 마르니까.
여: 그래. 뭐 마실래?
남: 레모네이드 마실래.
여: 아 이런! 조명이 꺼지네. 너무 늦었다!

해설 공연 시작 전에 팝콘과 음료수를 사러 가려고 하는 상황이므로, 두 사람이 대화하는 장소로 가장 적절한 곳은 극장이다.

어휘 hurry [hə́ːri] 서두르다 make sure 확실하게 하다 thirsty [θə́ːrsti] 목이 마른 light [lait] 빛; *조명

06 ⑤

남: Kate, 너를 한동안 못 봤네. 너 어디 갔었니?
여: 나는 더 이상 서울에 살지 않아. 대전으로 이사했어.
남: 정말? 왜?
여: 그곳에서 직장을 구했거든.
남: 어떤 일인데?
여: 도서관에서 일하고 있어.
남: 일이 마음에 드니?
여: 응. 내가 책을 정말 좋아하는 거 알잖아. 하지만 그곳에 친구가 많지 않아서, 좀 외로워.

해설 여자는 대전으로 이사했는데 친구가 많지 않아서 외롭다고 했다.

어휘 in a while 한동안 not ~ anymore 더 이상 ~하지 않다 job [dʒab] 일, 직장 lonely [lóunli] 외로운

07 ③

여: 오늘이 며칠이지?

남: 12월 10일이야.

여: 내일이 무슨 날이지? 특별한 날인 것 같은데, 왜인지 기억이 안 나네.

남: 너 기억 안 나? 내 생일이잖아! 난 네가 내 생일이 언제인지 안다고 생각했는데.

여: 아, 미안해. 깜박 잊었어. 뭐 할 계획이니?

남: 난 가족과 외식하러 갈 거야.

해설 오늘은 12월 10일이고 남자가 내일이 자신의 생일이라고 했으므로, 남자의 생일은 12월 11일이다.

어휘 date [deit] 날짜

08 ②

남: 겨울 휴가가 다가오고 있어.

여: 응, 그래. 유럽에 가는 게 어때?

남: 그거 정말 좋은 생각이야. 너는 어떤 나라들을 방문하고 싶니?

여: 나는 프랑스에 가고 싶어. 에펠탑을 보고 싶거든.

남: 나도 그래. 그리고 나는 스페인에 가고 싶어.

여: 가야 할 곳이 너무 많다. 온라인에 접속해서 정보를 좀 얻자.

남: 좋아.

해설 두 사람은 겨울 휴가 때 유럽에 갈 계획으로, 방문할 곳들에 관한 정보를 얻기 위해 온라인에 접속하자고 말했다.

어휘 country [kʌ́ntri] 국가, 나라 Eiffel Tower 에펠탑 go online 온라인에 접속하다 information [ìnfərméiʃən] 정보

09 ②

남: 얘, 뭐 듣고 있어?

여: Rick Johnson의 〈Just Like Yesterday〉를 듣고 있어.

남: 아, 나 그 노래 알아. 그의 대표곡들 중 하나지.

여: 응. Rick은 그의 경력 초창기 때부터 자신의 모든 노래를 직접 썼어. 모든 노래가 아주 멋져!

남: 그가 올해의 아티스트 상을 탔지, 그렇지 않니?

여: 맞아. 그는 다음 달에 서울에서 콘서트를 열 거야. 나 거기 갈 거야.

남: 그거 좋겠다.

해설 대표곡(Just Like Yesterday), 작곡 능력(모든 노래를 직접 씀), 수상 내역(올해의 아티스트 상 수상), 공연 일정(다음 달 서울 콘서트)에 대해서는 언급하였으나, 데뷔 시기는 언급하지 않았다.

어휘 career [kəríər] 직업, 경력 hold a concert 콘서트를 열다

10 ②

여: 안녕하십니까, KTX 121편 승객 여러분. 저희는 6시 정각에 출발할 예정이었으나, 유감스럽게도 약간의 지연이 있겠습니다. 선로 위의 폭설 때문에, 약 10분간 출발이 지연되겠습니다. 따라서 우리는 저녁 8시 45분에 부산에 도착하겠습니다. 불편을 끼쳐드려 대단히 죄송합니다. 인내해 주시고 이해해 주셔서 감사합니다.

해설 열차가 폭설 때문에 출발이 지연되어 예정보다 늦게 부산에 도착하겠다고 했으므로, 열차 지연을 안내하는 방송임을 알 수 있다.

어휘 passenger [pǽsindʒər] 승객 depart [dipáːrt] 떠나다, 출발하다 unfortunately [ʌnfɔ́ːrtʃənətli] 유감스럽게도 slight [slait] 약간의 delay [diléi] 지연; 지연시키다 track [træk] 길; *(기차) 선로 departure [dipáːrtʃər] 출발 inconvenience [ìnkənvíːnjəns] 불편 patience [péiʃəns] 인내

11 ⑤

남: Sarah는 15세입니다. 그녀는 시카고에 삽니다. 그녀는 학교를 좋아하고 친구가 많습니다. 그녀가 가장 좋아하는 과목은 과학입니다. 그녀의 꿈은 과학자가 되는 것입니다. 그녀에게는 남동생이 한 명 있습니다. 여가 시간에, 그녀는 컴퓨터 게임을 하는 것과 음악 듣는 것을 좋아합니다.

해설 취미는 음악 연주가 아니라, 컴퓨터 게임을 하는 것과 음악을 듣는 것이라고 했다.

어휘 subject [sʌ́bdʒikt] 과목 free time 여가 시간

12 ①

[전화벨이 울린다.]

여: Davinci's 레스토랑입니다. 어떻게 도와드릴까요?

남: 안녕하세요. 저는 오늘 저녁 6시에 예약했는데요.

여: 네. 예약을 변경하셔야 하나요?

남: 아니요, 그런데 전에 거기 식당에 가 본 적이 없어서요. 4번가에 있나요?

여: 아니요. 3번가와 Main가의 모퉁이에 있습니다.

남: 아, 그렇군요. Anderson's 슈퍼마켓 근처에 있나요?

여: 네, 바로 길 건너입니다.

남: 좋아요! 감사합니다.

해설 남자는 예약해 둔 식당에 가 본 적이 없다며 식당 위치를 묻고 있다.

어휘 avenue [ǽvənùː] (도시의) 거리, ~가 corner [kɔ́ːrnər] 모퉁이 directly [diréktli] 곧장; *바로

13 ④

남: 주문하시겠어요?
여: 네. 중간 크기의 포테이토 피자 한 판이 얼마죠?
남: 15,000원입니다.
여: 네. 두 판 포장해 갈게요.
남: 다른 것은요?
여: 샐러드 하나요.
남: 5,000원입니다. 모든 포장 주문에 10% 할인을 해 드리고 있으니, 총액은 31,500원입니다.
여: 아! 그리고 제가 10% 할인 쿠폰을 가지고 있어요.
남: 죄송합니다. 그건 다른 할인과 같이 사용할 수 없습니다.
여: 알겠습니다. 여기 제 신용 카드요.

해설 피자 두 판에 샐러드 하나를 더해 총 35,000원인데 포장 주문에 10% 할인이 제공되고 쿠폰은 같이 사용할 수 없다고 했으므로, 31,500원을 지불해야 한다.

어휘 to-go [tugou] 포장해 갈 total [tóutl] 합계, 총액

14 ②

남: 어디가 아프신가요?
여: 제 왼쪽 무릎이 아파요.
남: 얼마나 오랫동안 이 문제가 있었죠?
여: 일주일이요.
남: 좀 보겠습니다. 이렇게 하면 아프신가요?
여: 네, 아파요.
남: 하이힐을 자주 신으시나요?
여: 네, 항상 신어요.
남: 그게 문제예요. 하이힐을 그만 신으세요. 그리고 일주일에 두 번 무릎 치료를 받으셔야겠어요.

해설 남자는 여자의 무릎 상태를 확인하고 치료를 받으라고 말했으므로, 의사와 환자의 관계임을 알 수 있다.

어휘 knee [ni:] 무릎 therapy [θérəpi] 치료

15 ⑤

[휴대전화가 울린다.]
남: 여보세요, Melissa. 무슨 일이야?
여: 안녕, Frank. 음, 내가 내일 Sally와 놀이공원에 가는데, 내 디지털 카메라를 잃어버렸거든. 네 것 좀 빌릴 수 있을까?
남: 미안하지만, Jack이 어젯밤에 내 것을 빌려 갔어. 그 애는 내일 친구랑 한국 민속촌에 가거든.
여: 아, 아쉽다.
남: 대신 Mike에게 물어보는 게 어때? 그 애도 좋은 카메라를 가지고 있거든.
여: 알았어. 그 애 전화번호 좀 알려 줄래?
남: 그래. 잠깐만.

해설 여자는 남자가 Mike에게 카메라를 빌려 보라고 하자, 그의 전화번호를 알려 달라고 부탁했다.

어휘 amusement park 놀이공원 borrow [bá:rou] 빌리다 folk village 민속촌

16 ④

남: Betty! 우리 만난 지 정말 오래됐다.
여: 안녕, James!
남: 너 왜 요가 강습에 오는 걸 그만뒀니? 바빴어?
여: 아니. 나는 그냥 더 활동적인 걸 하고 싶어서, 지금은 재즈 댄스 강습을 듣고 있어.
남: 둘 다 할 수는 없어?
여: 안 돼, 재즈 댄스 강습이 요가 강습과 같은 시간에 있거든.
남: 아, 그렇구나.

해설 여자는 재즈 댄스 강습을 받느라 같은 시간에 하는 요가 강습을 그만두었다고 했다.

어휘 ages [eidʒs] 오랫동안, 한참 active [ǽktiv] 활동적인 both [bouθ] 둘 다

17 ③

① 남: 우체국 앞에서 만나자.
여: 좋아. 거기서 보자.
② 남: 이 소포를 일본으로 보내고 싶은데요.
여: 네. 먼저 이 양식을 작성해 주세요.
③ 남: 우체국이 어디에 있나요?
여: 저쪽 지하철역 옆에 있어요.
④ 남: 상자 나르는 거 도움 필요해?
여: 아, 고마워. 이거 진짜 무거워.
⑤ 남: 내가 지하철역까지 바래다줄까?
여: 아니, 나 그냥 저기서 버스 탈 거야.

해설 길에서 남자는 소포 상자를 들고 있고 여자가 우체국의 위치를 알려 주는 상황이다.

어휘 package [pǽkidʒ] 소포 carry [kǽri] 들고 있다, 나르다 walk 걷다; *(걸어서) 바래다주다

18 ④

여: 훌륭한 저녁 식사를 즐길 장소를 찾고 계시다면, Sweet Kitchen을 확인하셔야 합니다. 중심가에 위치해 있으며, 저희는 주말에 네 가지 코스의 식사와 무료 후식을 제공합니다. 그리고 모든 식사에는 무료 탄산음료 또는 주스 한 잔이 포함되어 있으니, 음료에 대해선 염려하실 필요가 없습니다. 지금 예약하시면, 단돈 40달러의 좋은 가격을 누릴 수 있는데, 원래 식사 가격에서 무려 50% 할인된 것입니다! 지금 인터넷에 접속하셔서 예약하세요.

해설 이름(Sweet Kitchen), 위치(중심가), 무료 서비스(후식, 음료), 가격(40달러)에 대해서는 언급하였으나, 휴무일은 언급하지 않았다.

어휘 look for ~을 찾다 downtown [dàuntáun] 중심가에, 시내에 offer [ɔ́:fər] 제공하다 dessert [dizə́:rt] 후식 include [inklú:d] 포함하다 go online 인터넷[온라인]에 접속하다

19 ⑤

[전화벨이 울린다.]

여: 여보세요?

남: 안녕, Karen!

여: 아, 난 Karen의 엄마야.

남: 안녕하세요. 전 Karen의 같은 반 친구 Tim인데요. 그 애가 집에 있나요?

여: Tim이라고? Karen이 네 전화를 기다리고 있었어. 하지만 조금 전에 나갔단다.

남: 그 애가 어디 가는지 말씀해 주실 수 있으세요?

여: 책을 좀 빌리러 도서관에 간다고 했어. 메시지를 남길래?

남: 괜찮아요. 그 애를 만나러 그냥 도서관으로 가 볼게요.

해설 Karen이 도서관에 가서 집에 없으니 메시지를 남기겠냐고 물었으므로, 괜찮다며 도서관에 가 보겠다고 말하는 응답이 가장 적절하다.
① 그 애는 지금 통화 중이에요.
② 네, 그 애를 보면 제가 얘기할게요.
③ 물론이죠, 전화번호가 뭔가요?
④ 아니요, 전 이미 그 책들을 반납했어요.

어휘 leave a message 메시지를 남기다 [문제] on the phone 통화 중인

20 ⑤

남: 안녕하세요. 어떻게 도와드릴까요?

여: 목도리를 찾고 있어요. 좋은 것을 추천해 주실 수 있나요?

남: 네. 이것들은 어떠세요? 모두 손님 나이대의 여자아이들에게 매우 인기 있어요.

여: 예쁘네요. 그런데 저는 어머니께 드릴 목도리를 사고 싶어요.

남: 정말 착하네요. 이 표범무늬는 어떠세요? 신상품이에요.

여: 좋아요. 근데 만약 어머니가 마음에 들어 하시지 않으면 어쩌죠?

남: 다시 가져오시면, 교환해 드릴게요.

해설 여자는 어머니가 선물을 마음에 들어 하지 않을 경우를 걱정하고 있으므로, 교환이 가능하다고 말하는 응답이 가장 적절하다.
① 내일 그녀가 당신에게 새것을 사 줄 수도 있어요.
② 아마도 우린 매장 직원에게 물어봐야겠어요.
③ 아니요, 그게 당신의 셔츠와 잘 어울리는 것 같아요.
④ 그녀에게 전화해서 무슨 사이즈를 입는지 물어봐요.

어휘 suggest [səgdʒést] 제안하다, 추천하다 leopard [lépərd] 표범 print [print] 무늬 new arrival 신상품 What if ~? ~면 어쩌지? [문제] employee [implɔií:] 직원

Dictation Test 09

pp. 134~141

01 1) heavy snow will finally stop 2) light showers 3) will be more snowfall

02 1) something brighter 2) don't like stripes 3) green checkered pattern

03 1) I can't decide 2) the best place 3) you should travel

04 1) visit her in the hospital 2) make dinner 3) couldn't go grocery shopping

05 1) show will start 2) takes our seats 3) lights are going out

06 1) moved to 2) got a job 3) I'm a little lonely

07 1) What day is tomorrow 2) when my birthday was 3) going out to eat

08 1) going to Europe 2) I'd like to see 3) get some information

09 1) one of his best songs 2) won the award 3) hold a concert

10 1) were scheduled to depart 2) slight delay 3) sorry for the inconvenience

11 1) is 15 years old 2) favorite subject is science 3) listen to music

12 1) I've never been to 2) on the corner 3) across the street

13 1) take two to go 2) have a coupon 3) with any other discounts

14 1) My left knee hurts 2) Does this hurt 3) need to do therapy

15 1) lost my digital camera 2) How about asking 3) give me his number

16 1) stop coming to yoga class 2) something more active 3) at the same time

17 1) send this package 2) It's next to 3) walk you to the subway station

18 1) Located downtown 2) every meal includes 3) for only $40

19 1) waiting for your call 2) where she's going 3) leave a message

20 1) Can you suggest 2) I'd like to buy 3) doesn't like it

Word Test 07~09

pp. 142~143

Ⓐ

01	제안하다, 추천하다	02	그만두다
03	제공하다	04	공평한; 정당한
05	알약	06	추천하다
07	치료	08	싫어하다
09	떨어지다	10	주요한
11	~을 살 수 있다	12	소형의
13	밥을 먹이다, 먹이를 주다	14	허용하다, 허락하다
15	증상	16	행운
17	주제	18	서명하다, 사인하다
19	곧장; 바로	20	고급의
21	굉장한, 놀랄 만한	22	편안한
23	재능이 있는	24	역사적인
25	유감스럽게도	26	고마워하다
27	체크무늬의	28	주인공
29	(교통) 혼잡 시간	30	일기 예보
31	통화 중인	32	인터넷[온라인]에 접속하다
33	한동안	34	확실하게 하다
35	~에 위치하다	36	좋아지다, 호전되다
37	~을 고르다	38	감기에 걸리다
39	메시지를 남기다	40	상을 타다

Ⓑ

01	subject	02	rest
03	host	04	spelling
05	blanket	06	exchange
07	tourist	08	hole
09	dry	10	change
11	costume	12	noisy
13	career	14	graduation
15	director	16	outdoor
17	temperature	18	patience
19	corner	20	hurry
21	remind	22	celebrate
23	abroad	24	delay
25	impressive	26	package
27	thirsty	28	forget
29	lonely	30	spend
31	invitation	32	prepare
33	active	34	include
35	passenger	36	eat out
37	take off	38	get a refund
39	stop by	40	set up

실전모의고사 10회

pp. 144~145

01 ②	02 ⑤	03 ④	04 ④	05 ②
06 ④	07 ④	08 ③	09 ⑤	10 ④
11 ②	12 ⑤	13 ⑤	14 ③	15 ③
16 ②	17 ④	18 ④	19 ⑤	20 ④

01 ②

남: 안녕하세요. 내일의 일기 예보입니다. 오전에는 맑고 화창한 하늘이 여러분을 반기겠지만, 꽤 춥게 느껴지겠습니다. 오후에는 흐리지만 더 따뜻해지겠습니다. 저녁에는 대체로 맑고 건조하겠지만, 모레 이른 아침에는 소나기가 내릴 수도 있습니다. 좋은 하루 되십시오.

해설 내일 오전에는 날씨가 맑고 화창하지만 춥겠고, 오후에는 흐리지만 따뜻해질 것이라고 했다.

어휘 quite [kwait] 꽤, 상당히 the day after tomorrow 모레

02 ⑤

남: Becky, 뭐 하고 있어?
여: 온라인에서 새 스마트폰 케이스를 고르고 있어. 고르는 것 좀 도와줄래?
남: 물론이지. 얼마든지 도와줄게.
여: 이 무늬 없는 은색 케이스 어떤 것 같아?
남: 음, 그건 좀 지루해. 검정과 흰색 줄무늬가 있는 이건 어때?
여: 괜찮긴 한데, 나는 물방울무늬가 있는 게 더 좋아.
남: 이 보라색 케이스? 귀엽네.
여: 3달러밖에 안 해. 이걸 살래!

해설 여자는 물방울무늬가 있는 보라색 스마트폰 케이스를 사겠다고 했다.

어휘 plain [plein] 분명한; *무늬 없는 polka dot 물방울무늬

03 ④

여: 봐요. 당신에게 소포가 왔어요.
남: 정말요? 누구한테 온 거예요?
여: 어디 봐요. 홈쇼핑 채널에서 온 거네요.
남: 내가 주문한 커튼일 거예요. 크기가 맞으면 좋겠네요.
여: 나도 그래요.
남: 확인하게 상자를 열어 봐요.
여: 그래요. *[잠시 후]* 크기가 맞는 것 같아요.
남: 네. 그리고 색깔도 딱 맞아요.

해설 남자는 홈쇼핑에서 주문한 커튼의 크기와 색깔이 모두 잘 맞아서 만

족스러울(satisfied) 것이다.

① 궁금한 ② 화가 난 ③ 실망한 ⑤ 놀란

어휘 right [rait] 옳은; *맞는

04 ④

여: 안녕, David. 어제 해변에서 재밌게 놀았니?
남: 난 가지 않았어. 집에 있었어.
여: 정말? 너가 해변에 갈 거라고 했잖아, 안 그래?
남: 그래, 그랬지. 하지만 심한 두통이 있어서, 집에서 쉬었어.
여: 아, 정말 안됐구나. 지금은 몸이 어때?
남: 별로 좋지 않아. 하지만 곧 좋아질 거야.
여: 그럼 이번 일요일에 해변에 가자.
남: 좋아.

해설 남자는 어제 두통 때문에 해변에 가지 못하고 집에서 쉬었다고 했다.

어휘 beach [biːtʃ] 해변 terrible [térəbl] 끔찍한, 심한 headache [hédèik] 두통 get better 좋아지다, 호전되다

05 ②

남: 안녕하세요. 도와드릴까요?
여: 안녕하세요. 여권에 쓸 사진을 찍고 싶어요.
남: 네. 사진은 몇 장을 원하세요?
여: 다섯 장이요. 언제 사진을 찾을 수 있죠?
남: 한 시간 후면 준비될 겁니다.
여: 아, 좋아요. 비용이 얼마나 들까요?
남: 만 원이에요.
여: 네. 저기 앉아야 하나요?
남: 네. 재킷을 벗고 저쪽에 앉으세요.

해설 여권 사진 촬영에 대해 말하고 있으므로, 두 사람이 대화하는 장소로 가장 적절한 곳은 사진관이다.

어휘 passport [pǽspɔːrt] 여권 pick up ~을 찾아가다 ready [rédi] 준비된 take off (옷 등을) 벗다

06 ④

[휴대전화가 울린다.]
남: 안녕, Sarah. 무슨 일이야?
여: 안녕, Mike. 지금 통화할 수 있어?
남: 응. 무슨 일이야?
여: 나에게 Michael Carter의 콘서트 표가 2장 있어. 나랑 같이 갈래?
남: 와, 정말? 콘서트가 언제야?
여: 이번 주 토요일 밤이야.
남: 아 이런. 정말 가고 싶지만, 난 Linda와 계획이 있어.

해설 여자는 토요일 밤 콘서트에 함께 가자고 제안했지만, 남자가 계획이 있다며 거절하고 있다.

어휘 plan [plæn] 계획

07 ④

남: 부산이 이렇게 큰 행사의 본고장이라는 게 무척 자랑스러워.
여: 응. 그리고 매년 규모가 훨씬 더 커지고 있어.
남: 맞아. 올해 볼 영화들이 많을 거라고 들었어.
여: 좋다. 난 특히 남미 영화에 관심이 있어. 넌 어때?
남: 난 프랑스 영화를 좋아해. 프랑스 사람들은 연기를 정말 잘해.
여: 그래. 난 몇몇 유명 배우와 감독들을 만나길 바라고 있어.
남: 나도 그래.

해설 올해 부산에서 열릴 행사에서 볼 영화들이 많을 거라는 남자의 말에 여자는 남미 영화에 특히 관심이 있다고 했다.

어휘 home [houm] 집; *본고장 film [film] 영화 particularly [pərtíkjulərli] 특히 director [diréktər] 감독

08 ③

남: 너 괜찮아, Anne? 안색이 안 좋아 보여.
여: 너무 더워. 내가 열이 있나 봐.
남: 아니야, 나도 더워. 내 생각엔 에어컨이 제대로 작동하고 있지 않은 것 같아.
여: 정말? 하지만 여긴 정말 비싼 호텔이잖아.
남: 그러게. 훨씬 더 좋을 것으로 기대했는데.
여: 내가 아래층에 가서 알려야겠어. 이건 아니야.
남: 그래, 하지만 정중하게 해. 우리는 여기서 이틀 밤을 더 묵어야 하니까.

해설 여자는 객실의 냉방 문제에 대해 항의하러 아래층에 가겠다고 했다.

어휘 fever [fíːvər] 열 air conditioner 에어컨 properly [prápərli] 제대로 downstairs [dáunstɛ̀ərz] 아래층에 polite [pəláit] 정중한

09 ⑤

여: James, 너 반려동물 키우니?
남: 응. 개를 키우는데, 이름은 Rosie야.
여: 몇 살이야?
남: 6개월 됐어. 비숑이야.
여: 아, 비숑은 아주 발랄하고 똑똑하다고 들었어.
남: 맞아. Rosie는 사람들이나 다른 개들과 잘 지내.
여: 조그맣니?
남: 응, 작아. 무게가 겨우 2kg이야.

해설 나이(6개월), 견종(비숑), 성향(발랄하고 똑똑함), 몸무게(2kg)에 대해서는 언급하였으나, 털 색깔은 언급하지 않았다.

어휘 cheerful [tʃíərfəl] 발랄한, 쾌활한 intelligent [intélidʒənt] 총명한, 똑똑한 get along with ~와 잘 지내다, ~와 어울리다 weigh [wei] 무게가 ~이다

10 ④

여: 여름에 사람들이 즐기는 최고의 활동 중 하나가 수영입니다. 하지만 수영을 할 때 다치고 싶지 않다면 명심해야 할 한 가지가 있습니다. 물속에 들어가기 전에, 몸을 천천히 풀어야 합니다. 이는 근육을 유연하게 해서 여러분이 다치지 않도록 보호합니다. 그것은 쉽고 간단하니, 수영을 할 계획이라면, 몸을 천천히 푸는 것을 잊지 마십시오.

해설 물속에 들어가기 전에 몸을 천천히 풀어 근육을 유연하게 해야 다치지 않는다고 했으므로, 수영 전 준비 운동의 중요성에 대해 이야기하고 있음을 알 수 있다.

어휘 activity [æktívəti] 활동 keep ~ in mind ~을 명심하다 get hurt 다치다 warm up 몸을 천천히 풀다 soften [sɔ́:fn] 부드럽게 하다, 유연하게 하다 muscle [mʌ́sl] 근육 protect [prətékt] 보호하다

11 ②

남: 박물관에 들어가기 전에, 휴대전화의 소리를 꺼 주십시오. 사진 촬영을 하셔도 되지만, 플래시를 사용하지 마십시오. 서로 이야기를 하실 수는 있지만, 항상 목소리를 낮게 유지해 주십시오. 껌을 씹는 것은 허용되지 않습니다. 그리고 음식이나 음료수를 가지고 계신다면, 지금 버리셔야 합니다.

해설 박물관 내부에서 사진 촬영은 해도 되지만, 플래시를 사용하지 말라고 했다.

어휘 enter [éntər] 들어가다 keep [ki:p] (특정한 상태·위치를) 유지하다 voice [vɔis] 목소리 low [lou] 낮은 chew [tʃu:] 씹다 allow [əláu] 허용하다 throw away ~을 버리다

12 ⑤

[전화벨이 울린다.]

여: 여보세요?
남: 안녕하세요. Harrington 선생님이신가요?
여: 네, 그런데요. 누구신가요?
남: 선생님 반의 Tommy Smith예요.
여: 아. 안녕, Tommy. 별일 없지?
남: 제가 감기에 걸려서, 오늘 학교에 못 갈 것 같아요.
여: 그거 참 안됐구나. 악화되기 전에 병원에 가 봐야 해.
남: 네. 그럴게요.
여: 내일은 학교에 올 수 있기를 바란다.

해설 남자는 감기에 걸려서 오늘 학교에 가지 못한다고 했다.

어휘 get a cold 감기에 걸리다 see a doctor 진찰을 받다, 병원에 가다 get worse 악화되다

13 ⑤

남: 여보, 이번 주말 파티에 필요한 음식 다 준비되었어요?
여: 음, 아직이요. 왜요?
남: Clarke와 Finn도 초대하고 싶어서요.
여: 그래요. 우린 이미 다섯 명을 초대했죠. Clarke와 Finn을 추가하면, 그럼 7인분 음식을 준비해야겠어요.
남: 당신과 나를 잊지 말아요.
여: 걱정하지 마요, 잊지 않을게요.

해설 5명에 추가로 2명을 더 초대하기로 했고 여자와 남자를 포함해야 하므로, 파티를 위해 준비할 음식은 총 9인분이다.

어휘 prepare [pripɛ́ər] 준비하다 invite [inváit] 초대하다 add [æd] 더하다, 추가하다

14 ③

남: 안녕하세요. 도와드릴까요?
여: 네. 이 편지를 캐나다로 보내고 싶어요.
남: 어떻게 보내고 싶으세요?
여: 글쎄요. 빠른 우편으로 얼마나 걸리나요?
남: 이틀이요.
여: 그럼 빠른 우편으로 해 주세요. 얼마죠?
남: 6달러입니다.

해설 빠른 우편으로 편지를 보내겠다고 했으므로, 우체국 직원과 손님의 관계임을 알 수 있다.

어휘 express mail 빠른 우편

15 ③

남: 엄마, 학교에서 이번 주 금요일에 현장 학습을 갈 계획이에요.
여: 어디로 가니?
남: 지역 농장에 가서 농장일에 대해 배울 거예요.
여: 그거 괜찮구나.
남: 네, 근데 그날 점심을 싸가야 해요. 하나 만들어 주실 수 있어요?
여: 물론이지, 얘야. 점심으로 무엇을 원하니?
남: 그냥 치킨 샌드위치면 돼요.

해설 남자는 여자에게 현장 학습 때 가져갈 점심 도시락을 싸달라고 부탁했다.

어휘 go on a field trip 현장 학습을 가다 local [lóukəl] 지역의, 현지의 farm [fa:rm] 농장 farmwork [fá:rmwə̀rk] 농사일 pack [pæk] 싸다, 꾸리다

16 ②

남: Julie, 방과 후에 뭐 할 일 있니?
여: 왜 묻는 거야?
남: 나랑 같이 쇼핑하러 갈 수 있는지 궁금해서.
여: 미안하지만 못 갈 것 같아. 어머니가 여행을 가셔서, 내가 어머니 대신에 할 일이 많거든.
남: 뭘 해야 하는데?
여: 집 청소와 빨래를 해야 하고, 아버지를 위해 저녁을 만들어야 해. 오늘은 해야 할 숙제도 많아.
남: 와. 그래, 나중에 쇼핑하러 가면 되지.

해설 여자는 오늘 여행 가신 엄마 대신 할 일과 숙제가 많아서 남자와 쇼핑하러 갈 수 없다고 했다.

어휘 go on a trip 여행을 가다 a lot of 많은 do the laundry 빨래를 하다 some other time 언젠가, 나중에

17 ④

① 여: 이거 할인 중인가요?
남: 네. 원하시면 입어 보셔도 됩니다.
② 여: 무엇을 추천하시나요?
남: 이거 어떠세요? 지금 할인 중이에요.
③ 여: 저희 웹 사이트에서 10% 할인받으실 수 있습니다.
남: 좋네요. 온라인에서 살게요.
④ 여: 신용 카드로 지불해도 될까요?
남: 네, 그리고 지금 회원 가입하시면 할인해 드립니다.
⑤ 여: 아, 오늘 제 회원 카드 가져오는 것을 깜박했어요.
남: 걱정하지 마세요. 제 것을 사용하셔도 됩니다.

해설 여자는 신용 카드를 꺼내고 있고, 점원이 회원 가입 시 10% 할인해 준다는 안내판을 가리키고 있는 상황이다.

어휘 on sale 할인 중인 give a discount 할인을 해 주다 sign up 가입하다, 신청하다

18 ④

여: 많은 사람들이 피곤함을 느낄 때 커피를 마십니다. 하지만 그것은 밤에 잠 못 자게 하기 때문에, 여러분을 훨씬 더 피곤하게 할 수 있습니다. 그리고 빈속에 커피를 마시면, 배탈이 나게 할 수 있습니다. 커피를 너무 많이 마시는 것은 또한 두통을 일으킬 수 있습니다. 하루에 한두 잔 정도는 아마도 해가 되지 않겠지만, 커피가 여러분의 몸에 미치는 영향을 알아야 합니다.

해설 커피가 몸에 미치는 영향으로 집중력 저하는 언급하지 않았다.

어휘 keep ~ up ~을 잠 못 자게 하다 empty [émpti] 빈, 비어 있는 upset one's stomach 배탈이 나게 하다 hurt [həːrt] 아프게 하다; *해를 입히다 impact [ímpækt] 영향

19 ⑤

남: 안녕하세요. 도와드릴까요?
여: 네. 이 블라우스 중 하나를 사고 싶어요.
남: 알겠습니다. 어떤 색을 원하세요?
여: 음. 파란색하고 분홍색 둘 다 멋지네요. 하지만 저는 파란색이 더 나아 보이는 것 같아요.
남: 네. 어떤 사이즈가 필요하세요?
여: 저는 중간 크기를 입어요.
남: 찾아볼게요. *[잠시 후]* 죄송하지만, 그 사이즈로 파란색은 없네요.
여: 그럼 대신 분홍색으로 살게요.

해설 파란색 블라우스는 원하는 사이즈가 없다고 했으므로, 대신 분홍색을 사겠다고 말하는 응답이 가장 적절하다.
① 네, 그게 딱 좋겠네요.
② 좋아요, 둘 다 살게요.
③ 왜 일찍 말씀해 주시지 않았나요?
④ 이걸 교환하고 싶어요.

어휘 medium [míːdiəm] 수단; *중간 크기의 옷 [문제] before [bifɔ́ːr] 전에, 일찍이 instead [instéd] 대신에

20 ④

남: 나갈 준비 거의 다 됐어?
여: 응. 근데 너 왜 그렇게 서둘러?
남: 난 늦고 싶지 않아. 우리 자리를 못 잡을지도 몰라.
여: 진정해. 우리 예약이 몇 시인데?
남: 6시로 되어 있어.
여: 아, 우린 시간이 많아. 겨우 5시 40분이야.
남: 그래, 하지만 식당에 가는 데 최소한 20분은 걸릴 거야.
여: 맞네. 지금 출발하는 게 좋겠다.

해설 예약 시간이 6시이고 식당까지 최소한 20분이 걸린다고 했으므로, 지금 출발하는 게 좋겠다고 말하는 응답이 가장 적절하다.
① 6시 15분에 나가자.
② 우리 저녁 먹으러 나가는 게 어때?
③ 봐, 내가 우리 일찍 도착할 거라고 했잖아.
⑤ 난 네가 왜 항상 늦는지 모르겠어.

어휘 in a hurry 서둘러 get a table 자리를 잡다 plenty of 많은 at least 최소한 [문제] leave [liːv] 떠나다, 출발하다 quarter [kwɔ́ːrtər] 4분의 1; *15분

Dictation Test 10

pp. 146~153

01 1) clear, sunny sky 2) cloudy but warmer
3) some early morning showers

02 1) plain silver case 2) black and white stripes
3) with polka dots

03 1) Who's it from 2) they're the right size
3) color is just right

04 1) stayed at home 2) had a terrible headache
3) Not very well

05 1) have my photo taken 2) pick them up
3) Take off your jacket

06 1) have two tickets 2) When is the concert
3) I have plans

07 1) many films to see
2) particularly interested in
3) are very good at acting

08 1) is working properly 2) expected much better
3) to let them know

09 1) six months old 2) gets along with 3) weighs only

10 1) keep in mind 2) warm up your body
3) protect you from getting hurt

11 1) may take pictures 2) keep your voices low
3) throw them away

12 1) from your class 2) come to school today
3) see a doctor

13 1) prepared all the food 2) want to invite
3) for seven people

14 1) send this letter 2) How long does it take
3) express mail

15 1) go on a field trip 2) pack our lunch
3) want for lunch

16 1) a lot of things to do 2) do the laundry
3) some other time

17 1) try it on 2) give you a discount
3) bring my membership card

18 1) keeps you up 2) upset your stomach
3) give you headaches

19 1) Which color would you like 2) wear a medium
3) in that size

20 1) in such a hurry 2) get our table
3) it will take at least

실전모의고사 11회

pp. 154~155

01 ①	02 ③	03 ③	04 ④	05 ②
06 ③	07 ④	08 ②	09 ⑤	10 ②
11 ④	12 ③	13 ②	14 ②	15 ⑤
16 ②	17 ③	18 ③	19 ⑤	20 ①

01 ①

여: 안녕하세요. 오늘의 일기 예보입니다. 런던은 종일 흐리고 비가 오겠습니다. 맨체스터에 내리는 약한 비는 오전에 그치겠지만, 오후에는 흐리겠습니다. 북부의 글래스고와 에든버러 인근은 활짝 갠 맑고 화창한 하늘이 종일 계속되겠습니다. 자외선 차단제 잊지 마시고, 좋은 하루 보내십시오!

해설 맨체스터는 오전에 비가 그치고 오후에 흐릴 것이라고 했다.

어휘 light [lait] 가벼운; *(강도가) 약한 north [nɔːrθ] 북부 beautiful [bjúːtəfəl] 아름다운; *(날씨가) 활짝 갠 sunscreen [sʌ́nskriːn] 자외선 차단제

02 ③

남: 나 책상 의자를 사야 해. 이거 어떤 것 같아?
여: 난 마음에 안 들어. 넌 바퀴가 있는 걸로 사야 해.
남: 좋은 생각이야. 이건 어때? 편안해 보여.
여: 응, 네모난 모양의 등받이가 마음에 들어.
남: 나도 그래. 근데 난 줄무늬는 좋아하지 않아.
여: 나도 그래. 여기 단색으로 된 게 있네.
남: 그게 딱 좋다. 도와줘서 고마워.

해설 남자는 바퀴가 있고 등받이가 네모나며 단색인 의자가 좋다고 했다.

어휘 wheel [wiːl] 바퀴 comfortable [kʌ́mfərtəbl] 편안한 square-shaped 네모난 모양의 back [bæk] 등; *(의자의) 등받이 solid color 단색

03 ③

여: 안녕, Alan. 그거 새 카메라니?
남: 응. 지난주에 막 온라인으로 샀어.
여: 정말? 나도 같은 모델을 사려고 생각 중이었거든. 마음에 들어?
남: 응. 매우 추천해.
여: 그거 이번 달에 할인 중이라고 들었는데.
남: 맞아. 정가에서 25% 할인받을 수 있어. 무엇보다, 사진이 아주 잘 찍혀.
여: 그래? 내가 잠시 사용해 봐도 될까?

해설 여자는 남자의 새 카메라와 같은 모델을 사려고 생각 중이어서 잠시 사용해 봐도 될지 부탁하고 있다.

어휘 highly [háili] 매우 recommend [rèkəménd] 추천하다 regular price 정가 try out ~을 (시험 삼아) 사용해 보다 for a minute 잠시

04 ④

여: 같이 수학 시험공부할 준비됐니?
남: 음… 나 너무 피곤해. 먼저 커피 좀 마셔도 될까?
여: 물론이지. 너 눈이 빨개.
남: 나 오늘 아침 5시에 일어났거든.
여: 왜 그렇게 일찍 일어났어?
남: 우리 팀이 다음 달에 중요한 축구 시합이 있어서, 매일 아침 학교 가기 전에 연습하거든.
여: 이제 네가 왜 피곤한지 알겠다.
남: 나 괜찮아. 오늘 밤에 일찍 잘 거야.

해설 남자는 다음 달에 중요한 축구 시합이 있어서 아침 5시에 일어나 축구 연습을 했다고 했다.

어휘 practice [prǽktis] 연습하다

05 ②

여: 이 책을 읽고 싶어요. 대출할 수 있을까요?
남: 네. 카드를 보여 주시겠어요?
여: 여기 있습니다.
남: 이런. 반납 기한이 지난 책 한 권을 가지고 계시네요. 그건 어제가 반납 기일이었어요.
여: 아, 제가 깜박했어요. 오늘 반납할게요.
남: 알겠습니다. 일단 그걸 반납하시면, 이 책을 대출하실 수 있습니다.
여: 네, 좋아요.

해설 책의 대출과 반납에 대해 이야기하고 있으므로, 두 사람이 대화하는 장소로 가장 적절한 곳은 도서관이다.

어휘 check out (책 등을) 대출하다 overdue [òuvərdú:] (지불·반납 등의) 기한이 지난 due [dju:] 지불 기일이 된 return [ritə́:rn] 반납하다

06 ③

[자동 응답기의 삐 소리가 난다.]

남: 안녕, Tina. 나 Brian이야. 미안하지만, 내일 너와 스키를 타러 가지 못할 것 같아. 어머니가 편찮으셔서 병원에 어머니를 뵈러 가야 해. 하지만 걱정하지 마, 심각하신 건 아니야. 아마 이다음에 스키를 타러 갈 수 있을 거야. 이 메시지를 들으면, 우리 집으로 전화해 줘. 나는 오후 6시 이후에 집에 있을 거야. 내 휴대전화는 고장 났으니까, 거기로 전화하지 마.

해설 병원에 입원한 사람은 Brian이 아니라 Brian의 어머니이다.

어휘 serious [síəriəs] 심각한 maybe [méibi:] 아마 another time 이다음에

07 ④

남: 안녕, Lucy.
여: Jason! 일찍 왔네. 운전해서 왔어?
남: 아니, 내 차는 고장 났어. 지난주에 택시와 사고가 있었거든.
여: 아, 안됐다. 그럼 버스 탄 거야?
남: 아니. 새로 생긴 지하철 노선이 공항에 더 빨리 도착해.
여: 맞아. 난 그걸 완전히 잊고 있었네.
남: 어쨌든, 우리 항공편이 탑승을 시작하려면 30분은 남았어. 커피 한 잔하자.
여: 좋아.

해설 남자는 새로 생긴 노선의 지하철을 이용하여 공항에 왔다고 했다.

어휘 accident [ǽksidənt] 사고 subway line 지하철 노선 quicker [kwikər] 더 빨리 (quick의 비교급) flight [flait] 항공편, 항공기 board [bɔ:rd] (비행기·배가) 탑승[승선]에 들어가다

08 ②

남: 안녕, Monica! 이번 주말에 뭐 할 거야?
여: 왜 물어?
남: 일요일에 영화 보러 가는 게 어때?
여: 난 못 갈 것 같아.
남: 왜 못 가?
여: 난 같이 숙제하러 Jenny네 집에 가야 하거든. 미안해.
남: 괜찮아. 다른 사람에게 물어봐야겠다… 아니면 그냥 혼자 가든지.
여: 미안해. 어쩌면 다음에.

해설 여자는 일요일에 친구와 함께 숙제를 하기로 했다.

어휘 else [els] 다른 alone [əlóun] 혼자

09 ⑤

남: 안녕하세요, 어떻게 도와드릴까요?
여: 체육관에 등록하고 싶은데요. 회비는 얼마인가요?
남: 한 달에 30달러입니다.
여: 알겠습니다. 어떻게 가입하죠?
남: 이 양식에 이름, 나이, 체중, 신장을 기입해 주세요.
여: 알겠어요.
남: 아, 그리고 전화번호 적는 걸 잊지 마세요.

해설 양식에 기입할 사항으로 이메일 주소는 언급하지 않았다.

어휘 fill out ~을 기입하다 weight [weit] 체중 height [hait] 키, 신장

10 ②

여: 에너지를 절약하는 것은 여러분이 매일 할 수 있는 일입니다. 예를 들어, 전자 기기를 다 썼으면, 플러그를 뽑으세요. 거실에서 무언가를 하고 있다면, 침실에 있는 전등은 끄세요. 겨울에 추우면, 히터를 사용하는 대신 옷을 더 입으세요. 이러한 것들은 하기 매우 쉽지만, 지구를 구하는 데 도움이 됩니다. 오늘 그것들을 하기 시작하세요!

해설 여자는 사용하지 않는 전자 기기와 전등을 끄고 히터 사용 대신 옷을 더 입는 등 에너지 절약 방법에 대해 이야기하고 있다.

어휘 save [seiv] 절약하다; 구하다 energy [énərdʒi] 에너지 electronic device 전자 기기 heater [híːtər] 히터, 난방기

11 ④

남: 안녕하세요, 여러분. 리모델링 후, 시애틀 박물관이 마침내 9월 13일에 다시 문을 열 것입니다. 박물관은 매일 오전 9시부터 저녁 8시까지 열지만, 주말에는 오후 6시에 문을 닫을 것입니다. 전과 같이, 입장권은 성인은 20달러이고 학생은 15달러입니다. 박물관 내부에서 사진 촬영과 음식 섭취는 허용되지 않습니다. 감사합니다.

해설 박물관 입장권 가격은 전과 같다고 했다.

어휘 reopen [riːóupən] 다시 문을 열다 adult [ədʌ́lt] 성인

12 ③

[휴대전화가 울린다.]

여: 여보세요, Karl.

남: 안녕, Cindy. 너에게 뭐 물어봐도 돼?

여: 물론이지, 뭔데?

남: 지난달에 내가 너희 집에서 저녁 먹은 거 기억해?

여: 물론이지. 내가 너에게 크림소스 스파게티를 만들어 줬잖아.

남: 맞아! 그거 맛있었어. 내가 부모님께 그걸 만들어 드리고 싶거든. 어떻게 만드는지 알려 줄래?

여: 물론이지. 그 요리법을 너에게 이메일로 보내 줄까?

남: 응, 그러면 좋겠어. 고마워!

해설 남자는 여자가 전에 만들어 주었던 크림소스 스파게티의 요리법을 물어보았다.

어휘 remember [rimémbər] 기억하다 delicious [dilíʃəs] 맛있는 email [íːmeil] 이메일로 보내다 recipe [résəpìː] 요리법

13 ②

여: 지금 몇 시야?

남: 7시 15분이야.

여: 7시 15분? 미안하지만, 나 지금 가는 게 낫겠어, 안 그러면 늦을 거야.

남: 왜? 회의는 오전 8시에 시작하기로 되어 있잖아, 안 그래?

여: 아니야. 7시 30분으로 바뀌었어. 15분밖에 안 남았어.

남: 알았어, 서두르는 게 좋겠다. 나중에 보자.

여: 안녕!

해설 회의가 오전 8시로 예정되어 있었으나 7시 30분으로 바뀌었다고 했다.

어휘 had better ~하는 게 낫겠다 meeting [míːtiŋ] 회의 be supposed to-v ~하기로 되어 있다 move [muːv] 움직이다; *바뀌다

14 ②

남: 도와드릴까요?

여: 네. 귀걸이 좀 보여 주시겠어요?

남: 물론이죠. 금제품을 찾으시나요, 은제품을 찾으시나요?

여: 저는 보통 은제품을 착용해요.

남: 그렇다면, 이걸 추천해 드릴게요. 할인해서 20달러밖에 안 해요.

여: 와. 정확히 제가 원하는 거예요. 그걸 살게요.

남: 좋은 선택이에요.

해설 여자는 남자가 추천하는 귀걸이를 사겠다고 했으므로, 점원과 손님의 관계임을 알 수 있다.

어휘 earring [íərrìŋ] 귀걸이 wear [wɛər] 착용하다 pair [pɛər] 쌍 exactly [igzǽktli] 정확히 choice [tʃɔis] 선택

15 ⑤

여: Greg, 너 어디 있었니?

남: 나 쇼핑몰에 있었어. 방금 돌아왔어.

여: 뭐 샀어?

남: 아무것도. 새 블루투스 헤드셋을 사고 싶었는데, 다 너무 비쌌어.

여: 너 돈 벌려고 아르바이트하지 않아?

남: 응, 근데 그건 충분하지가 않아. 블루투스 헤드셋은 돈이 많이 들어.

여: 그럼 온라인으로 사는 게 어때? 싸게 살 수 있을 거야.

남: 알았어. 그래야겠다.

해설 남자가 쇼핑몰 제품이 비싸서 살 수 없었다고 하자, 여자는 온라인에서 살 것을 제안했다.

어휘 expensive [ikspénsiv] 비싼 work part-time 아르바이트를 하다 earn [əːrn] 벌다 get a good deal 싸게 사다

16 ②

여: 무슨 문제 있니, Peter? 속상해 보여.

남: 내 지갑을 어디에서도 찾을 수가 없어.

여: 네가 그걸 가지고 있었던 마지막 장소가 어디였어?

남: 지하철에서. 내가 거기에 두고 내린 게 아니어야 할 텐데. 그 안에 내 신분증이 들어 있어.

여: 분실물 보관소에 전화해서 물어보는 게 어때?
남: 알았어. 지금 바로 해야겠다.
여: 걱정하지 마. 그것을 되찾을 거야.

해설 남자는 지갑을 어디에서도 찾을 수가 없어서 속상해하고 있다.

어휘 upset [ʌpsét] 속상한 wallet [wálit] 지갑 anywhere [éniwɛər] 어디에서도 get ~ back ~을 되찾다

17 ③

① 여: 제가 처방해 드린 알약은 드셨나요?
남: 먹었어요, 그런데도 아직 열이 있어요.
② 여: 너 어제 학교에 왜 안 왔니?
남: 몸이 안 좋았어.
③ 여: 저 감기에 걸렸어요.
남: 이 약을 하루에 세 번 드세요.
④ 여: 제가 여기를 만지면 아프세요?
남: 네, 아파요.
⑤ 여: 허리가 아파서 전혀 움직일 수가 없어.
남: 내가 약국에서 약을 좀 사 올게.

해설 약국에서 기침을 하는 여자에게 약사가 약을 주고 있는 상황이다.

어휘 pill [pil] 알약 prescribe [priskráib] 처방하다 have a fever 열이 있다 medicine [médisn] 약 pharmacy [fá:rməsi] 약국

18 ③

여: 몬스테라는 세계에서 가장 인기 있는 실내용 화초 중 하나입니다. 이 식물은 아름답고 키우기 쉽습니다. 그것은 멕시코의 열대 우림이 원산지입니다. 그것은 수 피트 높이로 자랄 수 있습니다. 그것의 하트 모양 잎에는 구멍이 있어서, 스위스 치즈 식물이라고도 알려져 있습니다. 몬스테라 식물은 따뜻한 온도를 선호합니다. 1주일이나 2주일마다 물을 주는 것이 좋습니다.

해설 원산지(멕시코 열대 우림), 키(수 피트), 잎 모양(구멍이 있는 하트 모양), 키우는 방법(따뜻한 온도에서 1~2주마다 물 주기)에 대해서는 언급하였으나, 개화 시기는 언급하지 않았다.

어휘 houseplant [háusplæ̀nt] 실내용 화초 grow [grou] 키우다; 자라다 native [néitiv] 원산의 rainforest [reinfɔ́:rist] 열대 우림 feet [fi:t] 피트(길이 단위로, 약 30.48 센티미터에 해당) water [wɔ́:tər] 물; *물을 주다

19 ⑤

남: 도와드릴까요?
여: 네, 저는 모자를 찾고 있어요.
남: 이 파란 건 어떠세요?
여: 마음에 드네요. 그거 다른 색으로도 있나요?
남: 네, 여기 검은색이 있습니다.
여: 아, 그것도 좋네요. 어떤 게 저에게 더 잘 어울려요?
남: 제 생각엔 검은색이 낫네요.

해설 여자가 남자에게 어떤 색 모자가 자신에게 더 잘 어울리는지 물었으므로, 둘 중 하나를 택하여 말하는 응답이 가장 적절하다.
① 그것들은 75달러로 할인 중이에요.
② 오늘 아주 신이 나 보여요.
③ 다른 것을 보여 드릴까요?
④ 그건 손님에게 너무 작아 보여요.

어휘 look good on ~에게 잘 어울리다 [문제] another [ənʌ́ðər] 다른

20 ①

여: 부산 미술관이 어디에 있는지 알려 주실 수 있나요?
남: 음, 거긴 여기서 멀어요.
여: 버스를 타야 하나요?
남: 사실, 그곳에 가는 두 가지 방법이 있어요. ABC 쇼핑몰 앞에서 셔틀버스를 타거나, 바로 여기서 직행버스를 탈 수 있어요.
여: 쇼핑몰은 여기서 너무 머니까, 아무래도 버스를 타야겠네요.
남: 그래요.
여: 어느 버스를 타야 하나요?
남: 102번 버스를 타세요.

해설 미술관에 가려면 어떤 버스를 타야 하는지 물었으므로, 구체적인 버스를 알려 주는 응답이 가장 적절하다.
② 30분 걸릴 거예요.
③ 쇼핑몰에서 만나요.
④ 그건 5분마다 와요.
⑤ 지하철을 타는 게 나을 거예요.

어휘 art gallery 미술관 shuttle [ʃʌ́tl] 셔틀버스 direct [dirékt] 직행의 [문제] every [évri] 모든; *~마다

Dictation Test 11

pp. 156~163

01 1) cloudy and rainy 2) cloudy in the afternoon
3) beautiful clear sunny skies
02 1) get one with wheels
2) like the square-shaped back 3) in a solid color
03 1) buying the same model 2) it's on sale
3) tried it out
04 1) Your eyes are red 2) get up so early
3) practice every morning

05 1) check it out 2) due yesterday
3) Once you return it

06 1) go skiing with you 2) visit her in the hospital
3) it's broken

07 1) my car isn't working 2) take the bus
3) gets to the airport quicker

08 1) going to the movies 2) do homework together
3) just go alone

09 1) join the gym 2) name, age, weight, and height
3) write your phone number

10 1) pull out the plug 2) turn off the light
3) save our planet

11 1) be open every day 2) Like before
3) are not allowed

12 1) ask you something 2) made you spaghetti
3) tell me how

13 1) a quarter past seven 2) is supposed to start
3) have only 15 minutes

14 1) Can you show me 2) recommend this pair
3) what I want

15 1) all so expensive 2) to earn money
3) shopping for them online

16 1) can't find my wallet anywhere 2) On the subway
3) call the lost and found

17 1) have a fever 2) Take this medicine
3) can't move at all

18 1) native to the rainforests 2) have holes
3) prefer warm temperatures

19 1) looking for a hat 2) in other colors
3) looks better on me

20 1) long way from here 2) two ways to get there
3) Which bus should I take

실전모의고사 12회

pp. 164~165

01 ④	02 ③	03 ④	04 ⑤	05 ③
06 ①	07 ⑤	08 ②	09 ⑤	10 ④
11 ④	12 ①	13 ①	14 ⑤	15 ④
16 ①	17 ③	18 ⑤	19 ③	20 ⑤

01 ④

남: 안녕하세요. 토요일 밤의 일기 예보입니다. 어제 내린 눈이 대부분 개었습니다. 내일은 온종일 맑아서 공원에서 산책하기 딱 좋겠습니다. 하지만 월요일에는 폭풍우가 몰아치겠습니다. 월요일부터는 기온이 떨어질 것이니 꼭 따뜻하게 유지하십시오. 감사합니다!

해설 월요일에는 폭풍우가 몰아치고 기온이 떨어질 것이라고 했다.

어휘 fall [fɔːl] 떨어지다, 내리다 (fall-fell-fallen) clear up (날씨가) 개다 for the most part 대부분, 대개 stormy [stɔ́ːrmi] 폭풍우가 몰아치는 drop [drɑːp] 떨어지다

02 ③

여: 얘, Max. 이 사진 찍을 때 너 몇 살이었어?
남: 아, 여덟 살이었어. 핼러윈 파티에서였어.
여: 가운데에 배트맨 복장을 한 사람이 너야?
남: 응, 그게 나야.
여: 그럼 왼쪽에 있는 슈퍼맨은 누구야?
남: 그건 내 남동생이고, 오른쪽에 있는 원더우먼은 내 친구야.
여: 너희들 정말 귀여웠다.

해설 두 사람이 보고 있는 핼러윈 파티 사진에는 가운데에 배트맨, 그 왼쪽에 슈퍼맨, 오른쪽에 원더우먼이 있다고 했다.

어휘 dress as ~의 복장을 하다 in the middle 가운데에

03 ④

남: 엄마, Susie 아직 집에 안 왔나요?
여: 응. 내가 몇 분 전에 그 애에게 전화했는데, 받지 않더구나.
남: 제가 한 시간 전에 그 애에게 전화했었는데, 친구네 집에서 돌아오는 중이라고 했거든요.
여: 정말이니? 그럼 지금쯤은 이미 와 있어야 하는데.
남: 제가 나가서 그 애를 찾아볼게요.
여: 그래. 난 그 애한테 다시 전화해 볼게.

해설 Susie가 집에 와 있어야 할 시간인데 아직 오지 않았으므로 걱정스러울(worried) 것이다.
① 외로운 ② 지루한 ③ 기쁜 ⑤ 안도한

어휘 answer [ǽnsər] 대답하다; *(전화를) 받다 on one's way home (집으로) 돌아가는 길에 by now 지금쯤은 이미

04 ⑤

남: 얘! 오랜만에 보네.
여: 안녕, 지민아! 방학은 어땠어?
남: 아주 좋았지. 나는 2주 동안 시드니에 있었어.
여: 와. 거기서 뭐 했어?
남: 하이킹도 가고 인기 있는 장소 몇 곳을 방문했어. Bondi Beach와 Harbour Bridge가 정말 멋졌어.
여: 즐거운 시간을 보낸 것 같구나.
남: 응. 너는 방학 때 어디 갔었어?
여: 나는 가족과 제주에 갔었어. 조부모님께서 거기 사시거든.

해설 여자는 방학 때 가족과 조부모님이 사는 제주에 갔다고 했다.

어휘 terrific [tərífik] 아주 좋은, 멋진

05 ③

여: 안녕하세요. 제가 지난주에 가져다드린 원피스 몇 벌을 찾고 싶은데요.
남: 네. 성함이 어떻게 되시죠?
여: Harrison이에요. Janet Harrison이요.
남: 잠시만요. *[잠시 후]* 여기 있습니다, Harrison 씨.
여: 고맙습니다. 하얀색 옷에는 잉크가 묻었었죠. 그걸 제거하셨나요?
남: 네, 했어요. 이젠 새것이나 다름없습니다.
여: 훌륭하네요. 항상 정말 잘해 주시네요.
남: 감사합니다. 그렇게 말씀해 주셔서 감사해요.

해설 여자가 잉크 제거 등을 위해 맡긴 원피스를 찾으러 온 상황이므로, 두 사람이 대화하는 장소로 가장 적절한 곳은 세탁소이다.

어휘 get out ~을 제거하다 as good as 거의, ~나 다름없는

06 ①

여: 너 달라 보인다. 살을 뺀 거야?
남: 응! 알아봐 줘서 고마워.
여: 어떻게 뺐어?
남: 기름기 있는 음식 먹는 걸 멈추고, 채소를 많이 먹기 시작했어. 매일 아침 조깅하러도 가.
여: 잘 하고 있네.
남: 내 목표는 7kg을 빼는 거야. 지금까지 5kg을 뺐어.
여: 넌 분명 할 수 있을 거야.

해설 체중 감량 목표를 말하는 남자에게 여자는 할 수 있다며 격려하고 있다.

어휘 lose weight 살을 빼다 notice [nóutis] 알아채다, 알아보다 oily [ɔ́ili] 기름기 있는 goal [goul] 목표 so far 지금까지

07 ⑤

여: 오랜만이다, James. 네가 직장을 바꿨다고 들었어.
남: 응, 나는 지금 자동차 회사에서 근무해.
여: 거기서 무슨 일을 하니?
남: 신차 디자인을 하고 있어.
여: 그거 멋지구나. 넌 어린 시절부터 차에 열광했었지.
남: 응, 정말 좋아. 너는 여전히 은행에서 일하니?
여: 응, 그래.

해설 남자는 현재 자동차 회사에서 신차 디자인을 하고 있다고 했다.

어휘 design [dizáin] 디자인하다, 설계하다 crazy [kréizi] 제정신이 아닌; *열광하는 childhood [tʃáildhùd] 어린 시절

08 ②

여: 무슨 일이니, Tom?
남: 몸이 좋지 않아요, 엄마.
여: 열이 있구나. 너 오늘 농구 연습에는 가지 말아야 할 것 같다.
남: 그러게요. 저 누워 있어야겠어요.
여: 네가 점심으로 먹은 음식에 뭔가 문제가 있었던 것 같아.
남: 아마도요. 저 정말 배가 아파요.
여: 당장 병원에 가자.
남: 알겠어요.

해설 여자는 몸이 좋지 않아 누워 있으려는 남자에게 당장 병원에 가자고 했다.

어휘 practice [prǽktis] 연습하다; *연습 lie down 누워 있다 stomachache [stʌ́məkèik] 위통, 복통

09 ⑤

남: 너 베이킹에 관심 있니, Rachel?
여: 응, 나 정말 좋아해!
남: 음, 나는 문화 센터에서 일일 베이킹 강좌를 들으려고 생각 중이야. 두 시간짜리 케이크 강좌인데. 나랑 같이 할래?
여: 아, 재미있겠다. 언제야?
남: 이번 달 마지막 토요일에 해.
여: 알겠어. 신청하자.
남: 좋아! 일인당 비용은 30달러야.
여: 그래. 비싸지 않네.

해설 장소(문화 센터), 소요 시간(2시간), 날짜(이번 달 마지막 토요일), 수강료(30달러)에 대해서는 언급하였으나, 수강 인원은 언급하지 않았다.

어휘 take a course 강좌를 듣다 reasonable [ríːzənəbl] 타당한;

*(가격이) 적정한, 비싸지 않은

10 ④

여: 제 이름은 Rose Brimley이고, 5시 뉴스입니다. 오늘 아침 일찍, 한 편의점이 강탈당했습니다. 도둑이 편의점에서 돈을 모두 훔쳤습니다. 다행히 점원은 조금도 다치지 않았습니다. 경찰은 그 도둑의 인상착의를 확보하고, 지금 그를 찾고 있습니다.

해설 한 편의점에서 도둑이 돈을 훔쳤고 경찰이 그를 찾고 있다고 했으므로, 절도 사건에 대해 이야기하고 있음을 알 수 있다.

어휘 convenience store 편의점 rob [rɑb] 강탈하다 robber [rɑ́bər] 강도, 도둑 steal [sti:l] 훔치다 (steal-stole-stolen) fortunately [fɔ́:rtʃənətli] 다행히 clerk [klə:rk] (가게의) 점원 injured [índʒərd] 부상을 입은, 다친 in any way 아무런, 조금도 description [diskrípʃən] 묘사; *인상착의

11 ④

남: 〈The Two Detectives〉는 미국에서 가장 유명한 드라마 시리즈 중 하나입니다. 그것은 실제 사건에 바탕을 두고 있습니다. 진정한 우정의 의미를 배우게 되는 뉴욕시의 두 형사에 관한 것입니다. 유명 배우들이 그 드라마에서 주연을 맡고 있으며, 30개국 이상에서 방송되고 있습니다.

해설 실제 형사들이 아니라 유명한 배우들이 드라마의 주연을 맡았다고 했다.

어휘 detective [ditéktiv] 형사 famous [féiməs] 유명한 be based on ~에 바탕을 두다 real [rí:əl] 실제의 incident [ínsidənt] 사건, 일 true [tru:] 사실인; *진정한 friendship [frénd∫ip] 우정 star [stɑ:r] 별; *주연을 맡다 air [εər] 방송하다

12 ①

[전화벨이 울린다.]

여: 안녕하세요, Fashionable.com입니다.

남: 안녕하세요, 제 이름은 Steven Alder이고요, 웹 사이트에서 신발 한 켤레를 주문했어요. 그게 오늘 도착했는데, 너무 작네요.

여: 교환하길 원하시나요?

남: 네. 10호를 보내 주실 수 있다면 좋겠네요.

여: 네, 저희가 10호를 보내 드릴 건데요, 하지만 배송비를 내셔야 합니다.

남: 네, 그럴게요. 정말 고맙습니다.

해설 남자는 웹 사이트에서 주문한 신발의 사이즈가 너무 작아서 교환하길 바란다고 했다.

어휘 order [ɔ́:rdər] 주문하다 delivery fee 배송비

13 ①

남: 저 이것들을 살게요.

여: 좋습니다. 80달러입니다.

남: 80이요?

여: 네. 바지가 60달러이고, 셔츠가 20달러입니다.

남: 이것들은 50% 할인 중이라고 생각했는데요. 그러니까 40달러가 되어야 하죠.

여: 아, 맞습니다. 정말 죄송합니다. 제가 실수했네요.

남: 괜찮습니다. 신용 카드로 지불해도 되나요?

여: 물론입니다.

해설 바지와 셔츠는 총 80달러인데 50% 할인 중이므로, 40달러를 지불해야 한다.

어휘 make a mistake 실수하다

14 ⑤

[전화벨이 울린다.]

여: 여보세요, 어떻게 도와드릴까요?

남: 안녕하세요, 저는 Dan Lee입니다. 701호실에 묵고 있어요.

여: 안녕하세요, Lee 선생님. 아직 체크아웃할 준비가 되지 않으신 거죠, 그렇죠?

남: 네, 전 수요일까지 머물 거예요. 그냥 저에게 온 메시지가 있는지 알고 싶어서요.

여: 확인해 보겠습니다. *[잠시 후]* Brown 씨에게서 온 메시지가 하나 있네요. 저녁 7시에 선생님을 찾아오겠다고 하셨어요.

남: 정말 고맙습니다.

여: 천만에요.

해설 묵고 있는 객실 번호, 체크아웃, 전화 메시지 등에 대해 말하고 있으므로, 호텔 직원과 투숙객의 관계임을 알 수 있다.

어휘 check out (호텔 등에서 비용을 지불하고) 나가다, 체크아웃하다 until [əntíl] ~까지 visit [vízit] 방문하다, 찾아가다

15 ④

남: 여보, 오늘 저녁으로 라자냐 먹는 게 어때요? 난 당신이 만든 미트볼 라자냐가 정말 좋아요.

여: 아, 당신에게 그걸 만들어 주고 싶은데, 오븐이 고장 났어요.

남: 뭐라고요? 언제 그런 일이 있었어요?

여: 이틀 전에요. 당신에게 말하는 걸 깜박했어요.

남: 그럼 알았어요. 우선 그걸 수리해야겠네요.

여: 그래요. 당신이 수리점에 전화해 줄래요?

남: 알겠어요. 그게 수리되고 나면 라자냐 만들어 줄 수 있어요?

여: 물론이에요.

해설 여자는 고장 난 오븐을 수리하기 위해 남자에게 수리점에 전화해 달라고 부탁했다.

어휘 fix [fiks] 수리하다 service center 서비스 센터, 수리점

16 ①

여: 어제 나에게 무슨 일이 있었는지 알아?
남: 아니, 무슨 일이 있었는데?
여: 내가 늦어서, 출근하려고 택시를 탔어. 거의 다 왔을 때쯤, 내 지갑을 잊고 안 가져온 걸 알아차린 거야. 너무 당황했어.
남: 아, 그래서 어떻게 했어?
여: 내 동료가 거기 있어서, 그에게서 돈을 빌렸어.
남: 운이 좋았네.

해설 여자는 어제 택시를 탔는데 도착할 무렵이 되어서 지갑을 잊고 안 가져온 것을 알고 당황했다고 했다.

어휘 almost [ɔ́:lmoust] 거의 realize [rí:əlàiz] 깨닫다, 알아차리다 purse [pə:rs] 지갑 embarrassed [imbǽrəst] 당황한 coworker [kóuwə̀:rkər] 동료

17 ③

① 남: 이 책 얼마인가요?
여: 11달러로 할인 중이에요.
② 남: 이 책들을 대출하고 싶어요.
여: 네. 도서관 카드를 보여 주시겠어요?
③ 남: 제가 〈The Foot Book〉을 찾고 있는데, 찾을 수가 없어요.
여: 아, 그건 대출 중이에요.
④ 남: 너 뭐 읽고 있어?
여: 유명한 피아니스트에 대한 소설이야.
⑤ 남: 너 그 책 다 읽으면 내가 빌려도 될까?
여: 사실 이거 도서관 책이야.

해설 도서관에서 여자가 컴퓨터 화면을 보면서 남자에게 책을 대출할 수 없다고 설명하고 있는 상황이다.

어휘 library [láibrəri] 도서관 novel [návl] 소설

18 ⑤

여: 주목해 주십시오, 주자 여러분! Spring Half Marathon이 4월 20일 일요일에 개최될 것입니다. 이 경주는 5천 명 이상의 참가자들이 있을 것입니다. 주자들은 오전 6시에 Town Square 앞에서 출발하여 River Park에서 끝마칠 것입니다. 이 하프 마라톤의 참가비는 30달러입니다. 참가자들은 경주 후에 완주자 메달과 티셔츠를 받을 것입니다. 더 많은 정보를 원하시면, 저희 웹 사이트를 방문해 주세요.

해설 개최 일자(4월 20일), 경주 코스(Town Square 앞에서부터 River Park까지), 참가비(30달러), 기념품(완주자 메달과 티셔츠)에 대해서는 언급하였으나, 참가 대상은 언급하지 않았다.

어휘 runner [rʌnər] 주자 take place 개최되다 race [reis] 경주 participant [pa:rtísəpənt] 참가자 finisher [fíniʃər] 완성자, 완주자

19 ③

여: 너 토요일에 무슨 계획 있어?
남: 아니, 없어. 왜?
여: 내가 우리 회사 사람들을 위해 파티를 열 거야. 너도 올래?
남: 재미있겠다. 몇 시에 시작해?
여: 8시에.
남: 내가 뭘 가져가야 할까?
여: 아니, 그럴 필요 없어.

해설 남자가 파티에 뭘 가져갈지 물었으므로, 그럴 필요 없다고 말하는 응답이 가장 적절하다.
① 천만에.
② 미안하지만, 그럴 수 없어.
④ 서둘러서 늦지 않도록 해.
⑤ 와 줘서 정말 고마워.

어휘 company [kʌ́mpəni] 회사 bring [briŋ] 가져가다

20 ⑤

남: 오늘 무엇을 드시겠어요?
여: 크림 소스 파스타 있나요?
남: 죄송하지만, 없습니다.
여: 음… 뭘 먹을지 결정하지 못하겠네요.
남: 토마토소스 스파게티나 페퍼로니 피자를 추천해 드려도 될까요?
여: 그 둘 다 정말 맛있겠네요. 음….
남: 어떤 걸 드실지 결정하셨나요?
여: 토마토소스 스파게티로 할게요.

해설 토마토소스 스파게티와 페퍼로니 피자를 추천하며 어떤 것을 먹을지 결정했냐고 물었으므로, 그중 하나를 선택해서 말하는 응답이 가장 적절하다.
① 비용을 나눠 냅시다.
② 그거 정말 맛있었어요.
③ 아니요, 괜찮습니다. 후식은 먹고 싶지 않네요.
④ 당신은 크림 파스타를 더 좋아하실 것 같은데요.

어휘 decide [disáid] 결정하다 **[문제]** split the bill 비용을 나눠 내다 dessert [dizə́:rt] 후식

Dictation Test 12

pp. 166~173

01 1) has cleared up 2) it will be stormy
3) temperatures are going to drop

02 1) the one dressed as 2) on the left 3) on the right

03 1) isn't home yet 2) on her way home
3) look for her

04 1) stayed in 2) visited some popular places
3) My grandparents live there

05 1) pick up some dresses 2) get it out
3) as good as new

06 1) Have you lost weight 2) eating lots of vegetables
3) My goal is to lose

07 1) work for a car company 2) design new cars
3) work at a bank

08 1) don't feel well 2) need to lie down
3) go see a doctor

09 1) one-day baking course 2) on the last Saturday
3) cost per person

10 1) convenience store was robbed
2) clerk wasn't injured 3) looking for him

11 1) the most famous drama series
2) about two detectives 3) star in the drama

12 1) a pair of shoes 2) Would you like to exchange
3) pay the delivery fee

13 1) That will be eighty dollars
2) on sale for 50% off 3) made a mistake

14 1) ready to check out 2) I'm staying until Wednesday
3) There is one message

15 1) our oven is broken 2) forgot to tell you
3) call the service center

16 1) what happened to me 2) had forgotten my purse
3) borrowed money from him

17 1) see your library card 2) has been checked out
3) Can I borrow that book

18 1) will take place on Sunday 2) Runners will start
3) entry fee

19 1) have any plans 2) having a party
3) Should I bring anything

20 1) What can I get 2) Can I recommend
3) which one you want

Word Test 10~12

pp. 174~175

A

01	활동	02	깨닫다, 알아차리다
03	위통, 복통	04	보호하다
05	매우	06	꽤, 상당히
07	폭풍우가 몰아치는	08	제대로
09	발랄한, 쾌활한	10	키, 신장
11	당황한	12	끔찍한, 심한
13	목표	14	정확히
15	허용하다	16	영향
17	쌍	18	벌다
19	총명한, 똑똑한	20	아주 좋은, 멋진
21	사건, 일	22	자외선 차단제
23	특히	24	약
25	우정	26	약국
27	전자 기기	28	열이 있다
29	많은	30	비용을 나눠 내다
31	최소한	32	누워 있다
33	싸게 사다	34	여행을 가다
35	~을 찾아가다	36	빨래를 하다
37	배탈이 나게 하다	38	다치다
39	~와 잘 지내다, ~와 어울리다	40	진찰을 받다, 병원에 가다

B

01	beach	02	save
03	true	04	plan
05	accident	06	wheel
07	muscle	08	passport
09	rainforest	10	choice
11	race	12	famous
13	adult	14	prescribe
15	voice	16	headache
17	childhood	18	robber
19	downstairs	20	polite
21	grow	22	expensive
23	notice	24	quarter
25	weigh	26	add
27	injured	28	recipe
29	detective	30	leave
31	look good on	32	so far
33	check out	34	take place
35	lose weight	36	try out
37	throw away	38	keep ~ in mind
39	take off	40	warm up

실전모의고사 13회

pp. 176~177

01 ①	02 ④	03 ③	04 ③	05 ③
06 ③	07 ⑤	08 ⑤	09 ②	10 ⑤
11 ②	12 ④	13 ②	14 ④	15 ⑤
16 ⑤	17 ⑤	18 ③	19 ②	20 ③

01 ①

여: 안녕하세요. 주간 일기 예보입니다. 내일 야외 활동을 계획 중이시라면, 운이 좋습니다. 날씨가 맑겠습니다! 하지만 이번 주의 나머지 날들은 비가 오겠으니, 가능할 때 밝은 햇살을 즐기십시오. 하지만 주말쯤에는 날씨가 갤 것으로 예상됩니다.

해설 내일은 날씨가 맑을 것이라고 했다.

어휘 weekly [wí:kli] 주간의 be in luck 운이 좋다 sunshine [sʌ́nʃàin] 햇살, 햇빛

02 ④

여: 안녕하세요, 경찰관님. 절도 신고를 하려고요. 제 자전거를 도난당했어요.
남: 언제 그랬죠?
여: 어젯밤에요.
남: 자전거가 어떻게 생겼나요?
여: 음, 검은색인데, 바퀴는 분홍색이에요.
남: 저희에게 알려 주실 다른 게 있나요?
여: 음… 아! 앞부분에 바구니가 있어요. 그리고 안장은 흰색이에요.
남: 알겠습니다. 저희가 찾으면 연락 드리겠습니다.

해설 여자가 도난당한 자전거는 검은색에 바퀴가 분홍색이고 바구니가 있으며 안장이 흰색이라고 했다.

어휘 officer [ɔ́:fisər] 경찰관 report [ripɔ́:rt] 알리다; *신고하다 theft [θeft] 절도 steal [sti:l] 훔치다 (steal-stole-stolen) front [frʌnt] 앞면, 앞부분 seat [si:t] 좌석; *(자전거의) 안장 contact [kɑ́ntækt] 연락하다

03 ③

남: 엄마, 저 집에 왔어요!
여: 너 꽤 늦었구나. 방과 후에 어디에 있었니?
남: 친구 몇 명이랑 도서관에 있었어요.
여: 그랬어? 네가 필요하다던 그 책은 샀니? 내가 그거 살 돈을 오늘 아침에 줬잖니.
남: 음… 안 샀어요. 내일 살게요.
여: 그 돈은 아직 갖고 있니?
남: 아… 네.
여: 거짓말 그만해라, John. 네가 PC방에 가고 있는 걸 내가 봤어. 거기서 돈을 다 썼니?
남: 그랬어요… 죄송해요, 엄마.

해설 남자는 자신이 거짓말한 것을 엄마가 알아차렸으므로 창피할(ashamed) 것이다.
① 화가 난 ② 궁금한 ④ 안도한 ⑤ 만족한

어휘 quite [kwait] 꽤, 상당히

04 ③

남: 안녕, Molly! 너 어제 왜 파티에 안 왔어?
여: 난 정말 가고 싶었는데, 집에 있어야 했어.
남: 왜?
여: 부모님이 중요한 모임 때문에 외출하셔서, 내가 어린 여동생을 돌봐야 했거든.
남: 아, 그랬구나.
여: 파티에서 즐거운 시간 보냈어?
남: 응. 우리는 아주 맛있는 음식을 먹었어. 그러고 나서 보드게임을 했어.
여: 재미있었겠다.

해설 여자는 어제 부모님이 외출하신 동안 동생을 돌봐야 해서 파티에 못 갔다고 했다.

어휘 go out 외출하다 look after ~을 돌보다 board game 보드게임

05 ③

여: 실례합니다, 어느 버스가 국립 박물관에 가나요?
남: 42번 버스요. 방금 놓치셨어요.
여: 42번이요? 알겠습니다. 그건 얼마나 자주 오나요?
남: 15분 마다요.
여: 박물관이 여기서부터 몇 정거장인지 아세요?
남: 서너 정거장쯤이에요.
여: 정말 감사합니다.

해설 여자가 국립 박물관에 가는 버스를 묻자 남자는 그 버스가 방금 떠났다고 했으므로, 두 사람이 대화하는 장소로 가장 적절한 곳은 버스 정류장이다.

어휘 National Museum 국립 박물관 miss [mis] 놓치다 stop [stɑp] 정류장, 정거장

06 ③

남: 너에게 말할 게 있어, Linda.
여: 그게 뭔데?

남: 내가 네 전화기를 고장 냈어.
여: 믿을 수가 없어! 어쩌다 고장 낸 거야?
남: 내가 그것을 떨어뜨렸는데 화면이 깨졌어.
여: 그거 내가 지난주에 막 산 거야. 넌 어떻게 그렇게 부주의할 수가 있니?
남: 그건 사고였어. 너무 미안해.

해설 남자는 여자의 전화기를 고장 낸 것은 사고였다며 사과하고 있다.

어휘 break [breik] 고장 내다; 깨지다 (break-broke-broken) drop [drɑp] 떨어뜨리다 careless [kέərlis] 부주의한 terribly [térəbli] 너무, 대단히

07 ⑤

[전화벨이 울린다.]
여: 안녕하십니까, ABC.com입니다.
남: 안녕하세요. 제 새 디지털카메라가 오늘 도착했는데, 제가 주문한 게 아니에요.
여: 아, 정말 죄송합니다. 다른 모델인가요?
남: 아뇨, 다른 색상이에요. 저는 검은색을 원했는데, 이건 은색이에요.
여: 잠시만요… 죄송합니다만, 검은색은 모두 품절되었어요. 흰색이나 파란색은 어떠세요?
남: 아니에요. 저는 환불받고 싶어요.
여: 알겠습니다. 그렇게 도와 드리겠습니다.

해설 남자는 자신이 주문한 디지털카메라는 검은색인데 은색으로 잘못 배송되었다고 했다.

어휘 sold out 매진된, 품절의 get a refund 환불받다

08 ⑤

여: 민수야, 너 수학 숙제 끝냈니?
남: 네.
여: 좋아. 난 저녁 식사를 준비할 거야.
남: 저는 지금 양치를 해야겠어요.
여: 저녁 먹고 나서 하지 그러니?
남: 음, 치통이 있어서요. 정말 아파요.
여: 아. 너 충치 있다고 했지. 내가 지금 바로 치과에 전화해서 예약해야겠다.

해설 여자는 이가 아프다는 남자의 말에 지금 바로 치과에 전화해서 예약을 하겠다고 했다.

어휘 finish [fíniʃ] 끝내다 toothache [tú:θèik] 치통 cavity [kǽvəti] 구멍; *충치 hurt [hə:rt] 다치게 하다; *아프다 dentist [déntist] 치과 의사; *치과 make an appointment 만날 약속을 하다

09 ②

여: Eric, 너 내일 뭐 할 거야?
남: 나는 〈Life〉라는 영화를 볼 거야.
여: 아, 그 영화 Martin Morris가 연출한 거지?
남: 응, 맞아. 내가 제일 좋아하는 여배우 Emma Collins가 주인공을 맡았어.
여: 그래서 그걸 보고 싶은 거구나.
남: 맞아, 그런데 그거 별 5개의 평론들도 받고 있어.
여: 좋네. 그래서 영화는 몇 시야? 영화 끝난 후에 우리 만날 수 있을까?
남: 그럼. 2시 30분에 시작하는데, 130분짜리야. 그거 끝나고 내가 전화할게.

해설 연출가(Martin Morris), 주연 배우(Emma Collins), 평점(별 5개), 상영 시간(130분)에 대해서는 언급하였으나, 장르는 언급하지 않았다.

어휘 direct [dirékt] 총괄하다; *(영화·연극 등을) 연출하다 actress [ǽktris] 여배우 main character 주인공 review [rivjú:] 검토; *(책·영화 등의) 비평, 평론

10 ⑤

남: 안녕하세요, 여러분. Joe's Restaurant이 6월 1일에 다시 문을 열 것임을 알리게 되어 기쁩니다. 저희는 식당의 내부를 개조했고, 10가지 새로운 음식을 메뉴에 추가했습니다. 매일 저녁 7시부터 9시까지 라이브 음악을 즐기실 수도 있습니다. 다시 여러분을 모시게 되어 흥분되며, 곧 뵙게 되길 바랍니다.

해설 재개점 날짜 및 새롭게 추가한 음식과 서비스 등을 말하고 있으므로, 식당 재개점에 대한 홍보임을 알 수 있다.

어휘 remodel [ri:mádəl] 리모델링하다, 개조하다 interior [intíəriər] (건물의) 내부 add [æd] 더하다, 추가하다 dish [diʃ] 접시; *음식 live [laiv] (방송·연주 등이) 녹음이 아닌 라이브의

11 ②

남: 얘, 너 다음 달에 River Park에서 Dance Festival이 열리는 거 알았어?
여: 아 그래? 언제인데?
남: 9월 6일부터 10일까지 5일간 계속될 거야.
여: 5일 중 매일 다른 행사들이 있는 거야?
남: 응. 그 축제에선 다양한 댄스 강좌, 경연, 공연이 있을 거야. 그리고 마지막 날에는 폐막식 중에 불꽃놀이도 볼 수 있어.
여: 재미있겠다. 같이 가자.
남: 좋아. 표를 미리 사면 할인을 받을 수 있어.

해설 9월 10일에 시작하는 것이 아니라, 9월 6일부터 10일까지 5일간 계속된다고 했다.

어휘 last [læst] 계속되다 a variety of 여러 가지의, 다양한 competition [kàmpətíʃən] 경연, 시합 firework display 불꽃놀이 closing ceremony 폐막식 in advance 미리

12 ④

[전화벨이 울린다.]
여: 남성 의류 매장입니다. 어떻게 도와드릴까요?
남: 안녕하세요. 여름 셔츠 할인에 대해 알려 주시겠어요?
여: 네. 모든 셔츠를 20% 할인할 예정입니다.
남: 네, 저도 그렇게 들었어요. 그게 언제 시작하나요?
여: 이번 주 수요일입니다.
남: 알겠습니다. 알려 주셔서 감사해요. 꼭 가겠습니다.
여: 좋습니다. 좋은 셔츠들이 다 나가기 전에, 일찍 오시라고 권해 드려요.
남: 그럴게요. 감사합니다.

해설 남자는 여름 셔츠 세일이 언제 시작하는지 문의했다.

어휘 definitely [définətli] 꼭, 틀림없이 suggest [sədʒést] 제안하다, 권하다

13 ②

남: 안녕하세요. 아시아의 역사에 관한 책을 찾고 있는데요. 한 권 추천해 주시겠어요?
여: 이 책이 가장 인기 있어요.
남: 그건 얼마죠?
여: 10달러예요.
남: 그걸로 할게요. 그리고 저에게 30% 할인 쿠폰이 있어요.
여: 좋아요. 다른 거 더 원하세요?
남: 아니요, 괜찮습니다.

해설 책의 정가는 10달러인데 쿠폰을 써서 30% 할인이 적용되므로, 7달러를 지불해야 한다.

어휘 look for ~을 찾다 recommend [rèkəménd] 추천하다

14 ④

남: 안녕하세요. 어떻게 도와드릴까요?
여: 오늘 7시 뮤지컬 표를 사려고 하는데요.
남: 표를 몇 장 원하시나요?
여: 두 장이요. 학생 할인이 있나요?
남: 네. 학생증이 있으면, 20% 할인을 받습니다.
여: 잘됐네요. 그럼 학생 표 두 장 주세요. 여기 저희의 학생증이요.
남: 알겠습니다. 고맙습니다.

해설 여자는 뮤지컬 표를 구입하고 있으므로, 매표소 직원과 손님의 관계임을 알 수 있다.

어휘 student ID card 학생증

15 ⑤

여: 얘, Ben. 네가 이번 방학에 파리를 갈 거라고 들었어.
남: 응. 난 무척 신이 나.
여: 그렇겠다. 얘, 내 부탁 좀 들어 줄래?
남: 그래. 뭔데?
여: 파리에서 마카롱 좀 사다 줄 수 있어? 거기 한 가게에서 내가 가장 좋아하는 종류를 파는데, 여기서는 살 수가 없거든.
남: 물론이야. 좀 사다 줄게.
여: 정말 고마워! 돌아오면 내가 돈을 줄게.

해설 여자는 파리에 가는 남자에게 파리에서 파는 마카롱을 사다 달라고 부탁했다.

어휘 do ~ a favor ~의 부탁을 들어 주다

16 ⑤

여: 너 왜 속상해 보이니?
남: 어제, 전 숙제를 다 끝내기 위해서 정말 열심히 했거든요.
여: 그래, 그랬지. 무슨 일이 있었니?
남: 학교에 도착해서, 제가 숙제를 가져오지 않은 걸 깨달았어요.
여: 아! 그래서 어떻게 했니?
남: 선생님께 사실을 말씀드렸어요. 하지만 기한이 오늘까지였기 때문에, 저는 10점을 깎였어요.
여: 그래서 기분이 안 좋은 거구나. 유감이다.

해설 남자는 열심히 한 숙제를 학교에 가져가지 않아서 감점당했다고 했다.

어휘 realize [ríːəlàiz] 깨닫다 truth [truːθ] 진실, 사실 point [pɔint] 점수

17 ⑤

① 남: 이 재킷 입어 봐도 되나요?
여: 네. 탈의실은 저쪽에 있습니다.
② 남: 그건 너에게 꽉 껴 보여.
여: 알아. 내가 살이 많이 쪘어.
③ 남: 아, 내 재킷이 너무 더러워.
여: 지금 바로 그걸 빨아야겠네.
④ 남: 그것을 다른 사이즈로 교환하길 원하세요?
여: 아뇨. 그냥 환불받을 수 있을까요?
⑤ 남: 이거 더 큰 사이즈로 있나요?
여: 네. 지금 갖다 드릴게요.

해설 옷 가게에서 남자가 재킷을 입어 보는데 사이즈가 작은 상황이다.

어휘 try ~ on ~을 입어 보다 fitting room 탈의실 gain weight 체중이 늘다, 살이 찌다

18 ③

여: 제 이름은 Sandra예요. 저는 15살이에요. 저는 영국에서 태어났지만, 지금은 캐나다의 밴쿠버에 살아요. 아버지의 직장 때문에 이곳으로 이사를 왔어요. 저는 쾌활하고 친구 사귀는 걸 좋아해요. 제가 가장 좋아하는 과목은 미술이에요. 저는 여가 시간에 그림을 그리고 옷과 가방 같은 것들을 만드는 걸 좋아해요. 저는 커서 유명한 화가가 되고 싶어요. 제 꿈을 이루기 위해 최선을 다할 거예요.

해설 나이(15살), 사는 곳(밴쿠버), 취미(그림 그리기, 만들기), 장래 희망(화가)에 대해서는 언급하였으나, 형제 관계는 언급하지 않았다.

어휘 cheerful [tʃíərfəl] 발랄한, 쾌활한 make a friend 친구를 사귀다 subject [sʌ́bdʒikt] 과목 free time 여가 시간 painter [péintər] 화가 do one's best 최선을 다하다 achieve [ətʃíːv] 성취하다, 이루다

19 ②

여: 도와드릴까요?
남: 네, 저는 노트북을 사고 싶어요.
여: 네. 이것들이 최신 모델입니다.
남: 하나 추천해 주시겠어요?
여: 이건 어떠세요? 가장 잘 팔리는 모델입니다.
남: 음… 제가 찾고 있는 게 아닌데요.
여: 그러면 어떤 종류의 노트북을 원하세요?
남: 저는 더 작은 걸 원해요.

해설 어떤 종류의 노트북을 원하는지 물었으므로, 원하는 노트북에 대해 말하는 응답이 가장 적절하다.
① 그건 작동이 안 돼요.
③ 가게를 추천해 주시겠어요?
④ 저는 새것이 별로 필요하지 않아요.
⑤ 그게 정확히 제가 찾는 거예요.

어휘 best-selling [béstséliŋ] 가장 잘 팔리는 [문제] exactly [igzǽktli] 정확히

20 ③

남: 축하해! 영어 말하기 대회에서 일등을 했구나.
여: 고맙습니다. 정말 기뻐요.
남: 영어를 유창하게 하더구나. 영어를 사용하는 나라에서 거주한 적이 있니?
여: 아니요.
남: 정말이니? 대회를 위해 얼마나 연습했어?
여: 저는 4개월 동안 매일 연습했어요.
남: 그래서 그렇게 잘했구나.

해설 여자는 대회를 위해 4개월 동안 매일 연습했다고 했으므로, 일등을 할 만했다는 인정과 칭찬의 말이 가장 적절하다.
① 다음에는 운이 더 좋을 거야.
② 너는 해외에서 공부해야 해.
④ 나에게도 영어는 어려워.
⑤ 너는 더 연습했어야 했어.

어휘 fluently [flúːəntli] 유창하게 [문제] abroad [əbrɔ́ːd] 해외에서

Dictation Test 13

pp. 178~185

01 1) planning outdoor activities 2) enjoy the bright sunshine 3) for the rest of the week
02 1) report a theft 2) wheels are pink 3) has a basket
03 1) quite late 2) gave you the money 3) Stop lying
04 1) had to stay home 2) look after my little sister 3) played board games
05 1) which bus goes to 2) How often does it come 3) how many stops
06 1) broke your phone 2) I dropped it 3) It was an accident
07 1) what I ordered 2) wanted a black one 3) all sold out
08 1) brush my teeth 2) have a toothache 3) make an appointment
09 1) directed by 2) plays the main character 3) getting five-star reviews
10 1) we will reopen 2) added 10 new dishes 3) serve you again
11 1) last for five days 2) during the closing ceremony 3) buy tickets in advance
12 1) your summer shirt sale 2) When does it begin 3) I suggest you come early
13 1) looking for a book 2) How much is it 3) coupon for 30% off
14 1) tickets for the musical 2) get a 20% discount 3) two student tickets
15 1) do me a favor 2) Can you buy me 3) when you get back
16 1) to finish all my homework 2) hadn't brought it with me 3) lost 10 points
17 1) looks tight on you 2) need to wash it 3) in a larger size

18 1) now I live in 2) like to draw pictures
3) be a famous painter

19 1) buy a laptop 2) best-selling model
3) what kind of laptop

20 1) won first prize 2) speak English fluently
3) practiced every day

실전모의고사 14회

pp. 186~187

01 ③	02 ④	03 ⑤	04 ②	05 ⑤
06 ②	07 ④	08 ①	09 ③	10 ⑤
11 ④	12 ④	13 ③	14 ②	15 ①
16 ④	17 ③	18 ⑤	19 ⑤	20 ③

01 ③

남: 안녕하세요. 일기 예보입니다. 오늘 내리는 비는 밤 동안 내내 계속되겠지만, 내일 아침에는 그치겠습니다. 내일 오후에는 강한 바람과 함께 흐리겠습니다. 그리고 밤에는 소나기가 오겠습니다. 내일은 온종일 기온도 평소보다 약간 더 낮겠습니다. 좋은 하루 보내십시오!

해설 내일 밤에는 소나기가 올 것이라고 했다.

어휘 continue [kəntínjuː] 계속되다 through [θruː] ~ 동안 내내, 죽 usual [júːʒuəl] 보통의, 평소의

02 ④

남: 무엇을 만들고 있니, 얘야?
여: 아빠! 저는 수업 일지의 표지를 만들고 있어요. 쉽지 않네요.
남: 어디 보자. 난 네가 'Class Journal'을 맨 아래에 넣은 게 마음에 드는구나.
여: 그래요? 전 그걸 가운데로 옮기려고 했는데요.
남: 아니야, 그냥 그대로 둬. 그런데 코끼리와 큰 나무는 잘 모르겠구나. 코끼리를 나무 왼쪽으로 옮겨야 할 것 같아.
여: 동의해요. 고마워요, 아빠.

해설 여자는 표지의 제목은 맨 아래에 그대로 두고, 나무 왼쪽으로 코끼리를 옮기겠다고 했다.

어휘 cover [kʌ́vər] 표지 journal [dʒə́ːrnəl] 일지, 일기 bottom [bɑ́təm] 맨 아래

03 ⑤

남: 얘, Laura!
여: Daniel! 너 여기서 뭐 하고 있니? 나는 네가 영화 〈Earth〉를 보러 갈 거라고 생각했는데.
남: 그러려고 했는데, 그게 매진되었어.
여: 아, 그거 안됐다. 너 정말로 그걸 보고 싶어 했잖아.
남: 응, 그랬지. 그게 다큐멘터리여서, 나는 영화관에 사람이 많을 거라고 생각하지 않았거든.
여: 너는 표를 빨리 샀어야 했어.

해설 남자는 보고 싶었던 영화가 매진되어 보지 못했으므로 실망스러울(disappointed) 것이다.
① 지루한 ② 기쁜 ③ 혼란스러운 ④ 안도한

어휘 documentary [dɑ̀kjuméntəri] 다큐멘터리 ahead of time (예정보다) 빨리

04 ②

남: Ellen이 새 아파트로 이사했대.
여: 알아. 그 애는 축하하기 위해 오늘 밤 파티를 열 거야. 우린 초대받았어.
남: 아, 잘됐네. 도넛 한 상자를 가져가자.
여: 그 앤 도넛을 좋아하지 않아.
남: 그럼 꽃을 사 주면 어떨까?
여: 꽃은 오래가지 않잖아. 화분에 있는 식물이 더 나을 것 같아.
남: 그건 좋은 선물이 될 거야.

해설 두 사람은 Ellen의 이사 축하 파티에 화분에 있는 식물을 가져가기로 했다.

어휘 move [muːv] 이사하다 celebrate [séləbrèit] 축하하다 last [læst] 지속하다; *오래가다 potted plant 화분에 있는 식물

05 ⑤

남: 안녕하세요. 찾으시는 걸 도와드릴까요?
여: 네, 저는 안전 장비를 찾고 있어요.
남: 네. 어떤 종류의 안전 장비가 필요하세요?
여: 인라인스케이트용 팔꿈치 보호대 한 쌍이 필요해요.
남: 아, 그렇군요. 그건 저쪽에, 야구 글러브를 바로 지나서 있어요.
여: 아. 이제 보이네요. 할인 중인가요?
남: 네, 그중 일부는 10% 할인됩니다.
여: 좋네요! 도움 감사해요.

해설 여자는 인라인스케이트용 팔꿈치 보호대를 구입하려 하고 있으므로, 두 사람이 대화하는 장소로 가장 적절한 곳은 스포츠용품점이다.

어휘 safety equipment 안전 장비 elbow [élbou] 팔꿈치 pad [pæd] (무릎·팔꿈치 등의) 보호대 glove [glʌv] 장갑; *(야구용) 글러브

06 ②

여: 안녕, Jimmy. 함께 공부할 준비됐지?
남: 안녕, Amanda. 물론이지, 시작하자.
여: 좋아. 도서관 책에서 그 페이지들을 복사했니?
남: 아니, 안 했어. 지금 도서관에 가서 하면 될 것 같아.
여: 내가 너에게 오늘 그 복사본을 준비해 달라고 하지 않았어?
남: 그랬지, 하지만 어제 내가 바빴어.

해설 남자는 어제 바빠서 책의 복사본을 준비하지 못했다며 변명하고 있다.

어휘 make copies of ~을 복사하다

07 ④

남: 어떻게 도와드릴까요?
여: 〈어린왕자〉 책이 있나요?
남: 아니요, 그건 현재 품절이에요. 하지만 내일 새 책들이 들어올 거예요.
여: 잘됐네요. 제가 내일 아침에 다시 올게요.
남: 너무 일찍 오지 마세요. 그건 정오에 도착할 겁니다.
여: 네, 그 이후로 언젠가 들를게요.

해설 여자가 책을 사러 내일 아침에 다시 오겠다고 하자, 남자는 책이 내일 정오에 도착할 것이라고 했다.

어휘 currently [kə́ːrəntli] 현재 copy [kɑ́pi] (책·잡지의) 부, 권

08 ①

남: Rebecca, 너 오늘 오후에 오페라 보러 갈래?
여: 가고 싶지만, 그럴 수 없어.
남: 다른 계획이 있니?
여: 응, 나는 도서관에서 친구들을 만날 거야. 우린 그룹 과제를 해야 하거든.
남: 알겠어. 그럼 아마도 다음에 가자.
여: Gina에게 물어 봐. 그 애는 오페라를 아주 좋아하거든.
남: 알았어, 그럴게.

해설 오후에 오페라를 보러 가자는 남자의 제안에 여자는 친구들과 그룹 과제를 해야 한다고 했다.

어휘 opera [ɑ́pərə] 오페라

09 ③

남: 뭐가 문제인 것 같으세요?
여: 목이 아파요.
남: 어디 봅시다. 음… 심각하네요.
여: 정말이요? 어떻게 해야 하죠?
남: 따뜻한 물을 많이 마시고, 말을 너무 많이 하지 않도록 하세요. 그리고 쉬셔야 해요.
여: 알겠습니다.
남: 자기 전에 이 약을 복용하세요. 훨씬 나아지실 겁니다.

해설 치료를 위해 지켜야 할 사항으로 가습기를 사용하는 것은 언급하지 않았다.

어휘 have a sore throat 목이 아프다 serious [síəriəs] 심각한 take medicine 약을 복용하다

10 ⑤

여: 매일 아침 여러분은 아침 식사를 하나요? 많은 사람들이 요즘 아침 식사를 거르는데, 그것은 문제입니다. 그렇게 하는 것은 점심에 더 많이 먹도록 만들어서, 살이 찔 수 있습니다. 또한, 식사를 거르는 것은 배탈이 나게 해서, 속이 안 좋을 수도 있습니다. 뇌가 활동하는 걸 돕기 때문에, 학생들이 아침 식사하는 것이 중요합니다. 내일부터는 매일 꼭 아침 식사를 하도록 하세요.

해설 아침 식사를 거르면 점심을 더 많이 먹게 되고 속이 안 좋을 수 있는 반면 아침 식사를 하면 뇌의 활동을 돕는다고 했으므로, 아침 식사를 해야 하는 이유에 대해 이야기하고 있음을 알 수 있다.

어휘 skip [skip] 깡충깡충 뛰다; *거르다 upset one's stomach 배탈이 나게 하다 brain [brein] 뇌

11 ④

남: 운동을 좋아하시나요? 즐거운 시간을 보내고 싶으신가요? 저희 피겨 스케이팅 동아리에 오셔서 가입하세요. 저희는 모든 연령 및 스케이트 수준의 사람들을 환영합니다. 이번이 처음이세요? 걱정하지 마세요. 여러분은 매주 금요일에 강습을 받으실 수 있습니다. 회비는 없습니다. 저희 동아리에 가입하고 싶으시면, 이번 주 목요일까지 신청하세요.

해설 피겨 스케이팅 동아리는 회비가 없다고 했다.

어휘 have fun 즐거운 시간을 보내다 figure skating 피겨 스케이팅 welcome [wélkəm] 환영하다 level [lévəl] 수준 membership fee 회비 apply [əplái] 지원하다, 신청하다

12 ④

[전화벨이 울린다.]
남: 여보세요, Roy's Restaurant입니다. 어떻게 도와드릴까요?
여: 오늘 저녁 예약을 취소하고 싶어요.
남: 성함을 알려 주시겠어요?
여: Dorothy Fenton입니다.
남: Fenton 씨… 여기 있네요. 다른 날로 새로 예약을 하시겠어요?
여: 지금 당장은 아니에요. 다음 기회에요.

해설 여자는 오늘 저녁 예약을 취소하고 싶다고 했다.

어휘 cancel [kǽnsəl] 취소하다 make a reservation 예약을 하다

13 ③

여: 도와드릴까요?
남: 네, 저는 이 신발을 사고 싶어요.
여: 어떤 치수를 신으세요?
남: 9호나 10호요. 확실하지가 않아요.
여: 이게 9호예요. 신어 보시겠어요?
남: 네. *[잠시 후]* 음… 이건 약간 꽉 끼네요. 한 치수 더 큰 게 있나요?
여: 네. 이게 10호예요.
남: 아, 이게 딱 맞네요. 그걸로 살게요.

해설 남자는 신발 9호는 약간 꽉 끼고, 10호가 딱 맞다고 했다.

어휘 a bit 약간 tight [tait] 꽉 끼는 fit [fit] (꼭) 맞다

14 ②

여: 무슨 일이니? 너 아파 보이는구나.
남: 저 복통이 있어요. 너무 아파요.
여: 유감이야. 학교를 조퇴하고 병원에 가는 게 좋겠다.
남: 네, 그럴게요. 그런데 아시다시피, 제가 오늘 오후에 발표하기로 되어 있잖아요.
여: 걱정하지 마라. 내가 일정을 변경할게. 네가 빨리 낫기를 바란다.
남: 고맙습니다.

해설 복통이 심하다는 남자의 말에 여자는 학교를 조퇴하고 병원에 가 보라고 했으므로, 교사와 학생의 관계임을 알 수 있다.

어휘 leave school early 학교를 조퇴하다 make a presentation 발표하다 reschedule [rìːskédʒuːl] 일정을 변경하다

15 ①

[휴대전화가 울린다.]
여: 여보세요?
남: 안녕하세요. 택배 기사입니다. 고객님 앞으로 소포가 하나 있어요. 그런데 집에 아무도 안 계신 것 같네요.
여: 아, 이렇게 일찍 오실 줄은 몰랐어요. 저는 10분 후 집에 도착해요.
남: 죄송합니다만, 제가 기다릴 수가 없어요. 3시에 다시 올게요. 괜찮으세요?
여: 사실, 그러실 필요 없어요. 그냥 문 옆에 두고 가 주세요.
남: 알겠습니다.

해설 여자는 나중에 다시 오겠다는 택배 기사의 말에 소포를 문 옆에 두고 가 달라고 요청했다.

어휘 deliveryman [dilívərimən] 택배 기사, 배달원 package [pǽkidʒ] 소포 leave [liːv] 떠나다; *~을 두고 가다

16 ④

여: Tom! 당장 여기로 오렴.
남: 무슨 일이세요?
여: 지저분한 네 방을 좀 봐. 내가 어제 막 네 방을 청소했잖니.
남: 죄송해요, 엄마.
여: 이제부터 네 방은 네가 청소해야 해. 옷을 걸고 침대를 정리하는 것을 잊지 마라.
남: 알겠어요. 제 방을 깨끗이 하겠다고 약속할게요.
여: 좋아. 내가 매일 그걸 확인할 거야.

해설 여자는 남자의 방이 지저분한 것을 보고 이제부터 방을 스스로 청소하라고 했다.

어휘 messy [mési] 지저분한 from now on 이제부터 hang [hæŋ] (물건을) 걸다 make one's bed 침대를 정리하다

17 ③

① 여: 지금 TV 봐도 돼요?
남: 아니, 숙제를 먼저 해야지.
② 여: 오늘 밤 TV에서 재미있는 게 하니?
남: 음, 7번 채널에서 야구 경기가 있어.
③ 여: 얘! TV가 너무 시끄러워.
남: 아, 음량을 낮출게.
④ 여: 나갈 때 TV 끄는 것 잊지 마.
남: 걱정하지 마. 잊지 않을게.
⑤ 여: 어젯밤에 알래스카에 관한 TV 다큐멘터리 봤어?
남: 응. 정말 좋았어.

해설 여자는 귀를 막고 있고 남자가 리모컨으로 TV 음량을 조절하고 있는 상황이다.

어휘 loud [laud] (소리가) 큰, 시끄러운 turn down (소리·온도 등을) 낮추다 volume [válju:m] 음량

18 ⑤

여: 안녕하세요, 학생 여러분! 이번 주 과제는 지구 온난화에 관해 한 장짜리 리포트를 쓰는 것입니다. 리포트는 최소한 200 단어를 포함해야 합니다. 과제는 이메일로 제출해야 하고, 마감 기한은 9월 14일 목요일입니다. 반드시 제시간에 완료하십시오. 리포트를 가장 잘 쓴 학생들에게는 상을 수여할 것입니다.

해설 주제(지구 온난화), 분량(최소 200단어를 포함하여 한 장), 제출 방법(이메일), 마감일(9월 14일 목요일)에 대해서는 언급하였으나, 평가 기준은 언급하지 않았다.

어휘 assignment [əsáinmənt] 과제 essay [ései] 과제물, 리포트, 에세이 contain [kəntéin] 포함하다 submit [səbmít] 제출하다 complete [kəmplí:t] 완료하다 award [əwɔ́:rd] 수여하다

19 ⑤

여: 오늘은 무엇을 볼까?
남: 음, 한국의 전통문화에 관심이 있다면 경복궁이 방문하기 좋은 장소야. 그리고 남산에서는 서울의 멋진 전망을 즐길 수 있어.
여: 그 밖에 다른 곳은?
남: 만약 쇼핑을 하러 가고 싶으면, 남대문 시장에서 옷부터 음식까지 무엇이든 살 수 있어.
여: 음… 서울에 방문할 곳이 많네.
남: 너는 어디를 먼저 가고 싶어?
여: 난 문화에 관심이 있으니까, 경복궁에 가자.

해설 남자는 여자에게 어디를 먼저 가고 싶은지 물었으므로, 구체적인 장소를 말하는 응답이 가장 적절하다.
① 그건 너무 많은 것 같아.
② 난 정말 그곳에 가고 싶지 않아.
③ 그곳들 모두 가 볼 만한 정말 멋진 곳이었어.
④ 여기 많은 쇼핑센터들이 있어.

어휘 traditional [trədíʃənəl] 전통의 culture [kʌ́ltʃər] 문화 view [vjuː] 전망 market [máːrkit] 시장 [문제] more than enough 너무 많은 feel like v-ing ~하고 싶다

20 ③

남: 실례합니다. 영어를 할 줄 아시나요?
여: 네. 도움이 필요하신가요?
남: 네. 제가 Richmond 호텔을 찾고 있는데, 길을 잃은 것 같아요.
여: 아, 그 호텔은 서울역 근처에 있어요. 제가 그 역으로 가는 중이니, 함께 가면 되겠어요.
남: 제가 운이 좋네요! 감사합니다.
여: 천만에요.
남: 여기서 먼가요?
여: 아니요, 빨리 걸으면 10분 걸릴 거예요.

해설 가려는 곳이 멀리 있는지 물었으므로, 거리나 소요 시간을 말하는 응답이 가장 적절하다.
① 그것은 지난번에 여기에 있었어요.
② 네. 저도 당신이 매우 운이 좋다고 생각해요.
④ 죄송하지만, 위치를 말해 줄 수 없어요.
⑤ 당신이 역을 찾는 걸 도울 수 있어서 기뻐요.

어휘 lost [lɔːst] 길을 잃은 station [stéiʃən] 역 lucky [lʌ́ki] 운이 좋은 far [faːr] 먼 [문제] location [loukéiʃn] 장소,위치 glad [glæd] 기쁜

Dictation Test 14

pp. 188~195

01 1) rain will continue 2) some showers at night 3) lower than usual
02 1) move it to the middle 2) leave it as it is 3) left side of
03 1) it was sold out 2) wanted to see it 3) should have bought tickets
04 1) box of donuts 2) getting her some flowers 3) potted plant would be better
05 1) some safety equipment 2) for inline skating 3) Are they on sale
06 1) make copies 2) have those copies ready 3) was busy yesterday
07 1) getting new copies 2) I'll be back 3) arrive at noon
08 1) go to the opera 2) have other plans 3) work on our group project
09 1) have a sore throat 2) try not to talk 3) Take this medicine
10 1) might gain weight 2) feel sick 3) helps the brain work
11 1) people of all ages 2) no membership fees 3) apply by this Thursday
12 1) cancel my reservation 2) make a new reservation 3) Maybe later
13 1) What size do you wear 2) a bit tight 3) fit perfectly
14 1) have a stomachache 2) leave school early 3) make a presentation
15 1) package for you 2) come again at three o'clock 3) leave it by the door
16 1) cleaned it yesterday 2) hang up your clothes 3) keep my room clean
17 1) Anything interesting on TV 2) turn down the volume 3) when you leave
18 1) on global warming 2) submit your assignment 3) complete it on time
19 1) good place to visit 2) enjoy great views of 3) want to go first
20 1) need any help 2) I think I'm lost 3) Is it far

실전모의고사 15회

pp. 196~197

01 ①	02 ②	03 ②	04 ①	05 ②
06 ④	07 ⑤	08 ④	09 ④	10 ②
11 ④	12 ②	13 ③	14 ④	15 ④
16 ⑤	17 ④	18 ③	19 ④	20 ⑤

01 ①

남: 오늘의 아시아 일기 예보입니다. 서울은 종일 아주 맑고 덥겠지만, 도쿄에는 소나기가 내리겠습니다. 베이징과 상하이는 흐리겠습니다. 상하이에 계신 분들은 밤에 약간의 비도 예상하실 수 있습니다.

해설 오늘 베이징은 흐릴 것이라고 했다.

어휘 expect [ikspékt] 기대하다, 예상하다

02 ②

남: 안녕하세요. 오늘 제가 뭐 도와드릴 일이 있을까요?
여: 안녕하세요. 저는 재킷을 찾고 있어요.
남: 네. 이건 어떠세요? 양쪽에 한 개의 큰 주머니가 있고 오른쪽 위에 작은 주머니가 하나 있습니다.
여: 작은 주머니가 없는 것도 있나요?
남: 확인해 볼게요. *[잠시 후]* 네! 주머니 두 개만 있는 게 여기 있네요.
여: 아주 좋네요. 그걸로 할게요!

해설 여자는 위에 작은 주머니는 없고 양쪽에 큰 주머니가 있는 재킷을 구입하기로 했다.

어휘 pocket [pákit] 주머니 on either side 양쪽에

03 ②

여: 안녕, Kevin. 여기서 뭐 하고 있어?
남: 내가 교내 미술 대회에 그림을 출품했거든.
여: 아, 정말? 방금 수상자를 발표하지 않았어?
남: 맞아. 난 내 그림으로 최우수상을 받았어.
여: 그래? 축하해!
남: 고마워. 난 어서 부모님께 말씀드리고 싶어.
여: 지금 당장 메시지를 보내.
남: 응, 그래야겠다.

해설 남자는 교내 미술 대회에서 최우수상을 받았으므로 신이 날(excited) 것이다.
① 화가 난 ③ 당황한 ④ 초조한 ⑤ 실망한

어휘 enter [éntər] 들어가다; *출품하다 painting [péintiŋ] 그림 announce [ənáuns] 발표하다 winner [wínər] 승자; *수상자 grand prize 최우수상

04 ①

여: Jerry, 전화기로 뭐 보고 있니?
남: 학교 자원봉사 날 사진들이야.
여: 내가 봐도 돼?
남: 그럼. 나는 우리 동아리 사람들과 양로원을 방문했어.
여: 어디 보자. *[잠시 후]* 아, 그날 너 춤췄어?
남: 응. 내가 댄스 동아리 회원이거든. 우리는 거기에 계신 분들과 함께 노래하고 춤췄어. 그분들이 정말 좋아하셨어.
여: 좋은 시간 보낸 것 같구나.

해설 남자는 학교 자원봉사 날에 댄스 동아리 회원들과 양로원을 방문해서 노래하고 춤췄다고 했다.

어휘 nursing home 양로원

05 ②

여: 여권과 표를 보여 주시겠어요?
남: 여기 있습니다.
여: 감사합니다. 부칠 가방이 있으신가요?
남: 아니요. 이건 제가 기내에 가지고 있을 거예요.
여: 알겠습니다. 여기 손님의 탑승권이 있습니다. 30번 탑승구에서 탑승하셔야 해요.
남: 탑승은 언제 시작되나요?
여: 11시에 시작합니다. 탑승하기 최소 20분 전에는 탑승구에 가셔야 합니다.
남: 알겠어요. 감사합니다.

해설 여권, 수하물, 탑승권, 탑승구 등에 대해 말하고 있으므로, 두 사람이 대화하는 장소로 가장 적절한 곳은 공항이다.

어휘 passport [pǽspɔ̀ːrt] 여권 check [tʃek] 확인하다; *(수하물을) 부치다 carry [kǽri] 들고[가지고] 있다 boarding pass 탑승권 board [bɔːrd] 탑승하다 gate [geit] 문; *게이트, 탑승구

06 ④

여: 얘, Ben! 널 여기서 보다니 놀랍다.
남: 안녕! 난 수업에 필요한 책을 사러 여기 왔는데, 이 베스트셀러들이 재미있어 보이네.
여: 그래? 어떤 종류의 책에 관심이 있는데?
남: 음, 난 소설을 좋아한 적이 없는데, 이 책이 2년 동안 스테디셀러라서.
여: 이거? 난 읽어 봤어.
남: 아, 어땠어?
여: 이야기가 아주 흥미로웠어. 네가 정말 좋아할 것 같아.

해설 여자는 소설이 아주 흥미로워서 남자도 좋아할 거라며 추천하고 있다.

어휘 surprising [sərpráiziŋ] 놀라운 steady seller 스테디셀러(오랜 기간에 걸쳐 꾸준히 잘 팔리는 책)

07 ⑤

남: 너는 졸업한 후에 무엇을 하고 싶니?
여: 나는 늘 멋진 건축가가 되고 싶었는데, 생각을 바꿨어.
남: 그래? 지금은 무엇을 하고 싶은데?
여: 유명한 디자이너가 되고 싶어.
남: 의류 디자이너?
여: 응. 나는 옷을 디자인하고 만드는 것이 즐겁거든. 너는 어때?
남: 나는 새로운 장소에 가고 새로운 사람들을 만나는 것을 좋아해서, 여행 가이드가 되고 싶어.

해설 졸업한 후에 여자는 의류 디자이너, 남자는 여행 가이드가 되고 싶다고 했다.

어휘 graduate [grǽdʒueit] 졸업하다 architect [á:rkitèkt] 건축가 change one's mind 생각을 바꾸다 clothing [klóuðiŋ] 옷, 의류

08 ④

남: 지금 몇 시야?
여: 오후 6시야. 우리 너무 빨리 왔다.
남: 영화 시작하기까지 한 시간 남았어.
여: 뭐 좀 먹는 게 어떨까?
남: 나는 배불러, 그리고 영화 보면서 팝콘을 먹을 수 있잖아. 지금은 아무것도 먹고 싶지 않아.
여: 그럼 대신에 서점을 둘러보는 게 어때? 극장 옆에 하나 있어.
남: 좋아.

해설 두 사람은 영화 시작까지 남은 한 시간 동안 극장 옆에 있는 서점을 둘러보기로 했다.

어휘 full [ful] 가득 찬; *배부른 look around 둘러보다 instead [instéd] 대신에 theater [θí:ətər] 극장

09 ④

남: 안녕, Tiffany! 여기서 뭐 해?
여: 우리 언니 결혼식에서 입을 원피스를 찾고 있어.
남: 아! 왜 나한테 너희 언니가 결혼한다고 얘기 안 했어? 결혼식이 언제야?
여: 다음 주 토요일 오전 11시야.
남: 어디서 하는데?
여: Saint Mary's 교회에서.
남: 좋다. 분명 아름다운 결혼식이 될 거야. 너는 신랑을 잘 아니?
여: 응, 그는 정말 좋은 사람이야. 그와 우리 언니는 고등학교 때부터 가장 친한 친구였어. 그들의 고등학교 교장 선생님께서 결혼식에서 축사를 해 주실 거야.

해설 일시(다음 주 토요일 오전 11시), 장소(Saint Mary's 교회), 신랑(신부와 고등학교 친구), 축사(고등학교 교장 선생님)에 대해서는 언급하였으나, 피로연은 언급하지 않았다.

어휘 get married 결혼하다 groom [gru:m] 신랑 principal [prínsəpl] 교장

10 ②

여: 주목해 주십시오, 쇼핑객 여러분! 특별 일일 할인으로 인해, 내일 폐점 시간을 변경합니다. 저희는 평소에 오전 10시 30분부터 저녁 8시까지 문을 열지만, 내일은 평소보다 30분 늦게 문을 닫겠습니다. 저희 백화점에서 쇼핑해 주셔서 감사합니다. 즐거운 하루 되십시오!

해설 내일 특별 일일 할인이 있어서 평소보다 30분 늦게 문을 닫겠다고 했으므로, 영업시간 변경에 대해 이야기하고 있음을 알 수 있다.

어휘 closing time 폐점 시간 usually [jú:ʒuəli] 보통, 평소에

11 ④

[전화벨이 울린다.]
여: Allie's Steakhouse에 전화 주셔서 감사합니다. 어떻게 도와드릴까요?
남: 내일 저녁 식사 테이블을 예약하고 싶습니다.
여: 몇 분이고 몇 시인가요?
남: 6시 30분에 네 명이요.
여: 알겠습니다. 성함을 말씀해 주시겠어요?
남: Oliver Kim입니다. 야외 테이블에 앉을 수 있을까요?
여: 그럼요. 내일 축하할 일이 있으신가요? 저희가 축하를 위해 초를 꽂은 케이크 한 조각을 제공해 드려요.
남: 아, 그거 좋겠네요. 저희 엄마의 생신을 축하할 거거든요.
여: 알겠습니다. 내일 뵙겠습니다.

해설 남자는 야외 테이블에 앉을 수 있는지 물었고 여자가 가능하다고 대답했다.

어휘 book a table 테이블을 예약하다 celebration [selibréiʃn] 축하

12 ②

[휴대전화가 울린다.]
남: 여보세요?
여: 안녕, Clark. 나 Mindy야.
남: 안녕, Mindy. 어떻게 지내?
여: 잘 지내고 있어. 내가 오늘 밤 성대한 저녁 파티를 여는 거 알지, 그렇지?

남: 응, 지난주에 네가 날 초대했잖아.
여: 맞아. 음, 네 접시를 좀 쓸 수 있을지 궁금해. 내가 충분히 가지고 있지 않거든.
남: 그래. 내가 접시를 가져갈게.
여: 고마워!

해설 여자는 저녁 파티를 위해 남자의 접시를 빌릴 수 있는지 물어보았다.

어휘 wonder [wʌ́ndər] 궁금해하다 enough [inʌ́f] 충분한 수·양

13 ③

남: 어떻게 도와드릴까요?
여: 이 소포를 보통 우편으로 휴스턴에 보내고 싶어요.
남: 그걸 저울 위에 올려 주세요. 음… 무게가 2kg 정도네요. 30달러입니다.
여: 얼마나 걸릴까요?
남: 약 열흘이요.
여: 그건 너무 기네요.
남: 빠른 우편을 이용하시면, 이틀 내로 배달될 겁니다.
여: 그건 비용이 얼마나 들까요?
남: 55달러입니다.
여: 그건 너무 비싸네요. 그냥 보통 우편으로 보낼게요.
남: 알겠습니다.

해설 여자는 빠른 우편이 비싸서 보통 우편으로 보내겠다고 했으므로, 지불해야 할 금액은 30달러이다.

어휘 parcel [pɑ́ːrsl] 소포 regular mail 보통 우편 scale [skeil] 저울 weigh [wei] 무게가 ~이다 express mail 빠른 우편 within [wiðín] ~ 이내에

14 ④

남: 도와드릴까요?
여: 네. 제 차를 수리받고 싶어요.
남: 네. 뭐가 문제인 것 같으세요?
여: 갑자기 이상한 소리가 나더니, 경고등이 켜졌어요.
남: 음, 엔진을 봐야겠네요.
여: 지금 봐 주실 수 있나요?
남: 네, 그럼요. 휴게실에서 기다리시겠어요?
여: 네.

해설 차 수리를 받고 싶다는 여자의 말에 남자가 엔진을 보겠다고 했으므로, 자동차 정비사와 손님의 관계임을 알 수 있다.

어휘 repair [ripέər] 수리하다 warning light 경고등 lounge [laundʒ] 휴게실

15 ④

여: 이런, 또야!
남: 무슨 일이야? 너 괜찮아?
여: 내 휴대전화가 고장 난 것 같아. 켤 수가 없어.
남: 어떻게 된 거야? 그걸 떨어뜨렸니?
여: 응, 그랬어.
남: 그걸 수리점에 가져가야 해.
여: 알아, 근데 그게 어디에 있는지 몰라. 네가 찾아봐 줄래?
남: 알았어. 잠깐만.

해설 여자는 휴대전화가 고장 나서 남자에게 수리점 위치를 찾아봐달라고 부탁했다.

어휘 broken [bróukən] 고장 난 turn on ~을 켜다 drop [drɑp] 떨어뜨리다 service center 수리점 look up 찾아보다

16 ⑤

여: Jason, 쇼핑몰에 가고 싶니?
남: 아니, 나 쇼핑하러 갈 기분이 아니야.
여: 무슨 일 있어? 친구와 싸웠니?
남: 아니. 엄마가 오늘 아침에 나에게 화가 나셨어.
여: 네가 뭐 잘못했니?
남: 그다지. 엄마는 내가 휴대전화 게임을 하는 데 너무 많은 시간을 보낸다고 하셨어.
여: 엄마 말씀 들어야지. 엄마가 가장 잘 아시니까.

해설 남자는 아침에 엄마가 자신이 휴대전화 게임에 너무 많은 시간을 보낸다고 화가 나셨다고 했다.

어휘 mood [muːd] 기분 have a fight 싸우다

17 ④

① 여: 쇼핑백이 정말 많네요!
남: 응. 좋은 할인 판매가 많았어요.
② 여: 트렁크에 가방 넣는 걸 도와줄게요.
남: 아, 정말 고마워요.
③ 여: 이 배낭 어때요?
남: 너무 크고 무거워 보여요.
④ 여: 이 쇼핑백들 드는 것 좀 도와줄래요?
남: 그럼요. 기꺼이 도와줄게요.
⑤ 여: 뭐 샀어요?
남: 옷이랑 신발 좀 샀어요.

해설 쇼핑몰에서 여자는 쇼핑백 여러 개를 들고 있고 남자가 도와주려고 하는 상황이다.

어휘 trunk [trʌŋk] 트렁크

18 ③

남: 여러분은 요가를 하는 것이 건강에 좋다는 것을 알지도 모릅니다. 그러나 그것이 여러분의 몸에 어떻게 좋은지는 모를 수도 있습니다. 우선, 요가는 근육을 튼튼하게 해 주고, 여러분에게 에너지를 줍니다. 요가는 또한 여러분의 정신에도 훌륭한 운동이 되는데, 스트레스를 완화하고 잠을 더 잘 자도록 도와주기 때문입니다. 육체적으로나 정신적으로 건강해지고 싶다면, 요가를 해 봐야 합니다.

해설 요가의 장점으로 체중 관리는 언급하지 않았다.

어휘 first of all 우선 muscle [mʌ́sl] 근육 exercise [éksərsàiz] 운동 relieve [rilíːv] 완화하다 physically [fízikəli] 육체적으로 mentally [méntəli] 정신적으로

19 ④

남: 얘, Mia. 무슨 문제 있니? 너 우울해 보여.
여: 여름 방학 동안 일본에 정말 가고 싶었는데, 못 가게 되었어.
남: 왜 못 가는데? 너무 바쁜 거야?
여: 아니, 시간은 많아. 하지만 돈이 충분하지 않아.
남: 얼마가 필요한데?
여: 700달러 정도.
남: 그러면 아르바이트를 구하는 건 어때?

해설 여자는 일본에 가고 싶지만 돈이 부족하다고 했으므로, 아르바이트를 구해 보라고 조언하는 응답이 가장 적절하다.
① 네가 원한다면, 내가 그곳에 너와 같이 갈 수 있어.
② 왜 방학을 즐기지 못했니?
③ 미안하지만, 그건 충분한 돈이 아니야.
⑤ 네가 졸업한 후에는 시간이 더 많을 거야.

어휘 down [daun] 기운 없는, 우울한 plenty of 많은

20 ⑤

[휴대전화가 울린다.]
여: 여보세요, Ken.
남: 무슨 일이야, Susan?
여: 너 Hector 봤니?
남: 아니, 그 애는 아마 집에 있을 거야. 왜?
여: 우리 만나서 점심을 먹기로 했는데, 내가 취소해야 해서.
남: 그 애한테 전화해 보지 그래?
여: 그 애 휴대전화로 전화해 봤는데, 받지 않았어. 너 그의 집 전화번호를 아니?
남: 응, 내 전화기에 그의 전화번호가 있어.

해설 여자는 남자에게 Hector의 집 전화번호를 아는지 물었으므로, 그 여부를 말하는 응답이 가장 적절하다.
① 그는 휴대전화가 없어.
② 응, 나는 그가 이해할 거라고 확신해.
③ 어차피 나는 별로 배고프지 않아.
④ 미안하지만, 난 그의 주소를 몰라.

어휘 probably [prɑ́bəbli] 아마(도) answer [ǽnsər] 대답하다; *전화를 받다 [문제] understand [ʌndərstǽnd] 이해하다 anyway [éniwèi] 어차피 address [ədrés, ǽdres] 주소

Dictation Test 15

pp. 198~205

01 1) very sunny and hot 2) will be cloudy 3) a little bit of rain
02 1) on either side 2) without the small pocket 3) with just two pockets
03 1) entered a painting 2) announce the winners 3) can't wait to tell
04 1) school volunteer day 2) visited a nursing home 3) sang and danced
05 1) passport and ticket 2) carry this onto the plane 3) must be at the gate
06 1) are you interested in 2) steady seller for two years 3) you will love it
07 1) changed my mind 2) be a famous designer 3) designing and making clothes
08 1) came too early 2) eating something 3) look around in a bookstore
09 1) When is the wedding 2) to be held 3) make a speech
10 1) changing our closing time 2) are usually open 3) later than usual
11 1) book a table for 2) have a table outside 3) serve a slice of cake
12 1) having a big dinner party 2) use some of your dishes 3) bring them with me
13 1) send this parcel 2) That's too long 3) by regular mail
14 1) have my car repaired 2) warning light came on 3) look at the engine
15 1) turn it on 2) to the service center 3) Can you look it up
16 1) not in the mood 2) got angry with me 3) spend too much time playing
17 1) a lot of good sales 2) carry these shopping bags 3) bought some clothes and shoes

18 1) good for your health
2) makes your muscles strong
3) relieve stress and sleep better

19 1) really wanted to go 2) Are you too busy
3) don't have enough money

20 1) he is probably home 2) have to cancel
3) know his home number

25	toothache	26	welcome
27	expect	28	mentally
29	carry	30	full
31	sunshine	32	lost
33	scale	34	physically
35	understand	36	fitting room
37	safety equipment	38	look around
39	take medicine	40	from now on

Word Test 13~15

pp. 206~207

Ⓐ

01	훔치다	02	주간의
03	(소리가) 큰, 시끄러운	04	주소
05	성취하다, 이루다	06	현재
07	주머니	08	완료하다
09	포함하다	10	~ 동안 내내, 죽
11	발표하다	12	연락하다
13	너무, 대단히	14	수리하다
15	꼭, 틀림없이	16	옷, 의류
17	~ 이내에	18	일정을 변경하다
19	고장 난	20	꽉 끼는
21	수여하다	22	지저분한
23	완화하다	24	보통, 평소에
25	일지, 일기	26	놀라운
27	과제	28	리모델링하다, 개조하다
29	친구를 사귀다	30	우선
31	목이 아프다	32	생각을 바꾸다
33	침대를 정리하다	34	~의 부탁을 들어 주다
35	(소리·온도 등을) 낮추다	36	미리
37	~을 돌보다	38	즐거운 시간을 보내다
39	싸우다	40	발표하다

Ⓑ

01	level	02	bottom
03	theft	04	miss
05	fluently	06	architect
07	truth	08	careless
09	principal	10	culture
11	direct	12	move
13	board	14	cavity
15	theater	16	actress
17	elbow	18	dentist
19	report	20	graduate
21	hang	22	location
23	probably	24	apply

실전모의고사 16회

pp. 208~209

01 ④	02 ④	03 ⑤	04 ①	05 ②
06 ④	07 ⑤	08 ①	09 ③	10 ②
11 ⑤	12 ④	13 ③	14 ⑤	15 ④
16 ③	17 ①	18 ④	19 ①	20 ④

01 ④

여: 안녕하세요! 이번 주 일기 예보입니다. 이 화창한 맑은 날이 다음 며칠 동안 계속되겠습니다. 월요일과 화요일은 맑겠습니다. 수요일은 높은 기온이 예상됩니다. 목요일과 금요일은 구름이 많겠습니다. 토요일과 일요일은 다시 맑겠습니다. 감사합니다.

해설 목요일과 금요일은 구름이 많을 것이라고 했다.

어휘 continue [kəntínjuː] 계속되다 expect [ikspékt] 기대하다, 예상하다 high [hai] 높은 temperature [témpərətʃər] 기온

02 ④

여: 나 핼러윈 파티에 쓸 가면이 필요해.
남: 너 저 괴물 가면을 사.
여: 난 괴물이 되고 싶지 않아. 귀여운 무언가가 되고 싶어.
남: 로봇은 어때? 로봇이 귀엽지 않니?
여: 아니! 그런데 토끼가 귀엽네. 이건 어떤 것 같니?
남: 멋지긴 한데, 난 고양이 가면이 더 좋아.
여: 난 고양이는 싫어서, 대신 토끼 가면을 살래.

해설 여자는 핼러윈 파티를 위해 귀여운 토끼 가면을 구입하기로 했다.

어휘 mask [mæsk] 가면 monster [mάnstər] 괴물

03 ⑤

남: 안녕하세요. 저는 이 바지를 반품하고 환불받고 싶어요.
여: 아, 바지가 뭐가 잘못됐나요?
남: 실은 제가 여기 다시 와야 했던 게 이번이 두 번째예요. 처음에 샀던 것에는 구멍이 있어서, 새것으로 가져갔어요. 그리고 이번에는, 지퍼가 망가졌어요. 정말 귀찮네요.
여: 그 점 정말 죄송합니다. 영수증을 가지고 계신가요?
남: 네. 여기 있습니다.
여: 여기 전액 환불입니다. 그리고 다시 한번, 불편을 끼쳐드려 정말 죄송합니다.

해설 구입한 바지에 두 번이나 문제가 있어 환불받고 싶다는 남자의 말에 여자는 전액 환불을 해 주며 사과하고 있다.

어휘 return [ritə́ːrn] 돌려주다, 반납하다 get a refund 환불받다 hole [houl] 구멍 annoying [ənɔ́iiŋ] 짜증스러운, 귀찮은 inconvenience [ìnkənvíːnjəns] 불편

04 ①

여: Danny! 네 무릎 어떻게 된 거야?
남: 어제 농구하다가 넘어져서 다쳤어.
여: 아, 안됐다.
남: 응, 나 응급실에 가야 했어.
여: 정말? 아직도 많이 아파?
남: 지금은 괜찮은데, 어제는 진짜 아팠어.
여: 오늘 학교에서 집으로 어떻게 갈 거야?
남: 엄마가 나를 데리러 여기로 오실 거야.

해설 남자는 어제 농구하다가 넘어져서 무릎을 다쳤다고 했다.

어휘 fall [fɔːl] 떨어지다; *넘어지다 (fall-fell-fallen) hurt [həːrt] 다치다; 아프다 emergency room 응급실 be in pain 아파하다

05 ②

여: 무엇을 도와드릴까요?
남: 하룻밤 묵을 1인용 객실을 원합니다.
여: 알겠습니다. 성함이 어떻게 되시죠?
남: Mark Wallace입니다.
여: 도시 전망과 산 전망 중 어떤 걸 원하세요?
남: 도시 전망이 좋겠어요.
여: 하룻밤에 100달러입니다. 어떻게 지불하시겠어요?
남: 현금으로 지불할게요.

해설 남자는 도시 전망의 1인용 객실 비용을 지불하고 있으므로, 두 사람이 대화하는 장소로 가장 적절한 곳은 호텔이다.

어휘 single room 1인용 침실[객실] view [vjuː] 전망 pay [pei] 지불하다 in cash 현금으로

06 ④

남: 안녕하세요, 여러분. 오늘 우리와 함께 할 새로운 학생이 있어요. 그의 이름은 Scott이고, 최근에 홍콩에서 여기로 이사 왔어요. 하지만 그는 로스앤젤레스에서 태어나고 자랐답니다. Scott은 축구와 음악에 관심이 있고 학교 밴드에 들어가고 싶다고 해요. 그의 누나도 우리 학교에 다닐 겁니다. 누나는 한 살이 많아요. 그들을 환영해 주세요.

해설 Scott은 축구팀이 아니라 학내 밴드에 들어가고 싶어 한다고 했다.

어휘 be born in ~에서 태어나다 be raised in ~에서 자라다 attend [əténd] 참석하다; *~에 다니다 as well 또한, 역시, ~도

07 ⑤

여: 너 크리스마스에 무슨 계획 있어?
남: 딱히 없어. 넌 부산에 계신 부모님을 찾아뵐 거니?
여: 응. 6개월 넘게 못 뵈었거든.
남: 거기 운전해서 갈 거니?
여: 아니, 비행기를 타고 갈 거야. 자동차로는 너무 오래 걸릴 거라서.
남: 맞아. 표는 벌써 구매했어?
여: 응, 지난달에 구매했어.

해설 여자는 자동차로는 오래 걸릴 것이기 때문에 비행기를 타고 부산에 갈 것이라고 했다.

어휘 drive [draiv] (차량을) 운전하다 fly [flai] 비행기를 타다[타고 가다]

08 ①

남: 너 방과 후에 뭐 할 거야?
여: 시내 서점에 갈 거야.
남: 인터넷으로 책을 사는 게 어때? 그게 더 싸고 더 편리하잖아.
여: 나도 아는데, 이 책이 내일 필요한데, 배송되는 데 최소 이틀은 걸릴 거야.
남: 일리 있는 말이야. 내가 같이 가도 되니?
여: 물론이야.
남: 나도 책이 몇 권 필요하거든.

해설 두 사람은 방과 후에 필요한 책을 사러 서점에 가기로 했다.

어휘 downtown [dàuntáun] 시내에 cheaper [tʃíːpər] 더 (값이) 싼 (cheap의 비교급) convenient [kənvíːnjənt] 편리한 at least 최소한 deliver [dilívər] 배달하다

09 ③

남: 상 차리기는 끝냈어요. 내가 돕기 위해 할 다른 일이 있나요?
여: 풍선은 달았어요?

남: 네, 했어요, 그리고 파티 테이블에 놓을 의자들도 다 옮겼어요.
여: 고마워요! 난 음식을 거의 다 만들었어요.
남: 좋아요. 그런데 내가 뭘 더 할 수 있을까요?
여: 음… Paris Bakery에서 케이크를 찾아와 줄 수 있나요?
남: 그건 내가 오늘 아침에 이미 찾아왔잖아요.
여: 그럼 더 이상의 도움은 필요 없을 것 같아요. 고마워요!

해설 파티 준비 사항으로 선물 구입은 언급하지 않았다.

어휘 set the table 상을 차리다 pick up ~을 찾아오다

10 ②

여: James Street 중학교의 봄 축제가 이번 주 금요일에 열립니다. 저희 학생들이 축제의 모든 행사들을 준비했습니다. 음악, 춤, 노래를 포함해서 여러분이 즐길 수 있는 다양한 공연이 있을 예정입니다. 그날은 모두에게 즐거운 날이 될 것입니다! 오셔서 축제를 즐겨주세요!

해설 학교의 봄 축제에 학생들이 준비한 다양한 공연이 있을 예정이니 와서 즐겨 달라고 했으므로, 학교 축제 초대임을 알 수 있다.

어휘 festival [féstivəl] 축제 hold [hould] 열다, 개최하다 (hold-held-held) prepare for ~을 준비하다 a variety of 다양한 including [inklúːdiŋ] ~을 포함하여

11 ⑤

여: 지난 주말에 뭐 했니, Ryan?
남: 나 Star Land 놀이공원에 갔었어. 지난달에 개장했거든.
여: 와, 어땠어?
남: 아주 좋았어. 세계에서 가장 긴 롤러코스터를 포함해서 재미있는 놀이 기구가 많아.
여: 멋지다. 너 퍼레이드 봤어?
남: 물론이지. 야간 퍼레이드가 8시 30분에 시작해서, 나는 밤 10시 폐장 시간까지 공원에 있었어. 그런데 그럴 만한 가치가 있었어.
여: 나도 거기 정말 가 보고 싶다. 식사하기 좋은 곳들은 있어?
남: 여러 음식 가판대와 식당이 있어. 네가 직접 음식을 가지고 와서 피크닉 장소에서 그걸 먹어도 돼.

해설 놀이공원의 피크닉 장소에서 직접 가지고 온 음식을 먹어도 된다고 했다.

어휘 ride [raid] 타기; *놀이 기구 closing time 문 닫는 시간 worth [wəːrθ] 가치가 있는 stand [stænd] 가판대

12 ④

[휴대전화가 울린다.]
여: 여보세요?
남: 안녕, Debbie.
여: 안녕, Kenji. 무슨 일이야?
남: 너 오늘 저녁 수업 가니?
여: 응. 왜?
남: 나도 가고 싶은데, 내 차가 작동하지 않아. 너와 함께 갈 수 있을까?
여: 물론이지. 너희 집이 수업 가는 길에 있잖아. 내가 8시 15분에 들를게.
남: 그거 좋다. 정말 고마워.
여: 천만에. 그때 보자.

해설 남자는 자신의 차가 고장 났다며 여자에게 수업에 갈 때 차를 태워 달라고 부탁했다.

어휘 work [wəːrk] 일하다; *작동하다 on one's way to ~에 가는 길에 stop by 들르다 appreciate [əpríːʃièit] 고마워하다

13 ③

여: 도와드릴까요, 손님?
남: 네. 다음 서울행 기차표를 구매하고 싶습니다.
여: 네, 그런데 시간이 별로 없네요. 서두르셔야겠어요.
남: 정말요? 몇 시에 출발하는데요?
여: 저녁 8시에 출발합니다.
남: 아, 5분 남았네요. 표가 얼마죠?
여: 3만 원입니다.

해설 기차가 저녁 8시에 출발하는데 5분 남았다고 했으므로, 현재 시각은 7시 55분이다.

어휘 hurry [hə́ːri] 서두르다 leave [liːv] 출발하다

14 ⑤

남: Kim's 컴퓨터 수리점에 오신 걸 환영합니다. 어떻게 도와드릴까요?
여: 안녕하세요. 제 컴퓨터가 너무 느려서, 온라인 게임을 할 수가 없어요.
남: 어디 볼까요… 이 문제가 생긴 지 얼마나 됐나요?
여: 지난 일요일부터요.
남: 바이러스 때문인 것 같아요.
여: 새 컴퓨터를 사야 하나요?
남: 아뇨. 제가 바이러스 퇴치 프로그램을 사용해서 고칠 수 있을 것 같아요.
여: 좋아요. 얼마나 걸릴까요?
남: 30분 정도요.

해설 남자는 여자의 컴퓨터를 점검하고 고칠 수 있다고 했으므로, 컴퓨터 수리 기사와 손님의 관계임을 알 수 있다.

어휘 repair shop 수리점 fix [fiks] 고치다 antivirus program 바이러스 퇴치 프로그램

15 ④

여: 네가 보고 싶어 했던 영화표를 예매했어.
남: 정말? 〈The Ghost Friends〉를 말하는 거야?
여: 응. 이번 주 토요일 낮이야.
남: 이런! 난 이미 토요일에 계획이 있어. 우리 그거 일요일에 대신 볼 수 있을까?
여: 좋아, 그런데 그때는 저녁 표만 이용할 수 있어.
남: 난 저녁에 가도 괜찮아. 네가 표를 변경해 줄 수 있니?
여: 응, 문제없어.

해설 남자는 여자가 영화표를 예매해 놓은 토요일에 다른 계획이 있다며 일요일 저녁 표로 변경해 달라고 부탁했다.

어휘 available [əvéiləbl] 이용할 수 있는

16 ③

남: 나랑 쇼핑하러 갈래?
여: 그래. 너 뭐 살 거야?
남: 나 새 정장이 필요해.
여: 어느 쇼핑몰로 갈 건데?
남: ABC 몰. 거기에 괜찮은 옷 가게들이 좀 있어.
여: 거기는 월요일마다 문을 닫아. 오늘 월요일이잖아, 그렇지 않니?
남: 아, 맞아.
여: 음, 아무래도 우리 내일 가야겠다.
남: 알겠어.

해설 여자는 쇼핑몰이 월요일마다 문을 닫는데, 오늘이 월요일이므로 내일 가자고 했다.

어휘 suit [su:t] 정장, 양복 closed [klouzd] (문을) 닫은

17 ①

① 여: 이것은 제가 주문한 게 아닌데요.
남: 아, 죄송합니다. 주문을 확인해 보겠습니다.
② 여: 주문하시겠습니까?
남: 네. 토마토 파스타와 치킨 샐러드 하나 주세요.
③ 여: 스테이크는 어떻게 해 드릴까요?
남: 완전히 익혀 주세요.
④ 여: 미안하지만, 난 이탈리아 음식을 좋아하지 않아.
남: 그럼 중국 음식은 어때? 내가 좋은 식당을 알아.
⑤ 여: 제가 한 시간 전에 피자를 주문했는데, 아직 배달이 안 됐어요.
남: 확인해 볼게요. 주소가 어떻게 되시죠?

해설 식당에서 여자 앞에 나온 음식에 문제가 있어서 웨이터가 주문서를 확인하는 상황이다.

어휘 order [ɔ́:rdər] 주문하다; 주문

18 ④

남: 저희 지역 전문대학이 여러분을 여름 과학 캠프에 참가하도록 초대합니다. 12살에서 17살 사이의 학생들이 저희 프로그램에 참여할 수 있습니다. 이 프로그램은 강의, 야외 활동, 실험실 공개 수업을 포함할 겁니다. 이것은 학생들로 하여금 과학자들이 어떻게 연구와 실험을 하는지 배우도록 도와줄 것입니다. 캠프는 7월 23일부터 27일까지 열릴 예정입니다. 6월 30일까지 저희 웹 사이트를 통해 온라인으로 신청해 주십시오.

해설 참가 대상(12살에서 17살 사이 학생), 프로그램(강의, 야외 활동, 실험실 공개 수업), 기간(7월 23일부터 27일까지), 신청 방법(웹 사이트에서 신청)에 대해서는 언급하였으나, 참가비는 언급하지 않았다.

어휘 community college 지역 전문대학 participate in ~에 참가하다 lecture [léktʃər] 강의 laboratory [lǽbrətɔ:ri] 실험실 demonstration [demənstréiʃn] 실연, 공개 실험[수업] conduct [kəndʌ́kt] (특정한 활동을) 하다 research [risə́:rtʃ] 연구 experiment [ikspérimənt] 실험

19 ①

여: 와, 올해 박람회가 정말 붐비네.
남: 그래, 동네 모든 사람이 여기 온 것 같아.
여: 우리 반 친구들 누구라도 보이니?
남: 그런 것 같아. 저기 Jack 아니야?
여: Jack? 우리랑 영어 수업 같이 듣는? 어디?
남: 저쪽에, 햄버거를 사려고 줄 서서 기다리고 있잖아.
여: 아, 이제 그 애가 보인다.

해설 남자는 Jack이 햄버거를 사려고 줄 서 있다고 했으므로, 여자가 그 애가 보인다고 말하는 응답이 가장 적절하다.
② 응, 나 정말 배고파.
③ 아니, 우리 시간 없어.
④ 난 줄 서서 기다리고 싶지 않아.
⑤ 음, 그 애가 언짢아할 것 같지 않아.

어휘 fair [fɛər] 박람회 crowded [kráudid] 붐비는 classmate [klǽsmèit] 반 친구 wait in line 줄 서서 기다리다 **[문제]** mind [maind] 마음; *언짢아하다

20 ④

여: 나 휴가를 위해 호주행 표를 방금 예매했어.
남: 멋진데. 신나겠다. 누구랑 가니?
여: 우리 언니랑.
남: 너희 언니는 전에 호주에 가 본 적이 있잖아, 맞지?
여: 응, 거기서 어학연수를 받았어. 그래서 언니는 호주에 대해 아는 게 많지.
남: 그게 도움이 되겠다. 호텔에서 머물 거니?
여: 아니, 우리 언니의 친구 집에서 머물 거야.

해설 호주에서 호텔에 머물 거냐고 물었으므로, 그 여부에 대해 말하는 응답이 가장 적절하다.
① 아니, 우린 거기에 비행기를 타고 갈 거야.
② 응, 너와 같이 갈게.
③ 내가 멋진 호텔을 추천해 줄 수 있어.
⑤ 응, 그 호텔은 모든 방이 이미 예약이 찼어.

어휘 helpful [hélpfəl] 도움이 되는

17 1) what I ordered 2) know a good restaurant 3) hasn't been delivered
18 1) ages of 12 and 17 2) program will include 3) apply online through our website
19 1) is really crowded 2) see any of our classmates 3) waiting in line
20 1) booked my ticket 2) Who are you going with 3) staying at a hotel

Dictation Test 16

pp. 210~217

01 1) beautiful sunny days will continue 2) expect high temperatures 3) a lot of clouds
02 1) need a mask 2) be something cute 3) get the rabbit mask
03 1) had to come back 2) It's been very annoying 3) sorry for the inconvenience
04 1) was playing basketball 2) go to the emergency room 3) pick me up
05 1) single room for one night 2) I'd like a city view 3) pay in cash
06 1) moved here from Hong Kong 2) interested in soccer and music 3) one year older
07 1) visit your parents 2) fly there 3) buy a ticket
08 1) cheaper and more convenient 2) to be delivered 3) need some books
09 1) setting the table 2) moved all the chairs 3) pick up the cake
10 1) prepared for all the events 2) a variety of performances 3) enjoy the festival
11 1) opened last month 2) including the longest roller coaster 3) bring your own food
12 1) going to class 2) my car isn't working 3) stop by
13 1) ticket for the next train 2) have to hurry 3) have five minutes
14 1) My computer is too slow 2) because of a virus 3) I can fix it
15 1) booked tickets 2) made plans for 3) change the tickets
16 1) Which mall are you going to 2) closed on Mondays 3) we can go tomorrow

실전모의고사 17회

pp. 218~219

01 ①	02 ④	03 ④	04 ③	05 ④
06 ①	07 ③	08 ②	09 ②	10 ①
11 ③	12 ③	13 ②	14 ③	15 ①
16 ①	17 ④	18 ③	19 ⑤	20 ①

01 ①

남: 안녕, Jessica. 너 아주 신나 보인다.
여: 맞아. 오늘 크리스마스이브잖아! 내일 눈이 올 것 같니?
남: 아니. 너 화이트 크리스마스를 바라는 거야?
여: 응, 그래!
남: 유감이야. 일기 예보에서 그렇게 춥지는 않을 거라고 했어.
여: 저런. 그럼 비 오는 크리스마스가 될까?
남: 아니, 맑을 거야. 오늘 밤에 바람이 이 구름을 전부 날려 버릴 거래.
여: 아, 그렇게 나쁘진 않구나.

해설 크리스마스에는 눈이나 비가 오지 않고 맑을 것이라고 했다.

어휘 pretty [príti] 예쁜; *아주, 매우 hope for ~을 바라다 blow away ~을 날려 버리다

02 ④

여: 저는 오늘 완전히 새로운 머리 모양을 하고 싶어요.
남: 좋습니다. 이 사진들을 보세요. 이건 어때요?
여: 컬이 많은 머리는 싫어요. 그리고 너무 길어요.
남: 그럼 이 머리 모양은 어때요?
여: 그건 너무 짧아요. 남자처럼 보일 거예요.
남: 음, 이게 인기 있어요. 뒤는 짧지만 앞은 길죠.
여: 아, 그거 마음에 들어요. 정말 최신 유행이네요.

남: 좋은 선택이에요!

해설 여자는 뒤는 짧고 앞은 긴 형태의 머리 모양을 선택했다.

어휘 completely [kəmplí:tli] 완전히 take a look at ~을 보다 curly [kə́:rli] 곱슬곱슬한, 컬이 많은 look like ~처럼 보이다 back [bæk] 뒤 front [frʌnt] 앞 fashionable [fǽʃənəbl] 최신 유행의

03 ④

여: 너 휴가 계획 있니?
남: 응, 나는 가족과 태국에 갈 거야.
여: 그거 멋지구나!
남: 응, 나는 트레킹을 하고 밀림을 탐험할 거야. 빨리 가고 싶어.
여: 정말 좋겠다!
남: 너는? 네 계획은 뭐야?
여: 사실, 난 아직 아무것도 계획하지 않았어. 네가 부럽다.

해설 남자는 휴가 때 가족과 태국에 가서 트레킹과 밀림 탐험을 할 것이라고 했으므로 신이 날(excited) 것이다.
① 질투하는 ② 지루한 ③ 화가 난 ⑤ 걱정하는

어휘 Thailand [táilænd] 태국 trek [trek] 트레킹을 하다 explore [iksplɔ́:r] 탐험하다 jungle [dʒʌ́ŋgl] 밀림, 정글 envy [énvi] 부러워하다

04 ③

여: 네 생일 파티에 못 가서 미안해. 파티는 어땠어?
남: 정말 재미있었어. 넌 왜 못 왔어?
여: 난 복통이 있어서, 계속 침대에 있어야 했어.
남: 아. 이제 괜찮아?
여: 응. 그건 그렇고, 멋진 선물들을 받았니?
남: 응. 부모님은 나에게 바이올린과 인라인스케이트를 사 주셨고, 누나는 스웨터를 줬어.
여: 멋지다. Jason이 너에게 야구 경기 표를 줬다고 들었어.
남: 그랬지. 그리고 Liz는 야구 모자를 사 줬어.
여: 와, 굉장한 선물들을 받았구나.

해설 남자는 생일 선물로 부모님께 바이올린과 인라인스케이트를, 누나로부터 스웨터를, 친구들로부터 야구 경기 표와 야구 모자를 받았다고 했다.

어휘 miss [mis] 놓치다; *~에 참가[출석]하지 못하다 stomachache [stʌ́məkèik] 복통

05 ④

남: 안녕하세요, 무엇을 도와드릴까요?
여: 어젯밤 제 차에서 몇 가지 물건들을 도둑맞았어요.
남: 알겠습니다. 더 설명해 주시겠어요?
여: 네. 제 차를 집 앞에 주차했는데, 누군가가 그 안에 있는 걸 다 훔쳐 갔어요.
남: 알겠습니다. 이 양식을 작성하시면, 저희가 다시 연락 드리겠습니다. 도둑을 잡기 위해 최선을 다하겠습니다.
여: 정말 감사합니다.

해설 여자는 차 안의 물건을 도둑맞은 사실을 신고하고 남자는 최선을 다해 도둑을 잡겠다고 했으므로, 두 사람이 대화하는 장소로 가장 적절한 곳은 경찰서이다.

어휘 steal [sti:l] 훔치다, 도둑질하다 (steal-stole-stolen) park [pa:rk] 공원; *주차하다 get back to ~에게 다시 연락하다 thief [θi:f] 도둑

06 ①

여: Bill, 이 케이크 먹어 볼래?
남: 그래. 맛있어 보인다. 네가 직접 만들었어?
여: 응, 어젯밤에 만들었어.
남: 치즈 케이크지, 맞지?
여: 응, 블루베리 치즈 케이크야. 맛이 어때?
남: 딱 좋아. 네가 빵을 만드는 데에 이렇게 재능이 있는지 정말 몰랐네.

해설 남자는 여자가 만든 케이크의 맛이 좋다며 빵 만드는 실력을 칭찬하고 있다.

어휘 talented [tǽləntid] 재능이 있는

07 ③

남: 너 아르바이트를 하니?
여: 응. 나는 방과 후에 편의점에서 일해. 거기서 일하는 게 즐거워. 너는 어때?
남: 나는 주말에는 음식점에서, 평일에는 방과 후에 도서관에서 일해.
여: 와. 너 학교와 일로 바쁘겠구나.
남: 응. 난 뉴욕 여행을 위해 돈을 모으고 있거든.
여: 대단하다.

해설 남자는 주말에는 음식점에서 평일에는 도서관에서 일한다고 했다.

어휘 part-time job 아르바이트 convenience store 편의점 weekday [wí:kdèi] 평일 be busy with ~로 바쁘다 save money 돈을 절약하다, 돈을 모으다

08 ②

남: 제 일을 도와주셔서 정말 감사합니다.
여: 천만에요.
남: 감사의 표시로 오늘 저녁 식사를 대접하고 싶어요.
여: 저도 그러고 싶지만, 저는 병원에 계신 할아버지를 찾아뵈어야 해

요. 편찮으시거든요.

남: 아, 정말요? 심각하신가요?

여: 아니요. 이제 좋아지고 계세요.

해설 여자는 병원에 계신 할아버지를 찾아뵈어야 한다며 남자의 저녁 식사 제안을 거절했다.

어휘 serious [síəriəs] 심각한

09 ②

여: 너 피곤해 보인다.

남: 응, 내가 요즘 잠을 잘 못 자고 있어. 조언해 줄 거라도 있니?

여: 자기 전에 따뜻한 우유를 마시는 건 어때?

남: 아니, 그건 좋은 생각이 아니야. 나는 우유를 싫어하거든.

여: 그러면 목욕을 하렴. 그건 긴장을 푸는 아주 좋은 방법이거든. 그리고 저녁엔 커피를 마시지 마. 아, 그리고 하나 더! 잠들기 전에는 운동을 너무 많이 하지 마.

남: 오늘 밤에 그 제안들을 시도해 볼게. 고마워.

해설 숙면을 위한 방법으로 낮잠을 자지 않는 것은 언급하지 않았다.

어휘 these days 요즘 advice [ədváis] 조언, 충고 take a bath 목욕을 하다 relax [rilǽks] 긴장을 풀다 suggestion [səʤéstʃən] 제안

10 ①

남: 올해 장마철에 많은 비가 와서, 우리나라의 일부 지역에 큰 홍수를 초래했습니다. 이 홍수로 인해, 수천 명의 사람들이 집을 잃었고, 200명 이상의 사람들이 목숨을 잃었습니다. 이 가족들은 우리의 지원이 정말 필요합니다. 그리고 여러분의 도움으로, 우리는 그들에게 희망을 줄 수 있습니다. 기부하시려면 040-555-6677로 전화해 주세요. 전화 한 통에 2,000원의 비용이 듭니다. 그 돈은 모두 수재민들을 돕는 데 쓰일 것입니다.

해설 홍수로 피해를 입은 사람들을 돕기 위해 전화로 기부할 것을 장려하고 있으므로, 수재민 돕기에 대해 이야기하고 있음을 알 수 있다.

어휘 rainy season 장마철 cause [kɔːz] 야기하다, 초래하다 flooding [flʌ́diŋ] 홍수 thousands of 수천의 lose one's life 목숨을 잃다 support [səpɔ́ːrt] 지원, 도움 donate [dóuneit] 기부하다 flood victim 수재민

11 ③

남: 내가 캠프장에 전화해서 가격을 물어봤어. 1박당 75달러라고 하더라.

여: 나쁘지 않네.

남: 맞아. 그리고 차량 한 대 주차 공간은 무료야.

여: 좋다. 바비큐 그릴을 가져가야 할까?

남: 아니, 거기서 빌릴 수 있어. 피크닉 테이블도 구비하고 있어.

여: 편리하겠네.

남: 게다가, 샤워실이 있어서, 거기서 샤워를 할 수 있어.

여: 그거 너무 좋다!

해설 바비큐 그릴은 캠프장에서 빌릴 수 있어서 가져갈 필요가 없다고 했다.

어휘 campsite [kǽmpsàit] 캠프장, 야영지 per [pər] ~당 parking spot 주차 공간 vehicle [víːikl] 차량 rent [rent] 빌리다 shower booth 샤워실

12 ③

여: 어떻게 도와드릴까요?

남: 제가 어제 이 책을 샀는데, 손상됐어요.

여: 손상된 곳을 보여 주시겠어요?

남: 보세요. 몇 페이지가 빠져 있어요.

여: 아, 죄송합니다. 다른 걸로 교환하길 원하시나요?

남: 네, 그래요. 하지만 먼저 손상됐는지 확인해 주세요.

여: 알겠습니다. 불편을 끼쳐서 다시 한번 사과드립니다.

해설 남자는 어제 서점에서 구입한 책이 손상되어서 다른 책으로 교환하길 원한다고 했다.

어휘 damaged [dǽmidʒd] 손상된 missing [mísiŋ] 없어진; *빠진 exchange [ikstʃéindʒ] 교환하다 check if ~인지 확인하다 apologize [əpɑ́lədʒàiz] 사과하다 trouble [trʌ́bl] 문제, 불편

13 ②

남: 얘, 너 게시판 확인했어?

여: 아니, 왜?

남: 방과 후에 음악실에서 무료 기타 수업이 있을 거래.

여: 그래, 그거 나도 들었어. 난 벌써 몇 분 전에 Ashley와 그 수업을 신청했어.

남: 그랬어? 나도 해야겠다.

여: 그래. 내가 15번째 학생이고 겨우 한 자리 남았다고 들었어.

남: 알았어. 지금 가서 등록해야겠다. 안녕!

해설 여자가 자신이 기타 수업에 등록한 15번째 학생이고 한 자리가 남았다고 했으므로, 기타 수업의 정원은 16명이다.

어휘 bulletin board 게시판 sign up for ~을 신청하다

14 ③

남: 너 오늘 연습에서 아주 잘했어.

여: 정말요?

남: 그래, 패스와 헤딩 기술이 정말 많이 나아지고 있어. 네가 아주 열심히 연습하고 있다는 걸 알고 있단다.

여: 감사합니다.
남: 나는 네가 다음 경기에서 뛰었으면 한다.
여: 정말 좋아요. 최선을 다하겠습니다.
남: 네가 잘할 거란 걸 알아.
여: 실망시키지 않을게요.

해설 남자는 여자의 패스와 헤딩 기술 향상을 칭찬하며 다음 경기에서 뛰라고 말하고 있으므로, 감독과 운동선수의 관계임을 알 수 있다.

어휘 skill [skil] 기술 improve [imprú:v] 개선되다, 나아지다 disappoint [dìsəpɔ́int] 실망시키다

15 ①

남: Amy, 어쩌다 다리가 부러졌어?
여: 계단에서 넘어졌어.
남: 오 이런! 너 매일 학교에 걸어다니지 않니?
여: 보통 그렇게 하는데, 오늘은 아빠가 학교까지 차로 데려다주셨어. 그런데 집에는 버스를 타고 가야 해.
남: 불편하겠다.
여: 맞아, 대신 네가 나를 집까지 차로 데려다줄 수 있을 것 같니?
남: 물론이야. 그건 걱정하지 마.
여: 정말 고마워.

해설 여자는 다리를 다쳐서 남자에게 집까지 차로 데려다 달라고 부탁했다.

어휘 break one's leg 다리가 부러지다 fall down 넘어지다 drive A to B A를 B까지 차로 데려다주다 inconvenient [ìnkənví:njənt] 불편한

16 ①

남: 저 학교에 늦었어요!
여: 왜 더 일찍 일어나지 않았니?
남: 어젯밤에 너무 늦게까지 깨어 있었어요.
여: 컴퓨터 게임을 하고 있었니?
남: 아니에요, 엄마. 숙제가 너무 많아서, 그걸 하느라고 새벽 2시까지 깨어 있었어요.
여: 아, 그랬구나. 서둘러서 준비하렴!
남: 알았어요.

해설 남자는 많은 숙제를 하느라 새벽 2시까지 깨어 있었다고 했다.

어휘 be late for ~에 늦다 stay up 자지 않고 깨어 있다

17 ④

① 여: 네 코트 어떻게 된 거야?
남: 지나가는 차가 나에게 진흙을 튀겼어.
② 여: 옷 세탁했어?
남: 아, 잊어버렸어. 지금 세탁해야겠다!
③ 여: 이 근처에 세탁소가 있나요?
남: 네. 이 길로 걸어 내려가서 7번가에서 오른쪽으로 가세요.
④ 여: 이 얼룩을 제거해 주실 수 있나요?
남: 그럼요. 문제없을 겁니다.
⑤ 여: 이 코트 할인 중인가요?
남: 네. 가장 인기 있는 제품 중 하나예요. 세탁기로 세탁할 수도 있고요.

해설 세탁소에서 여자가 남자 직원에게 얼룩이 묻은 코트를 보여 주는 상황이다.

어휘 passing [pǽsiŋ] 지나가는 splash [splæʃ] 끼얹다, 튀기다 dry cleaner's 세탁소 remove [rimú:v] 치우다; *제거하다 stain [stein] 얼룩 machine washable 세탁기로 세탁할 수 있는

18 ③

여: 도마뱀붙이는 커다란 눈, 살찐 발가락, 두꺼운 꼬리를 지닌 작은 도마뱀입니다. 이것은 남극대륙을 제외한 세계 모든 대륙에서 발견됩니다. 이것은 도시 지역, 열대 우림, 심지어 사막과 추운 산간에서도 살 수 있습니다. 대부분의 도마뱀붙이는 야행성입니다. 이것은 자신의 서식지를 방어하거나 짝을 찾기 위해 찍찍거리는 소리, 짖는 소리, 딸깍하는 소리를 냅니다.

해설 생김새(커다란 눈, 살찐 발가락, 두꺼운 꼬리), 서식지(도시, 열대 우림, 사막, 산간), 활동 시간대(밤), 소리(찍찍거리는 소리, 짖는 소리, 딸깍하는 소리)에 대해서는 언급하였으나, 먹이는 언급하지 않았다.

어휘 gecko [gékou] 도마뱀붙이 lizard [lízərd] 도마뱀 padded [pǽdid] 속을 채워 넣은; *살찐 continent [kɑ́:ntinənt] 대륙 except for ~을 제외하고 Antarctica [æntɑ́:rktikə] 남극대륙 urban [ə́:rbən] 도시의 rainforest [réinfɔ:rist] 열대 우림 chirp [tʃə:rp] 찍찍거리다 click [klik] 딸깍하는 소리를 내다 defend [difénd] 방어하다 mate [meit] 친구; *(한 쌍을 이루는 동물의) 짝

19 ⑤

남: 안녕, Grace. 너 어디 가는 거야?
여: 우체국에 가고 있어.
남: 소포를 부쳐야 하니?
여: 응. 파리에 계신 엄마께.
남: 내가 거기까지 태워 줄게. 타!
여: 아니, 괜찮아. 난 너를 성가시게 하고 싶지 않아.
남: 걱정하지 마. 나도 같은 방향으로 가는 중이야.

해설 여자는 남자를 성가시게 하고 싶지 않아 차를 태워주겠다는 제안을 거절했으므로, 같은 방향이라고 말하는 응답이 가장 적절하다.
① 난 전에 파리에 가본 적이 없어.
② 그래. 그건 모퉁이를 돌면 바로 있어.

③ 좋아. 고마워.
④ 특급 우편으로 보내면 거기에 더 빨리 도착할 거야.

어휘 package [pǽkidʒ] 소포 get in (탈것에) 타다 bother [báðər] 괴롭히다, 성가시게 하다 [문제] direction [dirékʃən] 방향

20 ①

[전화벨이 울린다.]
여: 안녕하세요, Future Education입니다. 어떻게 도와드릴까요?
남: 안녕하세요. Chris와 통화할 수 있을까요?
여: 누구신지 여쭤봐도 될까요?
남: Ted Smith입니다.
여: 네. 음, 유감스럽게도 Chris는 지금 자리에 없어요.
남: 오늘 이따가는 통화 가능할까요?
여: 아니요, 그는 오늘 퇴근했어요. 내일 돌아올 거예요. 메시지를 남기시겠어요?
남: 그냥 제가 전화했다고 전해 주시겠어요?

해설 메시지를 남길지 물었으므로, 사양하거나 전할 말을 남기는 응답이 가장 적절하다.
② 당신을 다시 만나서 정말 좋았어요.
③ 그런 경우에는, 우리의 계획을 바꿉시다.
④ 그가 오늘 돌아올지 아세요?
⑤ 당신은 분명 쇼핑하러 가는 것에 신이 나겠네요.

어휘 unfortunately [ʌnfɔ́ːrtʃənətli] 유감스럽게도 leave the office 퇴근하다 leave a message 메시지를 남기다

Dictation Test 17

pp. 220~227

01 1) it will snow 2) have a rainy Christmas 3) blow all these clouds away
02 1) don't want curly hair 2) look like a man 3) long in the front
03 1) any plans for your vacation 2) I can't wait 3) haven't planned anything yet
04 1) get any nice gifts 2) gave me a sweater 3) bought me a baseball cap
05 1) someone stole everything 2) Fill out this form 3) find the thief
06 1) make it yourself 2) How does it taste 3) such a talented baker
07 1) have a part-time job 2) work at a restaurant 3) saving money for a trip
08 1) buy you dinner 2) visit my grandfather 3) getting better now
09 1) drinking hot milk 2) take a bath 3) Don't exercise too much
10 1) lost their homes 2) need our support 3) help the flood victims
11 1) it's $75 per night 2) rent one there 3) have shower booths
12 1) it's damaged 2) Some pages are missing 3) want to exchange it
13 1) free guitar class 2) signed up for the class 3) only one spot left
14 1) did a good job 2) improving a lot 3) play in the next game
15 1) fell down the stairs 2) take the bus home 3) drive me home
16 1) stayed up too late 2) had too much homework 3) Hurry up and get ready
17 1) wash your clothes 2) Is there a dry cleaner's 3) remove these stains
18 1) found on every continent 2) active at night 3) defend their home
19 1) mail a package 2) drive you there 3) don't want to bother
20 1) Can I talk to 2) is not available 3) leave a message

실전모의고사 18회

pp. 228~229

01 ③	02 ④	03 ④	04 ③	05 ②
06 ①	07 ②	08 ④	09 ③	10 ④
11 ②	12 ①	13 ②	14 ⑤	15 ①
16 ①	17 ④	18 ③	19 ③	20 ①

01 ③

남: 안녕하세요. 오늘 밤과 내일의 일기 예보입니다. 오늘 내리는 비는 밤새 계속되겠습니다. 하지만 내일 아침쯤에는 개겠습니다. 내일 오후에는 강한 바람이 불고 흐리겠습니다. 내일 온종일 기온이 평소보

다 약간 낮겠습니다. 즐거운 저녁 보내십시오.

해설 내일 오후에는 강한 바람이 불고 흐릴 것이라고 했다.

어휘 clear up (날씨가) 개다

02 ④

남: 너 그 등 어디서 샀어?
여: Sally가 나에게 사 줬어.
남: 멋지다. 우리 거실에 하나 필요한데.
여: 응. 그거 어디에 둘까?
남: 글쎄, 탁자 위가 좋아 보일 것 같아. 그걸 시계 오른쪽에 두자.
여: 음. 난 잘 모르겠어. 사진 뒤에 두고 싶어.
남: 그럼 등을 사진 뒤에 두고, 시계는 사진 옆에 놓자. 어때?
여: 아주 괜찮아 보이겠다.

해설 두 사람은 등을 사진 뒤에 두고, 시계는 사진 옆에 놓기로 했다.

어휘 lamp [læmp] 램프, 등 put [put] 두다 behind [biháind] ~ 뒤에 place [pleis] 장소; *놓다, 두다

03 ④

여: 아, 안녕, Todd. 여기서 뭐 하고 있어?
남: 오늘 아침에 쇼핑몰에서 네 여동생을 만났어. 너에게 문제가 생겼다고 하더라.
여: 응. 내 스마트폰이 작동이 잘 안 돼. 일부 사진이 없어졌을지도 몰라.
남: 음, 있지, 내가 기계 장치를 정말 잘 고치잖아.
여: 알지. 하지만 내 문제로 널 성가시게 하고 싶지 않았어.
남: 바보같이 굴지 마. 친구 좋다는 게 뭐니? 내가 한번 볼게.
여: 그래. 고마워.

해설 남자가 여자의 스마트폰에 문제가 생겼다는 얘기를 듣고 도와주겠다고 했으므로 여자는 고마울(grateful) 것이다.
① 화가 난 ② 외로운 ③ 신이 난 ⑤ 당황한

어휘 mall [mɔːl] 쇼핑몰 device [diváis] 기계 장치 silly [síli] 바보 같은

04 ③

여: Sean! 너 지난주 토요일에 Dreamland 놀이공원에 갔지, 안 그래?
남: 응. 어떻게 알았어?
여: 네가 공연장 입구에 줄 서 있었다고 내 동생이 그랬어.
남: 그랬지. 밴드 STB가 거기서 콘서트를 했거든. 나는 그들을 보려고 3시간을 기다려야 했어.
여: 그래서 콘서트는 재미있었어?
남: 응! 정말 대단했어.
여: 기념품 가게에서 그 밴드의 이름이 써져 있는 한정판 테디베어를 팔았다고 들었어.
남: 맞아. 난 정말 하나 사고 싶었는데, 바로 품절됐어.

해설 남자는 놀이공원에 있는 공연장에서 콘서트를 관람했다고 했다.

어휘 entrance [éntrəns] 입구 performance [pərfɔ́ːrməns] 공연 souvenir [sùːvəníər] 기념품 limited edition 한정판 immediately [imíːdiətli] 즉시, 즉각

05 ②

남: 안녕하세요, 도와드릴까요?
여: 네. 이것들은 신선한가요?
남: 네. 모두 오늘 아침에 구운 거예요.
여: 생일 파티를 위해 하나 사야 해서, 꼭 맛이 좋으면 좋겠어요.
남: 걱정하지 마세요, 손님. 이곳에 있는 것 모두 신선하고 맛있어요.
여: 글쎄요. 지난주에 여기서 빵을 좀 샀는데 너무 딱딱했어요.
남: 아, 유감입니다.

해설 여자가 맛이 좋은 빵을 찾고 있고 남자는 이곳의 빵이 모두 신선하고 맛있다고 했으므로, 두 사람이 대화하는 장소로 가장 적절한 곳은 제과점이다.

어휘 fresh [freʃ] 신선한 bake [beik] 굽다 taste [teist] ~한 맛이 나다, 맛이 ~하다 hard [hɑːrd] 딱딱한

06 ①

여: 너 길 건너편에 새로 생긴 샌드위치 가게에 가 봤니?
남: 아니, 안 가 봤어. 너는 가 봤어?
여: 응. 어제 Eric이랑 거기 갔어. 우린 같이 점심을 먹었거든.
남: 어땠어?
여: 좋았어. 음식이 맛있고 서비스도 훌륭했어. 너도 한번 먹어 봐.
남: 거기서 가장 맛있는 요리가 뭐야?
여: 스테이크 샌드위치를 먹어 봐. 실망하지 않을 거야.

해설 여자는 남자에게 새로 생긴 샌드위치 가게의 스테이크 샌드위치를 추천하고 있다.

어휘 across [əkrɔ́ːs] ~의 건너편에 excellent [éksələnt] 훌륭한 dish [diʃ] 접시; *요리

07 ②

남: Mary의 생일 선물을 사고 싶은데, 무엇을 사야 할지 모르겠어.
여: 꽃을 사 주는 건 어때?
남: 지난달에 이미 꽃다발을 줬어.
여: 음. 반지나 목걸이를 사 주는 건 어때?
남: 그런 것들은 너무 비싸.
여: 책은 어때? 그녀는 소설 읽는 걸 좋아하잖아.

남: 그거 좋은 생각이다. 고마워.

해설 여자가 소설 읽는 걸 좋아하는 Mary에게 책을 선물할 것을 제안하자 남자는 좋은 생각이라고 대답했다.

어휘 a bouquet of flowers 꽃다발 necklace [néklis] 목걸이 novel [ná:vl] 소설

08 ④

남: 너 그 소식 들었어? Julie가 어제 Grace 병원에서 아기를 낳았대.
여: 응, 들었어. 딸이래.
남: 놀랍지 않아?
여: 응. 병원에 그들을 보러 가자.
남: 좋은 생각이야. 그녀를 위해 과일을 좀 사는 게 어때?
여: 좋아. Julie가 좋아할 거야.
남: 여기 근처에 슈퍼마켓이 하나 있어.

해설 두 사람은 아기를 낳은 Julie를 보러 병원에 가기 전에 그녀에게 줄 과일을 사기로 했다.

어휘 have a baby 아기를 낳다 near [niər] ~ 근처에

09 ③

여: Tim, 아빠랑 엄마가 이번 주말에 여행 가는 거 기억하지, 그렇지?
남: 네, 엄마.
여: 우리가 가 있는 동안 네가 몇 가지 일을 해 줬으면 해.
남: 알았어요. 매일 제 방을 청소하고 숙제를 하는 거요, 맞죠?
여: 맞아. 그리고 더 있어. 일요일 아침에는 모든 식물에 물을 줘야 해. 그리고 고양이 먹이 주는 것도 잊지 말고.
남: 알았어요, 엄마. 걱정하지 마세요.

해설 부모님의 여행 동안 남자가 해야 할 일로 문단속은 언급하지 않았다.

어휘 go on a trip 여행을 가다 water [wɔ́:tər] 물; *(화초 등에) 물을 주다 feed [fi:d] 먹이를 주다

10 ④

여: 버스나 지하철을 타는 것에 싫증이 나나요? 인파에 싫증이 나나요? 그럼 자전거를 타는 게 어떨까요? 자전거 타기는 환경에 좋고, 여러분은 많은 돈을 절약할 수 있습니다. 자전거 타기는 여러분이 어디에 갈 때마다 운동을 하게 되어 건강에도 좋습니다.

해설 자전거를 타면 돈을 절약할 수 있고 환경과 건강에 좋다고 했으므로, 자전거 타기의 이점에 대해 이야기하고 있음을 알 수 있다.

어휘 be tired of ~에 싫증이 나다 crowd [kraud] 군중, 인파 environment [inváiərənmənt] 환경 save [seiv] 절약하다 health [hélθ] 건강 every time ~할 때마다 somewhere [sʌ́mwɛ̀ər] 어디에

11 ②

남: Janet, 너 Thomas Smith 조각상이 왜 학교 남쪽 입구에 있는지 알아?
여: 아, 그 실물 크기의 남자 청동 조각상 말이니?
남: 응. 그 사람이 우리 학교 설립자들 중 한 명이었잖아.
여: 나도 알아. 내가 듣기로는 그 조각상이 우리 학교 100주년을 기념하려고 만들어졌대.
남: 맞아. 그 조각상이 어디를 가리키고 있는지 아니?
여: 모르겠어.
남: 그건 한 손으로 도서관을 가리키고 다른 손으로는 책을 들고 있어.
여: 그거 흥미로운데. 내가 확인해 봐야겠다.

해설 석상이 아니라 청동 조각상이라고 했다.

어휘 statue [stǽtʃu:] 조각상 life-size [laifsaiz] 실물 크기의 bronze [brɑnz] 청동 sculpture [skʌ́lptʃər] 조각상 founder [fáundər] 창립자, 설립자 celebrate [séləbrèit] 축하하다, 기념하다 anniversary [ӕnəvə́:rsəri] 기념일, ~주년 point [pɔint] (손가락 등으로) 가리키다

12 ①

[휴대전화가 울린다.]
남: 여보세요?
여: 안녕, Frank.
남: 안녕, Sandy. 무슨 일이야?
여: 단지 오늘 오후의 일에 대해 내가 얼마나 미안한지 너에게 말하고 싶어서.
남: 아, 그건 걱정하지 마. 오래된 스웨터였어.
여: 그렇지만 내가 식당에서 장난치지 말았어야 했는데. 정말 미안해.
남: 괜찮아. 네가 나에게 쏟은 커피는 세탁하면 없어질 거야.
여: 그러면 좋겠다. 그렇게 이해심 있게 대해 줘서 고마워!

해설 여자는 오늘 오후에 남자의 스웨터에 커피를 쏟은 일에 대해 사과했다.

어휘 fool around 장난치다 spill [spil] (액체 등을) 쏟다 come out (얼룩이) 없어지다 wash [wɑʃ] 세탁 understanding [ʌ̀ndərstǽndiŋ] 이해심 있는

13 ②

[휴대전화가 울린다.]
남: 여보세요?
여: 안녕, Jack. 오늘 저녁에 무용 수업이 몇 시에 시작하지?
남: 7시 30분.
여: 알겠어. 그런데 나 거기에 어떻게 가는지 모르겠어. 우리 같이 가자.
남: 좋아.
여: 버스 정류장에서 7시에 만날까?
남: 그러면 우리 늦을지도 몰라. 수업 시작하기 1시간 전에 만나자.

여: 좋아.

해설 수업은 저녁 7시 30분에 시작하는데 수업 시작하기 1시간 전에 만나기로 했으므로, 두 사람이 만날 시각은 6시 30분이다.

어휘 bus stop 버스 정류장

14 ⑤

[전화벨이 울린다.]

여: 안녕하세요! CBM에 출연 중이십니다.

남: 안녕하세요! 저는 이 프로그램의 열성팬이에요.

여: 감사합니다. 성함이 어떻게 되세요?

남: Sam Marsh예요.

여: 듣고 싶으신 노래가 있나요?

남: 네. 오늘은 저희 어머니의 생신이에요. 저희 어머니께서 가장 좋아하시는 노래인 Beatles의 〈Let It Be〉를 틀어 주시겠어요?

여: 알겠습니다.

해설 남자가 어머니의 생신을 위해 노래를 신청하고 여자가 노래를 틀어 주겠다고 하는 것으로 보아, 라디오 DJ와 청취자의 관계임을 알 수 있다.

어휘 big fan 열성팬

15 ①

여: Josh, 너 너무 피곤해 보여.

남: 응. 요즘 내가 잠을 잘 못 자고 있어. 어젯밤에는 새벽 1시까지 깨어 있었어.

여: 아. 뭐 하고 있었는데?

남: 잠들려고 노력하면서, 그냥 TV 보고 있었어.

여: TV 보는 건 잠드는 것을 더 어렵게 할 수 있어. 취침 시간 전에는 느긋이 쉬려고 노력해야 해.

남: 느긋이 쉬려면 내가 뭘 할 수 있을까?

여: 침대에서 책을 읽는 건 어때?

남: 알겠어. 한번 해 볼게.

해설 여자는 요즘 잠을 잘 못 잔다는 남자의 말에 자기 전에 침대에서 책을 읽어 보라고 제안했다.

어휘 fall asleep 잠들다 bedtime [bédtàim] 취침 시간

16 ①

[휴대전화가 울린다.]

여: 여보세요?

남: 안녕, Susan.

여: 무슨 일이야, Mike?

남: 지난 금요일 밤에 댄스파티는 어땠어?

여: 환상적이었어. 넌 왜 안 왔어? 너 춤추는 거 정말 좋아하잖아.

남: 난 다리가 부러져서, 갈 수 없었어.

여: 유감이다. 어쩌다가 그랬어?

남: 스키를 타다가 넘어졌어.

여: 음, 네 다리가 빨리 좋아지기를 바랄게.

해설 남자는 스키를 타다가 다리를 다쳐서 댄스파티에 참석할 수 없었다고 했다.

어휘 fantastic [fæntǽstik] 환상적인 break [breik] 깨지다; *부러지다 (break-broke-broken) fall [fɔːl] 넘어지다 (fall-fell-fallen) get better (병·상황 등이) 좋아지다

17 ④

① 남: 네 카메라를 빌려도 될까?
여: 아, 미안해. 그거 수리 중이야.

② 남: 벽에 걸린 사진들이 마음에 들어.
여: 고마워. 한국으로 가족 여행 갔을 때 찍은 사진들이야.

③ 남: 난 사진작가가 되고 싶어.
여: 멋지다! 너 사진 잘 찍잖아.

④ 남: 저희 사진을 찍어 주실 수 있나요?
여: 물론이죠. 서로 가까이 서세요.

⑤ 남: 어떤 카메라를 추천하시나요?
여: 이거 어떠세요? 가장 최신 모델입니다.

해설 두 남자 중 한 사람이 여자에게 카메라를 건네며 사진 촬영을 부탁하는 상황이다.

어휘 repair [ripέər] 수리하다 photographer [fətɑ́grəfər] 사진작가 newest [núəst] 최신의

18 ③

남: Central 도서관에 오신 것을 환영합니다! 이곳은 일반 대중에게 개방되어 있습니다. 저희 도서관은 5백만 권 이상의 도서를 보유하고 있습니다. 저희는 또한 학습 공간, 회의실, 컴퓨터 시설을 제공합니다. 여러분은 한 번에 최대 10권의 책을 2주간 대출하실 수 있습니다. 저희 도서관은 월요일마다 닫지만, 그래도 본관 앞에 있는 도서 반납함에 책을 반납하실 수 있습니다.

해설 도서 보유량(5백만 권 이상), 부대시설(학습 공간, 회의실, 컴퓨터 시설), 대출 기간(2주간), 휴관일(매주 월요일)에 대해서는 언급하였으나, 운영 시간은 언급하지 않았다.

어휘 general public 일반 대중 hold [hould] 잡다; *보유하다 million [míljən] 100만 offer [ɔ́(ː)fər] 제공하다 area [έriə] 지역; *장소, 공간 facility [fəsíləti] 시설 check out (도서관 등에서) 대출하다 up to ~까지

19 ③

남: Michelle! 내가 우리의 싱가포르 여행을 위해 아주 싼 표를 찾았어.
여: 잘됐다!
남: 응. 우리가 사려던 것보다 비용이 200달러 덜 들어.
여: 정말? 왜 그렇게 싸?
남: 음, 밤늦게 출발해서 아침 일찍 도착해야 할 거거든.
여: 아. 그런 경우라면, 난 돈을 더 지불하고 다른 표를 살래.
남: 너 농담하는 거지. 왜?
여: 난 비행기에서 자는 게 싫어.

해설 밤늦게 출발하는 저렴한 표 대신 더 비싼 표를 사려는 이유를 물었으므로, 그 이유를 말하는 응답이 가장 적절하다.
① 그건 단지 너무 비싸.
② 난 싱가포르에 가 본 적이 없어.
④ 우리는 어떤 표도 살 필요가 없어.
⑤ 서두르지 않으면, 우린 비행기를 놓칠 거야.

어휘 in that case 그런 경우라면

20 ①

여: 흰색 샌들 찾았어?
남: 아니. 내가 판매원에게 물어봤어. 갈색하고 검은색밖에 없대.
여: 대신 갈색을 사면 될 것 같아.
남: 하지만 넌 흰색 샌들을 정말 사고 싶다고 했잖아.
여: 응. 그게 내 새 드레스와 잘 어울릴 것 같아.
남: 그럼 계속 보자. 이 근처에 신발 가게가 몇 개 더 있어.
여: 그래, 다른 가게에 가 보자.

해설 남자는 흰색 샌들을 사고 싶어 하는 여자에게 근처 다른 신발 가게에도 가 보자고 했으므로, 그 제안을 수락하거나 거절하는 응답이 가장 적절하다.
② 그런 경우라면, 이게 완벽해.
③ 그거 제 사이즈로도 있나요?
④ 먼저 그걸 신어 보는 게 어때?
⑤ 아니야, 난 흰색으로 사야겠어.

어휘 sandal [sǽndl] 샌들 salesperson [séilzpə̀ːrsn] 판매원
neighborhood [néibərhùd] 근처, 인근

Dictation Test 18

pp. 230~237

01 1) rain will continue 2) with strong winds
3) a little lower than usual
02 1) to the right of 2) behind the picture
3) place the clock
03 1) doesn't work well
2) bother you with my problems
3) What are friends for
04 1) were standing in line 2) enjoy the concert
3) sold out immediately
05 1) all baked this morning 2) it tastes good
3) bought some bread here
06 1) had lunch together 2) You should try it
3) won't be disappointed
07 1) buying her some flowers 2) too expensive
3) likes to read novels
08 1) had her baby 2) visit them in the hospital
3) buying some fruit
09 1) to do some things 2) clean my room
3) feed the cat
10 1) riding a bicycle 2) save a lot of money
3) every time you go somewhere
11 1) at the south entrance 2) was made to celebrate
3) pointing at the library
12 1) how bad I feel
2) shouldn't have been fooling around
3) you spilled on me
13 1) dance class start 2) how to get there
3) meet an hour before
14 1) big fan of 2) would like to hear
3) play my mother's favorite song
15 1) trying to fall asleep 2) relax before bedtime
3) reading a book
16 1) How was the dance party 2) broke my leg
3) gets better soon
17 1) being repaired 2) be a photographer
3) take a picture of us
18 1) offer study areas 2) check out up to
3) is closed on Mondays
19 1) found really cheap tickets 2) leave late at night
3) I'd rather pay more
20 1) have only brown and black
2) wanted a white pair 3) let's keep looking

Word Test 16~18

pp. 238~239

A

01	전망	02	괴롭히다, 성가시게 하다
03	정장, 양복	04	기술
05	홍수	06	손상된
07	지원, 도움	08	찍찍거리다
09	빌리다	10	가치가 있는
11	지나가는	12	붐비는
13	연구	14	차량
15	조각상	16	즉시, 즉각
17	최신 유행의	18	짜증스러운, 귀찮은
19	실연, 공개 실험[수업]	20	(특정한 활동을) 하다
21	청동	22	개선되다, 나아지다
23	불편한	24	얼룩
25	도시의	26	방어하다
27	게시판	28	~을 제외하고
29	그런 경우라면	30	현금으로
31	~에 가는 길에	32	목숨을 잃다
33	~처럼 보이다	34	~을 보다
35	~에 참가하다	36	~을 신청하다
37	퇴근하다	38	상을 차리다
39	~을 날려 버리다	40	자지 않고 깨어 있다

B

01	advice	02	envy
03	classmate	04	fresh
05	necklace	06	pay
07	laboratory	08	including
09	cause	10	lecture
11	facility	12	mind
13	entrance	14	experiment
15	closed	16	weekday
17	helpful	18	donate
19	spill	20	explore
21	trek	22	hold
23	curly	24	suggestion
25	splash	26	attend
27	lizard	28	anniversary
29	health	30	remove
31	direction	32	Antarctica
33	photographer	34	relax
35	thousands of	36	be late for
37	be busy with	38	wait in line
39	fall asleep	40	be born in

고난도 실전모의고사 01회

pp. 240~241

01 ②	02 ②	03 ③	04 ④	05 ④
06 ②	07 ⑤	08 ⑤	09 ③	10 ③
11 ④	12 ⑤	13 ③	14 ⑤	15 ②
16 ①	17 ②	18 ③	19 ③	20 ⑤

01 ②

여: 안녕하세요. 주간 일기 예보입니다. 유감스럽게도, 이 우중충한 날씨는 금요일까지 계속되겠습니다. 월요일과 화요일에는 종일 안개가 끼고 흐리겠습니다. 수요일에는 폭우가 내리겠으니, 우산 챙기는 걸 잊지 마세요. 그리고 목요일에는 약간의 소나기가 내리겠습니다. 금요일에는 부분적으로 흐리겠지만, 마른 상태를 유지하겠습니다. 좋은 한 주 보내십시오!

해설 수요일에는 폭우가 내리겠으니 우산 챙기는 것을 잊지 말라고 했다.

어휘 gloomy [glúːmi] 우울한, 우중충한 continue [kəntínju(ː)] 계속되다 foggy [fɔ́ːgi] 안개가 낀 partly [pɑ́ːrtli] 부분적으로

02 ②

여: 실례합니다, 경찰관님. 저를 도와주실 수 있으세요?
남: 네. 무슨 일이시죠?
여: 제 딸을 찾을 수가 없어요. 제가 꽃을 사고 있는 동안에, 그 애가 사라졌어요.
남: 침착하세요. 아이가 몇 살인가요?
여: 5살이에요.
남: 어떻게 생겼나요?
여: 짧고 웨이브가 있는 갈색 머리예요.
남: 그렇군요. 뭘 착용하고 있나요?
여: 파란색 티셔츠, 흰색 치마, 노란색 샌들이요.
남: 알겠습니다. 저희가 최선을 다해서 찾겠습니다.

해설 여자는 딸이 짧고 웨이브가 있는 갈색 머리에, 파란색 티셔츠, 흰색 치마, 노란색 샌들을 착용하고 있다고 했다.

어휘 officer [ɔ́ːfisər] 경찰관 while [wail] ~하는 동안에 disappear [dìsəpíər] 사라지다 calm [kɑːm] 침착한 do one's best 최선을 다하다

03 ③

여: 너 시험에서 좋은 성적 받았니?
남: 아니.
여: 그런데 왜 그렇게 기분이 좋아 보여?

남: 내일 방과 후에 Sweetbox 콘서트에 갈 거거든. 내가 가장 좋아하는 밴드야.
여: 하지만 며칠 전에 넌 표를 못 구했다고 말했잖아. 어떻게 된 거야?
남: 이모가 나에게 VIP석 표를 하나 주셨어. 무대 근처라서 가수의 얼굴을 볼 수 있을 거야.
여: 와! 정말 좋겠다.

해설 남자는 좋아하는 밴드의 콘서트에 가게 되어 신이 날(excited) 것이다.
① 불안한 ② 걱정하는 ④ 평화로운 ⑤ 실망한

어휘 the other day 며칠 전에 stage [steidʒ] 무대

04 ④

여: 얘, Richard. 태국에서 언제 돌아왔니?
남: 지난주에. 하지만 난 좀 더 있고 싶었어.
여: 즐거운 여행이었구나. 거기서 뭘 했어?
남: 바다에서 수영하고, 스쿠버 다이빙을 하러 가고, 코끼리도 탔어.
여: 와, 정말 재미있었겠다. 뭐가 제일 좋았어?
남: 난 스쿠버 다이빙이 제일 좋았어. 코끼리를 타는 것도 정말 재미있었지만, 다시는 하고 싶지 않아.
여: 왜?
남: 코끼리가 안쓰럽게 느껴졌거든.

해설 남자는 태국에서 수영, 스쿠버 다이빙, 코끼리 타기를 했는데, 그 중에 스쿠버 다이빙이 제일 좋았다고 했다.

어휘 get back 돌아오다 ocean [óuʃən] 바다 scuba diving 스쿠버 다이빙 ride [raid] ~을 타다 (ride-rode-ridden)

05 ④

여: 안녕하세요. 오늘 어떻게 도와드릴까요?
남: 음, 제가 내일 아침 휴가차 비행기를 타고 한국으로 가거든요.
여: 그렇군요. 그래서 원화가 필요하신가요?
남: 맞아요. 500달러를 바꾸고 싶어요.
여: 알겠습니다. 오늘 환율이 1달러 대 1,200원입니다.
남: 좋네요.
여: 이 양식을 작성해 주시고, 여권을 보여 주세요.
남: 네.

해설 남자는 달러를 원화로 바꾸려고 하고 여자가 환율을 알려 주고 있으므로, 두 사람이 대화하는 장소로 가장 적절한 곳은 환전소이다.

어휘 fly [flai] 날다; *비행기를 타고 가다 currency [kə́ːrənsi] 통화, 화폐 exchange rate 환율 fill out ~을 작성하다[기입하다] form [fɔːrm] 양식 passport [pǽspɔːrt] 여권

06 ②

여: 나 몹시 배고파. 점심 먹으러 가자!
남: 그러고 싶지만, 난 시간이 없어.
여: 점심 먹으러 나갈 시간이 없다고? 왜?
남: 내일 중요한 시험이 있어서, 공부해야 해.
여: 넌 공부를 너무 많이 하는 것 같아. 주말 내내 공부하지 않았어?
남: 응, 그런데 난 준비가 전혀 안 됐어. 나 불안해.
여: 걱정하지 마. 너는 항상 좋은 성적을 받잖아. 넌 분명 잘 할 거야.
남: 시험이 어려울 것 같아. 밤새 공부할 거야.
여: Martin, 넌 쉬어야 해. 시험 전날 밤에는 많은 휴식을 취하는 편이 나아.

해설 내일 시험이 어려울 것 같아 밤새 공부하겠다는 남자에게 여자는 시험 전날 밤에는 휴식을 취하는 게 낫다고 조언하고 있다.

어휘 starve [stɑːrv] 굶주리다; *몹시 배고프다 get good grades 좋은 성적을 받다 plenty of 많은 rest [rest] 휴식

07 ⑤

여: 안녕하세요. 어떻게 도와드릴까요?
남: 제 스마트폰에 뭔가 문제가 있어요.
여: 뭐가 문제죠?
남: 어느 앱도 열리지 않고, 전화를 걸거나 받을 수가 없어요.
여: 제가 볼게요… 터치스크린이 고장 난 것 같네요. 제가 고칠 수 있을 것 같은데, 며칠 걸릴 거예요.
남: 그거 좋은 소식이네요. 기다릴 수 있어요.
여: 알겠습니다. 완료되면 이메일을 보내 드릴게요. 그때 찾아가시면 됩니다.
남: 고맙습니다.

해설 남자가 스마트폰의 앱이 열리지 않고 전화 기능도 작동하지 않는다고 하자, 여자는 터치스크린이 고장 난 것 같다고 했다.

어휘 none of ~ 중 아무(것)도 … 않다 make a call 전화를 걸다 broken [bróukən] 고장 난 pick up ~을 찾다[찾아가다]

08 ⑤

남: 쇼핑몰에 갈 준비됐어?
여: 생각을 바꿨어. 쇼핑하러 가고 싶지 않아.
남: 음, 대신 우린 만화책을 읽을 수도 있어.
여: 아니, 날씨가 너무 좋아. 야외에서 뭔가를 하자.
남: 공원에서 산책하는 게 어떨까?
여: 그것도 좋지만, 난 해변에 가고 싶어.
남: 해변은 너무 멀어. 거기 가는 데 2시간 넘게 걸릴 거야.
여: 맞아. 그럼 공원에 가자. 그런데 먼저, 자전거를 가지러 우리집에 잠시 들르자.
남: 좋아.

해설 두 사람은 공원에 산책하러 가기 전에 먼저 자전거를 가지러 여자의 집에 들르기로 했다.

어휘 change one's mind 생각을 바꾸다 comic book 만화책 outdoors [àutdɔ́ːrz] 야외에서 take a walk 산책하다 would rather ~하는 게 낫겠다, ~하고 싶다 stop by ~에 잠시 들르다

09 ③

남: Elisa, 내가 이 프리타타를 방금 만들었어. 좀 먹어 봐.
여: 음. 정말 맛있다. 감자랑 시금치가 안에 들어 있네, 맞지?
남: 맞아. 그리고 달걀이 주재료야.
여: 프리타타 만드는 법을 알려 줄 수 있니?
남: 그럼. 먼저, 달걀과 우유를 섞어. 그다음에, 감자와 시금치를 볶아. 그러고 나서, 채소 위에 달걀물을 부어. 마지막으로, 그걸 오븐에 넣고 달걀이 굳을 때까지 구우면 돼.
여: 간단하네. 나도 해 봐야겠다.
남: 꼭 해 봐. 칼로리와 지방이 적고 영양분이 풍부해.

해설 맛(매우 맛있음), 재료(감자, 시금치, 달걀, 우유), 조리법(볶은 채소에 달걀물을 붓고 오븐에서 구움), 영양분(풍부함)에 대해서는 언급하였으나, 조리 시간은 언급하지 않았다.

어휘 frittata [fritɑ́ːtə] 프리타타(오믈렛의 한 종류) spinach [spínitʃ] 시금치 ingredient [ingríːdiənt] 재료 stir [stəːr] 젓다, 섞다 pour [pɔːr] 붓다, 따르다 oven [ʌ́vn] 오븐 nutrient [njúːtriənt] 영양분

10 ③

남: 화재를 일으키는 것을 방지하는 것은 중요합니다. 하지만, 화재 발생 시 무엇을 해야 하는지 아는 것이 훨씬 더 중요합니다. 여러분은 젖은 천으로 코와 입을 막아야 합니다. 가능한 한 빨리 가장 가까운 출구로 가야 합니다. 절대로 엘리베이터를 타지 말고, 항상 계단을 이용하세요. 가장 중요한 것은, 공포에 질리지 말아야 한다는 것입니다. 침착하도록 노력하고, 출구를 찾으세요.

해설 화재 발생 시 코와 입을 막고 침착하게 출구를 찾아 이동하라고 했으므로, 화재 시 대피 요령에 대해 이야기하고 있음을 알 수 있다.

어휘 avoid [əvɔ́id] 방지하다, 피하다 cause [kɔːz] 일으키다 occur [əkə́ːr] 일어나다, 발생하다 wet [wet] 젖은 cloth [klɔːθ] 천 exit [éksit] 출구 panic [pǽnik] 공포에 질리다 way out 출구

11 ④

남: Mia, 뭐 하고 있니?
여: 온라인에서 배낭을 찾고 있어. 조카가 올해 대학에 들어가는데, 선물로 하나 주고 싶어.
남: 괜찮은 것들 좀 찾았니?
여: 음, 사실 이 웹 사이트에 있는 배낭들은 너무 비싸. 내 예산은 100 달러야.
남: 그럼 길 건너편에 있는 가게에 가 보는 건 어때? 거기 이번 주에 할인 중인 배낭이 많아. 거기서 괜찮은 걸 살 수 있을 거야.
여: 아, 정말? 그럼 내일 거기에 가 봐야겠다.
남: 조카를 가게에 데려가서 직접 마음에 드는 것을 고르라고 하는 건 어때?
여: 아니, 난 깜짝 놀라게 해 주고 싶어.

해설 여자는 웹 사이트에 있는 가방들이 예산에 비해 비싸서, 남자의 제안대로 배낭을 할인하고 있는 길 건너편의 가게에 가겠다고 했다.

어휘 nephew [néfjuː] 조카 (아들) college [kɑ́lidʒ] 대학 budget [bʌ́dʒit] 예산 pick ~ out (여럿 가운데에서) ~을 고르다

12 ⑤

여: Matt! 너 어디 가니?
남: 나 학교 식당에 가는 중이야.
여: 왜 그렇게 급히 가?
남: 4시에 거기서 Henry를 만나야 하는데, 내가 늦었어. 그 애가 아직 나를 기다리고 있으면 좋을 텐데.
여: 걱정하지 마. 내가 몇 분 전에 식당에서 그 애를 봤어.
남: 정말? 어때 보였어? 화나 보였어?
여: 아니 별로. 노트북으로 숙제를 하고 있는 것 같던데.
남: 아, 그래. 나 뛰어가야겠다. 나중에 보자!

해설 남자는 학교 식당에서 Henry를 만나기로 했는데 늦어서 빨리 가야 한다고 했다.

어휘 in a hurry 급히 still [stil] 아직

13 ③

여: 우리 오늘 오후 6시 30분에 〈The Luckiest Man〉을 보는 게 어때?
남: 좋아. 몇 시에 만날까?
여: 5시 30분 어때?
남: 너무 이르지 않아?
여: 영화가 시작하기 전에 저녁을 먹으면 되지. 그게 한 시간 정도 걸릴 거야.
남: 미안하지만, 내 수영 강습이 5시 40분에 끝나. 6시에 만나고, 영화를 본 후에 저녁을 먹는 게 어떨까?
여: 좋아.

해설 두 사람은 남자의 수영 강습이 끝난 후 6시에 만나서 영화를 보기로 했다.

어휘 early [ə́ːrli] 빠른, 이른

14 ⑤

여: 잠시 얘기 좀 할 수 있을까요?
남: 네, 그런데 제가 시간이 별로 없어요.
여: 괜찮아요. 그냥 한 손님이 방금 제게 와서 야채 수프에 대해 불평했다는 것을 알려 주고 싶었어요. 그게 너무 차갑다고 했어요.
남: 이해가 안 되네요.
여: 당신이 너무 늦게 손님에게 가져갔기 때문에 수프가 차가웠던 거죠.
남: 아, 정말 죄송해요. 저희가 오늘 밤에 아주 바빴어요.
여: 저도 그건 알지만, 제가 요리를 마치자마자 그걸 손님에게 제공해야 해요.
남: 알아요. 다음에는 더 빨리 하도록 노력할게요.
여: 알았어요.

해설 여자는 자신이 요리를 마치면 남자가 그걸 손님에게 제공해야 한다고 말했으므로, 요리사와 웨이터의 관계임을 알 수 있다.

어휘 customer [kʌ́stəmər] 손님 complain [kəmpléin] 불평하다 as soon as ~하자마자 serve [səːrv] (식당 등에서 음식을) 제공하다

15 ②

남: 얘, Sue. 무슨 일이야?
여: 안녕, Eric! 너 이번 주 토요일에 바쁘니?
남: 아니 별로. 아직 아무 계획 없어.
여: 그럼 부탁 하나 들어 줄래?
남: 물론이지. 내 생각엔 네가 새 기숙사 방으로 이사하는 데 도움이 필요할 것 같은데.
여: 맞아. 날 도와줄 사람이 필요해. 네가 도와줄 수 있니?
남: 물론이야. 네 방에 들를게.
여: 정말 고마워. 오전 10시까지 거기에 와 줘.

해설 여자는 남자에게 토요일에 새 기숙사 방으로 이사하는 것을 도와달라고 부탁했다.

어휘 do ~ a favor ~의 부탁을 들어 주다 move [muːv] 이사하다 dorm [dɔːrm] 기숙사 (= dormitory)

16 ①

남: 늦어서 미안해. 오래 기다렸어?
여: 응. 30분 정도 여기 있었어. 왜 전화를 안 받았어?
남: 실수로 그걸 집에 두고 왔어.
여: 왜 이렇게 늦은 거야? 길에 차가 많았니?
남: 아, 난 운전 안 했어. 내 차는 엔진 문제 때문에 정비소에 있거든.
여: 그럼 여기 어떻게 왔어?
남: 지하철로. 4호선에서 7호선으로 갈아탈 때, 내가 열차를 잘못 탔어.
여: 어쨌든, 네가 결국 왔으니 다행이야.

해설 남자는 차가 엔진 문제로 정비소에 있어서 지하철을 타고 약속 장소에 왔다고 했다.

어휘 by mistake 실수로 traffic [trǽfik] 차량들, 교통량 repair shop 수리점, 정비소 transfer [trǽnsfər] 옮기다; *갈아타다

17 ②

① 여: 나 셔츠에 커피를 쏟았어.
남: 오 이런. 여기 휴지 있어.
② 여: 나 어때 보여?
남: 그 셔츠가 너에게 굉장히 잘 어울릴 거야.
③ 여: 내가 너에게 줄 셔츠를 샀어. 맘에 들어?
남: 정말 고마워! 아주 맘에 들어.
④ 여: 난 새 셔츠가 필요해. 나랑 쇼핑몰에 갈래?
남: 그래. 난 지금 바쁘지 않아.
⑤ 여: 나는 이 색상이 나에게 어울리지 않는 것 같아.
남: 난 동의하지 않아. 그 파란색 셔츠가 너에게 딱 어울리는 것 같아.

해설 여자는 거울 앞에서 빨간 셔츠를 대 보고 있고 남자가 그 모습을 보며 대화를 나누는 상황이다.

어휘 tissue [tíʃuː] 휴지 suit [suːt] 어울리다 disagree [dìsəgríː] 동의하지 않다

18 ③

여: 최근에 학부모들로부터 학교의 버스 서비스에 대해 몇 가지 불만을 접수했습니다. 그들은 버스가 너무 낡고 기사들이 너무 빨리 운전하는 것에 대해 걱정합니다. 또한 버스가 아침에 늦는다는 보고도 있었습니다. 그리고 마지막으로, 일부 학부모들은 학교 버스에 즉시 안전벨트가 설치되기를 바랍니다. 오늘 이 문제들을 논의하고 해결책을 찾고자 합니다.

해설 통학 버스의 문제점으로 탑승 인원 초과는 언급하지 않았다.

어휘 recently [ríːsntli] 최근에 receive [risíːv] 받다, 접수하다 complaint [kəmpléint] 불평, 불만 concerned [kənsə́ːrnd] 걱정하는 report [ripɔ́ːrt] 보고하다; *보고 install [instɔ́ːl] 설치하다 discuss [diskʌ́s] 논의하다 solution [səljúːʃən] 해결책

19 ③

여: 지금 아빠의 생일 케이크를 만들고 있는 거니?
남: 응. 밀가루가 충분히 있는지 확인하는 중이야.
여: 내가 돕기 위해 할 수 있는 일이 있니?
남: 아마도. 우유랑 달걀이 있는지 확인해 줄래?
여: 물론이지. *[잠시 후]* 음, 우유는 많아. 달걀은 몇 개 필요해?
남: 요리법에서는 4개를 사용하라고 해.
여: 아. 음, 냉장고에는 2개밖에 없어.
남: 가게에서 좀 더 사다 줄 수 있어?

해설 달걀이 4개 필요한데 냉장고에 2개밖에 없다고 했으므로, 달걀을 더 사다 줄 수 있는지 묻는 응답이 가장 적절하다.
① 왜 우유를 더 사오지 않았어?
② 아빠가 정말 놀라실 거야.
④ 좋아! 그럼 지금 바로 시작하자.
⑤ 우리는 다 하면 쇼핑하러 갈 수 있어.

어휘 flour [fláuər] 밀가루 check if ~인지 확인하다 refrigerator [rifrídʒərèitər] 냉장고

20 ⑤

여: 오늘 수요일이네! 난 금요일까지 못 기다리겠어.
남: 이번 주말에 이탈리아로 여행을 가게 되어서 신이 나?
여: 물론 그렇지! 넌 안 그래?
남: 나도 그래. 날씨가 좋으면 정말 좋겠어.
여: 우리가 준비할 수 있게 일기 예보를 확인해 봐야 할 것 같아.
남: 좋은 생각이야. 내가 인터넷에서 확인해 볼게.
여: 뭐래?
남: 오 이런. 흐리고 비가 올 거래.

해설 인터넷에서 확인한 이탈리아의 날씨에 대해 물었으므로, 날씨 정보를 말하는 응답이 가장 적절하다.
① 나는 지난주에 거기 갔었어.
② 너는 거기에 얼마나 오래 있을 거니?
③ 오늘 오후에 비가 그칠 거야.
④ 우리는 여행 짐 싸기를 시작해야 해.

어휘 prepare [pripέər] 준비하다 [문제] pack [pæk] (짐을) 싸다, 꾸리다

고난도 Dictation Test  01 pp. 242~249

01 1) gloomy weather will continue
2) Remember to take your umbrella
3) light showers on Thursday

02 1) she disappeared 2) What does she look like
3) short wavy brown hair 4) yellow sandals

03 1) look so happy 2) get a ticket 3) be able to see

04 1) get back from 2) swam in the ocean
3) liked scuba diving best 4) felt sorry for

05 1) flying to Korea 2) I'd like to change
3) show me your passport

06 1) have a big test 2) study too much
3) get good grades 4) get plenty of rest

07 1) something wrong with 2) make or receive calls
3) touch screen is broken

08 1) read comic books 2) do something outdoors
3) go to the beach 4) stop by my house

09 1) main ingredient 2) put it in the oven
3) full of nutrients

10 1) what to do 2) cover your nose and mouth
3) use the stairs

11 1) My nephew is entering college 2) budget is $100
3) have many backpacks on sale 4) to be a surprise

12 1) have to meet 2) still waiting for me
3) How did he look 4) was doing homework

13 1) What time shall we meet 2) Isn't that too early
3) take about an hour
4) How about meeting at 6:00

14 1) complained about the vegetable soup
2) brought it to him 3) as soon as I finish cooking

15 1) do me a favor 2) moving to your new dorm room
3) some people to help me 4) stop by your room

16 1) traffic on the road 2) is in the repair shop
3) got on the wrong train

17 1) spilled coffee on my shirt 2) How do I look
3) got you a shirt 4) looks perfect on you

18 1) received several complaints
2) drivers go too fast 3) want seat belts installed

19 1) checking to see 2) have plenty of milk
3) only two in the refrigerator

20 1) excited about our trip 2) weather will be good
3) check the forecast 4) What does it say

고난도 실전모의고사 02회 pp. 250~251

01 ④	02 ④	03 ③	04 ④	05 ②
06 ③	07 ④	08 ③	09 ①	10 ⑤
11 ③	12 ③	13 ①	14 ②	15 ②
16 ④	17 ④	18 ②	19 ①	20 ⑤

01 ④

남: 안녕하세요. 오늘의 세계 일기 예보입니다. 서울과 베이징은 춥고 바람 부는 날씨가 되겠습니다. 로스앤젤레스는 종일 흐리겠지만, 비가 오지는 않겠습니다. 밴쿠버는 오늘 오후에 폭설이 시작될 것으로 예상됩니다. 런던은 안개가 껴 있으며, 오후에는 소나기가 오겠습니다. 하지만 파리의 날씨는 매우 다르겠습니다. 그곳은 종일 날씨가 좋고 화창하겠습니다. 감사합니다.

해설 파리는 종일 날씨가 좋고 화창할 것이라고 했다.

어휘 heavy snow 폭설 expect [ikspékt] 예상하다 rain shower 소나기

02 ④

여: 저녁 파티 준비는 거의 다 됐니?
남: 응, 난 모든 요리를 끝냈어.
여: 그 단조로운 흰색 식탁보를 쓸 거야?
남: 모르겠어. 넌 뭘 추천해?
여: 음, 우리는 꽃무늬가 있는 분홍색 식탁보도 있잖아.
남: 그건 내 스타일이 아니야. 우리에게 체크무늬 식탁보가 있나? 아니면 줄무늬 식탁보는?
여: 줄무늬는 있는데, 체크무늬는 없어.
남: 좋아, 그럼 그걸 써야겠다.

해설 두 사람은 흰색 식탁보와 분홍색 꽃무늬 식탁보가 아닌, 줄무늬 식탁보를 사용하기로 했다.

어휘 tablecloth [téiblklɔ̀:θ] 식탁보 suggest [sədʒést] 제안하다, 추천하다 checkered [tʃékərd] 체크무늬의 striped [straipt] 줄무늬의

03 ③

여: 생일 축하해, Gordon!
남: 아, 너 기억했구나.
여: 물론 기억했지. 그리고 너에게 줄 특별한 선물도 샀어.
남: 정말? 그건 어디 있어?
여: 그걸 안으로 가져올 수 없었어. 뒷마당에 있어.
남: 왜 그걸 안으로 가져올 수 없었어?
여: 그렇게 많은 질문을 하지 마. 그냥 뒷마당으로 가자.
남: 알았어.
여: 눈을 감고 날 따라와.

해설 남자는 여자가 준비한 선물에 대해 계속해서 질문하는 것으로 보아 궁금할(curious) 것이다.
① 수줍은 ② 자랑스러운 ④ 짜증 난 ⑤ 실망한

어휘 inside [insáid] 안에, 안으로 backyard [bækjá:rd] 뒷마당 follow [fálou] 따르다, 따라오다

04 ④

남: 안녕, Olivia. 주말 잘 보냈어?
여: 응. 난 Haley와 Nathan이랑 유기견 보호소에 갔었어.
남: 왜? 거기서 개를 입양했어?
여: 아니. 우린 자원봉사를 했거든. 개들을 돌보는 일을 도왔어.
남: 잘 했네. 그런데 Haley는 개를 무서워하잖아, 그렇지 않아?
여: 음, 그 애는 개를 좋아하는데, 만지는 걸 약간 무서워해. 그래서 그 애는 우리를 청소했어.
남: 너희들은 뭐 했어?
여: 나는 개들을 씻기고, Nathan은 먹이를 줬어. 개들이 좋아하는 것 같아서, 난 정말 기뻤어.
남: 개들을 돌보는 일을 진짜 즐겁게 한 것 같네.
여: 응. 집이 필요한 개들이 많아. 난 다음 달에 한 마리 입양할 거야.
남: 너무 잘됐다! 어쩌면 나도 한 마리 입양하는 걸 고려해 봐야겠어.

해설 여자는 유기견 보호소에서 개들을 씻기는 일을 했다고 했다.

어휘 shelter [ʃéltər] 주거지; *보호소 volunteer [vàləntíər] 자원봉사를 하다 be afraid of ~을 무서워하다 cage [keidʒ] (동물의) 우리 feed [fi:d] 먹이를 주다 (feed-fed-fed) adopt [ədápt] 입양하다 consider [kənsídər] 고려하다

05 ②

남: 나 아주 힘들어. 다시 걸어서 돌아가자.
여: 하지만 우린 정상에 정말 가까워.
남: 알아, 그렇지만 우리 많이 올라왔잖아.
여: 어서. 아주 조금만 더 가면 돼.
남: 미안, 내가 체력이 약한가 봐. 운동을 시작해야겠어.
여: 매일 아침 출근할 때 계단을 이용하기만 해 봐. 그게 도움이 될 거야.
남: 좋은 생각이다. 잠시 휴식을 취하자, 그러고 나면 우린 계속 갈 수 있을 거야.

해설 정상에 가까이 올라왔고 쉬고 나서 계속 가자고 했으므로, 두 사람이 대화하는 장소로 가장 적절한 곳은 산이다.

어휘 pretty [príti] 예쁜; *아주, 꽤 close [klous] 가까운 climb [klaim] 오르다 further [fə́:rðər] 더 멀리; *더 out of shape

체력이 약한 work out 운동하다 stair [stɛər] 계단 take a break 잠시 휴식을 취하다

06 ③

남: 실례합니다. 관리자와 이야기하고 싶어요.
여: 제가 관리자입니다. 어떻게 도와드릴까요?
남: 음, 이곳이 훌륭한 음식점이라고 들었는데, 저는 정말 실망했어요.
여: 유감이군요. 이유를 설명해 주시겠어요?
남: 저희 음식이 제공되는 데 40분이 넘게 걸렸어요.
여: 정말 죄송합니다. 저희가 주말에는 아주 바빠서요.
남: 그게 전부가 아니에요. 샐러드의 채소들은 신선하지 않고, 스테이크는 식었어요.

해설 남자는 식당의 서비스와 음식에 대해 항의하고 있다.

어휘 excellent [éksələnt] 훌륭한 explain [ikspléin] 설명하다

07 ④

여: 저녁으로 뭘 원해?
남: 스파게티나 피자 어때?
여: 싫어, 난 점심으로 스파게티를 먹었어. 다른 걸 먹자.
남: Main가에 새로운 인도 음식점이 문을 열었다고 들었어. 거기서 카레를 먹자.
여: 난 카레를 별로 안 좋아해.
남: 하지만 거기 치킨 카레가 정말 맛있다고 들었어.
여: 좋아, 그럼 먹어 봐야겠다. 가자.

해설 두 사람은 새로 생긴 인도 음식점에서 카레를 먹어 보기로 했다.

어휘 something else 다른 것

08 ③

여: 나 좀 도와줄 수 있어? 내 컴퓨터에 뭔가 문제가 있어.
남: 그래. 뭐가 잘못됐는데?
여: 켜지지가 않아.
남: 내가 확인해 볼게. 음··· 나도 뭐가 잘못됐는지 모르겠어.
여: 아 이런. 나 내일까지 보고서를 끝내야 하는데.
남: 내가 내 친구 Joe에게 전화해 볼까? 그 애는 컴퓨터에 관한 모든 걸 알거든.
여: 고마워!

해설 남자는 여자의 컴퓨터를 고치기 위해 컴퓨터를 잘 아는 친구에게 전화해 보겠다고 했다.

어휘 paper [péipər] 종이; *보고서

09 ①

[전화벨이 울린다.]

남: AT Electronics에 전화해 주셔서 감사합니다. 어떻게 도와드릴까요?
여: 안녕하세요. 제가 6개월 전에 그 가게에서 노트북을 구입했어요.
남: 네. 그것에 무슨 문제가 있나요?
여: 네. 제가 그것에 물을 좀 쏟았어서, 지금 작동하지 않네요.
남: 그렇군요. 노트북 모델명을 말씀해 주시겠어요?
여: 네. TX503입니다. 이 모델은 방수가 돼야 하는 것 같은데요.
남: 맞습니다. 고객 서비스 센터에 그걸 가져가세요. 그 모델은 1년 보증이 따릅니다.
여: 알겠습니다. 감사합니다.

해설 구입 시기(6개월 전), 모델명(TX503), 방수 기능(있음), 보증 기간(1년)에 대해서는 언급하였으나, 가격은 언급하지 않았다.

어휘 spill [spil] (액체 등을) 쏟다 waterproof [wɔ́:tərprù:f] 방수의 come with ~가 딸려 있다 warranty [wɔ́(:)rənti] 보증

10 ⑤

여: 사람들은 종종 학생들이 여름에 TV를 보고 게임만 한다고 생각합니다. 하지만 많은 학생들은 방학 기간을 보다 현명하게 사용합니다. 그들 중 일부는 세계를 여행하고, 다른 이들은 아르바이트를 통해 경험을 얻습니다. 유감스럽게도, 그들의 시간은 한정되어 있습니다. 하지만 그들이 이삼 주 추가 방학 기간을 가진다면, 그들은 훨씬 더 많은 것을 할 수 있을 것입니다.

해설 방학 기간이 길어지면 학생들이 더 많은 것을 할 수 있다고 했으므로, 방학 기간 연장의 필요성에 대해 이야기하고 있음을 알 수 있다.

어휘 wisely [wáizli] 현명하게 gain [gein] 얻다 experience [ikspí:əriəns] 경험 limited [límitid] 제한된, 한정된 extra [ékstrə] 추가의

11 ③

남: 안녕하세요, 여러분. 여러분에게 저희 그림 동아리 Wonderful Art에 관해 이야기하고 싶습니다. 그림 그리기를 좋아하는 사람은 누구든지 잘 그리지 못하더라도 가입할 수 있습니다. 저희는 한 달에 두 번 만나서, 함께 그림을 그리면서 즐거운 시간을 보냅니다. 하지만 저희가 하는 것이 그것만은 아닙니다. 저희 동아리는 15년 전에 설립되었습니다. 그리고 지난 10년 동안, 저희는 무료로 학교 벽을 페인트칠하면서 자원봉사를 해 왔습니다. 가입을 원하시면, 저희 웹 사이트를 방문해 주시기 바랍니다. 감사합니다.

해설 15년이 아니라 10년간 자원봉사 활동을 해 왔다고 했다.

어휘 paint [peint] 그리다; 페인트를 칠하다 be good at ~을 잘하다 twice [twais] 두 번 establish [istǽbliʃ] 설립하다 for free 무료로

12 ③

[휴대전화가 울린다.]

여: 여보세요?

남: 안녕, Laura, 나 Thomas야. 뭐 좀 물어봐도 될까?

여: 그래. 무슨 일이니?

남: 너 지난 학기에 프랑스어 수업을 들었니?

여: 응, 들었지. 왜?

남: 네가 오늘 내가 숙제하는 걸 도와줄 수 있을까 해서. 너무 어려워.

여: 미안하지만, 안 되겠어. 난 Jennifer랑 수영하러 갈 거야. David에게 부탁하지 그래? 그 애는 프랑스어를 잘하잖아. 그리고 그 애는 아마 집에 있을 거야.

남: 그거 좋은 생각이다. 그 애에게 전화해야겠어.

해설 남자는 여자에게 프랑스어 숙제를 도와줄 수 있는지 물어보았다.

어휘 French [frentʃ] 프랑스어 semester [siméstər] 학기 probably [prábəbli] 아마

13 ①

여: 오늘은 무엇을 드시겠어요?

남: 초콜릿 도넛 한 개랑 작은 사이즈 커피 한 잔 주세요.

여: 알겠습니다. 그런데 오늘 도넛이 반값인 것을 알고 계셨나요?

남: 아니요, 몰랐어요. 도넛이 평소에 얼마죠?

여: 평소엔 하나에 2달러예요.

남: 좋아요. 그럼 초콜릿 도넛 2개를 살게요. 그리고 커피는 얼마죠?

여: 2달러 50센트예요.

남: 알겠습니다. 그럼 여기 5달러입니다.

여: 감사합니다. 여기 거스름돈입니다.

해설 평소에 2달러인 도넛이 오늘은 반값이므로 두 개를 사면 2달러이고 커피가 2.5달러이므로, 총 4.5달러이다. 남자가 5달러를 냈으므로 거스름돈은 0.5달러이다.

어휘 half-price [hǽfpráis] 반값의

14 ②

[노크 소리]

여: 안녕하세요.

남: 안녕하세요, 손님. 여기 주문하신 게 왔습니다.

여: 감사합니다. 얼마죠?

남: 12달러 50센트입니다.

여: 확실한가요? 그건 잘못된 것 같아요. 전 라지 사이즈 피자 한 판, 콜라 한 병, 샐러드를 주문했거든요. 그러면 15달러여야 해요.

남: 제가 좀 볼게요. *[잠시 후]* 죄송합니다. 샐러드가 없네요. 제가 다시 가서 가져다드릴게요.

여: 알겠어요, 그런데 서둘러 주세요.

해설 여자가 주문한 것을 받고 가격이 잘못된 것 같다고 하자 남자는 확인 후 빠진 음식을 다시 가져다주겠다고 했으므로, 손님과 음식 배달원의 관계임을 알 수 있다.

어휘 order [ɔ́ːrdər] 주문; 주문하다 sound [saund] 소리; *~인 것 같다 a bottle of 한 병의

15 ②

남: 너 어버이날에 무슨 계획이라도 있어?

여: 인천에 계신 부모님을 찾아뵐 거야.

남: 부모님을 위해서 무언가 샀니?

여: 응. 엄마께 드릴 실크 스카프랑 아빠께 드릴 지갑을 샀어.

남: 아, 좋은 선물이네.

여: 너는? 부모님을 찾아뵐 거야?

남: 그러고 싶지만, 난 못 가. 그날 나는 사업상 부산에 가야 해. 그래서 부모님께 돈을 좀 보내 드리려고 생각 중이야.

여: 돈만 보내 드릴 거라고?

남: 응. 달리 무엇을 해야 할지 모르겠어. 쇼핑하러 갈 시간이 없거든.

여: 그냥 카드를 사서 그 안에 뭔가 좋은 말을 쓰는 게 어때? 부모님께서는 돈보다 그걸 더 좋아하실 것 같아.

남: 좋은 생각이야. 고마워!

해설 남자가 어버이날에 부모님께 돈을 보내 드리려 한다고 하자, 여자는 카드를 쓸 것을 제안했다.

어휘 wallet [wálit] 지갑 on business 업무로, 사업상

16 ④

남: 나 식당에서 집으로 돌아온 후에 토했어. 배가 아직도 아파.

여: 오 이런. 네가 먹은 무언가에 알레르기도 있니?

남: 아니. 난 어떤 음식 알레르기도 없어.

여: 아마 재료 중의 일부가 상했나 봐.

남: 음식은 맛이 괜찮았어. 내 친구들이 나와 같은 음식을 먹었고, 다들 괜찮아. 내가 아침에 본 면접 때문에 단지 너무 초조했던 것 같아.

여: 그랬겠네. 하지만 넌 분명 잘 했을 거야. 이제 좀 쉬어도 돼.

해설 남자는 식당에서 먹은 음식과 상관없이 면접 때문에 초조해서 배탈이 난 것 같다고 했다.

어휘 throw up 토하다 stomach [stʌ́mək] 위, 배 allergic [ələ́ːrdʒik] 알레르기가 있는 ingredient [ingríːdiənt] 재료 go bad (음식이) 상하다

17 ④

① 여: 나 머리가 아파 죽겠어.
　남: 병원에 가 보는 게 어때?

② 여: 무슨 일 있었어?
　남: 인라인스케이트를 타다가 미끄러져서 내 전화기가 망가졌어.

③ 여: 너 발이 아프니?

남: 아니, 그냥 좀 불편해.
④ 여: 너 킥보드에서 떨어진 거니?
남: 응. 땅바닥에 머리를 부딪쳤어.
⑤ 여: 나 킥보드 탈 거야.
남: 헬멧 쓰는 거 잊지 마. 조심해야 해.

해설 길에서 킥보드 옆에 앉아 머리를 만지며 아파하는 남자를 여자가 걱정스럽게 바라보고 있는 상황이다.

어휘 kill [kil] 죽이다; *아파서 죽을 지경이 되게 만들다 slip [slip] 미끄러지다 uncomfortable [ʌnkʌ́mfərtəbl] 불편한 fall off (탈 것에서) 떨어지다 hit [hit] 부딪치다 (hit-hit-hit) ground [graund] 땅바닥

18 ②

여: 안녕하세요! 저희는 Star 게임 박람회가 곧 열린다는 소식을 알리게 되어 기쁩니다! 이것은 디지털 엔터테인먼트 산업을 위한 세계에서 세 번째로 큰 행사입니다. 이 박람회는 8월 18일부터 20일까지 국제 전시 센터에서 열릴 예정입니다. 여러분은 비디오 게임 토너먼트와 코스프레, 직접 해 보는 쌍방향 체험 부스를 즐기실 수 있습니다. 오셔서 친구들과 함께 놀며 새로운 게임들을 발견해 보세요!

해설 규모(세계에서 세 번째로 큼), 개최일(8월 18일부터 20일까지), 개최 장소(국제 전시 센터), 즐길 거리(비디오 게임, 코스프레, 쌍방향 체험 부스)에 대해서는 언급하였으나, 후원사는 언급하지 않았다.

어휘 announce [ənáuns] 발표하다, 알리다 expo [ékspou] 박람회 industry [índəstri] 산업 exhibition [èksibíʃən] 전시 cosplay [kásplei] 코스프레 hands-on [hændzɔ:n] 직접 해 보는 interactive [intərǽktiv] 상호적인, 쌍방향의 discover [diskʌ́vər] 발견하다

19 ①

남: 안녕하세요. 이 셔츠를 교환하고 싶어요.
여: 네. 뭐가 잘못됐나요?
남: 아니요, 그냥 스타일이 마음에 들지 않아서요. 여기 영수증이에요.
여: 감사합니다. 아, 이걸 이 매장에서 구매하지 않으셨네요.
남: 네. 시내 매장에서 샀어요.
여: 유감스럽지만, 이걸 구입하신 매장에서 교환하셔야 합니다.
남: 하지만 그 매장은 너무 멀어요. 여기서 교환하게 해 주세요.
여: 죄송하지만, 규칙을 어길 수가 없어요.

해설 남자는 불가능한 셔츠 교환을 계속 요구하고 있으므로, 규칙을 어길 수 없다고 말하는 응답이 가장 적절하다.
② 물론이죠, 나중에 그곳에 모시고 갈게요.
③ 그러고 싶지만, 저는 그 색상이 싫어요.
④ 아니에요 괜찮아요, 이게 좋은 것 같아요.
⑤ 영수증이 없으면 교환하실 수 없어요.

어휘 receipt [risí:t] 영수증 downtown [dàuntáun] 시내의 let [let] ~하게 시키다; *~하게 해 주다 [문제] break [breik] 깨다; *어기다 rule [ru:l] 규칙, 원칙

20 ⑤

여: 얘, 내 문자에 왜 답장을 안 했어?
남: 내가 휴대전화를 갖고 있지 않아.
여: 왜? 집에 두고 왔어?
남: 아니, 오늘 아침에 택시에 두고 내린 것 같아.
여: 아 저런! 그 휴대전화로 전화해 봤어?
남: 응, 해 봤는데, 그게 꺼져 있어.
여: 그 택시 회사나 번호를 기억하니?
남: 음, 번호는 기억하지 못하지만, 회사 이름은 기억해.
여: 그럼 거기에 전화해서 그걸 봤는지 물어보는 게 어때?

해설 남자는 택시에 휴대전화를 두고 내린 것 같은데 택시 회사를 기억한다고 했으므로, 택시 회사에 전화해서 물어보라고 말하는 응답이 가장 적절하다.
① 대신 지하철을 타는 게 어때?
② 휴대전화 가게에 택시 타고 가는 게 어때?
③ 그가 왜 네 전화를 받으려 하지 않는지 모르겠어.
④ 최신 휴대전화를 사는 게 좋은 생각인 것 같아?

어휘 text [tekst] 글; *(휴대전화의) 문자 company [kʌ́mpəni] 회사 cab [kæb] 택시 [문제] brand new 최신형의, 아주 새로운

고난도 Dictation Test  pp. 252~259

01 1) cold, windy weather
2) heavy snow is expected to start
3) rain showers 4) will be nice and sunny

02 1) boring white tablecloth 2) That's not my style
3) have a striped one

03 1) bought you a special gift
2) couldn't bring it inside 3) go to the backyard

04 1) take care of the dogs 2) cleaned their cages
3) washed the dogs 4) consider adopting one

05 1) start walking back 2) climbed a long way
3) out of shape 4) take a break

06 1) I'm very disappointed 2) our food to be served
3) weren't fresh

07 1) have something else 2) get some curry
3) not a big fan of 4) I'll try it

08 1) something wrong with 2) won't turn on
3) call my friend

09 1) bought a laptop 2) model of your laptop
3) is supposed to be waterproof

10 1) travel the world 2) time is limited
3) extra weeks of vacation time

11 1) Anyone who likes to paint 2) meet twice a month
3) we have been volunteering 4) visit our website

12 1) ask you something 2) take French lessons
3) help me do my homework 4) speaks French well

13 1) donuts are half-price 2) usually $2 each
3) how much is the coffee

14 1) Here is your order 2) doesn't sound right
3) go back and get

15 1) buy something for them 2) visit your parents
3) sending them some money
4) write something nice in it

16 1) Were you allergic to 2) had gone bad
3) just too nervous 4) get some rest

17 1) go to the doctor 2) broke my phone
3) fall off the scooter 4) wear your helmet

18 1) the third largest event 2) will take place at
3) enjoy video game tournaments
4) discover new games

19 1) exchange this shirt 2) buy it at this store
3) let me exchange it here

20 1) left it in the taxi 2) it was turned off
3) remember the company name

Word Test 고난도 01~02 pp. 260~261

Ⓐ

01 출구 02 일어나다, 발생하다
03 휴식 04 논의하다
05 침착한 06 오르다
07 발견하다 08 주거지; 보호소
09 기숙사 10 우울한, 우중충한
11 고려하다 12 대학
13 미끄러지다 14 걱정하는
15 부분적으로 16 젓다, 섞다
17 훌륭한 18 박람회
19 뒷마당 20 공포에 질리다
21 현명하게 22 얻다
23 재료 24 추가의
25 손님 26 자원봉사를 하다
27 학기 28 제한된, 한정된
29 설립하다 30 소나기
31 체력이 약한 32 업무로, 사업상
33 ~을 무서워하다 34 돌아오다
35 실수로 36 전화를 걸다
37 며칠 전에 38 ~하는 게 낫겠다, ~하고 싶다
39 ~ 중 아무(것)도 … 않다 40 운동하다

Ⓑ

01 wet 02 adopt
03 rule 04 ground
05 warranty 06 disappear
07 waterproof 08 spinach
09 refrigerator 10 solution
11 flour 12 complain
13 nephew 14 pour
15 foggy 16 stair
17 striped 18 cage
19 allergic 20 explain
21 stage 22 further
23 install 24 nutrient
25 disagree 26 follow
27 recently 28 break
29 currency 30 industry
31 interactive 32 exchange rate
33 brand new 34 be good at
35 as soon as 36 go bad
37 fall off 38 get good grades
39 throw up 40 take a walk